根据教育部《大中小学国家安全教育指导纲要》要求编写

新时代大学生
国家安全教育

《新时代大学生国家安全教育》编写组　编

国防工業出版社
·北京·

内 容 简 介

党的二十大报告指出:“国家安全是民族复兴的根基,社会稳定是国家强盛的前提。”《中华人民共和国国家安全法》第七十六条规定:“将国家安全教育纳入国民教育体系和公务员教育培训体系,增强全民国家安全意识。”2020 年 9 月 28 日,教育部印发的《大中小学国家安全教育指导纲要》(以下简称《纲要》)提出:“系统推进国家安全教育进课程、进教材、进校园,全面增强大中小学生的国家安全意识,提升维护国家安全能力,为培养社会主义合格建设者和可靠接班人打下坚实基础。”本书正是根据以上法规和文件的明确要求,集中了全国有代表性的专家集体编写而成。本书主要内容有:新时代国家安全的形势与特点、国家政治安全教育、国家国土安全教育、国家军事安全教育、国家经济安全教育、国家文化安全教育、国家社会安全教育、国家科技安全教育等。本书严格按照《纲要》要求编写,已通过重大选题备案,适合大学本科和专科学生学习使用。

图书在版编目(CIP)数据

新时代大学生国家安全教育/刘苍劲等主编.—北京:国防工业出版社,2024.1(2024.8 重印)
ISBN 978-7-118-13129-1

Ⅰ.①新… Ⅱ.①刘… Ⅲ.①国家安全-安全教育-中国-高等学校-教材 Ⅳ.①D631

中国国家版本馆 CIP 数据核字(2024)第 005226 号

※

国防工業出版社出版发行
(北京市海淀区紫竹院南路 23 号 邮政编码 100048)
四川新华印刷有限责任公司印刷
新华书店经售

*

开本 787×1092 1/16 **印张** 18¼ **字数** 405 千字
2024 年 8 月第 1 版第 3 次印刷 **印数** 55001—85000 册 **定价** 45.80 元

国防书店:(010)88540777 书店传真:(010)88540776
发行业务:(010)88540717 发行传真:(010)88540762

《新时代大学生国家安全教育》编写组

主　　编	刘苍劲	谭晓玉	刘友坤	黎　明
副主编	彭　强	贺志勇	林海峰	林高标
编　　者	张　科	黄章文	马若璇	理阳阳
	巴　莎	李　衡	吴双江	付水英
	黄汉昌	马学云	王　博	冼敏仪
	张　容	付宏东	李玉明	杨晓敏
	曹荣军	杨子珺	唐　雄	张　灿
	白启华	曹丽萍	王增乐	李瑞芳
	肖　涛	程　东	黄晓敏	余少伟
	陈冰儿	梁同乐	杜朝晖	吴洪中
	尹　枚	张晓虹	王小芳	薛灵欣
	张　军	刘蓝璟	史格媚	曾敏玲
	夏武杰	谭德礼	罗小莉	欧阳世芳

前言 PREFACE

国家安全是指国家政权、主权、统一和领土完整、人民福祉与权利、经济社会可持续发展和国家其他重大利益相对处于没有危险和不受内外威胁的状态,以及国家政府保障本国持续安全状态的活动。2014 年 4 月,习近平总书记主持召开中央国家安全委员会第一次会议,首次提出总体国家安全观,并进一步提出了 11 种国家安全,包括政治安全、国土安全、军事安全、经济安全、文化安全、社会安全、科技安全、信息安全、生态安全、资源安全、核安全。国家安全教育就是国家及其职能部门对公民进行国家安全意识、国家安全观念、国家安全知识和自觉维护国家安全的教育。2015 年 7 月 1 日,全国人大常委会通过的《中华人民共和国国家安全法》第十四条规定:每年 4 月 15 日为全民国家安全教育日。国家安全教育是国家长治久安的重要教育内容,中国正面临世界百年未有之变局的新时代,国家安全教育的重要性比以往任何时期都要重要和紧迫。大学生是建设社会主义现代化国家新征程上的主力军,是维护国家安全的重要力量,但不少大学生对新时代的国家安全存在着种种模糊认识。例如,对国家安全的认识还停留在军事、战争、国防、领土、情报、间谍等传统的、局部的认识上。因此,迫切需要对大学生进行全方位的国家安全教育,以丰富大学生的国家安全知识,树立大学生新的国家安全观。

为深入学习贯彻习近平总书记总体国家安全观,落实党中央关于加强大中小学国家安全教育文件精神和《中华人民共和国国家安全法》提出“将国家安全教育纳入国民教育体系”的要求,指导大中小学系统、规范、科学地开展国家安全教育,教育部制定了《大中小学国家安全教育指导纲要》(以下简称《纲要》)。

一、开展大学生国家安全教育的指导思想

《纲要》明确指出开展大学生国家安全教育的指导思想是:以习近平新时代中国特色社会主义思想为指导,贯彻党的教育方针,落实立德树人根

本任务，牢固树立和全面践行总体国家安全观，构建具有中国特色的国家安全教育体系，系统推进国家安全教育进课程、进教材、进校园，全面增强大中小学生的国家安全意识，提升维护国家安全的能力，为培养社会主义合格建设者和可靠接班人打下坚实基础。

二、开展大学生国家安全教育的基本原则

《纲要》明确指出开展大学生国家安全教育的基本原则是：第一，坚持正确方向。以总体国家安全观为统领，坚持和加强党对国家安全教育的领导，增强国家意识，强化政治认同，坚定道路自信、理论自信、制度自信、文化自信，践行社会主义核心价值观。第二，坚持依法开展。在《中华人民共和国国家安全法》《中华人民共和国反恐怖主义法》《中华人民共和国反间谍法》《中华人民共和国网络安全法》《中华人民共和国教育法》等一系列法律框架内依法开展教育。第三，坚持统一规划。强化顶层设计，明确大学生国家安全教育目标，落实相关法律法规要求，统筹各领域国家安全教育内容，形成纵向衔接、横向配合、有机融入的教育格局。第四，坚持遵循规律。符合学生年龄特征，密切联系学生实际，紧贴世情国情社情，适应不同学科专业领域和不同类型教育特点，提升科学性和适宜性。第五，坚持方式多样。充分利用多种资源，专门课程与学科融入相结合，知识学习与实践活动相结合，学校教育与社会教育相结合，生动鲜活、易于接受，增强育人实效。

三、开展大学生国家安全教育的主要目标

《纲要》明确指出开展大学生国家安全教育的主要目标是：通过国家安全教育，使学生能够深入理解和准确把握总体国家安全观，牢固树立国家利益至上的观念，增强自觉维护国家安全意识，具备维护国家安全的能力。重点围绕理解中华民族命运与国家关系，践行总体国家安全观。大学生系统掌握总体国家安全观的内涵和精神实质，理解中国特色国家安全体系，树立国家安全底线思维，将国家安全意识转化为自觉行动，强化责任担当。

四、开展大学生国家安全教育的主要内容

《纲要》明确指出开展大学生国家安全教育的主要内容如下。

（一）总论

主要包括：国家安全的重要性，我国新时代国家安全的形势与特点，总体国家安全观的基本内涵、重点领域和重大意义，以及相关法律法规。

主要学习：习近平总书记关于总体国家安全观的重要论述，牢固树立总体国家安全观，坚持统筹发展和安全，坚持人民安全、政治安全、国家利益至上有机统一，坚持维护和塑造国家安全，坚持科学统筹。以人民安全为宗旨，以政治安全为根本，以经济安全为基础，以军事、科技、文化、社会安全为保障，健全国家安全体系，增强国家安全能力。完善集中统一、高效权威的国家安全领导体制，健全国家安全法律制度体系。

（二）重点领域

主要包括：政治安全、国土安全、军事安全、经济安全、文化安全、社会安全、科技安全、网络安全、生态安全、资源安全、核安全、海外利益安全，以及太空、深海、极地、生物等不断拓展的新型领域安全。

主要学习：国家安全各重点领域的基本内涵、重要性、面临的威胁与挑战、维护的途径与方法。

具体内容：政治安全包括政权安全、制度安全、意识形态安全等方面，是国家安全的根本，对于保障人民安全、维护国家利益，不断提高全体国民的获得感、幸福感、安全感，实现国家长治久安，具有根本性、全局性的重大意义。面临渗透、分裂、颠覆等敌对活动的威胁。维护政治安全必须加强党的领导、坚定理想信念。

国土安全包括领土以及自然资源、基础设施安全等方面，核心是指领土完整、国家统一，边疆边境、领空、海洋权益等不受侵犯或免于威胁的状态，是国家生存和发展的基本条件。面临境内外分裂势力的挑衅。维护国土安全必须加强国防和外交能力建设。

军事安全包括中国特色社会主义军事制度军事力量、军事战略等方面，是国家安全的重要保障和保底手段。面临世界军事变革深入发展带来的挑战和潜在战争风险。维护军事安全必须贯彻落实习近平强军思想，全面推进国防和军队现代化建设。

经济安全包括经济制度安全、经济秩序安全、经济主权安全、经济发展安全等方面，是国家安全与发展的基础。面临国际经济金融动荡和国内经济可持续发展挑战。维护经济安全必须坚持和完善中国特色社会主义经济发展道路。

文化安全包括文化主权、文化价值观、文化资源安全等方面，是确保一个民族、一个国家独立和尊严的重要精神支撑。面临外部意识形态渗透、消极文化侵蚀、文化自信和向心力缺失等威胁。维护文化安全必须强化中华优秀传统文化、革命文化、社会主义先进文化教育。

社会安全包括社会治安、社会舆情、公共卫生等方面，是社会和谐稳定的基础。面临重大疫情、群体性事件、暴力恐怖活动、新型违法犯罪等威胁。维护社会安全必须健全法制，完善体制机制，提升应对重大新发突发传染病等社会公共安全事件的能力。

科技安全包括科技自身安全和科技支撑保障相关领域安全，涵盖科技人才、设施设备、科技活动、科技成果、成果应用等多个方面，是支撑国家安全的重要力量和技术基础。面临重点领域核心技术受制于人、原始创新能力不足等问题。维护科技安全必须重视人才培养、突破关键技术。

网络安全包括网络基础设施、网络运行、网络服务、信息安全等方面，是保障和促进信息社会健康发展的基础。面临网络基础设施安全隐患和网络犯罪等威胁。维护网络安全必须践行"没有网络安全就没有国家安全，没有信息化就没有现代化"的理念，强化依法治网、技术创新、国际合作等，树立网络空间主权意识。

生态安全包括水、土地、大气、生物物种安全等方面，是人类生存发展的基本条件。面临生态破坏、环境污染、疫情等威胁。维护生态安全必须践行"绿水青山就是金山银山"理念，加强综合治理，筑牢国家生态安全屏障。

资源安全包括可再生资源安全、不可再生资源安全等方面，是国家战略命脉和国家发展依托。面临供需矛盾大、对外依存度高、开发利用水平低等问题。维护资源安全必须坚持推进绿色发展、利用好两个市场和两种资源。

核安全包括核材料、核设施、核技术、核扩散安全等方面，事关人类前途命运。面临核事故风险、涉核恐怖活动、核扩散威胁和核对抗挑战等。维护核安全必须强化政治投入、国家责任、国际合作、核安全文化建设，全面提升核技术能力。

海外利益安全包括海外中国公民、机构、企业安全和正当权益，海外战略性利益安全等方面。面临冲突与政局动荡、国际恐怖主义、重大自然灾害、重大新发突发传染病疫情等威胁。维护海外利益安全是高水平对外开放的必然要求，必须提升海外安全保障能力，加强国际合作。

新型领域安全包括太空、深海、极地、生物等发展探索、保护利用等，是未来国际竞争的新焦点。面临技术挑战、参与国际规则制定等问题。维护新型领域安全必须推进顶层设计、加快人才培养、深化国际合作等。

五、开展大学生国家安全教育的实施途径

(一)开设专门课程

高等学校依托校内相关教学科研机构，开设国家安全教育公共必修基础课。

(二)开展专题教育

围绕总体国家安全观和国家安全各领域，确定综合性或特定领域的主题。通过组织讲座、参观、调研、体验式实践活动等方式，进行案例分析、实地考察、访谈探究、行动反思，积极引导学生自主参与、体验感悟。

（三）融入各学科专业教育教学

普通高等学校和职业院校公共基础课及相关专业课，要结合本学科本专业特点，明确国家安全教育相关内容和要求，纳入课程思政教学体系。各学科专业教师要强化国家安全意识，通过延伸、拓展学科知识，引导学生主动运用所学知识分析国家安全问题，着力强化学生国家安全意识，丰富国家安全知识；要理解总体国家安全观，掌握国家安全基础知识，结合学科专业领域特点，在课程中有机融入国家安全教育内容，避免简单添加、生硬联系，注重教学实效。

（四）发挥校园文化作用

充分利用学校各类社团、报刊媒体、广播站、宣传栏等平台，实现国家安全知识传播常态化。鼓励和支持学校网站开设国家安全宣传专栏或在线学习平台，开发适合互联网、移动终端等新兴媒体传播手段的国家安全教育精品资源。结合入学教育、升旗仪式、军训、节日庆典、全民国家安全教育日等重要时间节点，组织开展形式多样的国家安全教育活动。

（五）充分利用社会资源

充分发挥国家安全各领域专业人才、专业机构和行业企业的作用，开设专题讲座、指导学生实践活动、培训师资、提供专业咨询和体验服务等。有效利用各类场馆、基地、设施等，开发实践课程，组织现场教学，强化体验感受。

六、开展大学生国家安全教育的考试评价

（一）评价原则

坚持发展性，强化教育引导，激发学生的学习热情，提升学生的国家安全意识，增强其爱国主义情感，杜绝随意打分、简单排名。坚持过程性，激发学生积极实践，提升学生维护国家安全的能力，引导知行合一，避免单一考察知识概念。坚持多元性，注重自评与他评相结合、过程评价与结果评价相结合、定性评价与定量评价相结合，保证评价全面客观。

（二）评价实施

依据国家安全教育主要目标和主要内容，明确评价要求和评价要点，突出素养导向。将相关国家安全教育内容纳入大学生全部学习阶段评价范畴。大学阶段采用多种方式进行课程考试，兼顾过程性考核。客观记录学生参与国家安全专题教育、课程学习和社会实践等活动中的态度、行为表现和学习成果，确保记录真实可靠，纳入学生综合素质档案。

七、开展大学生国家安全教育的管理与保障

（一）开展大学生国家安全教育的组织领导

在党委统一领导下，省级教育部门会同省级党委有关办事机构，做好本地中小学（含中职）国家安全教育顶层设计，明确工作任务、人员配备、责任机构、条件保障、经费投入、推进计划等。实行分级负责制，省级党委有关办事机构协调推动，省级教育部门牵头协调其他部门，统筹指导本地国家安全教育工作，地市、县相关部门负责组织落实，督促中小学（含中职）履行国家安全教育教学实施主体责任。高等学校党委负责本校国家安全教育的组织实施，在教师配备、经费投入等方面给予必要保障。

（二）开展大学生国家安全教育的课时保障

按教育部相关文件要求，高等学校国家安全教育公共基础课不少于 1 学分，要统筹落实到课程标准和教材中。实施过程可采用多种方式进行课程考试，兼顾过程性考核。

（三）开展大学生国家安全教育的督导检查

《纲要》要求，把国家安全教育纳入教育督导体系，明确督导办法。各级教育督导部门要组织开展国家安全教育督导，着重检查教育实效，检验学生思想认识、态度情感、行为表现等方面的状况。将督导检查结果纳入年度考核范围。

根据《纲要》要求，各省相应下发了配套落实文件。例如，广东省教育厅粤教保函〔2021〕3 号文件要求，各级教育行政部门要把学校开展国家安全教育情况纳入地方政府履行教育职责评价、安全生产责任制考核、平安建设、高校党委书记履职等考核评价指标体系。要加强对所在行政区域内学校的督导评价，将督导评价结果纳入年度考核指标体系。各地教育督导部门要定期开展专项督导。

（四）开展大学生国家安全教育的专业指导

全国国家安全教育指导委员会负责开展国家安全教育教学的研究、咨询、指导、评估、服务等工作，会同国家教材委员会相关专家委员会组织开展国家安全教育高等学校教材和中小学（含中职）读本审查。各地教育行政部门和学校通过开展典型培养、评优评先、学术研讨、经验交流等活动，进一步发挥示范引领作用。相关专业学术机构、学术团体加强国家安全教育的理论与实践研究、学术平台建设，组织开展学术交流、教学应用研究等。

各级教研部门组织国家安全教育实施途径与方法的专项研究，探索学科有机融入、专题教育设计，有效指导教师教学。

（五）开展大学生国家安全教育的资源开发

地方教育行政部门、学校和相关专业机构要综合运用信息技术手段，有针对性地开发配套的多媒体素材、案例库、课件、微课、专题网站、应用软件、微信公众号、在线开放课程等集成的数字化课程资源，确保资源形式与种类多样化。地方和学校应注重因地制宜，统筹利用现有资源，推动相关教育实践基地改造升级，拓展国家安全教育功能，打造一批综合性教育实践基地和专题性教育实践基地。

（六）开展大学生国家安全教育的师资队伍建设

《纲要》要求，高等学校对新入职教师、思政课教师等进行各级各类培训，应强化每位教师的国家安全意识，提高实施国家安全教育的自觉性。分层次举办校级领导总体国家安全观专题研讨班，对国家安全教育关联度较高的学科教师进行专项培训，建设培训者队伍和专家库，提升实施国家安全教育的能力。选拔、培育一批专门从事国家安全教育的专业骨干教师；鼓励相关领域专家、思政课教师、相关学科教师发挥专业特长，参与国家安全教育，形成专兼结合的国家安全教育师资队伍。鼓励、支持高等学校设置国家安全教育专业或开设国家安全教育专业双学位，强化师范专业国家安全教育要求，培养从事国家安全教育专业人才。例如，广东省教育厅要求，各市至少建立一个国家安全教育名师工作室。

《新时代大学生国家安全教育》编写组

2024 年 1 月

目录 CONTENTS

第十四章 新时代国家太空、深海、极地、生物等新型领域安全教育

第一章 新时代国家安全的形势与特点

坚持总体国家安全观，是习近平新时代中国特色社会主义思想的重要内容。党的十八大以来，习近平总书记围绕总体国家安全观发表的一系列重要论述，立意高远，内涵丰富，思想深邃，把我们党对国家安全的认识提升到了新的高度和境界，是指导新时代国家安全工作的强大思想武器。对于新时代坚持总体国家安全观，坚定不移走中国特色国家安全道路，完善国家安全体制机制，加强国家安全能力建设，有效维护国家安全，实现"两个一百年"奋斗目标、实现中华民族伟大复兴的中国梦，具有十分重要的意义。党的十九大报告、党的二十大报告强调，统筹发展和安全，增强忧患意识，做到居安思危，是我们党治国理政的一个重要原则。

知识目标

通过本章学习，使学生了解新时代国家安全的基本内涵与现实意义，学习习近平总书记关于总体国家安全观的论述，牢固树立总体国家安全观。

素养目标

通过本章学习，使学生提高对总体国家安全观的基础认知，增强对总体国家安全观的知识认知，促进国家安全的警醒意识，增进对党统筹领导国家安全的理解和支持，成为爱党爱国的中国特色社会主义建设者和接班人。

思政目标

引导学生认识到国家安全是安邦定国的重要基石，明确维护国家安全是全国各族人民根本利益所在。使学生牢记习近平总书记关于国家总体安全观的论述，珍惜先辈筚路蓝缕开创的事业，把国家的总体安全意识凝汇到学习生活的日常实践中，捍卫秀美江山的国家安全。

第一节　习近平总书记关于总体国家安全观的重要论述

一、总体国家安全观对中华民族伟大复兴的重要意义

2014年4月15日，习近平总书记主持召开中央国家安全委员会第一次会议并发表重要讲话，他指出，当前我国国家安全内涵和外延比历史上任何时候都要丰富，时空领域比历史上任何时候都要宽广，内外因素比历史上任何时候都要复杂，必须坚持总体国家安全观，以人民安全为宗旨，以政治安全为根本，以经济安全为基础，以军事、文化、社会安全为保障，以促进国际安全为依托，走出一条中国特色国家安全道路。

总体国家安全观是以习近平同志为核心的党中央立足中国安全实际、准确把握世界安全形势而提出的重大战略思想，是新时代维护国家安全和社会稳定所必须长期坚持的重要遵循，也是我们党践行全心全意为人民服务根本宗旨的生动体现，标志着我们党领导国家安全工作的能力更加成熟。

习近平总书记在党的二十大报告中指出："我们贯彻总体国家安全观，以坚定的意志品质维护国家主权、安全、发展利益，国家安全得到全面加强。"在全面推进社会主义现代化建设的新征程上，我们要进一步加强党对国家安全工作的集中统一领导，以总体国家安全观为指导，构建中国特色国家安全体系，全方位维护好国家安全。

（一）政治安全是实现中国梦的基本前提

习近平总书记在党的二十大报告中指出："我们要坚持以人民安全为宗旨、以政治安全为根本、以经济安全为基础、以军事科技文化社会安全为保障、以促进国际安全为依托，统筹外部安全和内部安全、国土安全和国民安全、传统安全和非传统安全、自身安全和共同安全，统筹维护和塑造国家安全，夯实国家安全和社会稳定基层基础，完善参与全球安全治理机制，建设更高水平的平安中国，以新安全格局保障新发展格局。"

政治安全是国家安全的根本内容，关乎党和国家的安危。政治安全要求强化忧患意识，提高政治警觉，把维护国家政治安全特别是政权安全、制度安全放在第一位，提高对各种矛盾问题预测预警预防能力。关于政治安全，可以从内外两方面理解。对内而言，一般是指政治体系结构合理，政治环境和政治生态稳定，国家政权正常运转，主流意识形态占主导地位；对外而言，主要是指国家主权独立和领土完整。旗帜鲜明讲政治是中国共产党作为马克思主义政党的根本要求，政治安全是根本性安全，起到纲举目张的作用，直接决定和影响着其他领域安全的实现，无论是传统安全还是非传统安全，其效果最终都体现在国家政治安全上。

中国特色社会主义进入新时代，我国经济总量不断攀升，人民生活水平阔步迈向小康，为维护国家政治安全营造了良好的国内环境。但我们也要清醒认识到，当前我国政治领域所面临的挑战依旧存在，各种不确定因素叠加在一起，增加了维护政治安全的难度。一方面，主流意识形态遭到多元社会思潮的冲击。随着我国融入全球化的速度不断加快，改革开放的程度日益加深，一些西方资本主义国家加大了意识形态的扩张，历史虚无主义、民粹主义等社会思潮悄然地通过网络等途径渗透到我国社会中，对我国主流意识形态造成了一定冲击。如果这些社会思潮恣意传播，就会消解人民群众对马克思主义指导思想和中国特色社会主义共同理想的价值认同，削弱主流意识形态话语权的影响力。另一方面，国际安全环境依然存在不确定性。虽然和平与发展仍是当今时代的主题，但霸权主义、强权政治、单边主义等影响因素相互交织，敌对势力企图西化分化污化社会主义中国的危险长期存在，我们党所面临的政治安全风险受到严峻考验。

政治安全、政权稳定是实现中华民族伟大复兴中国梦的基本前提。从历史逻辑看，中国共产党团结带领全国各族人民战胜了各种风险挑战实现民族独立和人民解放，建立了中华人民共和国和中国特色社会主义制度。从现实逻辑看，中国特色社会主义进入新时代，我们正前所未有地接近实现中华民族伟大复兴的目标，中国共产党作为长期执政的马克思主义政党，实现民族复兴是我们党的使命。只有保证政治安全，才能有效化解各种风险挑战，才能提高党的执政能力和执政水平，才能继续在中华民族伟大复兴的历史征程中披荆斩棘、阔步向前。

（二）人民安全是实现民族复兴的强大力量

人民安全是最基本的安全，是贯彻落实总体国家安全观的宗旨。要构建集政治安全、国土安全、军事安全、经济安全、文化安全、社会安全、科技安全、信息安全、生态安全、资源安全、核安全等于一体的国家安全体系，同时，人民安全强调要以人民安全为宗旨，人民安全是其他安全的重要遵循，是所有安全工作的根本出发点和落脚点，国家各种安全都要以保障人民群众安全、维护人民群众安全权益为本质要求。人民安全还强调国泰民安是人民群众最基本、最普遍的愿望。实现中华民族伟大复兴的中国梦，保证人民安居乐业，国家安全是头等大事。维护国家安全，人民是基础性力量。总体国家安全观将人民安全置于重要地位，标志着我们党对国家安全的认识日趋成熟，国家安全理论体系日益健全。

人民安全是维护国家安全的根本追求和最终目的。贯彻落实以人民为中心的国家安全理念，不仅要保障全体人民安全，还要回应每个人对安全的新期许。人民希望祖国更加繁荣昌盛，大力改善社会生活水平，坚定维护国家统一和民族团结，为实现人民安居乐业提供可靠的安全支撑；人民希望党和政府更加关注民生，有效治理空气污染、土地污染、水污染，积极解决食品药品安全问题；人民希望有更加健全的公共安全应急管理体系，坚决打击暴力恐怖活动，妥善应对重大自然灾害和突发公共卫生事件。党和政府就要始终将保障人民安全放在首位，汇聚起维护国家安全、实现民族复兴的强大力量。

（三）经济发展及综合国力的提升是国家安全的基础和重要保障

党的十八大以来，以习近平同志为核心的党中央在科学分析国内外经济发展形势、准确把握我国基本国情的基础上，针对我国经济发展的阶段性特征做出了许多重大战略部署。我国经济发展要营造有利于经济社会发展的安全环境，在发展中更多考虑安全因素，努力实现发展和安全的动态平衡，全面提高国家安全工作能力和水平。这些战略部署为新形势下贯彻新发展理念、深化创新驱动发展模式、防范化解经济领域的各种风险挑战、保持强劲的经济动力使发展成果更多更好惠及全体人民，以及实现中华民族伟大复兴提供了充足的物质保障。

经济发展和国家安全的关系是辩证统一的，如鸟之两翼、车之两轮，共同保障中国综合国力的提升。一方面，国家安全是社会经济发展的前提。中国正是在几十年的和平期间，不断增强经济实力，提升综合国力，成为世界第二大经济体。特别是改革开放以来，我国经济结构持续优化，创造了人类减贫奇迹。这些成就充分证明了中国经济腾飞的基本前提是国家安全与社会稳定。另一方面，经济发展是国家安全的保障。只有坚持从基本国情出发，坚持发展中国家定位不动摇，以新发展理念引领更高质量发展，不断提升国际竞争力和影响力，才能保障民生，增进人民福祉，防范化解发展过程中的风险隐患，有效抵御国际环境变化带来的各种挑战，夯实国家安全的经济基础。

实现中华民族伟大复兴不仅需要高质量的发展，更离不开安全有序的发展环境。经济基础决定上层建筑，正是基于此，我国坚持总体国家安全观需要以经济安全为基础。只有经济安全了才能保证政治、民生、文化等方面的健康发展，才能大幅度提高国家综合实力，才能增强抵御外部环境冲击的能力，从而有力助推中华民族伟大复兴的前进步伐。

为此，要坚持社会主义基本经济制度不动摇，牢固树立公有制的主体性地位，这是维护我国经济安全的最本质要求。在此基础上吸收和借鉴一切有利于加快经济发展的因素，通过不断深化经济体制改革来完善社会主义市场经济体制，以转变发展方式、优化经济结构、转换增长动力等举措来推动实现经济的更高速度、更高质量、更可持续的发展。

（四）文化安全为实现中华民族伟大复兴保驾护航

在总体国家安全观中，军事、文化、社会安全都是国家安全的重要保障。其中，文化安全具有不可替代的重要作用，直接影响到其他方面安全工作的成效。随着全球化程度的日益加深，世界各国不仅在经济实力、科技实力、人才实力上比拼，也在文化领域交锋，且越来越受到各国的重视，成为影响国家政治稳定、经济社会发展的重要因素。因此，始终保持对外来文化的借鉴与批判态度，捍卫我国文化领域安全，增强文化自信，提升国家文化软实力，是新时代背景下我国需要格外重视的一项工作。

文化兴则国运兴，文化强则民族强。文化是国家软实力的集中体现，是中华民族的精神命脉，文化的兴盛衰败与民族的命运紧密相连，因此，保障文化安全是民族走向昌盛的基本前提。如果国家文化安全得不到保障，中华优秀传统文化将很难延续下去，国民将失去精神寄托和精神支撑，实现中华民族伟大复兴也将成为空谈。

一方面，文化是各民族团结一心、奋勇向前的精神纽带。我国 56 个民族为中华民族的发展和壮大做出了杰出的贡献，每个民族都有其独特的文化和历史传统，各民族能够紧密团结在一起缘于大家对中华五千多年民族文化的认同。另一方面，文化兴盛与否关乎国家和民族命运。当半殖民地半封建的旧中国受到帝国主义、封建主义、官僚资本主义的压迫时，毛泽东等中国共产党人高举马克思主义伟大旗帜，用马克思主义理论指导实践，使马克思主义先进文化成为广大中国人民自觉接受的文化。因此，只有维护好国家文化安全，才能为实现中华民族伟大复兴保驾护航。

二、国际安全为实现中国梦营造有利外部环境

（一）总体国家安全观为构建中国特色国家安全体系奠定了理论基础

总体国家安全观是在国内形势纷繁复杂、国际形势动荡变革之际提出来的，是适应新形势下国内外安全新特征的发展要求，也是顺应世界多极化、经济全球化、文化多样化的时代要求，充分反映了世界各国人民渴望和平、谋求发展的诉求。总体国家安全观不仅着眼国内安全，还重视国际环境的共同安全，注重两者的相互协调和统筹发展，超越了传统国家安全观的局限。党中央要求我们贯彻落实总体国家安全观，必须既重视外部安全，又重视内部安全，对内求发展、求变革、求稳定、建设平安中国，对外求和平、求合作、求共赢、建设和谐世界。总体国家安全观为构建中国特色国家安全体系奠定了理论基础，也为维护国际和平和共同安全贡献了中国智慧、中国方案，有助于营造一个互利互惠、合作共赢的和谐世界，促进共同发展，实现共同繁荣。

中国的发展离不开世界，中华民族伟大复兴的实现也离不开各民族和世界的支持。随着全球化程度深入发展，国与国之间交往规模不断扩大，国际社会逐渐成为相互影响、相互促进、相互依存的有机整体，成为命运共同体，任何一个国家的兴衰存亡不仅与本国有关，还有可能产生蝴蝶效应，深刻影响整个世界。近年来一系列世界性问题给各国敲响了警钟：当面对危害世界共同安全的问题时，世界各国只有摒弃种族差异、偏见、隔阂的观念，积极主动寻求合作，才能达成共识，形成战胜灾难的合力。

（二）安全的国际环境是实现中华民族伟大复兴的外部依托

安全的国际环境是实现中华民族伟大复兴的外部依托。与党中央所倡导的“共同安全、综合安全、合作安全、可持续安全”的亚洲安全观一样，总体国家安全观也强调共同安全，尤其是“国际共同安全”。20 世纪 80 年代，邓小平创造性地提出和平与发展是时代主题的重要论断，随后我国改革开放取得了翻天覆地的历史性成就。进入新时代，虽然我们仍然面临现代化进程中的各种风险和挑战，但和平与发展仍是时代的主题，和平发展的机遇还在。随着中国的快速崛起，个别西方媒体大肆炒作“中国威胁论”，故意制造争端，企图影响我国的发展速度。为消除不利因素，我们要全方位强化国际安全合作，促进国际共同安全，为实现中华民族伟大复兴营造有利的外部环境。

进入新时代，中国人民从未如此接近实现复兴的梦想，越是接近梦想，就越需要守护和平。在实现梦想的征程中，我们要以总体国家安全观为理论指导，构建中国特色国家安全体系，坚持走中国特色国家安全道路，以维护国家政治安全为根本，以保障人民生命安全为宗

旨,以确保国家经济安全为基础,以加强国家文化安全为保障,以推进国际安全为依托,贯彻落实总体国家安全观的各项要求,为实现“两个一百年”奋斗目标、实现中华民族伟大复兴的中国梦提供坚实的安全保障。

三、党的二十大对加强新时代国家安全的新要求

(一)推进国家安全体系和能力现代化,坚决维护国家安全和社会稳定

习近平总书记在党的二十大报告中指出:国家安全是民族复兴的根基,社会稳定是国家强盛的前提。必须坚定不移贯彻总体国家安全观,把维护国家安全贯穿党和国家工作各方面全过程,确保国家安全和社会稳定。

我们要坚持以人民安全为宗旨、以政治安全为根本、以经济安全为基础、以军事科技文化社会安全为保障、以促进国际安全为依托,统筹外部安全和内部安全、国土安全和国民安全、传统安全和非传统安全、自身安全和共同安全,统筹维护和塑造国家安全,夯实国家安全和社会稳定基层基础,完善参与全球安全治理机制,建设更高水平的平安中国,以新安全格局保障新发展格局。

(二)党的二十大对健全国家安全体系,完善高效权威的国家安全领导体制的要求

(1)健全国家安全体系。坚持党中央对国家安全工作的集中统一领导,完善高效权威的国家安全领导体制。强化国家安全工作协调机制,完善国家安全法治体系、战略体系、政策体系、风险监测预警体系、国家应急管理体系,完善重点领域安全保障体系和重要专项协调指挥体系,强化经济、重大基础设施、金融、网络、数据、生物、资源、核、太空、海洋等安全保障体系建设。健全反制裁、反干涉、反“长臂管辖”机制。完善国家安全力量布局,构建全域联动、立体高效的国家安全防护体系。

(2)增强维护国家安全能力。坚定维护国家政权安全、制度安全、意识形态安全,加强重点领域安全能力建设,确保粮食、能源资源、重要产业链供应链安全,加强海外安全保障能力建设,维护我国公民、法人在海外合法权益,维护海洋权益,坚定捍卫国家主权、安全、发展利益。提高防范化解重大风险能力,严密防范系统性安全风险,严厉打击敌对势力渗透、破坏、颠覆、分裂活动。全面加强国家安全教育,提高各级领导干部统筹发展和安全能力,增强全民国家安全意识和素养,筑牢国家安全人民防线。

(3)提高公共安全治理水平。坚持安全第一、预防为主,建立大安全大应急框架,完善公共安全体系,推动公共安全治理模式向事前预防转型。推进安全生产风险专项整治,加强重点行业、重点领域安全监管。提高防灾减灾救灾和重大突发公共事件处置保障能力,加强国家区域应急力量建设。强化食品药品安全监管,健全生物安全监管预警防控体系。加强个人信息保护。

(4)完善社会治理体系。健全共建共治共享的社会治理制度,提升社会治理效能。在社

会基层坚持和发展新时代“枫桥经验”，完善正确处理新形势下人民内部矛盾机制，加强和改进人民信访工作，畅通和规范群众诉求表达、利益协调、权益保障通道，完善网格化管理、精细化服务、信息化支撑的基层治理平台，健全城乡社区治理体系，及时把矛盾纠纷化解在基层、化解在萌芽状态。加快推进市域社会治理现代化，提高市域社会治理能力。强化社会治安整体防控，推进扫黑除恶常态化，依法严惩群众反映强烈的各类违法犯罪活动。发展壮大群防群治力量，营造见义勇为社会氛围，建设人人有责、人人尽责、人人享有的社会治理共同体。

四、习近平总书记在二十届中央国家安全委员会第一次会议发表重要讲话

（一）习近平主持召开二十届中央国家安全委员会第一次会议①

中共中央总书记、国家主席、中央军委主席、中央国家安全委员会主席习近平于2023年5月30日下午主持召开二十届中央国家安全委员会第一次会议。中共中央政治局常委、中央国家安全委员会副主席李强、赵乐际、蔡奇出席会议。

会议指出，中央国家安全委员会坚持发扬斗争精神，坚持并不断发展总体国家安全观，推动国家安全领导体制和法治体系、战略体系、政策体系不断完善，实现国家安全工作协调机制有效运转、地方党委国家安全系统全国基本覆盖，坚决捍卫了国家主权、安全、发展利益，国家安全得到全面加强。

会议强调，当前我们所面临的国家安全问题的复杂程度、艰巨程度明显加大。国家安全战线要树立战略自信、坚定必胜信心，充分看到自身优势和有利条件。要坚持底线思维和极限思维，准备经受风高浪急甚至惊涛骇浪的重大考验。要加快推进国家安全体系和能力现代化，突出实战实用鲜明导向，更加注重协同高效、法治思维、科技赋能、基层基础，推动各方面建设有机衔接、联动集成。

会议指出，要以新安全格局保障新发展格局，主动塑造于我有利的外部安全环境，更好维护开放安全，推动发展和安全深度融合。要推进维护和塑造国家安全手段方式变革，创新理论引领，完善力量布局，推进科技赋能。要完善应对国家安全风险综合体，实时监测、及时预警，打好组合拳。

会议强调，国家安全工作要贯彻落实党的二十大决策部署，切实做好维护政治安全、提升网络数据人工智能安全治理水平、加快建设国家安全风险监测预警体系、推进国家安全法治建设、加强国家安全教育等方面工作。

会议审议通过了《加快建设国家安全风险监测预警体系的意见》《关于全面加强国家安全教育的意见》等文件。

---

① 习近平主持召开二十届中央国家安全委员会第一次会议强调，加快推进国家安全体系和能力现代化，以新安全格局保障新发展格局．央视网 2023. 5. 30

（二）加快推进国家安全体系和能力现代化，以新安全格局保障新发展格局

习近平在会上发表重要讲话强调，要全面贯彻党的二十大精神，深刻认识国家安全面临的复杂严峻形势，正确把握重大国家安全问题，加快推进国家安全体系和能力现代化，以新安全格局保障新发展格局，努力开创国家安全工作新局面。

第二节　牢固树立总体国家安全观，健全国家安全体系，增强国家安全能力

一、牢固树立总体国家安全观的“四个坚持”

2017 年 2 月 17 日，习近平总书记主持召开国家安全工作座谈会并发表重要讲话，他强调，认清国家安全形势，维护国家安全，要立足国际秩序大变局来把握规律，立足防范风险的大前提来统筹，立足我国发展重要战略机遇期大背景来谋划。世界多极化、经济全球化、国际关系民主化的大方向没有改变，要引导国际社会共同塑造更加公正合理的国际新秩序。要切实加强国家安全工作，为维护重要战略机遇期提供保障。不论国际形势如何变幻，我们要保持战略定力、战略自信、战略耐心，坚持以全球思维谋篇布局，坚持统筹发展和安全，坚持底线思维，坚持原则性和策略性相统一，把维护国家安全的战略主动权牢牢掌握在自己手中。

新时代贯彻总体国家安全观，就要全面落实习近平总书记提出的三个立足基础上的“四个坚持”，做到牢牢抓住并用好我国发展的重要战略机遇期，自觉把国家安全贯穿到党和国家工作各方面和全过程，同经济社会发展一起谋划、一起部署，自觉坚持系统思维和系统观念，努力构建大安全格局，不断促进国际安全和世界和平，为全面建设社会主义现代化国家提供坚强保障。

（一）坚持以全球思维谋篇布局

各国交往频繁，磕磕碰碰在所难免，关键是要坚持通过对话协商与和平谈判，妥善解决矛盾分歧，维护相互关系发展大局。要坚持维护和塑造国家安全，塑造是更高层次更具前瞻性的维护。通过发挥负责任大国作用，引导国际社会共同塑造更加公正合理的国际新秩序，推动各方朝着互利互惠、共同安全的目标相向而行。国际社会倡导综合安全、共同安全、合作安全的理念，使我们的地球村成为共谋发展的大舞台，而不是相互角力的竞技场，更不能为一己之私把一个地区乃至世界搞乱。为此，我们国家一定要认清国家安全形势，全力维护国家安全，立足当今世界百年未有之大变局来把握国家安全规律。重点防范世界动荡调整

带来的风险，去统筹加强国家安全，重点加强建设社会主义现代化强国发展战略机遇期的国家安全。

诚然，世界多极化、经济全球化、国际关系民主化的大方向没有变化，依然要高举合作、创新、法治、共赢的旗帜，引导国际社会共同塑造更加公正合理的国家新秩序，加强国际安全合作，完善全球安全治理体系，共同构建普遍安全的人类命运共同体，为世界和平做出新贡献。

不论国际形势如何变幻，我们要保持战略定力、战略自信、战略耐心，坚持以全球思维谋篇布局，把维护国家安全的战略主动权牢牢掌握在自己手中。

（二）坚持统筹发展和安全

党的十九大报告明确指出："统筹发展和安全，增强忧患意识，做到居安思危，是我们党治国理政的一个重大原则。"发展和安全是辩证统一的。安全是发展的前提，发展是安全的保障。只有国家安全和社会稳定，改革发展才能不断推进。前进道路上，我们要坚持发展和安全同步推进，实现高质量发展和高水平安全的良性互动。既要善于运用发展成果夯实国家安全的实力基础，又要善于塑造有利于经济社会发展的安全环境，以发展促安全、以安全保发展，努力建久安之势、成长治之业，实现发展和安全互为条件、彼此支撑。既通过发展提升国家安全实力，又深入推进国家安全思路、体制、手段创新，营造有利于经济社会发展的安全环境，在发展中更多考虑安全因素，努力实现发展和安全的动态平衡，全面提高国家安全工作能力和水平。推动创新发展、协调发展、绿色发展、开放发展、共享发展，前提都是国家安全、社会稳定。没有安全和稳定，一切都无从谈起。

统筹发展和安全，就是要增强忧患意识和风险意识，树立底线思维，把困难估计得更充分一些，把风险思考得更深入一些，积极主动、未雨绸缪，见微知著、防微杜渐，下好先手棋，打好主动仗，做好应对任何形式的矛盾风险挑战的准备，做好经济上、政治上、文化上、社会上、外交上、军事上各种斗争的准备，层层负责、人人担当，确保全面建设社会主义现代化国家这一伟大事业顺利推进。

（三）坚持底线思维

在总体国家安全观中，坚持底线思维就是分清整体的底线和各组成领域的底线。在总体国家安全观中，坚持整体的底线就是坚持政治安全的底线。政治安全是国家安全的根本，国家利益至上是国家安全的准则。在总体国家安全中，各种风险我们都要防控，但重点要防控那些可能迟滞或中断中华民族伟大复兴进程的全局性风险，这是党中央一直强调底线思维的根本含义。

政治安全是指国家主权、政权、政治制度、政治秩序以及意识形态等方面免受威胁、侵犯、颠覆、破坏的客观状态。政治安全的核心是政权安全和制度安全，最根本的就是维护中国共产党的领导和执政地位、维护中国特色社会主义制度。各种敌对势力从来没有停止对我国实施西化、分化战略，从来没有停止对中国共产党领导和我国社会主义制度进行颠覆破坏活动，始终企图在我国策划"颜色革命"。

新时代维护国家政治安全，集中表现为对外捍卫国家主权和领土完整，对内坚定中国特色社会主义道路自信、理论自信、制度自信、文化自信。主权独立和领土完整是国家生存发展的前提和基础，维护国家政治安全最基础的就是确保中华人民共和国主权和领土不受侵犯、国家不被分裂。国家安全工作要适应新时代新要求，一手抓当前、一手谋长远，更加积极主动做好维护政治安全、健全国家安全制度体系、完善国家安全战略和政策、强化国家安全能力建设、防控重大风险、加强法治保障、增强国家安全意识等各方面工作。

在总体国家安全观中，还存在各组成领域的底线。在涉及各领域中，也必须存在底线思维，才能保证各领域基本安全和各领域工作的顺利开展。提高底线思维能力，就是要始终保持清醒头脑，增强忧患意识，居安思危、未雨绸缪，做好应付最坏局面的准备。如果防范不及，应对不力，风险就会传导、叠加、演变、升级，最终危及党的执政地位，危害人民的根本利益，危害国家安全。

（四）坚持原则性和策略性相统一

习近平总书记的系列讲话明确提出了“新时代总体国家安全观”原则性要求，在党的领导下，依靠全国各族人民，捍卫国家和人民的根本利益，把维护国家安全的战略主动权牢牢掌握在自己手中。在坚持原则性的前提下，依据发展变化了的情况采取策略性做法，实现原则性和策略性的统一。

在坚持原则性基础上，策略性对待国家安全的动态过程。在现阶段，影响和制约我国统筹发展和安全的因素持续增加，主要矛盾和矛盾的主要方面不断变换。只有从事物矛盾运动原理出发，不断强化问题导向，才能积极有效化解统筹发展和安全中出现的具体问题。

在坚持原则性基础上，策略性对待国家安全的发展状态。当今世界正经历百年未有之大变局，新型冠状病毒肺炎全球大流行使这个大变局加速变化。总体国家安全观着重考量的是长远战略、长远布局，不仅着眼当前，立足于现实需要，更考虑未来，是构建全方位国家安全体系的总体思路。当危及国家安全的形态、对象、手段、时空领域发生变化时，维护国家安全的目标设计和战略战术也要做出相应调整。这就要求我们打破单纯维护某一特定领域安全的思维定式，树立维护国家综合安全和战略利益拓展的思想观念，不断创新维护国家安全的方式方法。

在坚持原则性基础上，策略性对待国家安全的矛盾转化。总体国家安全观要求在国家安全工作中，把积极维护国家安全、化解社会矛盾和安全威胁与防范化解重大安全风险有机结合起来，把握国家安全的发展规律，掌握多方面引发国家安全风险的矛盾和挑战发生、发展的规律和特点，从而有的放矢地解决现实矛盾，巩固和维护安全局面。

在坚持原则性基础上，策略性对待国家安全的系统平衡转化。国家安全是个巨系统的复杂工程，只有运用系统方法分析和解决问题，从多因素、多层次、多方面入手研究发展和安全，从系统论出发优化统筹方式，才能协调确定好各项战略和政策的定位和功能。因此，我们要把坚持总体国家安全观摆在统筹发展和安全工作的核心位置，同经济社会发展一起谋划、一起部署，把国家安全贯穿到党和国家工作全过程全领域，着力构建大安全格局。

二、健全国家安全体系，增强国家安全能力

（一）明确安全战略目标

2014年4月15日，习近平总书记在中央国家安全委员会第一次会议上指出，贯彻落实总体国家安全观，必须既重视外部安全，又重视内部安全，对内求发展、求变革、求稳定、建设平安中国，对外求和平、求合作、求共赢、建设和谐世界；既重视国土安全，又重视国民安全，坚持以民为本、以人为本，坚持国家安全一切为了人民、一切依靠人民，真正夯实国家安全的群众基础；既重视传统安全，又重视非传统安全，构建集政治安全、国土安全、军事安全、经济安全、文化安全、社会安全、科技安全、信息安全、生态安全、资源安全、核安全等于一体的国家安全体系；既重视发展问题，又重视安全问题，发展是安全的基础，安全是发展的条件，富国才能强兵，强兵才能卫国；既重视自身安全，又重视共同安全，打造命运共同体，推动各方朝着互利互惠、共同安全的目标相向而行。

当前形势下，我国正处于一个发展的关键时期，也处于一个安全的敏感时期，面临着内外交织，复杂多变的安全环境。因此，要有效维护国家的安全利益，努力完善国家安全战略，积极构建维护国家安全与发展的体制机制和运行模式，对于确保国家安全稳定发展的大局来说，具有重大的战略意义。

国家安全战略目标是维护国家利益所要达到的目的与标志。其形成既有国家安全的内外环境因素，也有对历史上国家安全战略的继承与发展。从中华人民共和国成立以来的理论与实践，特别是新世纪新阶段国际安全环境和我国努力实现的“三大任务”来看，当前我国安全战略的主要目标定位于：以“互信、互利、平等、协作”为核心，建立国家之间的“互利、协作、共赢”的安全合作机制，反对霸权主义和强权政治，促进世界和平与发展，建立公正、合理的国际政治经济新秩序，努力构建“人类命运共同体”；切实维护国家领土、主权的独立、完整和统一，切实维护我国的发展道路、发展利益，维护国家安定的国内环境、周边环境和亚太地区环境，促进国家的繁荣发展和社会的和谐进步。

（二）拓展安全战略范畴

国家安全战略的基本范畴，主要包含政治安全、军事安全、经济安全、科技安全、文化安全、社会安全、生态安全七个领域。其中，又以事关国家安全根本的政治安全为核心和前提，以经济安全、文化安全、生态安全为基础，以军事安全为支柱，以科技安全为动力，以社会安全为保障，从而构成国家综合安全战略的全部范畴。在这个范畴内，国家安全的重点是不断发展变化的。随着世界科技的进步尤其是信息技术的发展，信息安全逐步成了当代国家安全的重要内核，并最终推动信息社会的逐步建立。在社会信息化的进程中，“从世界范围看，网络安全威胁和风险日益突出，并日益向政治、经济、文化、社会、生态、国防等领域传导渗透。特别是国家关键信息基础设施面临较大风险隐患，网络安全防控能力薄弱，难以有效应对国家级、有组织的高强度网络攻击”。当信息技术把地球变成“一个村”时，信息技术将以

能够渗透和影响到整个世界的政治、经济、军事、文化、社会等所有领域来影响人类全方位、多层次的社会生活。所以，在做好其他安全筹划的同时，必须加强对信息安全的研究与掌控，以信息安全保障和推动整体安全利益的实现。

（三）优化安全战略体制

安全体制的健全与完善，是国家安全利益在国家权力机构、监督机构与执行机构等基础上得以实现的坚强保障。实践证明，国家安全体制越健全、越科学，国家的安全系数就越高；反之，国家的安全体制落后于时代需要，就会对国家安全造成负面影响和不良后果。新世纪新阶段，随着我国国家安全战略体制的确立，其完善工作需要涵盖国家政治体制、经济体制、军事体制、文化体制、科技创新体制、公共卫生体制、社会动员体制、社会保障体制等所有领域。而当前的重点，应完善主管国家安全范畴的军事、经济、科技、文化、社会、生态安全等专门机构，用以协调国家各职能部门处置有关国家安全的重大问题。结合国家安全一系列法规制度建设与执行，传统安全威胁与非传统安全威胁并存与变迁，以及整个社会安全意识的提高和国防实力的增强等现实基础，不断完善国家安全战略的运行机制，努力维护政治、经济、文化、社会、生态全面发展的良好局面。

（四）完善安全运行模式

国家安全体制的运行模式，是国家在长期抵御和处置各种安全危机甚至战争中所形成和建立起来的。当前我国的安全体制运行模式，已逐步形成了一套具有中国特色的科学有效的运行模式，包含以下步骤："明确功能—分析环境—制定方针—统筹规划—确定目标—战略调整—明确策略—评估反馈"。这种国家安全体制的运行模式，以由国家性质所决定的国家功能为开端，参考内外环境因素制定国家安全战略方针，然后统筹国家安全目标并随着时代的发展而进行战略调整，进一步确定针对性的国家内外政策和国家安全策略，最后对整个国家安全体制的运行进行评估、反馈和重新调整。这样一个内在逻辑严密，具有周期性、循环性且又彼此紧密关联的系统，反映了国家安全体制运行的整个过程。在实际运行过程中，应结合实际情况灵活运筹，不断充实、完善和提高。

三、完善集中统一、高效权威的国家安全领导体制

（一）习近平总书记关于"完善集中统一、高效权威的国家安全领导体制"的重要论述

2014 年 4 月 15 日，习近平总书记在中央国家安全委员会第一次会议上指出，党的十八届三中全会决定成立国家安全委员会，是推进国家治理体系和治理能力现代化、实现国家长治久安的迫切要求，是全面建成小康社会、实现中华民族伟大复兴中国梦的重要保障，目的就是更好适应我国国家安全面临的新形势新任务，建立集中统一、高效权威的国家安全体制，加强对国家安全工作的领导。中央国家安全委员会要遵循集中统一、科学谋划、统分结

合、协调行动、精干高效的原则，聚焦重点，抓纲带目，紧紧围绕国家安全工作的统一部署狠抓落实。

（二）加强国家安全委员会系统建构

2013 年 11 月 12 日，公布了党的十八届三中全会《公报》。《公报》指出，中央将设立国家安全委员会，完善国家安全体制和国家安全战略，确保国家安全。2014 年 1 月 24 日，中共中央政治局召开会议，研究决定，中央国家安全委员会由习近平任主席，李克强、张德江任副主席，下设常务委员和委员若干名。中央国家安全委员会作为中共中央关于国家安全工作的决策和议事协调机构，统筹协调涉及国家安全的重大事项和重要工作。至此，我国就拥有了应对国内外综合安全和制定国家安全战略的顶层运作机制，预示着新一届中央领导集体关于国家安全战略思路的清晰化、科学化。

党的十八大以来，中央一直强调要统筹国际国内两个大局，整合对内对外事务。当前必须面对的现实是，国家安全形势相比 21 世纪第一个十年要复杂得多，国家安全往往涉及军事、外交、情报、公安、安全等部门和工作，还涉及海洋权益、金融、信息化和互联网等部门。

面对日趋复杂的国家安全态势，国家安全委员会的应运而生，既是与国际接轨，也是应对安全形势趋于严峻复杂的时代挑战做出的重要安排。特别是近期以来，我国面临的国家安全方面的任务和挑战更加复杂多元，迫切需要一个权威性机构对国家安全力量进行统一领导、集中决策和统筹协调，在国家层面对国家安全战略进行规划，更好地发挥统筹作用。

新成立的中国国家安全委员会，作为国家安全的最高决策应对机构，其职能囊括了议事、决策和统筹三大功能。其中，议事主要是，进行顶层规划，为国家安全与国家利益研究拟定长远的战略，审议重大问题；决策主要是，面对当前国际环境下的传统安全和非传统安全问题，协调解决重大事项；统筹主要是，应对跨部门的突发事件，从整体上进行协调，调度军队和外交资源等。一个具有最高权威的、系统化的国家安全委员会，也更有利于解决重大安全挑战问题上“多头管理，难以决断”的弊端。正如习近平总书记所指出，目前“我们的安全工作体制机制还不能适应维护国家安全的需要，需要搭建一个强有力的平台统筹国家安全工作”。而认清有些问题已超出传统安全部门和体系的能力、职权、规则的范围，因而必须跟上时代的变化趋势，不断发展完善新的国家安全委员会架构下的各项要素建设。这也是我们新时期应有的一种战略自信和战略清醒，也是贯彻落实“新安全观”的实际举措。

在全面坚持党的领导前提下，国家安全委员会将实现对中国安全体制的再配置。一方面，整合以往分散的安全领导职能，包括承担或者部分承担、整合或者部分整合中央国家安全领导小组和外事工作领导小组（实为一套人马两块牌子）及中央政法委的对外和对内职能，以及吸收当下已撤销的中央海洋权益工作领导小组职能。其中也含有从党的层面来统领协调党政军群等各个层面的内外安全工作。另一方面，建立具有最高权威的跨部门协调机制，对包括外交部、中联部、军队对外机构等安全与外事部门，公安部、国家安全部等内务安保部门，国家能源委员会、国家海洋局等相关部门，以及涉港或涉台部门，国家民族事务委员会、宗教事务委员会和人大、政协的相关内外机构及其经济、群众等相关部门的安全决策进行统筹协调，以确保国家整体安全效能提升。

在中国国家安全委员会的系统建构中，其完善的系统建构将注重维护“双安全”：对外维护主权安全，包括领土安全、国家基本利益维护、中国外部环境的安全等；对内维护政治安全，包括政权安全、社会稳定、民族宗教政策的落实和战略机遇期的维护等。而一些分阶段建立的中央和国家级的安全管理机构和运行机制，也都在接受实践检验的基础上，逐步细化。在现阶段，对国家安全领导体制建构，还将包括常设决策实体及综合协调与专项决策辅助机构建设，加强国家安全委员会领导下的安全会议，确定参会相关的参与对象并明确其职责；协调危机公关、应对统一行动或共享情报资源。

四、健全国家安全法律制度体系

（一）习近平总书记关于“健全国家安全法律制度体系”的论述

2017 年 10 月 18 日，习近平总书记在党的十九大作的题为《决胜全面建成小康社会　夺取新时代中国特色社会主义伟大胜利》的报告中指出，有效维护国家安全。国家安全是安邦定国的重要基石，维护国家安全是全国各族人民根本利益所在。要完善国家安全战略和国家安全政策，坚决维护国家政治安全，统筹推进各项安全工作。健全国家安全体系，加强国家安全法治保障，提高防范和抵御安全风险能力。严密防范和坚决打击各种渗透颠覆破坏活动、暴力恐怖活动、民族分裂活动、宗教极端活动。加强国家安全教育，增强全党全国人民国家安全意识，推动全社会形成维护国家安全的强大合力。

（二）健全国家安全法律制度，构筑国家安全铜墙铁壁

1. 统筹发展安全，制定《中华人民共和国生物安全法》

党的十八届四中全会决定提出，贯彻落实总体国家安全观，加快国家安全法治建设，抓紧出台一批急需法律，推进公共安全法治化，构建国家安全法律制度体系。随着国内外环境深刻复杂变化和生物技术快速发展，生物安全已成为国家安全的新疆域。2020 年 10 月 17 日，十三届全国人大常委会第二十二次会议表决通过《中华人民共和国生物安全法》（以下简称《生物安全法》），自 2021 年 4 月 15 日起施行。《生物安全法》坚持总体国家安全观，完善风险防控体制机制，用法律划定生物技术发展边界，增强主动应对风险挑战的能力，全面规范生物安全相关活动，聚焦生物安全领域主要风险，就防控重大新发突发传染病和动植物疫情、生物技术研究开发与应用安全、病原微生物实验室生物安全、人类遗传资源和生物资源安全、防范生物恐怖袭击和生物武器威胁等，分设专章做出有针对性的规定。此外，《生物安全法》还加强生物安全能力建设，从严设定法律责任。《生物安全法》的颁布和实施，对保障人民生命健康、维护国家安全、提升国家生物安全治理能力、完善生物安全法律体系具有重要功效和价值。

2. 应对风险挑战，制定《中华人民共和国出口管制法》

出口管制是指对特定物项的出口采取禁止或者限制性措施，以对该物项的使用主体或者用途进行控制。实施出口管制，是国际通行的履行防扩散等国际义务的做法，也日益成为维护国家安全和利益的重要手段。2020 年 10 月 17 日，十三届全国人大常委会第二十二次会议通过了《中华人民共和国出口管制法》（以下简称《出口管制法》），自 2020 年 12 月 1 日起施行。《出口管制法》确保管制物项、主体和行为全覆盖，建立出口管制清单、临时管制和全面管制制度体系，明确实行出口经营资格和出口许可制度，明确实行最终用户和最终用途管理，对域外适用和反制措施做出规定。此外，还对出口管制的管理体制、监督管理和法律责任等内容作了规定。

3. 加快构建完善中国特色军事法治体系

2020 年以来，全国人大常委会对《中华人民共和国人民武装警察法》《中华人民共和国国防法》进行了系统完善，并制定了《中华人民共和国海警法》，为有效维护国家军事安全提供了强有力法治保障。

2020 年 6 月 20 日，十三届全国人大常委会第十九次会议审议通过了修订后的《中华人民共和国人民武装警察法》，自 2020 年 6 月 21 日起施行。此次修订旨在保障党中央、中央军委对武警部队集中统一领导，加快推进武警部队建设发展、有效履行职责使命。

2020 年 12 月 26 日，十三届全国人大常委会第二十四次会议审议通过了修订后的《中华人民共和国国防法》，自 2021 年 1 月 1 日起施行。此次修订调整了国家机构的国防职权，增加了军委主席负责制的内容，充实了武装力量的任务和建设目标，明确了重大安全领域防卫政策，充实完善了国防教育和国防动员制度，强化了对军人地位和权益的保护，充实了对外军事关系方面的政策制度。修订后的《中华人民共和国国防法》为维护国家主权、安全、发展利益，推进国防和军队现代化提供了坚强法律保障。

制定《中华人民共和国海警法》，是贯彻落实党中央、中央军委重大改革决策部署，有效维护国家主权、安全和海洋权益，加快建设海洋强国的重要举措。2021 年 1 月 22 日，十三届全国人大常委会第二十五次会议表决通过《中华人民共和国海警法》，自 2021 年 2 月 1 日起施行。《中华人民共和国海警法》的颁布实施，对于完善海上维权执法体制机制，规范海上维权执法活动，推动海上维权执法力量建设，全面提升海上治理体系和治理能力现代化水平，提高我国海洋维权能力，维护国家海上安全具有重要意义。

4. 制定实施《中华人民共和国香港特别行政区维护国家安全法》

2020 年 5 月 28 日，十三届全国人大三次会议通过了《全国人民代表大会关于建立健全香港特别行政区维护国家安全的法律制度和执行机制的决定》，同时授权全国人大常委会制定相关法律。6 月 30 日，全国人大常委会依据《中华人民共和国宪法》《中华人民共和国香港特别行政区基本法》和全国人大的有关决定，制定《中华人民共和国香港特别行政区维护国家安全法》并将其列入《中华人民共和国香港特别行政区基本法》附件三在香港特别行政区公布实施。

《中华人民共和国香港特别行政区维护国家安全法》自实施以来，有效打击了与香港特别行政区有关的危害国家安全犯罪，堵塞香港特别行政区在维护国家安全法律制度和执行机制方面存在的漏洞，有力地维护了国家主权、安全、发展利益和香港的长期繁荣稳定，香港走上由乱转治的良好局面。《中华人民共和国香港特别行政区维护国家安全法》的实施，对特区的政局和管治产生了立竿见影的效果，并在多方面为香港营造了一个有利于实现特区有效管治和长治久安的政治和社会环境。

第三节　新时代大学生应正确看待国家安全形势

一、习近平总书记关于国家安全形势的重要论述

党的十九大报告把“坚持总体国家安全观”，作为中国特色社会主义基本方略的重要内容，凸显了新时代国家安全在治国安邦中重要基石的地位作用，对有力应对国内外各种安全挑战、有效维护国家安全赋予了新使命，提出了更高要求。我们要准确把握新时代国家安全面临的新形势新任务新要求，牢牢掌握维护国家安全的战略主动权，奋力开拓国家安全工作新局面，为实现中国梦提供坚实安全保障。

（一）国家安全要“备豫不虞，为国常道”

2018 年 1 月 5 日，习近平总书记在新进中央委员会的委员、候补委员和省部级主要领导干部学习贯彻习近平新时代中国特色社会主义思想和党的十九大精神研讨班开班式上指出，“备豫不虞，为国常道”。当前，我国正处于一个大有可为的历史机遇期，发展形势总的是好的，但前进道路不可能一帆风顺，越是取得成绩的时候，越是要有如履薄冰的谨慎，越是要有居安思危的忧患，绝不能犯战略性、颠覆性错误。面对波谲云诡的国际形势、复杂敏感的周边环境、艰巨繁重的改革发展稳定任务，我们既要有防范风险的先手，也要有应对和化解风险挑战的高招；既要打好防范和抵御风险的有准备之战，也要打好化险为夷、转危为机的战略主动战。我们要继续进行具有许多新的历史特点的伟大斗争，准备战胜一切艰难险阻，朝着我们党确立的伟大目标奋勇前进。

（二）坚持总体国家安全观，走出一条中国特色国家安全道路

2014 年 4 月 15 日，习近平总书记在中央国家安全委员会第一次会议上提出，当前我国国家安全内涵和外延比历史上任何时候都要丰富，时空领域比历史上任何时候都要宽广，内外因素比历史上任何时候都要复杂，必须坚持总体国家安全观，以人民安全为宗旨，以政治安全为根本，以经济安全为基础，以军事、文化、社会安全为保障，以促进国际安全为依托，走出一条中国特色国家安全道路。

二、准确把握国家安全形势，牢固树立和认真贯彻总体国家安全观

（一）准确把握我国国家安全面临的形势变化，不断强化维护国家安全政治担当

中国特色社会主义进入新时代，中华民族迎来了从站起来、富起来到强起来的伟大飞跃，对国家安全提出前所未有的新要求。只有准确把握我国国家安全形势面临的新变化，才能与时俱进提升维护国家安全的战略能力，担起维护国家安全的历史责任。

国家安全内涵新拓展，要求提升维护大国安全所具备的战略能力。当前，国家安全的内涵和外延比历史上任何时候都要丰富，时空领域比历史上任何时候都要宽广，内外因素比历史上任何时候都要复杂。我们在站起来的时代，主要是实现民族解放、维护国家独立和新生政权安全；在富起来的时代，主要是维护日益拓展的国家利益、捍卫改革发展取得的重要成果；在强起来的时代，则要有能力去应对全方位安全、“走出去”后安全、新的疆域安全、地区性安全乃至全球性安全等问题。特别是随着我国向强国迈进，必须以全球视野，增强处理应对国际与地区安全问题的主动权，大力推进全球治理体系深层变革，提高与中国国际地位相称、与国家安全和发展利益相适应的大国安全战略能力。

国家安全面临新挑战，要求提升管控化解多重风险的综合能力。进入中国特色社会主义新时代，每一步战略目标的实现都必然伴随着高风险的重大安全挑战。这些重大安全挑战，既有来自国内的，也有来自国际的，既包括经济、政治、文化、社会风险等，也包括军事领域各种风险等，并且各种风险很可能内外联动、相互交织、共生演化，形成风险综合体，产生连锁反应。

如果发生重大风险扛不住，强国进程就可能被迫中断。这就要求我们必须把防范风险提升到新的高度，力争不出现重大风险或在出现重大风险时扛得住、过得去，力争把风险化解在源头。

国家安全提出新要求，要求提升维护国家安全的创新能力。当前我国仍处于社会转型期，各种矛盾错综复杂，同时处于中国国际地位提升与世界结构秩序和规则重构的特殊时期，国家安全呈现出国际性、系统性、全面性、交互性等特点，要求我们必须提升对国家安全重要性紧迫性的认识，增强忧患意识、危机意识和使命意识；深化对新形势下国家安全特点规律的研究，推进国家安全理论创新和思路创新，以新发展理念指导运筹国家安全，以全局视角定位国家安全，以整体思路规划国家安全；加强国家安全的全面合作，不断提升维护国家安全的综合能力和合作水平。

（二）深刻把握维护国家安全面临的新任务新要求，坚定不移走中国特色国家安全道路

党和国家的事业进入新时代，必须坚持以总体国家安全观为指导，更新价值理念，完善工作思路，健全制度机制，坚定不移走中国特色国家安全道路。

坚持党对国家安全工作的绝对领导。习近平总书记指出:“坚持党对国家安全工作的领导,是做好国家安全工作的根本原则。”党的十八大以来,中央决定成立国家安全委员会,研究部署国家安全工作,领导制定《中华人民共和国国家安全法》等,目的就是建立集中统一、高效权威的国家安全体制,加强党对国家安全工作的领导。面对当前错综复杂的国内外安全环境及其新任务新要求,必须不断强化党对国家安全工作领导的政治意识,健全完善党委统一领导的国家安全工作责任制,加强国家安全干部队伍建设,完善国家安全战略和国家安全政策,健全风险防控机制,切实做到守土有责、守土尽责。

全面贯彻落实总体国家安全观。新时代有效维护国家安全,必须全面贯彻落实总体国家安全观,始终坚持国家利益至上,以人民安全为宗旨,以政治安全为根本,科学运筹国内与国际、发展与安全,统筹外部安全和内部安全、国土安全和国民安全、传统安全和非传统安全、自身安全和共同安全,完善国家安全制度体系,加强国家安全能力建设,坚决维护国家主权、安全、发展利益。要把人民安危置于最重要位置,严密防范和坚决打击各种渗透颠覆破坏活动、暴力恐怖活动、民族分裂活动、宗教极端活动,强化底线思维,有效防范、管理和处理国家安全风险,满足人民追求美好生活的安全需要。

牢牢把握军事实力这个保底手段。国防和军队建设是国家安全的坚强后盾,军事手段始终是维护国家利益和战略底线的保底手段,是实现“两个一百年”奋斗目标的战略支撑。必须适应国家安全环境深刻变化,适应强国强军时代要求,全面贯彻习近平强军思想,建设一支听党指挥、能打胜仗、作风优良的人民军队,把人民军队全面建设成为世界一流军队,不断提高有效塑造态势、管控危机、遏制战争、打赢战争的战略能力。

(三)用全球思维统筹发展和安全,把维护国家安全的战略主动权牢牢掌握在自己手中

当今世界处于大发展大变革大调整时期,呼唤与大国安全相适应的战略远见和全球视野。只有用全球思维统筹国家安全与发展问题,把握世界格局演变趋势,洞悉未来世界可能走向,才能牢牢掌握维护国家安全的战略主动权。

(1)始终立足国际秩序大变局统筹国家安全。当前,世界多极化、经济全球化、社会信息化深入发展,和平发展大势日益强劲,同时,地区动荡、恐怖主义、金融风险等人类共同面临的问题愈加突出。各国既享有前所未有的发展机遇,也面对全球性安全挑战,没有哪个国家可以置身事外、独善其身。随着我国发展由大向强跃升,与世界联系更加密切,对国家安全的国际环境要求更高。新时代维护国家安全,应当着眼推动构建人类命运共同体,宣扬和确立共同、综合、合作、可持续的新安全观,加强国际安全合作,坚持原则性和策略性相统一,始终做世界和平的建设者、全球发展的贡献者、国际秩序的维护者,为建设一个普遍安全的世界提供中国方案。

(2)始终立足防范风险的大前提谋求国家安全。国家安全是在应对、防范和化解风险中赢得的。当前,随着我国日益走近世界舞台中央,一些国家和国际势力对我阻遏、忧惧、施压增大;国内改革攻坚突破利益藩篱和体制性障碍,触“地雷”、涉“险滩”等风险增加。特别是各种矛盾风险挑战源、挑战点相互交织,如果防范不及、应对不力,就可能传导叠加,演变为

系统性风险，甚至危及党的执政地位和国家安全。必须预先发现并尽早化解苗头性、倾向性风险，从应对最困难情况着想制定相关应急防范措施，把主要精力放在应对重大挑战、抵御重大风险、解决重大矛盾上，不断消除风险隐患。

（3）始终立足维护我国发展重要战略机遇期塑造国家安全。塑造国家安全，说到底是为了维护国家发展重要战略机遇期，确保中华民族伟大复兴进程不被滞缓或打断。党的十九大报告强调："我国发展仍处于重要战略机遇期，前景十分光明，挑战也十分严峻。"实现十九大描绘的宏伟蓝图，要求我们必须以积极的战略运筹塑造国家安全环境，阐述和传播新型安全观，构建深度交融的经贸技术互利合作网络，扩大和拓展与各国的共同利益、交叉利益，妥善处理国家间利益冲突，加强国际安全领域合作，构建安全共享、安全共担、安全共建、安全共赢的理念和格局。

（4）始终立足实现国家长远发展目标保持战略定力。越是接近奋斗目标，我们面对的前进阻力和风险压力就会越大，特别是当前影响我国国家安全的热点增多、焦点多变，容易带来各种影响和干扰，越是要有高超政治智慧和战略定力。我们要善于从政治全局上观察问题、分析问题，善于从战略上把握大势、研判走势，善于从纷繁复杂的表象中把握事物本质，善于在重大问题上深思熟虑、谋定而动，保持战略定力、战略自信、战略耐心，不断提升国家安全工作的前瞻预见力、战略谋划力、主动塑造力和综合施策力，从而把维护国家安全的战略主动权牢牢掌握在自己手中。

案例分析 破获！国家安全机关公开一起重大间谍案

2023 年 10 月 22 日，中央广播电视总台央视《今日说法》栏目播出《迷失境外》，披露了四川省国家安全机关破获的一起重大间谍案件。2021 年 7 月 23 日，四川省国家安全机关破获一起美国间谍情报机关对我国赴美访学人员实施策反、发展的重大间谍案件，挖出了美方在我国重点国防军工单位安插的情报眼线侯某某，消除了重大隐患。目前，侯某某已被移送至成都市中级人民法院接受审判。

案件详情：

据《今日说法》报道，2013 年，我国某国防军工单位重要涉密人员侯某某，被单位公派赴美国访学。经一名美国教授介绍，侯某某与自称是咨询公司人员、实为情报工作者的雅各布结识。在美期间，雅各布时常约侯某某聚会聊天，通过请吃高档西餐、看脱衣舞表演、看球、参观 CNN 总部等，与侯某某逐步密切关系。二人聊天话题从家庭、爱好逐步转向科研课题，还签订了所谓的"商务咨询"协议书。2013 年 7 月，侯某某的妻儿赴美探亲，雅各布卸下伪装对侯某某实施策反，以问答形式搜集涉密情报，并支付报酬，对侯某某进行思想渗透。

回国后，在有能力摆脱美国间谍情报机关的情况下，侯某某仍执迷不悟，继续保持着与雅各布的联系，还利用因公出境机会单独与美间谍人员见面，提供情报、收取报酬，直至被我国国家安全机关抓获。

经查明，侯某某多次向美方提供我国国防军工领域情报信息，涉及绝密级2份、机密级3份、秘密级6份。2021年7月，侯某某被采取刑事强制措施，目前已被移送至成都市中级人民法院接受审判，案件正在进一步审理当中。

国家安全机关提示：

间谍活动与欺骗、诱惑、阴谋相生相伴，社会公众要增强防范意识和法律意识。法律是底线，踩线就是犯规。行为有边界，越界就要受罚。敬畏法律，珍爱自由。任何危害我国国家安全的违法犯罪行为，都将受到法律的严惩。

《中华人民共和国反间谍法》第五十五条规定，在境外受胁迫或者受诱骗参加间谍组织、敌对组织，从事危害中华人民共和国国家安全的活动，及时向中华人民共和国驻外机构如实说明情况，或者入境后直接或者通过所在单位及时向国家安全机关如实说明情况，并有悔改表现的，可以不予追究。

（资料来源：网信河北．中共河北省委网络安全和信息化委员会办公室（河北省互联网信息办公室），2023－10－23）

深度阅读

1. 中共中央党史和文献研究院．习近平关于总体国家安全观论述摘编[M]．北京：中央文献出版社，2018.

2. 求是网．国家安全有多重要，总书记这么说！2021－4－15.

学习思考

1. 习近平总书记关于总体国家安全形势的重要讲话是什么？

2. 在万物可联的时代，需要采取怎样的措施才能避免重要的信息泄露？为什么？

3. 请结合所学知识，预测国家安全的覆盖范围会在未来发生怎样的变化？为什么？

参考文献

[1] 傅小强．准确把握总体国家安全观方法论[J]．现代国际关系，2021(7)：11－13.
[2] 刘跃进，王啸，陈将．总体国家安全观的基本特征[J]．甘肃政法大学学报，2021(2)：1－9.
[3] 马修文．如何贯彻总体国家安全观[J]．党课参考，2021(2)：33－49.
[4] 孙志香．新时代中国特色国家安全道路创新研究[J]．科学社会主义，2020(3)：76－83.

[5] 程同顺. 习近平总体国家安全观的内容和特色[J]. 人民论坛,2017(29):35-37.
[6] 陈求发. 坚定不移贯彻落实总体国家安全观全面履行维护国家安全的职责使命[N]. 人民日报,2019-04-17(11).
[7] 孙东方. 习近平总体国家安全观核心要义与实践要求[J]. 理论视野,2019(12):29-34.
[8] 中共中央党史和文献研究院. 习近平关于总体国家安全观论述摘编[M]. 北京:中央文献出版社,2018:11.

第二章 新时代国家政治安全教育

政治安全在国家安全体系中居于核心地位，处于最高层次。作为国家安全的根本，政治安全不仅关系着党和国家的安危，也关系着最广大人民的根本利益，更关系着中华民族伟大复兴中国梦的实现。因此，维护政治安全是头等大事。2018 年 4 月 17 日，习近平总书记主持召开十九届中央国家安全委员会第一次会议并发表重要讲话，他强调，坚持人民安全、政治安全、国家利益至上的有机统一，人民安全是国家安全的宗旨，政治安全是国家安全的根本，国家利益至上是国家安全的准则，实现人民安居乐业、党的长期执政、国家长治久安。

知识目标

系统掌握新时代国家政治安全的基本内涵、重要性、面临的威胁与挑战、教育的途径与方法等。

素养目标

通过本章学习，使学生能够深入理解政治安全的主要内容，准确把握政治安全是国家安全的根本，理解政治安全体系，掌握维护政治安全的途径与方法，树立政治安全底线思维，增强忧患意识，提高防控能力。

思政目标

作为新时代的大学生，应当自觉维护国家政治安全，妥善应对国家政治安全面临的威胁与挑战；熟练通过有效途径与方法维护国家政治安全；努力提高政治信仰，培养政治责任感和鉴别力，树立国家安全人人有责的政治责任感和使命感。

第一节 党的二十大对新时代国家政治安全的重要要求

一、政治安全是国家安全的根本

(一)国家政治安全的核心要义

政治安全是指国家主权、政权、政治制度、政治秩序以及意识形态等方面免受威胁、侵犯、颠覆、破坏的客观状态。一个国家的政治体系是否处于安全状态,通常可以从国家主权独立、政权稳定、领土完整、主流意识形态彰显、政治制度恰适、执政党地位巩固、政治秩序良好等方面来衡量。其中政权安全、制度安全是核心,国家主权是政治安全的主体,意识形态是影响政治稳定的重要因素。

在当代中国,维护国家政治安全集中表现为对外保持中华人民共和国的主权独立、领土完整,对内坚持中国共产党的领导、人民民主专政、社会主义政治制度和社会政治秩序稳定、马克思主义意识形态的主导地位。

最基础的是维护主权独立和领土完整。主权独立和领土完整是国家生存发展的前提和基础。特别是现代民族国家的诞生,进一步确立了国家平等、主权独立、领土完整、不干涉内政等基本国际关系准则。维护国家政治安全最基础的就是维护国家主权独立与领土完整,确保中华人民共和国主权和领土不受侵犯、国家不被分裂。《中华人民共和国宪法》规定,中国公民负有维护国家统一和各民族团结的义务,负有保卫祖国、抵抗侵略的神圣职责。维护国家主权独立与领土完整既是宪法赋予每位公民的神圣职责,也是国家武装力量建立存在的基本任务。

随着社会发展,政治安全的内涵也在不断丰富变化。一般认为,在传统安全观中,军事安全和政治安全占据核心地位,传统安全的威胁因素主要是指国家所面临的国际和国内军事因素上的威胁。随着我国经济的发展和在国际社会政治地位的提高,对国家安全的探讨也逐渐从传统意义上的安全威胁转移到社会的其他领域。在十九届中央国家安全委员会第一次会议上,习近平总书记把政治安全确定为国家安全的根本,表明我国维护政治安全的思维方式发生变化,政治安全观已然突破了传统的安全观念,执政党的执政能力、民众的政治认同度、意识形态的稳定性以及政治活动的有序性等成为政治安全的主要内容。由此可见,人们关于政治安全的认识已由一国静态的政治安全逐步拓展到了全球动态的政治安全。习近平总书记在十九届中央国家安全委员会第一次会议上强调,必须坚持人民安全、政治安全、国家利益至上的有机统一,人民安全是国家安全的宗旨,政治安全是国家安全的根本,国家利益至上是国家安全的准则,实现人民安居乐业、党的长期执政、国家长治久安。习近平总书记关于政治安全的系列重要论述，深刻阐明了维护国家政治安全的极端重要性，明确提出了中国特色社会主义进入新时代维护国家安全的新要求，具有鲜明的时代性、强烈的针对性、科学的指导性，是做好维护国家政治安全工作的根本遵循。

（二）国家政治安全的核心是政权安全和制度安全

国家政治安全最核心的是政权安全和制度安全。政权是指掌握国家主权的政治组织及其所掌握的政治权力，以维护对社会的统治和管理。当代中国国家政权体现为中国共产党在国家政治生活中的组织领导和执政地位。政治制度是国家权力的性质、组织、分配、运作等方面的规范法度。中国共产党在中华人民共和国的领导地位和社会主义政治制度的确立是中国社会发展的历史选择和人民的选择，中国的历史发展和现实国情决定了必须坚持中国共产党的领导，坚持社会主义制度，这是维护国家政治安全的核心。

最现实的是维护国家政治秩序稳定和主流意识形态巩固。国家政治秩序是保证国家政权运转和政治活动开展的社会基础，维护国家政治秩序就是确保国家政权正常运转、政治制度不受干扰破坏，保持基本的安全状态，为政权运转和政治制度稳固提供安定有序的社会环境。维护我国政治秩序稳定就必须始终坚持中国共产党在各项工作中的领导地位，始终坚持马克思主义在意识形态领域的主导地位，坚持人民民主专政，坚持社会主义道路，为中国共产党执政活动和社会主义政治制度依法落实创造和谐有序、安全稳定的社会环境。维护国家政治秩序稳定应以人民群众的支持和拥护为根本，如果失去了群众基础，国家政治秩序稳定就会受到严重危害，进而影响到国家政治安全。

（三）维护国家政治安全的重大意义

我国的总体国家安全观是多个领域安全共同组成的系统安全、体系安全、综合安全，其中政治安全在国家安全体系中是根本、是核心。政治安全决定和影响着国家的经济安全、军事安全、社会安全等各个领域的安全，其他领域的安全最终也要反映到维护国家政治安全上来。

维护国家政治安全是实现“两个一百年”奋斗目标的战略举措。“两个一百年”奋斗目标，是中国共产党对当前和今后一段时间内实现中华民族伟大复兴的战略部署。维护国家政治安全，就是要为实现“两个一百年”奋斗目标创造良好的内外部环境，特别是创造和谐稳定的国内政治环境，保障我国经济社会健康有序发展，同时为应对外部安全挑战提供坚强有力支撑。党的十八大以来，习近平总书记多次在重要讲话、重要批示中强调要坚决维护国家政治安全，增强总体国家安全观。根据新的形势和任务，设立了中央国家安全委员会，实现了对国家安全工作的集中统一领导。习近平总书记一系列重要指示，采取的各项重要举措，都是站在实现“两个一百年”奋斗目标的时代高度来认识和做好政治安全工作的。

重视维护国家政治安全是中国共产党治国理政的重要历史经验。中华人民共和国从诞生之日起，就把维护国家政治安全放在重要位置。在社会主义建设时期，通过对内肃清反革命势力，中华人民共和国的政权得到极大巩固；通过打赢边境保卫战，捍卫了国家主权独立和领土完整。通过社会主义改造，在中国大陆建立和巩固了社会主义政治制度。在改革开放时期，中国共产党保持了改革发展稳定的协调统一。尤其是面对西方敌对势力对我西化分化图谋，我们党多举并施坚决维护了国家政权稳定，确保了政治安全。在我国政府 2011 年公布的《中国的和平发展》白皮书中，首次明确界定了中国的六项国家核心利益，其中四项属于国家政治安全的范畴。中华民族之所以能够实现由站起来、富起来到强起来，一个很重要的原因就是在中国共产党的领导下，坚决维护和保持了国家的政治安全。正是由于国家政治安全的坚强保障，中国社会保持着稳定有序的政治秩序，能够集中力量办大事，能够推进长期战略规划，能够抵御外界干扰侵蚀，即便遭遇困难也能浴火重生、永葆生机活力。

重视维护国家政治安全是世界强国的普遍做法。世界强国无不把政治安全作为国家安全的根本和国家核心利益，美国政府历来高度重视国家政治安全，在其历届政府所作的《国家战略报告》中，都把确保美国人民和国土安全、保护美国经济繁荣和维护美国民主价值观作为国家核心利益。早在 20 世纪中叶，美国就通过了国家安全法案，建立了国家安全委员会和中央情报局。进入 21 世纪之后，面对恐怖主义威胁，美国又建立了国土安全部，进一步强化了国家安全系统。俄罗斯为维护国家政治安全设有俄罗斯联邦安全局，其在维护和保障俄罗斯国家政治安全中发挥了重大作用。英国国家安全情报系统至今已有一百多年历史，不仅有力维护了英国国家政治安全，曾经一度也在国际政治舞台上发挥过重要作用。法国、德国、日本等国也普遍建有强大高效的国家安全系统，在纷繁复杂的国际斗争中维护了国家政治安全和国家利益。

（四）新时代维护国家政治安全的新要求①

新时代面临新挑战新要求。维护国家政治安全，要从现实矛盾和重点方向出发，全面提升防范应对各类风险挑战的能力，确保国家长治久安、人民安居乐业。

切实巩固党的执政地位。中国共产党执政地位的巩固，直接关系到国家政治安全。当前，我们党面临的执政环境相对复杂，影响党的先进性、弱化党的纯洁性的因素不少。这要求我们必须积极面对“四大考验”“四种危险”，牢固树立习近平新时代中国特色社会主义思想的指导地位，切实加强党的自身建设，全面增强党的执政能力。要坚持全面从严治党，严肃党内政治生活，加强党风廉政建设，坚决铲除党内腐败，坚持无禁区、全覆盖、零容忍，坚持重遏制、强高压、长震慑。要坚持中国共产党对国家安全工作的绝对领导，坚持集中统一、高效权威的国家安全工作领导体制，确保国家安全工作正确的政治方向。要旗帜鲜明地开展意识形态领域的斗争，始终坚持马克思主义在意识形态领域的主导地位，以意识形态安全保证政治安全。

积极稳妥推进深化改革。深化改革必将涉及各方面利益的重大调整，对政治安全带

① 杨大志．中央党校习近平新时代中国特色社会主义思想研究中心．政治安全是国家安全的根本．《解放军报》，2018 - 04 - 20

来深刻影响。当前,我国改革进入攻坚期深水区,长期以来累积的旧矛盾和深化改革中出现的新矛盾相互叠加,这些矛盾如果无法及时有效化解,就会向扩大化、整体化方向演变,危害国家政权稳固和政治制度稳定。这就要求我们要进一步完善中国特色社会主义制度,全面推进依法治国,推进国家治理体系和治理能力现代化。不断增强忧患意识,高度警惕社会矛盾激化可能带来的政治风险,把促进社会公平正义、增进人民福祉作为全面深化改革、化解社会矛盾的出发点和落脚点,坚决守住维护政权稳固、政治制度和社会政治秩序稳定的底线。

坚持合作共赢走和平发展道路。当今世界政治经济形势复杂多变,不稳定性、不确定性日益突出,地区热点问题此起彼伏,非传统安全威胁持续蔓延。同时,经济全球化、社会信息化,使得各国相互联系和相互依存日益加深,一个国家的问题很容易扩散到周边地区甚至全球,影响维护政治安全的外部因素复杂多变。随着我国日益走近世界舞台中央,要更加敏锐地应对国际政治环境的变化,担负起大国责任,积极做好各种应对准备。要积极推动建设相互尊重、公平正义、合作共赢的新型国际关系,与周边和友好国家联起手来共同打击恐怖主义、分裂主义和极端主义,维护我国发展的重要战略机遇期。随着"一带一路"倡议的深入推进,要积极参与全球治理体系改革和建设,推动人类命运共同体建设,在为世界和平与发展做出应有贡献的过程中确保我国政治安全得以有效维护。

二、党的二十大报告对维护国家安全和社会稳定的重要论述

党的二十大报告中"安全"一词贯穿全篇,共出现了 91 次,国家安全一词共出现 29 次,创历年之最。报告第一、三部分总结新时代国家安全工作历史成就和伟大变革,分析当前存在的不足和困难,特别是报告第十一部分用专章对维护国家安全和社会稳定进行安排,突出了国家安全在党和国家工作大局中的重要地位。报告在维护国家安全和社会稳定的理论、实践上提出了新的思想、新的表述和新的要求,内容丰富、亮点纷呈。

(一)维护国家安全和社会稳定的新要求

报告第十一部分明确提出推进国家安全体系和能力现代化的总体要求,为维护国家安全和社会稳定提供了根本遵循。

(1)必须坚定不移贯彻总体国家安全观。报告提出要坚持以人民安全为宗旨、以政治安全为根本、以经济安全为基础、以军事科技文化社会安全为保障、以促进国际安全为依托,统筹外部安全和内部安全、国土安全和国民安全、传统安全和非传统安全、自身安全和共同安全,统筹维护和塑造国家安全,夯实国家安全和社会稳定基层基础,完善参与全球安全治理机制,建设更高水平的平安中国,以新安全格局保障新发展格局。这一要求,凝结着新时代国家安全理论和实践创造的重大成果,指明了国家安全工作的方向道路、原则方法、目标指向等,必须牢牢把握、始终坚持。

(2)必须把维护国家安全贯穿党和国家工作各方面全过程。从创造性地提出总体国家

安全观，到党的十九大将总体国家安全观纳入了中国特色社会主义的基本方略；从党的十九届四中全会将国家安全体系纳入国家治理体系，到党的十九届五中全会把“统筹发展和安全”纳入“十四五”指导思想，再到党的二十大强调“推进国家安全体系和能力现代化”，我们党坚持把安全融入新发展理念，坚持把安全纳入新发展格局，现已涵盖诸多领域，体现和落实在各方面各环节。

(3)必须坚持党中央对国家安全工作的集中统一领导。坚持党对国家安全工作的领导，是做好国家安全工作的根本原则。党的十八大以来，习近平总书记亲自谋划国家安全领导体制改革，设立中央国家安全委员会，强化国家安全工作顶层设计，完善各重要领域国家安全政策，健全国家安全法律法规，建立起集中统一、高效权威的国家安全领导体制。新征程上，要把对“两个确立”的决定性意义的深刻感悟，转化为坚决做到“两个维护”的高度自觉，确保国家安全工作牢牢掌握在以习近平同志为核心的党中央手中。

(二)维护国家安全和社会稳定的最新论述

“国家安全是民族复兴的根基，社会稳定是国家强盛的前提。”这是我们党首次从“民族复兴的根基”高度阐述“国家安全”，深刻回答了如何解决好由大国向强国发展进程中所面临的共性安全问题、如何处理好中华民族伟大复兴关键阶段面临的特殊安全问题这个时代课题，体现出我们党对未来五年乃至更长时期发展局势的战略判断以及解决复杂安全问题的统筹考量，为发展马克思主义国家安全理论做出重大原创性贡献。

(1)以军事科技文化社会安全为保障。习近平总书记在中央国家安全委员会第一次会议上提出“以军事、文化、社会安全为保障”。党的十九届四中全会强调“以军事、科技、文化、社会安全为保障”，首次把科技安全纳入国家安全工作格局。党的二十大报告进一步把人民、政治、经济、军事、科技、文化、社会、国际安全融为一体，纳入国家安全体系和能力现代化的范畴，丰富发展了新安全格局，为维护国家安全提供硬实力和软实力保障。

(2)完善参与全球安全治理机制。这一观点既是对我国参与全球安全治理成功经验的深刻总结，也是针对“逆全球化思潮抬头，单边主义、保护主义明显上升，世界经济复苏乏力，局部冲突和动荡频发，全球性问题加剧”等世界问题提出来的。党的十八大以来，习近平总书记提出“全球安全倡议”“共同、综合、合作、可持续的安全观”等一系列论述，不断完善参与国际和区域安全合作的机制，推动建设有关领域安全治理新机制新规则。“完善参与全球安全治理机制”正是在我国参与全球治理的理论与实践基础上形成的。

(3)夯实国家安全和社会稳定基层基础。党的十九届五中全会公报提出“要加强国家安全体系和能力建设，确保国家经济安全，保障人民生命安全，维护社会稳定和安全”，党的二十大报告直接将国家安全和社会稳定结合起来表述，并凸显出维护国家安全和社会稳定重心在基层，力量也在基层。这一观点是对习近平总书记关于“夯实社会治理基层基础”论述的丰富发展。

(4)以新安全格局保障新发展格局。这一观点，蕴含着统筹发展和安全的重要战略思想。党的十九大报告强调统筹发展和安全，党的二十大报告提出以新安全格局保障新发展格局，表明我们党把统筹发展和安全提到了前所未有的高度，凸显出实现高质量发展和高水平安全的良性互动在当今世界百年未有之大变局背景下的极端重要意义，必须打好维护国家安全总体战，以高水平安全保障高质量发展。

（5）推动公共安全治理模式向事前预防转型。党的二十大报告强调要坚持安全第一、预防为主，建立大安全大应急框架，完善公共安全体系。这意味着我们党把公共安全治理的着力点放到源头治理上，从事后补救惩罚向制度化、规范化、科学化、超前化的事前预防转型，对于跨部门、跨层级、跨地域、跨领域协调重大生产安全事故、重大突发事件应对处置具有十分重要的意义，为新时代公共安全体系建设明确了方向和原则。

（三）维护国家安全和社会稳定的最新任务

党的二十大报告明确要求，到2035年，社会保持长期稳定，国家安全体系和能力全面加强。围绕实现这一宏伟目标，报告做出关于推进国家安全体系和能力现代化的一系列新部署。

（1）在健全国家安全体系方面，报告坚持系统观念，对国家安全现代化进行了体系化设计，提出完善高效权威的国家安全领导体制，强化国家安全工作协调机制，完善国家安全法治体系、战略体系、政策体系、风险监测预警体系、国家应急管理体系、重点领域安全保障体系、重要专项协调指挥体系、反“长臂管辖”机制、国家安全防护体系、公共安全体系等一系列国家安全体系，涵盖经济、重大基础设施、金融、网络、数据、生物、资源、核、太空、海洋等诸多领域的安全，要求我们加强前瞻性思考、全局性谋划、整体性推进。

（2）在增强维护国家安全能力方面，党的二十大报告着眼解决国家安全能力建设中的突出难题，从战略高度、全局视角提出加强重点领域安全能力建设、海外安全保障能力建设、防范化解重大风险能力、领导干部统筹发展和安全能力、防灾减灾救灾和重大突发公共事件处置保障能力，以及一体化国家战略能力等，要求更加注重协调高效、法治思维、科技赋能、基层基础，统筹推进各领域国家安全工作。

（3）在提高公共安全治理水平方面，抓住公共安全“一头连着经济社会发展，一头连着千家万户”这个出发点，就把住了公共安全治理的关键之点。党的二十大报告强调要加强重点行业、重点领域安全监管，提高防灾减灾救灾和重大突发公共事件处置保障能力，体现了我们党自觉把维护公共安全放在维护最广大人民根本利益中来认识，放在推进国家治理体系和治理能力现代化中来把握。

（4）在完善社会治理体系方面，党的二十大报告特别强调要健全共建共治共享的社会治理制度，提升社会治理效能。这一制度由党的十九大确立，提出完善党委领导、政府负责、社会协同、公众参与、法治保障的社会治理体制，到党的十九届四中全会，内涵更加丰富，增加了民主协商、科技支撑，社会治理体制上升为社会治理体系，再到党的十九届五中全会强调要“完善共建共治共享的社会治理制度”，标志着我们党关于社会治理理论的深化和我国制度上的完善。党的二十大报告从加强矛盾风险源头防范化解、加快推进市域社会治理现代化、强化社会治安整体防控、发展壮大群防群治力量等方面，进一步完善社会治理体系，为不断提高社会治理社会化、法治化、智能化、专业化水平提供了根本指引。

第二节　新时代国家政治安全面临的威胁与挑战

一、面临西方国家的分化、西化战略的威胁

新时代，我国面临对外维护国家主权、安全、发展利益，对内维护政治安全和社会稳定的双重压力，世界急剧变化增加了我国政治安全的诸多不稳定性。当前我国面临的政治安全形势仍然十分复杂，国家政治安全面临着威胁与挑战。

由于在意识形态、政治制度、价值观念、国家利益、全球战略利益等方面的巨大差异和分歧，遏制和制约中国是美国既定的对华战略和政策本质，其对我的“两化”战略是全面性的、连续不断的、长期持久的威胁，是全程性、全方位、多领域的威胁。无论美国的全球战略如何调整和变化，其对华的政策本质不会变，对华的基本战略不会变。特别是在新时代背景下，其“两化”战略实施的方式、手段更加隐蔽、更加间接、更趋多样化。

国家政治制度面临着西方国家推行的“颜色革命”挑战。“颜色革命”是指在东欧、中亚、北非和西亚等地区发生的以颜色命名、倡导“非暴力”进行政权更迭的运动。其实质是外部势力通过各种手段在有关国家进行各领域渗透、培植政治反对派并鼓励其利用社会矛盾推翻现政权的一种政治颠覆活动。“颜色革命”从 20 世纪 80 年代开始到 2014 年乌克兰爆发“二次橙色革命”，“颜色革命”席卷了半个地球。21 世纪以来，在所发生的以“颜色革命”的“和平和非暴力方式”实现的政权更迭背后，都有西方势力的插手。西方国家操纵民意，制造民意，利用民意，形成滔滔洪流冲击国家政权，已经在各国“颜色革命”中反复被验证。

“颜色革命”对我国政治安全构成严峻的现实威胁。中国是一个与西方国家价值观不同的社会主义国家，西方势力不愿意看到一个强大的社会主义中国存在，总是千方百计进行破坏和干扰，甚至试图发动“颜色革命”，颠覆中国共产党的领导，颠覆我国社会主义制度。可以说，敌对势力在我国策划“颜色革命”的战略图谋是长期的，他们从来没有停止过对我国实施西化分化战略，从来没有停止过对中国共产党领导和我国社会主义制度进行颠覆活动。

目前，人民内部矛盾和其他矛盾相互交织，容易被外部势力所利用，便于他们扶植反对势力。一旦人民内部矛盾未能得到有效处理，便有可能引发大规模社会动荡，直接威胁我党的领导地位和执政安全，威胁我国的社会主义政治制度。因此，如果哪天在我们眼前发生“颜色革命”那样的复杂局面，我们的干部是不是都能毅然决然站出来捍卫党的领导、捍卫社会主义制度？中国已经被推到了“颜色革命”的边缘，每一位党员干部都应始终保持高度警惕，防止国内外敌对势力通过“颜色革命”对中国实施西化、分化、和平演变的战略，演变中国

社会主义政权和制度的政治图谋。

西方国家在贩卖西方政治制度的同时，极力鼓吹西方资本主义价值观，诋毁社会主义核心价值观，腐蚀人们的心灵，动摇理想信念。反共反华势力乘我对外开放、发展市场经济之机，竭力向我国渗透拜金主义、享乐主义和极端个人主义等腐朽思想。

二、国家仍然存在被分裂的安全隐患

国家统一和领土完整是政治安全的核心问题。长期以来，在西方敌对势力支持下，“台独”“港独”“藏独”“疆独”等反动分裂势力，内外勾连，一刻也没有停止分裂破坏活动。西方国家利用台湾问题，以各种方式支持“台独”分子，使台海两岸几度乌云密布，严重威胁了中国领土的完整和统一。此外，“港独”“藏独”“疆独”势力近年来在西方国家鼓动下，从事大量分裂祖国的活动，而且越来越猖狂，给国家建设与发展造成了极大的危害，特别是“港独”势力近两年来的分裂行为尤为猖狂。

“台独”分裂活动使国家统一的任务更加艰巨。台湾问题实质上是国共两党在国内进行战争遗留的问题。在两蒋时期，台湾当局是反对“台独”的，只有民进党主张“台独”。如今，“台独”已经成为台湾的一种政治势力，不仅是民进党，包括台湾国民党在内的其他党派也有不少“台独”势力。蔡英文上台以来，拒不承认“九二共识”，导致两岸关系走向低谷。部分台湾民众对台湾地位、两岸关系前途的认识存在偏差，“台独”的社会基础在相当长时期内仍会存在。外部势力纵容扶持“台独”分裂势力，也构成了阻滞中国和平统一进程的消极因素。

反分裂斗争形势依然错综复杂。边疆地区民族分裂势力一直是困扰我国边疆安全的不稳定因素，并在不同历史时期具有不同的表现。改革开放以来，由历史和现实等原因，西藏和新疆等边疆地区的民族分裂活动达到中华人民共和国成立以来的最高峰，使反分裂斗争呈现长期性、复杂性、尖锐性。比较严重的是发生在新疆的“7・5”事件。2009 年 7 月 5 日，乌鲁木齐市发生打砸抢烧暴力犯罪事件，造成多人死伤。再有发生在昆明的“3・1”恐怖袭击事件。2014 年 3 月 1 日，昆明火车站广场发生的“3・1”恐怖袭击事件，造成多人死伤。这都是由“东突”分裂势力一手策划组织的严重暴力恐怖事件。

近年来，分裂势力还不断变换手法，打着“民主”“人权”“宗教自由”的幌子，骗取国际社会的同情与支持，实际上是以分裂国家为目标，以极端宗教思想为指导，企图以暴力恐怖为手段破坏国家统一和民族团结。如今，民族分裂主义势力、宗教极端势力、暴力恐怖势力及境外敌对势力对我国民族地区安定团结的政治局面和国家安全构成严重危害。

“一国两制”在香港受到严峻挑战。近年来，“一国两制”在香港实践遭遇新情况、新问题，“港独”势力置民生于不顾、视法律为无物，制造分裂国家的暴乱事件。2014 年 9 月香港发生少数激进分子骤然发动“占领中环”事件，2019 年 6 月又有“修例风波”，内外勾结的“港独”“黑暴”等激进暴力犯罪行为和活动愈演愈烈，对中国的国家安全已造成现实危害，严重触碰“一国两制”原则底线，严重侵害香港居民的生命财产安全，远远超出合法行使个人自由与权利的界限和范围。暴徒将施暴目标从爱国人士、香港警察、建制派人物、内地游客扩散到普通市民、孕妇、儿童，甚至是外国人。2020 年 5 月 1 日，香港极端激进分子在“五一”假期再次发动违法聚集、滋扰商铺和掷汽油弹等违法活动。2020 年 5 月 24 日，十三届人大三次会议通过《中华人民共和国香港特别行政区维护国家安全法》后，“港独”势力立即又在香港制造暴乱事件。

三、意识形态领域斗争形势复杂严峻

意识形态领域的斗争是一场没有硝烟的战争，关乎政权安全、政治稳定和执政安全。“冷战”结束以来，西方国家对中国的意识形态渗透一刻也没有停止过。新时代，我国在意识形态领域面临的形势更加错综复杂，面临的风险挑战更加严峻，意识形态领域斗争更加激烈。

一是通过话语霸权和网络技术潜移默化地影响意识形态领域安全。西方国家在把持全球化霸权的同时，自觉不自觉地总是将自己独特的自我经验上升为全人类的经验，从而占据了全球化精神生产的制高点。西方发达国家通过网络扶持宗教极端势力和民族分裂势力，摧毁我国主流意识形态，实现资本主义意识形态渗透。它们还把带有意识形态的产品包装成视频、电子书籍等形式并通过互联网进行传播，进行意识形态领域的渗透，这不仅对我国主流意识形态的健康发展造成了威胁，也加大了政府部门对网络市场监管的难度。网络技术随之把这种全球化的意识形态即时地以“无意识”的方式侵入我国。

二是经济力量和意识形态号召力相结合。当今，发达国家在与我国的经济交往中，时刻不忘把自己的世界观和价值观强加给我们，以所谓的最惠国待遇为诱饵，动辄施以经济制裁。把意识形态号召力和经济力量结合在一起，应该说是西方现代意识形态专家们的理论“新贡献”。西方采取多种手段、方式在中国宣扬其错误思潮，并攻击中国共产党的领导和社会主义制度，严重地冲击我国主流意识形态，极大地危害着我国的政治安全。

三是政治力量和意识形态号召力相结合。东欧剧变中，西方现代意识形态专家们除了使用“经济力量和意识形态号召力相结合”的新的意识形态策略，很明显也运用了政治力量和意识形态号召力相结合的手法。种种迹象表明，西方大国对中国内政的种种粗暴干涉，既是严重的政治问题，又是意识形态的渗透。

四是思想文化和意识形态相结合。近年来，西方国家利用信息网络、课堂讲坛、独立媒体、地下教会等方式，传播西方思想文化和意识形态，诋毁我国的主流意识形态，片面渲染、刻意放大我国的各种问题，甚至制造各种谣言，煽动人民的不满情绪。随着人民内部矛盾多发，人们思想观念、价值取向趋于多元，一些党员干部理想信念动摇、思想道德滑坡，一些腐败落后的观念更容易滋长泛滥。如果缺乏足够的警觉性，不能守住“道路自信、理论自信、制度自信、文化自信”的底线，就必然造成严重后果。

五是实现中国梦面临各种敌对势力渗透和遏制的挑战。西方国家一方面利用媒体网络、学术交流、电影电视等各种手段传播西方的政治思想、价值观念和意识形态，通过大规模文化渗透极力美化西方资本主义社会制度，宣扬民主、自由、人权等“普世价值”；另一方面利用历史手段夸大、捏造我们党历史上的失误，并以此来隐晦地攻击我们党和社会主义，诋毁和批判我国以马克思主义为指导的主流意识形态，其形式、手段变得更隐秘、更具有迷惑性和欺骗性，危害性也就更大。所以，马克思主义的指导思想地位面临多样化社会思潮的冲击，社会主义核心价值观面临市场逐利性的挑战。

四、党的执政地位面临挑战

执政安全问题是关系执政党生存与发展的基本问题。中国共产党执政安全问题，是国家政治安全的核心问题。当今世界正处于百年未有之大变局，国内外复杂的安全形势对我党执政安全带来严峻挑战。

第一，执政环境面临长期复杂的考验。党的十九大报告指出，要深刻认识党面临的执政考验、改革开放考验、市场经济考验、外部环境考验的长期性和复杂性，深刻认识党面临的精神懈怠危险、能力不足危险、脱离群众危险、消极腐败危险的尖锐性和严峻性。腐败、法制执法不严等，是当前中国最大的政治不安全因素。中国 40 多年的改革开放积累的相当多的问题和矛盾，开始进入敏感期、突发期、多发期、易发期、并发期，这些问题主要是政治腐败、法治欠彰、以权代法、分配不公等问题，都使我党执政环境面临长期复杂的考验。

第二，腐败问题影响人民群众对我党的执政信心。在和平建设时期，危险主要来自执政党内部的腐败。腐败是入侵党和国家机关健康肌体的毒瘤，影响社会稳定、危害国家安定。贪污腐败，权力滥用，严重威胁和危害我党的执政安全。腐败现象的存在，一定程度上影响了中国特色社会主义的感染力。腐败问题如果不能得到有效遏制，就必将影响人民群众对中国特色社会主义的信心。如果任由腐败泛滥，就会葬送我们的党，葬送我们的人民政权，葬送我们的社会主义现代化大业。执政党只有坚决反对腐败、有效地预防腐败，才能保持执政地位，维护国家的稳定和发展。

第三，精神懈怠、能力不足、脱离群众、消极懒政的问题十分尖锐。改革开放以来，我国经济社会发展取得了翻天覆地的变化，人民群众的物质生活得到极大改善。但同时我党内部一些党员领导干部出现骄傲自满、贪图享乐情绪；少数党员干部经不住权力本身具有的腐蚀性和市场经济带来的利益诱惑，出现了高级领导干部成批腐败现象。新时代，中央八项规定出台后，面对反腐压力，少数党员干部不思进取、消极懒政。这些问题严重地损害了党的形象，削弱了党的战斗力，危及政治安全，这对我党执政安全的危害尤为严重。

第三节 新时代国家政治安全教育的途径与方法

一、防范西方国家对我国实施“颜色革命”

新时代国家政治安全教育的途径与方法主要是：坚决抵制境外势力渗透，坚决防范“颜色革命”，坚定中国特色社会主义制度自信，加强民主政治和法治建设，加强国家安全防控体系建设，加强矛盾纠纷排查。

坚决抵制境外势力渗透，坚决防范“颜色革命”。“颜色革命”是一场“没有硝烟的战争”，目前已在全球范围内取得了不少“成功先例”。因此，我们应审视全球范围内西方势力进行“颜色革命”的手段、方式、内容和理念，总结归纳“颜色革命”的内在规律和发展模式，从当前中国意识形态领域的实际出发，提出有针对性、可操作性的具体预案，做好从里到外的全方位应对，打赢这场关系国家政权安危的“生死战”。依法严密防范打击敌对势力渗透颠覆破坏活动，坚决捍卫中国共产党领导和中国特色社会主义制度。

(1)坚定中国特色社会主义制度自信。要坚定对中国特色社会主义政治制度的自信，不能“看到别的国家有而我们没有就简单认为有欠缺，要搬过来；或者，看到我们有而别的国家没有就简单认为是多余的，要去除掉”。这两种观点过于简单、片面，都是错误的，必须保持清醒认识。

(2)加强民主政治和法治建设。完善中国特色社会主义民主政治制度、强化人民代表大会制度作为国家最高权力形式的职能定位和作用发挥、推进协商民主广泛多层制度化发展。加强法治保护民主功能，不断建立健全维护政治安全的法律法规。

(3)加强国家安全防控体系建设。全方位实施集中统筹领导，从法律法规制度、体制机制、力量运用和操作规程，以及跨国联手合作等环节，构建起包括港澳在内的渗透各领域层次、灵敏协调高效的安全防控网。

(4)加强矛盾纠纷排查。建立党和政府主导的利益维护机制，使群众由衷感到权益受到公平对待。健全重大决策社会稳定风险评估机制，凡是涉及群众切身利益的重大事项，都必须充分听取群众的意见建议。深入开展矛盾纠纷排查调处活动，努力做到发现在早、防范在先、处置在小，防止矛盾碰头叠加，防止外部势力插手利用导致矛盾“交叉感染”，蔓延升级。

二、坚决反对和打击各种分裂势力

维护祖国统一，坚决反对和打击各种分裂势力是新时代维护国家政治安全的重要任务。

维护祖国统一、促进民族团结，必须坚决反对和打击“台独”“港独”“藏独”“疆独”等分裂势力。“台独”“港独”“藏独”“疆独”势力一直在迅速地演进，因时因地因对象而变，改换自己的手段、口号、宣传策略。近年来，“台独”“港独”“藏独”“疆独”势力有所扩大，在台湾地区，支持“台独”的人占台湾地区岛人口比例不断上升；在国外“藏独”分子由单纯宣传西藏是个独立国家，演进为宣传汉族镇压藏族民众，在西藏侵犯人权、烧杀抢掠、灭亡西藏民族文化等，以今日流行的民族自决权作为大旗，从而在海内外大举扩张影响。其实“台独”“港独”“藏独”“疆独”等分裂势力，都以人权、自决权作为口号，除了说明他们迫不及待、装模作样，还说明人权、自决权的确是现代文明社会的救世观念，有着全球的宣传作用和放之四海而皆准的感召力，现代中国不必忌讳这两个词，更不要在这两个词面前自卑。恰恰相反，我们要与时俱进，大胆吸收现代社会诞生的各种好思想、好观念，高举人道主义、人权、民主的鲜艳旗帜，反对“台独”“港独”“藏独”“疆独”。因为人道主义、人权、自决权、民主正是反对“台独”“港独”“藏独”“疆独”的最有力武器。通过合理的制度安排使所有中国人团结起来、高举爱国主义的伟大旗帜，坚持统一，反对分裂，全力推动促进祖国统一大业的完成。

三、维护意识形态安全特别是网络意识形态安全

意识形态工作是党的一项极端重要的工作，能否做好意识形态工作事关党的前途命运，事关国家的长治久安，事关民族凝聚力和向心力。因此，意识形态工作非常重要，意识形态关乎旗帜、关乎道路、关乎国家政治安全。各级党委和宣传思想部门、组织部门、教育部门要加强领导和管理，党报党刊党网、党政干部院校、大专院校要强化政治意识、责任意识，在重大问题上与党中央保持高度一致，绝不允许与中央唱反调，绝不允许吃共产党的饭、砸共产党的锅。要高度重视苗头性、倾向性问题，打好主动仗，防患于未然。

我们必须坚持马克思主义的指导地位，坚定不移高举中国特色社会主义伟大旗帜，坚定不移走中国特色社会主义道路。要加大舆论引导力度，做大做强主流舆论阵地，牢固坚持马克思主义在意识形态领域的指导地位，坚决防范和抵制“颜色革命”，坚决遏制西方敌对势力的渗透颠覆破坏活动。

第一，要关注意识形态领域安全工作。全球化时代，中国在参与国际分工或与国际接轨的过程中，西方意识形态、民族分裂势力和宗教极端势力的渗透日趋活跃、日趋严重。未来意识形态领域的博弈将更趋白热化，我们必须未雨绸缪。坚持党管意识形态是我们党的优良传统和政治优势，也是巩固我们党执政基础的重要保障。进入网络信息化时代，网络意识形态安全建设同样离不开中国共产党的坚强领导。各级党组织要强化政治担当，顺应网络信息化时代的新要求，坚决抵制、批驳各种错误思潮和错误观点在网络空间的渗透和传播，始终把网络意识形态工作领导权、管理权、话语权牢牢掌握在手中，妥善做好突发事件和热点问题的舆情应对和舆论引导，切实将党管意识形态、党管网络原则落到实处。

第二，要牢牢掌握网络意识形态主导权。用习近平新时代中国特色社会主义思想引领网络思想文化阵地建设。充分利用网络技术的优势，积极推进马克思主义中国化时代

化大众化，推动习近平新时代中国特色社会主义思想深入人心，建设具有强大凝聚力和引领力的社会主义意识形态，使全体人民认同共产主义远大理想和中国特色社会主义共同理想，自觉将社会主义核心价值观转化为情感认同和行为习惯，树立正确的历史观、民族观、国家观、文化观，自觉抵制各种错误思潮、腐朽落后文化的侵蚀，真正做到正能量充沛、主旋律高昂。

第三，要严格落实意识形态工作责任制，加强对网络意识形态领域重大问题的分析研判。进一步大力贯彻落实意识形态工作责任制，深刻领悟“两个确立”的决定意义，增强“四个意识”、坚定“四个自信”、做到“两个维护”，旗帜鲜明地坚持社会主义主流意识形态，加强网络意识形态斗争的思想判断力、辨析力，提高开展网络意识形态斗争的工作能力，牢牢掌握网络意识形态工作的领导权和主动权，增强责任担当，努力做到履职尽责，主动担负起维护网络意识形态安全工作的重大使命。落实意识形态工作责任制，要加强对意识形态工作者的监督和管理，通过巡视监督进一步建立和落实网络“把关人”责任，充分发挥网络“把关人”的作用，筑牢网络空间意识形态安全的坚强堡垒，努力开创意识形态工作新局面。

第四，要依法依规加强网络空间治理，努力营造向善向上的网络文化。法治是加强网络空间治理的基本手段，是保证网络意识形态安全的基本保证。随着网络空间的迅猛发展，各种新情况、新问题大量涌现，网络直播、小视频等新的传播手段层出不穷，有些人利用这些新手段传播低俗文化、散布虚假信息、制作有害影音，对广大网民特别是青少年产生了严重的负面影响。党和国家多次强调，我们要本着对社会负责、对人民负责的态度，依法加强网络空间治理，加强网络内容建设，做强网上正面宣传，培育积极健康、向上向善的网络文化。既要尊重网民交流思想、表达意愿的权利，也要依法构建良好的网络秩序，将网络空间治理纳入法治化的轨道，依法开展网络空间治理，建立健全相关网络法律法规，依法惩治网络违法犯罪行为，防止和抵御不良意识形态渗透，营造安全文明的网络环境，让网络空间有法可依，让互联网在法治轨道上健康运行。

四、坚定不移全面从严治党，坚决维护党和国家政治安全

1. 必须把党的政治建设摆在首位，坚决做到“两个维护”

旗帜鲜明讲政治，是马克思主义政党的根本要求。党的十九大报告将党的政治建设纳入党的建设总体布局并摆在首位，明确提出“党的政治建设是党的根本性建设，决定党的建设方向和效果。保证全党服从中央，坚决维护党中央权威和集中统一领导，是党的政治建设的首要任务”。2018 年 6 月 29 日，中共中央政治局就加强党的政治建设举行第六次集体学习，习近平总书记主持学习时再次强调把党的政治建设作为党的根本性建设，为党不断从胜利走向胜利提供重要保证。党的政治建设事关党的前途命运，必须以党的政治建设为统领，把“坚决维护习近平总书记核心地位、维护党中央的权威和集中统一领导”作为根本政治任务。

党的十八大以来，以习近平同志为核心的党中央把全面从严治党提到新的战略高度，依纪依法严肃查处周永康、薄熙来、郭伯雄、徐才厚、孙政才、令计划等严重违纪违法案件，着力

解决人民群众反映最强烈、对党的执政基础威胁最大的突出问题，及时清除了危害党和国家安全的重大政治隐患，为党和国家各项事业发展提供了坚强政治保证。习近平总书记深刻指出，政治安全直接关系到国家的长治久安和民族的兴衰存亡，明确要求把坚持中国共产党领导、坚持中国特色社会主义制度、确保党执政安全作为维护政治安全的根本任务。深入学习贯彻习近平新时代中国特色社会主义思想，坚决维护党和国家政治安全，必须坚持加强和改善党的领导，坚定不移推进全面从严治党向纵深发展。

党的十八大以来，党和国家事业之所以能取得历史性成就、发生历史性变革，之所以能解决许多长期想解决而没有解决的难题、办成许多过去想办而没有办成的大事，最根本的就在于习近平总书记这个党中央的核心、全党的核心举旗定向、掌舵领航。我们党要带领全国各族人民实现“两个一百年”奋斗目标，实现中华民族伟大复兴，全党必须坚决维护习近平总书记核心地位、维护党中央权威和集中统一领导。这是深刻总结我国革命、建设、改革实践得出的重要结论，是新时代党领导人民进行具有许多新的历史特点的伟大斗争的必然选择。

“两个维护”是大是大非的重大政治问题，任何时候都不能模糊、动摇和放松。我们要进一步树牢“四个意识”，增强“四个自信”，始终在政治立场、政治方向、政治原则、政治道路上同以习近平同志为核心的党中央保持高度一致。严明党的政治纪律和政治规矩，着力从政治上正本清源、从文化上固本培元，进一步修复净化政治生态，决不让危害党中央权威和集中统一领导的现象有任何市场。聚焦“七个有之”问题，坚决反对和纠正个人主义、分散主义、自由主义、本位主义，坚决查处对党不忠诚不老实、阳奉阴违的“两面人”“两面派”。加强对党中央重大决策部署执行情况的监督检查，决不允许做选择、搞变通、打折扣，以铁的纪律坚决保障党中央政令畅通。

2. 必须坚持理论武装，始终高举习近平新时代中国特色社会主义思想伟大旗帜

习近平总书记深刻指出，一个政权的瓦解往往是从思想领域开始的。思想防线被攻破了，其他防线就很难守住。当前，国际形势风云变幻，各种思想文化交流交融交锋更加频繁、斗争更加尖锐，西方价值观念和一些错误思潮对党员干部思想观念的影响和冲击不容忽视，维护党的执政安全，必须把维护意识形态安全摆在突出位置。维护意识形态安全，首先要巩固马克思主义在意识形态领域的指导地位。马克思主义是我们立党立国的根本指导思想，是共产党人理想信念的核心和灵魂。只要毫不动摇坚持马克思主义指导地位、坚持马克思主义信仰、社会主义和共产主义信念，我们就有了团结统一的共同思想基础，就能经受住各种诱惑和考验，经受住各种风险和挑战。习近平新时代中国特色社会主义思想是马克思主义中国化的最新成果，是当代中国的马克思主义，是引领中国特色社会主义新时代的纲领、旗帜和灵魂，深刻回答了新的时代条件下坚持和发展什么样的中国特色社会主义、怎样坚持和发展中国特色社会主义的“中国之问”，中华民族如何大踏步赶上时代、实现伟大复兴的中国梦的“时代之问”，怎么样更好满足人民对美好生活的向往的“人民之问”，如何跳出“历史周期率”、巩固党的长期执政地位的“执政之问”，为解决当代中国前途命运问题提供了科学指引。在新的历史条件下巩固马克思主义的指导地位，最根本的就是要用习近平新时代中国特色社会主义思想武装头脑。

3. 必须认真践行党的根本宗旨，不断密切党同人民群众的血肉联系

民心是最大的政治。一个政党、一个政权，其前途命运取决于人心向背。我们党的最大政治优势是密切联系群众，党执政后的最大危险是脱离群众。党只有牢记和践行全心全意为人民服务的根本宗旨，永远与人民同呼吸、共命运、心连心，永远把人民对美好生活的向往作为奋斗目标，才能得到人民群众的真心拥护，才能跳出“历史周期率”。党的十八大以来，以习近平同志为核心的党中央坚持“人民群众反对什么、痛恨什么，就坚决防范和纠正什么”，从中央政治局做起，以制定并实施中央八项规定开局起步，驰而不息反“四风”，始终盯住群众反映强烈、损害群众利益的人和事，推动全面从严治党向纵深推进、向基层延伸，切实解决群众身边的腐败和作风问题，有力维护了人民群众的切身利益，让人民群众感受到了更多公平正义。

站在新的历史起点上，我们必须以维护群众切身利益的扎实成效取信于民，持续巩固党的执政根基。要进一步保障和改善民生，扎实做好教育、医疗、就业、社保、安全等群众急难愁盼的民生实事，下足“绣花”功夫坚决打赢精准脱贫攻坚战，不断增强全体人民获得感幸福感安全感。切实解决发生在群众身边的“微腐败”，严肃查处基层干部吃拿卡要、盘剥克扣、优亲厚友、雁过拔毛等问题，对侵害群众利益问题决不放过。持续开展扶贫领域腐败和作风问题专项治理，聚焦惠民惠农财政补贴资金管理，以及形式主义、官僚主义等问题。把扫黑除恶同反腐败结合起来，同基层“拍蝇”结合起来，严厉打击“村霸”、宗族恶势力和黄赌毒背后的腐败行为，既抓涉黑组织，也抓后面的“保护伞”，还人民群众一片“洁净的天空”。

4. 必须推进党风廉政建设和反腐败斗争，坚决夺取反腐败斗争压倒性胜利

反腐败是一场输不起的斗争。管党治党只能紧不能松，否则党风廉政建设和反腐败斗争就会半途而废、前功尽弃，不正之风和腐败就会卷土重来，气焰更加嚣张。我们必须敢于直面问题，勇于自我革命，标本兼治反对腐败，不断增强党自我净化、自我完善、自我革新、自我提高的能力。党的十八大以来，党中央坚持党要管党，全面从严治党，在全国打了一场惩贪治腐、正风肃纪、刷新吏治的攻坚战，反腐败斗争压倒性态势已经形成并巩固发展，全国政治生态发生可喜变化。但我们也清醒认识到，党风廉政建设和反腐败斗争形势依然严峻复杂，全面从严治党任重而道远。必须坚持零容忍的态度不变、猛药去疴的决心不减、刮骨疗毒的勇气不泄、严厉惩处的尺度不松，坚定不移把党风廉政建设和反腐败斗争引向深入。反腐败斗争既要治标也要治本，把惩治和预防有机衔接起来，形成不敢腐、不能腐、不想腐的高压态势、监督体系、社会氛围。要着力涵养积极健康的党内政治文化，坚决反对圈子文化、码头文化，引导党员干部明大德、守公德、严私德；深入开展“传家风、立家规、树新风”活动，深化理想信念教育、法纪教育、警示教育，让党员干部从思想源头消除贪腐之念。着力构建党统一指挥、全面覆盖、权威高效的监督体系，充分发挥巡视巡察利剑作用，推进派驻监督全覆盖，深化国家监察体制改革，把制度优势转化为治理效能，把党内监督同国家机关监督、民主监督、司法监督、群众监督、舆论监督贯通起来，增强监督合力，提高监督实效。

第四节　新时代大学生应坚决维护国家政治安全

一、加强党和政府同人民群众的血肉联系

维护国家政治安全是一项长期复杂的系统工程，要有强烈的风险意识，抓住重大问题和关键问题，着力推动解决维护政治安全面临的突出矛盾。

人心向背关系党的生死存亡。党只有始终与人民心连心、同呼吸、共命运，始终依靠人民推动历史前进，才能做到“黑云压城城欲摧”，而“我自岿然不动”，安如泰山、坚如磐石。从思想建设这个根本，不断筑牢理想信念，让党员干部从思想上解决“为了谁、依靠谁、我是谁”的问题，摆正个人与群众的关系，牢固树立“立党为公、执政为民”的从政理念，自觉与群众打成一片。

严明政治纪律和政治规矩，加强纪律建设，把守纪律、讲规矩摆在更加重要的位置，维护党中央权威，在任何时候任何情况下都在思想上政治上行动上同党中央保持高度一致；维护党的团结，坚持五湖四海，团结一切忠实于党的同志，遵循组织程序；服从组织决定；切实管好亲属和身边工作人员。

狠抓作风建设，坚持以零容忍态度惩治腐败。以整风精神解决形式主义、官僚主义、享乐主义和奢靡之风这“四风”问题，推动各级干部既严以修身、严以用权、严以律己，又谋事要实、创业要实、做人要实。坚持高压态势惩治腐败，坚持零容忍的态度不变、猛药去疴的决心不减、刮骨疗毒的勇气不泄、严厉惩处的尺度不松，坚决把党风廉政建设和反腐斗争进行到底。

二、做好意识形态工作

习近平总书记多次强调，能否做好意识形态工作，事关党的前途命运，事关国家长治久安，事关民族凝聚力和向心力。必须确保党对意识形态工作的领导权。各种课堂、讲坛和出版社、报纸、广播电视，特别是互联网等新媒体的领导权和话语权，要掌握在真正的马克思主义者手里。

必须旗帜鲜明地批驳意识形态领域的错误思潮。一旦认准是错误有害的思想观点，必须干预亮剑，理直气壮地批驳那些否定马克思主义的错误观点。同时，抓好道路自信、理论自信、制度自信、文化自信的宣传教育，研究回答干部群众普遍关心的深层次思想认识问题，把道理讲清楚说明白，澄清各种错误观点和模糊认识，引导人们自觉抵制资产阶级意识形态的渗透。

必须树立意识形态整体工作观念。意识形态工作不仅仅是宣传部门的职责，更是全党的重要职责。各级党委都要把意识形态工作摆上重要议事日程，密切关注，定期或不定期进行研究。

三、依法保障“一国两制”实践

《中华人民共和国宪法》（以下简称《宪法》）是国家的根本大法，确定了国家各项基本制度，在包括香港特别行政区在内的全国领土范围内具有最高法律地位和最高法律效力。《宪法》为制定《中华人民共和国香港特别行政区基本法》（以下简称《香港基本法》）、建立香港特别行政区制度提供了法律依据，是“一国两制”的根本法律保障。《香港基本法》是依据《宪法》制定的规定香港特别行政区制度的基本法律，是“一国两制”的具体化和法律化，在香港特别行政区具有宪法性法律地位。

严格依照《宪法》和《香港基本法》办事，是法治的最基本要求，也是“一国两制”赖以成功的基础。《香港基本法》的规定只有得到全面执行和遵守，立法目的才能实现，“一国两制”才能从理论变为现实。在香港，依法办事的核心就是自觉遵守法律法规，严格按照《宪法》和《香港基本法》办事。习近平指出，香港政治与法律建设应该从本地实际出发，依法有序进行；应该有利于居民安居乐业，有利于社会繁荣稳定，有利于维护国家主权、安全、发展利益。“一国两制”实践历程印证了严格按照《宪法》和《香港基本法》办事的重要性。

作为一种开创性的政治制度，“一国两制”必然会在实践中出现新情况、新问题，唯有全面准确理解和贯彻“一国两制”方针，坚决维护《宪法》和《香港基本法》权威，坚持以爱国者为主体的“港人治港”“澳人治澳”，坚定支持行政长官和特别行政区政府依法施政，把发挥祖国内地坚强后盾作用和提高港澳自身竞争力有机结合起来，“一国两制”实践才能始终沿着正确方向走稳、走实、走远。

案例分析　由“修例风波”引发的香港暴乱

近年来，境内外敌对势力不断将敌我矛盾掺杂进人民内部矛盾，不断激发、诱导一些群体性事件，企图把“颜色革命”置于群体性事件之中，使之向着反党、反社会主义、反政府、反国家的方向发展。2019 年 6 月以来，由“修例风波”引发的香港一系列暴乱事件，是美国近年来对我国进行“颜色革命”的“香港版”。深入了解该事件的发展始末和运作规律，对应对未来的意识形态领域争夺战大有裨益。

香港事件始于 2019 年 6 月 9 日。反对派组织“香港民间人权阵线”（简称“民阵”）以反对修订《逃犯条例》为由，组织了民众集会和游行示威。他们散布消息称，新修订的《逃犯条例》一旦通过，中央政府就会利用条例涵盖范围罗织罪名，任意拘捕和遣送身在香港的人士（即“送中”），令被遣送人遭受不公平的审判，使《逃犯条例》成为政治打压的工具。

据旧版《逃犯条例》，中国香港特别行政区与英国、美国、新加坡等20个司法管辖区签有移交逃犯的协议，但其中不包括内地、台湾地区以及澳门特区。2018年2月，一名香港男子在台湾杀害了香港女友及其腹中的胎儿，抛尸后潜逃回港。香港警方抓获该男子后，因港台之间没有移交逃犯协议，该男子无法移交至案发地台湾受审，只能在香港以盗窃罪等判处29个月刑期。受害人父母痛苦难当，恳请香港特区政府尽快修订《逃犯条例》，将凶手绳之以法。

为堵塞法律漏洞，特区政府提出修订《逃犯条例》的建议，并在广泛听取民意的基础上向立法会提交了《2019年逃犯及刑事事宜相互法律协助法例（修订）条例草案》。香港立法会原定于6月12日举行会议，开展《逃犯条例》修订草案审议工作，但因示威人群在立法会附近占据道路、聚众滋事，暴力冲击警察防线，会议被迫取消。6月15日，香港特区行政长官林郑月娥宣布，暂停修例工作。修例暂停了，但示威者仍然不依不饶，甚至变成了暴徒。6月21日，示威者包围警察总部及特区政府大楼，向警员投掷鸡蛋，用激光照射警员的眼睛，令警务工作及政府多个部门受到影响，甚至被迫停止运作。

此后，香港街头暴力不断升级、"黑色恐怖"蔓延。暴徒向中央人民政府驻香港特别行政区联络办公室（以下简称"中联办"）大楼投掷鸡蛋、玻璃瓶、砖块、油漆弹，用黑色液体玷污国徽，并在外墙上喷涂侮辱国家、民族的字句；连续两次在尖沙咀海港城拆下某建筑物前悬挂的中国国旗，扔入海中；用雨伞和头盔等硬物殴打落单警察，用激光笔射伤警察的眼睛，纵火点燃手推车冲向警察……暴力行动一再升级。"修例风波"发生后的几个月来，香港连续发生大规模的游行示威和暴力活动，其中一些人鼓吹"港独"，喊出"光复香港、时代革命"的口号，包围和冲击中联办，肆意侮辱国旗、国徽和区徽。这些行为严重挑战"一国两制"原则底线，正如香港不少人士所说，"修例事件"已经变质，有明显的"颜色革命"特征。

在这场暴乱事件中，香港一些激进暴力分子以反对修例为幌子，持续制造暴力事件。他们的暴力违法行径触目惊心、令人发指，事实清楚、证据确凿，其所作所为已经远远超出了自由表达意见的范畴，严重威胁公众安全，严重影响香港法治、社会秩序，经济民生和国际形象。这样的暴力行动绝不是松散的乌合之众能干出来的，而是有严密的组织和指挥的。美国等一些西方国家政府却"选择性失明"，颠倒黑白，混淆是非，甚至安排高级官员会见"反中乱港"头面人物，为香港激进暴力分子的违法行为撑腰打气，竭力破坏香港的繁荣稳定和安全。

香港是中国的香港，香港事务纯属中国内政，不容任何外部势力干涉。中央政府坚持贯彻"一国两制"方针的决心坚定不移，维护国家主权安全与发展利益的决心和意志也坚定不移，任何企图搞乱香港、损害中国良好发展局面、阻挠中华民族伟大复兴的图谋和行径都是注定要失败的。2020年6月18日，十三届全国人大常委会第十九次会议审议通过了《中华人民共和国香港特别行政区维护国家安全法(草案)》。十三届全国人大常委会第二十次会议于6月30日上午表决通过了《中华人民共和国香港特别行政区维护国家安全法》(即《港区国安法》)。《港区国安法》对防范、制止和惩治发生在香港特别行政区的分裂国家、颠覆国家政权、恐怖活动、勾结外国或者境外势力危害国家安全等四类犯罪行为的具体构成和相应的刑事责任,做出了明确规定。

构建国家安全屏障,筑牢"一国两制"根基。6月30日晚,香港特区政府新闻网站发布新闻公报称,中国全国人大常委会制定的《港区国安法》6月30日刊宪公布,30日晚上11时生效。《港区国安法》的出台将有效堵塞香港在国家安全方面存在的法律漏洞,建立健全香港维护国家安全的法律制度和执行机制,有力打击香港内外各种"反中乱港"势力的嚣张气焰,有效防控国家安全风险,对于全面准确贯彻"一国两制"方针和基本法,维护国家主权、安全、发展利益,保证香港长期繁荣稳定,确保"一国两制"行稳致远,具有重大现实意义和深远历史意义。

(资料来源:新华网,2019-08-15)

学习思考

1. 什么是政治安全?
2. 政治安全包括哪些内容?
3. 如何维护国家的政治安全?
4. 当代维护政治安全的主要任务包括哪些内容?

第三章　新时代国家国土安全教育

国家国土安全是国家生存和发展的基本条件，是国家生存空间范围的安全。我国地域辽阔，国土面积十分广阔，与数十个国家海上与陆地相邻，国土安全面临着威胁与挑战，反分裂斗争形势依然严峻，国土安全面临严峻的国际舆论环境。国土安全是立国之基。国土的安全状态与国家能否繁荣息息相关。国土不受外来侵略和威胁，资源不因战争或预防战争过分消耗，国家才能稳定发展，人民才能安居乐业。在新时代，维护国家国土安全是维护国家安全重大而紧迫的战略任务。

知识目标

掌握新时代国家国土安全的基本内涵、重要性、面临的威胁与挑战和国家国土安全教育的途径与方法。

素养目标

通过本章学习，使学生提高国家国土安全素养，培养良好的国家国土安全意识，培养正确的国家国土安全价值观、是非观，培养国家国土安全忧患意识，将国家国土安全意识融入日常工作学习生活中。

思政目标

引导学生建立维护国家生存和发展的基本条件的思维，坚定维护国家国土安全的决心；树立国家国土安全责任感和使命感，自觉担负起维护国家国土安全的时代责任；提高国家国土安全意识，共筑国家国土安全防线；遵守国家国土安全相关法规，做具备良好法治观念和拥有博大家国情怀的新时代公民；发扬爱国主义优良传统，保守国家秘密，增强国防观念，掌握维护国家国土安全的途径与方法，做中国特色社会主义国家国土安全的坚定捍卫者和守护者。

第一节　新时代国家国土安全的基本内涵和主要内容

一、国土安全的基本内涵

国土指的是一个主权国家管辖的全部疆域，是一个总称，包括领陆、领空、领海、专属经济区海域等。

（一）国土安全的概念

国土安全是国家安全基础中的基础。国土安全包括领土以及自然资源、基础设施安全等方面，核心是指领土完整、国家统一，边疆边境、领空、海洋等权益不受侵犯或免于威胁的状态，是国家生存和发展的基本条件，是一个国家主权范围内的生存空间范围的安全。

国土安全的概念来源于国家或民族的利益所面临安全威胁的因素，如：极端民族主义分子或恐怖分子对政治、经济或基础设施的袭击，大规模杀伤性武器，大规模的旨在窃取商业、金融机密的网络攻击，严重流行性疾病（如非典、埃博拉、新冠病毒等），特大自然灾害（如地震、火山喷发、海啸、飓风等）。

目前，我国仍然面临着境内外分裂势力的挑衅。在新时代，要维护国家国土安全，就必须大力加强国防和外交能力建设。

（二）我国国土安全的历史演变

我国是一个陆、海兼并的国家，自古以来，国人对国土安全都十分重视。

大约公元前2500年，炎、黄部落与东夷集团在涿鹿展开决战。最后，黄部落获胜并在冀州之野擒杀东夷首领蚩尤。之后，以炎、黄部落为主体的多个部落逐渐地发展成华夏族，中华文明正式开启，炎、黄二帝也因此被称为中华始祖。

公元前1046年，西周联军与商军在牧野展开决战，商军大败，西周建立。

春秋战国时期，各国守疆扩土，形成了战国七雄“合纵连横，纵横捭阖”的局面。

秦国远交近攻，一统天下，但最终由于暴政而分崩离析。

汉朝时期，开拓西域以反制匈奴成为基本国策。通西域始自西汉武帝时，一直持续到东汉时期。两汉对西域的开拓经略通过张骞两次出使西域，对西域用兵以及设置西域都护府，较好地维护了国土安全。

唐朝时期，主要采取一系列的边疆政策来维护国土的安全，攻灭突厥，控制西域。公元629年8月，唐太宗命兵部尚书李靖为行军总管，代州都督张公谨为副总管，发兵10余万，分数道进击突厥。经过唐军连续数月的征战，颉利可汗最终被俘，东突厥败亡，其土地及部众统一于唐王朝的版图。自此，唐之北疆得以安定。此外，唐还陆续平定百济等。唐朝推行各边疆部落和睦相处的制度，实施“怀柔”与“攻伐”政策的结合，保障了疆域的稳定。

明朝初年，采取“拓地御边”措施。明朝后期，变革为“敛兵守塞”。在此基础之上，明朝北方著名“九边十三镇”的防御制度开始形成。

清朝前期，朝廷开疆迅猛。清朝后期，朝廷守土也相对有力。清朝国土安全政策演变大致经历了四个阶段：有国无防，划界设防，封禁防内，实边固防。

民国时期，1912 年 3 月 11 日，中华民国第一部宪法《中华民国临时约法》明确规定中央对西藏的主权，宣布“西藏是中华民国领土的一部分”，提出“合汉、满、蒙、回、藏诸族为一人，实行五族共和”。7 月 17 日，民国政府设立蒙藏事务局，隶属国务院，具体管理蒙藏事务。1929 年，南京国民政府设立蒙藏委员会，行使对西藏的行政管辖权。1940 年，国民政府在拉萨设立蒙藏委员会驻藏办事处，作为当时的中央政府在西藏地方的常设机构。

1949 年 10 月 1 日，中华人民共和国成立，根据国际法，由于国民党执政的中华民国在国共内战中彻底失败，丢失了中国大陆的全部国土，原属中华民国的全部领土，权益，包括海洋权益及一切相关国土权益，由中华人民共和国继承和接受，包括台湾和澎湖金马诸岛在内的一切国土和海洋权益归中华人民共和国管辖和拥有，中华人民共和国的国土和海洋权益及管辖权得到了联合国的承认和世界公认。

二、国土安全的主要内容

（一）领土

1. 领土的概念与要素

领土是指处于国家主权管辖下的地球表面特定部分，包括国家主权管辖下的一切陆地、水域及其底土和空域。领土要素包括领陆、领水、领空。领土不是平面的，而是一个立体化的三维空间，上至高空，下达地底。国家领土是国家主权行使的地理空间，是国家构成要素之一。国家必须具备一定的领土，不问其大小。

2. 领水、领陆、领空的关系

领陆是指国家疆界以内的陆地，包括岛屿，它是国家领土的基本组成部分。在国家领土的组成部分之中，领陆是主要的，其他组成部分往往是领陆的附属部分，是与领陆不能分开的，除非在特殊情况中有条约的规定。领水附随于领陆。领空和底土又附随于领陆和领水。领陆若发生变动，则附随于领陆的领水、领空和底土也随同变动。

（二）领海

1. 领海的概念

领海是指沿海国的主权及与其领土及其内水以外邻接的一定范围的海域，是由沿海国家根据其地理位置特点、经济发展和国防的需要来自行确定的。有些国家的领土没有海岸，称为内陆国，因此它们的领土就没有"领海"这一部分。

内水是指国家领陆内以及领海基线向陆地一侧的水域，包括一国境内的河流及其河口与港口、运河、湖泊及内海、内海湾、内海峡等。沿岸国对上述水域拥有与对其陆地领土一样的完全主权。

根据1982年《联合国海洋法公约》的规定，整个海洋可划分为内水、领海、群岛水域、毗连区、专属经济区、大陆架、公海和国际海底区域等海域。其中，领海和内水属于国家领土的范围，而毗连区、专属经济区和大陆架则组成国家管辖区域。

2. 我国的领海范围

1958年9月4日《中华人民共和国政府关于领海的声明》宣称：中国领土包括中国大陆及其沿海岛屿，和同大陆及其沿海岛屿隔有公海的台湾及其周围各岛、澎湖列岛、东沙群岛、西沙群岛、中沙群岛、南沙群岛以及其他属于中国的岛屿。中国领海宽度为12海里，并采用直线基线。从基线向外延伸12海里的水域是中国的领海。在基线以内的水域，包括渤海湾、琼州海峡在内都是中国的内海。在基线以内的岛屿，包括东引岛、高登岛、马祖列岛、白犬列岛、乌丘屿、大小金门岛、大担岛、二担岛、东碇岛在内，都是中国的内海岛屿。

（三）领空

1. 领空的概念

领空是指领土和领海范围内的全部上空，但对其垂直高度，目前国际上尚无明确规定。领空是国家领土不可分割的部分。

2. 我国的领空范围

《中华人民共和国民用航空法》第二条规定："中华人民共和国的领陆和领水之上的空域为中华人民共和国领空。中华人民共和国对领空享有完全的、排他的主权。"目前，我国的陆地面积约为960万平方千米，内海和边海的水域面积为470多万平方千米，因此我国的领空应为1430多万平方千米垂直向太空100km之内的空间。

3. 临近空间的概念

临近空间的范围大致包括：①距地面18～55km的大气平流层区域；②距地面55～85km的大气中间层区域和距地面85～800km的小部分增温层区域；③纵跨非电离层和电离层。非电离层在60km之下，电离层在60～1000km之间。临近空间之上的空域通常被称为"太空"，是现代航天器的主要活动空间；临近空间之下的空域通常被称为"天空"，是传统航空器的主要活动空间。

第二节　新时代国家国土安全的重要性

一、国土安全是国家生存和发展的基本条件

国土安全是立国之基，是国家生存和发展的基本条件。国土的安全状态与国家能否繁荣息息相关。国土不受外来侵略和威胁，资源不因战争或预防战争过分消耗，国家才能稳定发展，人民才能安居乐业。

（一）《中华人民共和国国家安全法》的法律规定

《中华人民共和国国家安全法》第八条规定："维护国家安全，应当与经济社会发展相协调。国家安全工作应当统筹内部安全和外部安全、国土安全和国民安全、传统安全和非传统安全、自身安全和共同安全。"

（二）国土安全的基本条件

具备一定面积的国际公认的固定领土是构成国家的基本条件之一，也是国家及其人民生存和发展的物质基础。领土主权和领土完整是国家独立的重要标志。侵犯一国的领土主权和领土完整，在现代国际法上是最严重的违法行为。领土主权不可侵犯是国际法久经确认的重要原则。1945 年制订的《联合国宪章》第二条第四项规定："各会员国在其国际关系上不得使用威胁或武力，或以与联合国宗旨不符之任何其他方法，侵害任何会员国或国家之领土完整或政治独立。"我国于 1954 年倡导的和平共处五项原则、1955 年万隆会议十项原则、1974 年联合国大会通过的《各国经济权利和义务宪章》都强调领土主权原则为现代国际法的基本原则。

在安全的领土范围内，主权国家可以有效地发展经济、改善民生，不断地提升国家整体实力水平。相反，国土安全一旦遭到破坏，国家、人民将会陷入困境之中。例如，2003 年美国非法入侵伊拉克，造成伊拉克长期战乱，民不聊生，恐怖袭击横行。战争爆发前的伊拉克，人均 GDP 达到 1 万美元，远超部分发达国家的数据。从学前到大学都实行免费教育，因此当时的伊拉克人口素质非常高。但在战争爆发后，其国内的年青一代大多没有机会系统学习知识。即便国家已经进入重建进程，教育系统依旧没能完善。现在，伊拉克虽然已经结束战争，但其国内武装袭击事件却依旧层出不穷，危机依旧存在。除此之外，伊拉克还面临粮食、医疗、水源等难题。类似的情况在叙利亚、利比亚、阿富汗、也门等国家也有不同程度的体现。这些国家在内外敌对势力的破坏下，民不聊生，百姓苦不堪言。

与之形成鲜明对比的是，在中国共产党的领导下，我国国土安全总体上得到了根本保

障，人民普遍安居乐业，中国特色社会主义伟大事业有条不紊推进，中华民族伟大复兴的梦想正在逐步实现。在捍卫我国国家国土安全这方面，全党全军全国人民上下一心，各地区各民族紧密团结，一个也不能少。

二、国土安全与其他领域的安全息息相关

（一）国土安全是社会经济稳定健康发展的保障

没有国土的安全稳定，就没有稳定的社会环境，也就没有个人的生命安全和财产安全。安全、富饶、辽阔的国土是社会经济稳定健康发展的保障。国土为人民安居乐业提供基础条件。土地是人类赖以生存和发展的物质基础，是社会生产的劳动资料，是农业生产的基本生产资料，是一切生产和一切存在的源泉，是不能出让的存在条件和再生产条件。人们的生活离不开土地。土地为人类的生存和发展提供了客观的、基础性的物质条件。人类从土地中得到赖以生存的衣食住行的基本条件。同样，国民经济中各行业的发展离不开土地。充足的、优质的、合理分布的土地是顺利发展国民经济的必备条件之一。

没有土地，就没有农业生产。在农业生产中，土地不仅是劳动对象，而且本身又是最好最重要的劳动资料。农业生产对土地的需求表现在需要面积广大的土地，否则就不可能生产出足够数量的满足人类需求的农产品。国土提供了多种多样的可利用的土地资源，为人类的繁衍、栖息、生产、生活等活动提供了条件。在非农业行业中，土地是被当作基地、场所、空间的操作基础来发生作用的。全面来看，国土安全是社会经济健康稳定发展的重要保障。

（二）国土安全是国家民族繁荣富强的根本要求

要实现国家、民族繁荣富强，不仅需要高质量的发展，更需要安全有序的发展环境。经济基础决定上层建筑，只有经济安全了才能保证政治、民生、文化等方面的健康发展，才能大幅度提高国家综合实力，才能增强抵御外部环境冲击的能力，从而有利于国家、民族繁荣富强的实现。

国土安全是国家安全的主要内容，关乎党和国家的安危。党和国家多次强调，要求强化忧患意识，提高政治警觉，把维护国家政治安全特别是政权安全、制度安全放在第一位，提高对各种矛盾问题预测预警预防能力。政治安全与国家国土安全有着重要的联系：政治安全是根本性安全，起到纲举目张的作用，直接决定和影响着国土安全等其他领域安全的实现，但同时国土安全又深刻影响着政治安全。

国土安全是国家民族繁荣富强的前提条件，国土安全对国家的生存和发展是非常有利的。一个国家的首要任务就是保证国土的安全。只有国家强大了，国土安全得到了根本保障，人们才能安居乐业，才能实现国家民族繁荣富强。

三、国土安全是人民幸福生活的基础

人民安全是最基本的安全，这是贯彻落实总体国家安全观的宗旨。习近平总书记强调

要“以人民安全为宗旨”。人民安全是其他安全的重要遵循，是所有安全工作的根本出发点和落脚点，国家各种安全都要以保障人民群众安全、维护人民群众安全权益为本质要求。维护国家安全，就要增强人民的基础性力量。人民群众是历史的创造者，中华民族伟大复兴中国梦的实现也必须依靠人民。习近平总书记指出，中国梦归根到底是人民的梦，必须紧紧依靠人民来实现，必须不断为人民造福。这深刻说明，人民群众是实现伟大梦想的实践主体，党和政府必须不断回应人民群众的期待，满足人民群众的要求，发挥人民群众的积极性、主动性和创造性，在实现伟大梦想的征途上充分展现人民群众的巨大力量。新时代，拥有共同奋斗目标的中国人民必将脚踏实地、砥砺前行，以崭新的姿态屹立于世界民族之林。宏伟目标要实现，关键在于保护领土主权的安全，为群众安居乐业提供国土安全环境，不断提高人民群众的安全感、获得感、幸福感。

第三节　新时代国家国土安全面临的威胁与挑战

一、国土边境、海洋安全面临的问题与挑战

当前，我国国土安全的国内环境和国际环境面临严峻的挑战：一方面，国内主流意识形态遭到多元社会思潮的冲击。随着我国融入全球化的速度不断加快，改革开放的程度日益加深，西方一些资本主义国家加大了意识形态的扩张，民粹主义、历史虚无主义等社会思潮悄然地通过网络等途径渗透到我国社会中，对我国主流意识形态造成了一定冲击。他们利用国内分裂势力，搞破坏行动，严重影响我国国土安全的舆论环境。另一方面，国际安全环境依然存在不确定性。虽然和平与发展仍是当今时代的主题，但强权政治、霸权主义、单边主义等影响因素仍然存在，敌对势力企图西化、分化、污化社会主义中国的危险也长期存在。

新时代，我们国家国土边境、海洋安全面临的问题与挑战主要区域有：东面有我国台湾、钓鱼岛，南面有南海，西南面有藏南地区，东北亚方向有朝鲜半岛等。

（一）邻国围绕领土边界挑起事端

1. 中、印边境国土安全形势紧张

中国和印度在历史上并不存在什么边界问题，上千年来，一直友好和平相处。当前的中印边界问题，主要是殖民者的遗留问题。英国在 19 世纪末 20 世纪初帝国主义瓜分世界的狂潮下，觊觎我国疆土，单方面划定了麦克马洪线和约翰逊线。印度独立之后，印度始终以英属印度的直接利益继承者的角色自居，在周边领土问题上采取扩张主义政策，造成印度与邻国关系紧张。在同我国的接触中，印度始终摆脱不了殖民者的特权心态。近年来，为了配合美国的“亚太战略”，印度不断在中印边境制造事端。2020 年 6 月，印度士兵越过边界对

我方蓄意挑衅，甚至暴力攻击我方前往事发地点交涉的官兵，进而引发激烈肢体冲突，造成人员伤亡。在冲突之后，我国军队对于印军俘虏予以充分的人道主义对待，把所有缴获的印军物资归还给印度方面，充分争取了国际舆论的支持，体现了我国对和平的诚意。根本上来看，印度采取领土问题上的扩张主义政策是造成中印边境形势紧张的总根源。

2. 中、越边界领土争端

中越边界领土争端包括陆地边界、北部湾划分和南沙群岛及其附近海域的主权和海洋权益争议等方面。

在陆地边界上，1974 年以前，中、越两国基本上没有大的分歧。但 1975—1977 年，越南开始对我国的云南、广西提出了 15 处领土要求，并且擅自挪动或毁坏界碑。从 1978 年到 1979 年，越军先后潜入云南、广西等地 50 多次，破坏交通，埋设地雷，袭击并企图绑架我国边防部队哨兵。1975—1978 年所发生的边界事件逐年增多，从每年 100 多次增至每年 1000 多次。

1975 年 4 月，越军侵占了我国南沙群岛 6 个岛屿。同年 6 月 3 日，越南外交部官员向我国驻越使馆表示，南沙群岛“属于越南领土”，正式向我国提出了非法的领土要求。1977 年，中、越两国召开了边界谈判。在会议上，越方对我国提出无理的领土要求。边界谈判中断后，越南打着“恢复历史边界原状”的口号，欺骗越南人民，有组织、有计划地在中越边境大量制造事端，不断以武力侵占中国领土。

1978 年 12 月，越南举行庆祝人民军建军 34 周年集会。会上，越南国防部长作报告说，越南随时准备打一场大的战争，要建立一支“无敌的军队”，“决心打败一切敌人”。越南把我国当作“最危险最直接的敌人”和“新的作战对象”，在靠近我国边境地带制造“净化区”，把与我国有来往的居民统统赶走，派出公安、特务人员，调集 20 余万人的精锐部队，明确要对我国进行“进攻战略”，修筑大量工事和军事设施，不断侵入我国领土，干涉我国边民生产生活，绑架我国人员，制造许多流血事件。到 1979 年年初，越南侵犯我国边境地段达 162 起，打死打伤我国军民 136 人。

（二）多方与我国争夺岛礁主权和海洋权益

1. 台湾问题

由历史的原因，我国台湾地区目前还没有与祖国大陆实现统一。大陆和台湾同属一个中国，是不可分割的整体，这个事实从未改变，也不可能改变。世界上有 180 多个国家承认和支持一个中国原则。“和平统一、一国两制”是解决台湾问题的基本方针。彻底解决台湾问题，要遵循几个原则：一是坚持一个中国原则；二是促进两岸交流合作；三是促进两岸同胞团结奋斗；四是反对和遏制任何形式的“台独”。

党的十九大和党的二十大向全世界发出了明确而坚定的信号：“坚持一个中国原则和‘九二共识’，坚决反对‘台独’分裂行径，坚决反对外部势力干涉，牢牢把握两岸关系主导权和主动权。”我国统一是不可阻挡的历史潮流。一个中国原则牵涉我国的核心利益，在这个核心问题上，没有任何讨价还价的余地。中国必须统一，也必然统一。中国的国家统一、民族复兴是历史大势，是任何力量阻挡不了的。

一个中国原则是中美两国建立和发展外交关系的政治基础和根本前提。在台湾问题上，我国多次敦促美国恪守一个中国原则和中美三个联合公报规定，停止提升与台湾的实质关系，停止与台湾进行任何形式的官方往来，停止在错误和危险的道路上越走越远。

2. 钓鱼岛问题

钓鱼岛及其附属岛屿是我国的固有领土，这有坚实的历史和法理依据。

1895 年 4 月 17 日，甲午海战之后，清政府被迫与日本签订了丧权辱国的《马关条约》，将台湾及其周边包括钓鱼岛在内的岛屿一并割让给了日本。

1945 年 8 月，日本战败投降，第二次世界大战结束。根据《波茨坦公告》《开罗宣言》等国际法律文件，钓鱼岛主权回归中国。《开罗宣言》对钓鱼岛的处理是："剥夺日本自 1914 年第一次世界大战开始后在太平洋所夺占的一切岛屿，使日本窃取于中国的一切领土，例如东北四省、台湾和澎湖群岛等，归还中国。"《波茨坦公告》对钓鱼岛的处理是："《开罗宣言》之条件必将实施，而日本之主权必将限于本州、北海道、九州、四国及吾人所决定其他小岛之内。"

但 1951 年的《旧金山和约》却错误地把日本所窃取的钓鱼岛等岛屿归在由美国托管的琉球管辖区内。《旧金山和约》产生的"托管"和"归还"将钓鱼岛裹挟其中，侵犯了我国的领土主权，也成为中日领土之争的根源。我国政府当时即刻严正声明坚决不承认《旧金山和约》。1972 年中日建交谈判以及 1978 年中日和平友好条约签署时，中日双方同意将钓鱼岛问题"搁置争议""先放一下，以后解决"。但日本当局实际上从未认真履行过自己的诺言，一直在有预谋有步骤地实施对钓鱼岛的侵占。

1992 年颁布的《中华人民共和国领海及毗连区法》中的"领土条款"明确规定钓鱼岛等岛屿是中国固有领土，重申了钓鱼岛等岛屿属于中国固有领土的法律属性。2012 年 9 月 10 日，日本政府上演了一出所谓"钓鱼岛国有化"的闹剧。2012 年 9 月 25 日，我国国务院新闻办公室发表了《钓鱼岛是中国的固有领土》白皮书，严正声明钓鱼岛是中国的固有领土，驳斥了日本政府的荒唐行径。

日本是中国的海上强邻，也是当今世界上仅次于美国、中国的第三大经济体，又是一个曾经对中国进行侵略并且其统治者至今对此没有清醒反省的国家。日本目前正处于转型过程，其走向将直接牵涉到我国的东部安全。近几年，日本在对外政策上加快谋求政治大国的步伐，强化日美同盟，防范和牵制我国的行动不断升级，使中日关系陷入低谷。日本政府对周边国家尤其是中国的强硬态度严重影响了地区的稳定。日本政府在历史问题上的错误态度也引起众多亚洲国家的不满。钓鱼岛问题激化了中日两国在东海问题上的矛盾。

中、日两国一衣带水，交往历史非常悠久。但是近代日本的残酷侵略给中国民众所造成的心灵创伤巨大，任何涉及日本的政治问题在中国都必须慎之又慎。钓鱼岛是一个同历史和现实紧密连接的政治话题。

自 20 世纪 70 年代起，钓鱼岛长期处于日本当局的非法控制之下。2012 年开始，我国海警和海巡力量已经常态化开展海上执法活动。这实质上打破了日本所谓的"实际管控"，起到了很好的振奋民心、宣示主权的作用。同时，我国的武装力量也针对日本自卫队扩军备战、妄图鲸吞我国领土的举动给予了坚定的回击：东海防空识别区的设立有效地加强了我军对于东海和钓鱼岛附近空域的掌控，海军编队常态化的远洋拉练以及与俄罗斯等国家之间的联合军演也有效增强了我军在钓鱼岛附近海域的制海能力。另外,我国在钓鱼岛问题上采取了积极主动的宣传方式,通过在各大国际媒体上刊发文章等形式,摆事实,讲道理,让我国的立场和观点得到了前所未有的传播。

3. 南海问题

南海问题起源于20世纪70年代。目前,在我国南海地区,大量油气资源已被勘探发现。南海问题目前主要涉及"六国七方",分别是中国大陆和中国台湾、菲律宾、越南、马来西亚、印度尼西亚、文莱。

东沙群岛仅东沙岛露出海面,目前在中国台湾的控制范围内。1974年西沙海战取得胜利后,西沙群岛由我军驻守。中沙群岛主体位于水中,无人居住。

南海问题争端主要集中在南沙群岛,目前被各个国家割据占领。其中,越南占领29处,面积100多万平方千米;菲律宾占领9处,面积41万平方千米;马来西亚占领5处,面积27万平方千米;文莱宣布南通礁为其所有,但并未出兵占领。

20世纪90年代以后,菲律宾以黄岩岛在其200海里专属经济区内为由,对在该海域正常作业的中国渔民进行驱赶和抓扣。

越南宣称在南海有所谓的专属经济区,近年来,在非法侵占的岛礁上不断地填海造陆。此外,越南还在南海划定近200个区块,大肆开发南海区域的油气资源。

多年来,美国为了维护其霸权,遏制打压我国的军事、经济发展,以他们所谓的"国家安全"和"防备需要"做幌子,打着"航行自由"的旗号,不断在我国南海区域制造各种事端。2019年10月,美军"里根"号航母打击群与"拳师"号两栖大队在我国南海海域开展作战演练。2019年11月,美军派出战斗舰、驱逐舰侵入我国南沙岛礁邻近海域、西沙群岛领海。2021年9月15日,澳大利亚、英国和美国宣布建立新的三边安全伙伴关系(AUKUS)。美国、英国将支持澳大利亚海军建立核潜艇部队,澳大利亚将与美国、英国合作在澳大利亚建造核潜艇。

2015年11月7日,习近平总书记在新加坡国立大学发表演讲中指出,南海诸岛自古以来就是中国领土。维护自身的领土主权和正当合理的海洋权益,是中国政府必须承担的责任。中国南海政策的出发点和落脚点都是维护南海地区和平稳定。在中国和南海沿岸国共同努力下,南海局势总体是和平的,航行和飞越自由从来没有问题,将来也不会有问题,因为首先中国最需要南海航行通畅。尽管中国拥有主权的一些南海岛礁被他人侵占,但我们始终主张通过和平谈判方式解决问题。中国将坚持同直接当事国在尊重历史事实的基础上,根据国际法,通过谈判和协商解决有关争议。我们完全有能力,也有信心同东盟国家一道维护好南海地区的和平稳定。总书记的讲话为南海问题的妥善解决指明了正确方向。

二、反分裂斗争形势依然严峻

(一)反分裂斗争的长期性、复杂性、尖锐性

在我国历史上,团结统一始终是主流,但也始终存在分裂与反分裂的斗争。近代以来,由于帝国主义的侵略,反分裂斗争形势更为复杂和严峻。1933年,"东突"势力扯起了东突

厥伊斯兰共和国的旗号,公然进行分裂祖国的反动行径。中华人民共和国成立后,达赖集团于1959年发动武装叛乱,失败后叛逃印度,组建所谓“西藏流亡政府”,妄图与祖国分庭抗礼。20世纪80年代末90年代初,受苏东剧变的影响,境内外各种分裂势力死灰复燃,在西方敌对势力怂恿和支持下,以边疆民族地区为突破口,极尽蛊惑煽动之能事,伺机实施各种破坏活动。进入21世纪以来,境内外各种敌对势力活动频繁,出现系统化、纲领化、组织化趋势。“民运”“藏独”“法轮功”“三股势力”等在民主、人权、宗教等议题上相互借重,在一些敏感日期、敏感事件上相互勾连,企图形成与党和政府对抗的“统一战线”。可见,长期以来分裂与反分裂的斗争随着国内外形势的变化,呈现出时起时伏的波动,有时暗流涌动,有时集中爆发,从来没有停止过。这既是我国民族问题复杂性的反映,也是各种敌对势力反动本性的集中体现,是不以人的意志为转移的。分裂主义的存在及其破坏活动,对当今世界构成了现实威胁。安不忘危,治不忘乱,存不忘亡。国内曾经发生的新疆、西藏等严重暴力犯罪事件再次警示我们,西方敌对势力亡我之心不死,民族分裂势力乱我之心不变。维护国家统一、反对民族分裂,是关系我国核心利益的重大问题,是一项长期的艰巨的任务。

在我国,反分裂斗争是现实的、严峻的,有时甚至是尖锐的、激烈的。西方敌对势力是各种反华破坏活动的幕后真凶。他们害怕中国的崛起危及他们的利益,害怕中国特色社会主义的成功影响和带动更多的发展中国家。目前,西方反华势力已经把我国的发展强大视为对他们主导的国际政治经济秩序的最大威胁,加紧在我周边投棋布子,企图形成战略包围,最终实现推翻中国共产党的领导和社会主义制度、分裂削弱中国的图谋。只要中国共产党执政,只要我们坚持社会主义制度,只要中国强大统一,西方敌对势力对我实施“西化”“分化”的政治图谋就不会改变,继续支持、利用民族分裂等各种反华势力对我进行渗透颠覆的策略就不会改变,他们从外部对我国家安全和社会稳定所构成的重大威胁将长期存在。境内外民族分裂势力是实施各种分裂活动的政治工具。他们不惜出卖国家和民族利益,充当西方敌对势力的走狗,猖狂地实施各种分裂破坏活动。目前,在境外暴力恐怖组织加紧渗透的情况下,境内民族分裂分子的破坏活动升级。这些暴力恐怖分子目标明确、意图明显,手段残暴、手法多样,他们穷凶极恶、丧心病狂地伺机使用暴力恐怖手段实施各种分裂破坏活动,我们对此要有充分的思想认识和斗争准备。

当今时代,在全球化背景下,国际问题更容易产生国内影响,国内问题更容易导致国际干预,反分裂斗争错综复杂的形势短期内不会改变。当前我国周边国际恐怖活动激烈反弹,宗教极端思想盛行,国际“三股势力”聚集,一些国家发生“颜色革命”、政局持续动荡。中亚国家正处于政治经济体制转轨阶段,在西方的“民主化”和宗教极端势力的“伊斯兰化”双重压力下,各国今后的政治走向难以预料。世界一些国家世俗政权与宗教极端势力的矛盾加剧,目前政局还在进一步发展变化。这种状况为盘踞在这一带的针对中国的民族分裂势力发展壮大组织、拓展活动空间、对我境内渗透破坏提供了条件。各种境内外分裂势力不断调整策略,时刻等待新的有利时机,对我发起又一轮冲击和进攻。在国内,随着改革不断深化,利益格局深刻调整,加之国际金融危机影响蔓延,由人民内部矛盾引发的各种突发性、群体性事件还会出现,将会不同程度地影响社会和谐稳定,给各种民族分裂势力以插手、利用的机会,成为我国家安全和社会稳定所面临威胁中的不确定因素。对此,我们要增强忧患意识,掌握反分裂斗争的主动权。

（二）“台独”“藏独”“港独”等分裂活动构成威胁

当代中国是多民族的社会主义国家，由于历史遗留问题，各民族地区在现代化进程中发展的不均衡和传统文化差异，以及境外某些敌对政治、宗教势力利用民族问题挑拨国内民族矛盾，国内分裂势力不容小觑。我国一直面临着以“台独”“港独”“藏独”等为代表的国内分裂势力的严重威胁。

“台独”分裂是祖国统一的最大障碍，是民族复兴的严重隐患。民进党当局顽固坚持“台独”分裂立场，拒不承认体现一个中国原则的“九二共识”，“倚美谋独”“修宪谋独”，加紧推行“去中国化”“渐进台独”，图谋推动“法理台独”，强化两岸敌意对抗，挟洋自重，在分裂道路上越走越远。“台独”分裂势力及其活动始终是台海和平稳定的最大现实威胁，是祖国和平统一的最大障碍。

“港独”分裂是维护祖国统一和国家安全的毒瘤。香港回归祖国以来，“一国两制”实践取得举世公认的成就。但香港内外的破坏性力量一直没有停止对“一国两制”的干扰和破坏。在西方反华势力扶植下，“港独”分裂势力在香港进行暴力抗议，非法集会，公然叫嚣“香港独立”等口号。这些违法行径已经严重挑战“一国两制”原则底线。2020 年 6 月 30 日，第十三届全国人民代表大会常务委员会第二十次会议通过《中华人民共和国香港特别行政区维护国家安全法》，为推动香港局势实现由乱到治的重大转折，推进依法治港，促进“一国两制”实践行稳致远，打下了坚实基础。

“藏独”是危害国家安全的反动势力。“藏独”问题与历史上西方殖民主义者的干预有着直接关系。从 18 世纪 70 年代开始，英国殖民主义者由印度侵入中国西藏进行分裂活动；19 世纪 20 年代，英国殖民主义者打出“西藏独立”的旗号，利用各种手段扶持亲英势力，企图控制西藏地区；1911 年以后，英国开始炮制分裂西藏的新政策；第二次世界大战以后，美国不遗余力地支持西藏分裂势力达赖喇嘛进行分裂中国领土和主权的活动。达赖集团于 1959 年发动武装叛乱。叛乱失败后，叛乱分子裹挟十四世达赖喇嘛逃往印度，公开鼓吹“西藏独立”，极力推动“西藏问题”国际化，在分裂祖国的道路上越走越远。达赖集团叛逃以来，通过出访各国、发表政治演讲等方法，使“西藏问题”国际化的趋势不断加剧，在国际上不断煽动藏人与中央政府对抗，鼓动以“藏青会”和“藏妇会”为代表的激进组织不断潜入我国境内，开展恐怖活动，分裂祖国、图谋西藏独立，严重影响国内安全。在国内外分裂势力的怂恿下，一系列恶劣的“藏独”犯罪行径不断发生。

“疆独”是危害国家安全的重大隐患。“疆独”分子与境内外的“东突”分子相勾结，曾经在新疆、云南等地制造了多起恐怖事件。“东突”是“东突厥斯坦”的简称。突厥原本是中国史书上记载的一个游牧民族部落。“突厥斯坦”指的是中亚突厥人的发源地，即突厥人住的地方，原本与维吾尔族没有任何关系。从 19 世纪初以来，民族分裂主义者将中亚的俄国部分称为“西突厥斯坦”，编造中国的新疆部分为“东突厥斯坦”。所以，“东突”势力在新疆的蔓延源于境外。“东突”势力鼓吹其民族有上万年的历史，所有操突厥语和信仰伊斯兰教的民族联合起来，组成一个独立的国家，否认中华各民族共同创造伟大祖国的历史。近些年来，“东突”势力的活动开始以恐怖暴力为主要手段，在我国新疆及其他邻近地区制造了许多骇人听闻的恐怖暴力事件，造成大量的人员伤亡，严重危害了我国各族人民群众生命财产安全和社会稳定，并对有关国家和地区的安全与稳定造成了严重威胁。“东突”恐怖组织长期利用各种媒体，特别是互联网进行恐怖主义、极端主义、分裂主义的宣传，对国家的主权和领土完整带来极大危害。

三、国土安全面临严峻的国际舆论环境

（一）西方国家频频制造不实的国际舆论

在当今世界，国家之间的竞争不仅取决于军事、经济等硬实力的较量，更是取决于思想、文化、价值观层面等软实力的竞争。舆论作为国家软实力的一种表现，也是一种常见的社会意识现象，同社会的每个个体、群体、团体都有密不可分的联系。舆论是构成人类精神环境、影响人们思想行为的基本要素，是社会斗争的重要利器。

在经济全球化的今天，世界各民族在全球化发展中都希望增加而不是减少自己的利益，都希望自己的利益可以更多地被“国际规则”所表达，尤其是在数字传播时代，舆论所散发的这种独特力量日益增大，已成为事关国家利益、影响国家安全的重要因子。国土安全与大国博弈密切相关。我国的社会制度和社会意识形态与西方国家不同，成为西方反华势力和政客的攻击对象。它们不能正确看待中国的崛起强大，看不惯中国维护国土安全的政策与举措，在国际上抹黑中国，不断介入中国与邻国的争端，利用主导的国际话语权优势频频制造事端，在国际社会上发表不实言论，不断破坏我国国土安全的国际舆论环境。因此，我国要重视国际舆论，大力宣传我国的和平友好、平等互利的外交政策，增强国际社会对我国的主张和立场的理解，营造良好的国际舆论氛围，保障国土安全。

新时代，以美国为首的西方部分国家利用其掌握世界话语权的优势，不断制造对我国发展极为不利的不实的国际舆论。2017 年以来，美国将我国锁定为首要战略竞争对手，以经贸领域为主攻方向，发起了史上规模空前的贸易战，在中国台湾、南海、人文交流等各个领域同时发力，强力将中国台湾问题、香港问题、新疆问题纳入中美战略竞争的轨道，以其所谓的“印太战略”为纲，不断强化对华地缘战略布局，中美关系不断恶化。2020 年新冠肺炎疫情暴发以来，美国国内各种反华势力围绕所谓的“中国威胁论”大做文章。他们罔顾我国在抗疫方面所取得的巨大成就以及对世界各国做出巨大贡献的客观事实，颠倒黑白，不断疯狂抹黑我国。

（二）部分周边国家制造舆情激化矛盾

近年来，我国所面临的周边局势比前几年严峻。我国海上，从北到南，几乎都已处于危机之中，中菲黄岩岛对峙、中日钓鱼岛冲突、中越围绕石油勘探引发系列冲突，导致摩擦频频出现。

1. 中菲黄岩岛问题、仁爱礁问题

2019 年，中菲在黄岩岛对峙多日。菲、美在此期间举行联合军演。之后，我国为缓解南海局势，撤离了中国渔政 310 船和中国海监 84 船，只有 1 艘中国海监船留在黄岩岛海域执行执法任务。菲律宾时任总统阿基诺声称“南海周边国家应警惕中国在主权争议问题上会

越来越进取”。从2013年1月以来，菲律宾利用一般老旧的“坐滩”军舰，在南海仁受礁频频挑衅生事，污蔑中国“以大欺小”，公然放话要在仁爱礁上建造永久建筑，菲律宾军方重要官员之一伪装登上“仁爱礁”刷存在感，甚至跟美国一起搞起“联合巡航”，严重挑动中菲在南海问题上的冲突，危害中国的南海安全。

2. 中日钓鱼岛问题

近年来，中日之间围绕日本名古屋市长否认南京大屠杀、日方扣押我渔民、东京都知事叫嚣购买钓鱼岛等问题，冲突日渐加剧。特别是东京都知事石原慎太郎关于“购买钓鱼岛”的言论导致中日关系一度陷入僵局。

3. 中越南海冲突

在南海方面，越南在西沙动作持续不断，其政府一直表态：“对西沙拥有主权。”越南国内屡次出现反华游行，其中甚至有人在五星红旗上印上了“海盗”标志。越南至今已侵占我国近30个岛屿，并在渔民作业、石油勘探等问题上屡屡和我国发生冲突。

第四节　新时代国家国土安全教育的途径与方法

一、完善国土安全法律和教育体系

国家国土安全教育涵盖的范围比较广泛，它不仅指中国土地安全教育，也包括中国领海安全、领空安全、专属经济区安全等教育内容。新时代国家国土安全教育的途径与方法主要是完善国土安全法律和教育体系。

（一）完善维护国土安全的法律法规

维护国土安全，需要法律法规提供全面的保障。中国共产党十九届六中全会通过的《中共中央关于党的百年奋斗重大成就和历史经验的决议》指出，要完善国家安全法治体系、战略体系和政策体系。新形势下，加快推进国土安全相关的法治建设，构建国土安全法治体系，依法维护国土安全，是完善国家安全体系的重要内容，同时它也是贯彻落实全面依法治国总方略以及推进国家治理体系和治理能力现代化的必然要求。

多年来，我国相继制定和实施了《中华人民共和国反分裂国家法》《中华人民共和国国家安全法》《中华人民共和国香港特别行政区维护国家安全法》《中华人民共和国反恐怖主义法》《中华人民共和国反间谍法》《中华人民共和国陆地国界法》等有关国家国土安全的法律法规。这些法律法规的制定和实施有助于维护国家国土安全。

在完善国土安全法律法规体系的过程中，一方面，要从法律层面，进一步明确维护国土安全的任务、原则、方式和手段,确保各项工作有法可依、有规可循,如制定综合性海洋立法、明确专属经济区法律法规、加强管辖海域内的司法执法等;另一方面,要始终遵循国际法基本准则,借鉴其他国家的通行实践方法与形式,使国土安全相关法律法规更好与世界接轨,避免发生更多的矛盾与冲突。

实践证明,法律法规以其特殊的强制性,完全可以成为维护国土安全的有力武器。《中华人民共和国反分裂国家法》的实行,为遏制"台独"分裂,促进两岸关系和平发展,反对外部势力干涉台湾问题提供了重要的法律依据,具有强烈的现实意义和深远的历史意义。《中华人民共和国反间谍法》的颁布,第一次以法律形式明确了反间谍工作的原则,为依法打击境外间谍情报机关的破坏国家主权的非法活动,维护党和国家的核心利益筑牢维护国土安全的铜墙铁壁。《中华人民共和国国土安全法》第十七条明确规定,"国家加强边防、海防和空防建设,采取一切必要的防卫和管控措施,保卫领陆、内水、领海和领空安全,维护国家领土主权和海洋权益",为新时代推进维护国土安全工作提供了新的法律依据。

(二)加强国家版图和国土主权的宣传教育

正确的国家版图是国家主权和领土完整的象征。地图是国家版图的主要表现形式,具有严肃的政治性、严密的科学性和严格的法定性。要坚决杜绝带有政治性问题的地图,尤其是有损国家主权、违背"一个中国"原则的地图出现,严禁损害国家利益,避免造成极为恶劣的政治影响。

中华人民共和国国务院令第664号《地图管理条例》第五条规定:"各级人民政府及其有关部门、新闻媒体应当加强国家版图宣传教育,增强公民的国家版图意识。国家版图意识教育应当纳入中小学教学内容。公民、法人和其他组织应当使用正确表示国家版图的地图。"

国家版图意识教育是爱国主义教育的重要组成部分。要充分利用新闻媒体和学校这一阵地,普及地图知识,宣传有关法律法规,树立全民的国家版图意识,形成正确使用中国地图的社会氛围。

二、推进兴边富民、稳边固边

边境地区是我国对外开放的前沿地带,不仅是展示国家实力和国家形象的重要窗口,更是确保国土安全和生态安全的重要屏障。我国陆地边界与14个国家接壤,陆地边界线长达2.2万千米,其中1.9万千米在少数民族地区。边境繁荣发展,边民安居乐业,边疆才能国防稳固。

加强边疆地区建设,推进兴边富民、稳边固边,是新时代维护国土安全的重要举措。党的十八大以来,党中央把边疆治理摆在非常重要的战略地位,出台了《兴边富民行动"十三五"规划》等一系列政策、举措,做出了稳边固边等一系列重大部署。兴边富民行动,经过多次试点探索,重点推进的成功实践,到面向陆地边境的全面铺开,目前已进入全面推进阶段,不少边境地区基础设施建设取得积极进展,边防工作呈现出军地齐抓共管、上下多级联动、建设稳步推进的良好局面。

推进兴边富民、稳边固边进程事关国家国土安全大计。全国各地区、各民族、各部门都要大力开展相关政策的教育，大力宣传推进兴边富民、稳边固边在整个国土安全中的重要性，用实际行动为中国特色社会主义伟大事业的推进贡献自己的力量。

三、坚持海陆统筹，加快建设海洋强国

陆地和海洋是不可分割的命运共同体，是国家国土安全涉及的两个重要领域。我国是海洋大国，面临着严峻的海洋安全形势和日趋激烈的海洋权益斗争，捍卫国家领土领海主权和海洋权益，建设强大的中国海军，加快建设海洋强国的任务十分紧迫。

建设海洋强国是中国特色社会主义事业的重要组成部分。党的十八大、十九大都提出了"建设海洋强国"这一重大战略任务。实施这一重大战略，对推动我国经济持续健康发展，对维护国家主权、安全、发展利益，对实现全面建成社会主义现代化国家，进而实现中华民族伟大复兴均具有重大而深远的意义。

在国土安全教育过程中，我们要不断加强国防教育与海防教育的深度融合。大学生应接受这样的教育理念：秉承合作共赢、开放包容的精神，面向海洋，放眼世界，坚持正确义利观，积极履行国际责任和义务，与世界各国人民同心协力推进海洋命运共同体建设。

四、加强国防和外交能力建设

为了更好地捍卫国家国土安全，要坚持总体国家安全观和军事战略要求，科学统筹发展和安全两件大事。要坚持党对国家安全工作的绝对领导，要牢固树立习近平强军思想在国防和军队建设中的指导地位。要强化作战需求牵引，坚持实战实训、联战联训，把战斗力标准贯穿于军队转型建设的全过程和各方面。要坚持体系建设，统筹机械化和信息化建设，统筹各军兵种力量建设，统筹水面和水下，空中力量建设，统筹作战力量和保障力量建设，确保形成体系作战能力。要坚持创新驱动，抓住科技创新这个"牛鼻子"，强化创新意识，提高创新能力，激发创新活力，厚植创新潜力，努力建设世界一流军队，构建一体化的国家战略体系和能力，更好捍卫国家主权和领土完整，推动强军梦、强国梦的实现。要大力加强国防教育，增强全民国防观念，使关心、热爱、建设、保卫国防成为全体人民的思想共识和自觉行动。

为了更好地捍卫国家国土安全，要加强外交能力建设。要坚持独立自主和平外交政策，把中国人民的利益同世界人民的共同利益和根本利益结合起来，凝聚各国人民共同建设美好世界的最大公约数，齐心协力共建人类命运共同体。要推动建设"相互尊重、公平正义、合作共赢"的新型国际关系，维护世界发展，促进共同发展。要坚持以对话解决争端，以协商化解分歧，统筹应对传统和非传统安全威胁，反对一切形式的恐怖主义。要大力加强中国特色大国外交教育：宇宙只有一个地球，人类共享一个家园，各国同处一个世界。每个国家、每个民族的前途和命运都是紧密联系在一起的，应该风雨同舟、荣辱与共。

国土安全是国家安全的核心内容，是安邦定国的重要基石，是国家安全基础中的基础，是国家利益的最高表现形式，它作为国家总体安全最敏感的要素，具有很强的联动性。唯有国土安全得以真正实现，国家才能稳定发展，民族才能稳步振兴，人民才能安居乐业。

第五节　新时代大学生应坚决维护国家国土安全

一、增强国家安全意识

中国正在和平崛起，逐步走向世界舞台中心，但同时国外反华势力与国内分裂分子相互勾结，在不断对我国进行渗透和颠覆活动，这对我国国土安全构成了严重威胁。青年大学生作为时代的先锋，是我国社会中思维最活跃、行动最积极的群体，要不断强化国家国土安全的忧患意识、法治意识和责任意识，肩负起时代使命与历史责任，增强维护国家国土安全的本领，努力成为筑牢国家安全根基的重要力量。

习近平总书记在十九届中央国家安全委员会第一次会议中指出："当前我国国家安全内涵和外延比历史上任何时候都要丰富，时空领域比历史上任何时候都要宽广，内外因素比历史上任何时候都要复杂。"在国内经济社会面临变革与转型、世界处在大变革大调整时期，影响国家国土安全的因素具有越来越多的不确定性，这就需要青年大学生能够在思想上、认识上、行动上坚持总体国家安全观，以不断增强的忧患意识去应对各种新的风险和挑战。

当今的世界是一个开放的世界，特别是全球化和互联网的发展，西方国家通过互联网等途径对大学生进行意识形态的侵略，有预谋地对大学生进行思想观念的误导，企图把大学生变成它们"和平演变"的重要目标和分裂中国的人群。新时代的大学生要自觉增强国家国土安全意识，提高明辨是非的能力，清楚什么可以做，什么不可以做，在大是大非面前做到方向明确，立场坚定，头脑清晰，时刻维护祖国领土的安全，提高防范意识和防范能力。

二、增强对我国国家安全法律体系的认识

在全面理解国家安全核心要义的基础上，国家安全法治意识的培育还需要大学生系统地认识我国国家安全领域现有的法律法规体系和制度安排。《中华人民共和国国家安全法》第七十七条规定："公民和组织应当履行下列维护国家安全的义务：（一）遵守宪法、法律法规关于国家安全的有关规定；（二）及时报告危害国家安全活动的线索；（三）如实提供所知悉的涉及危害国家安全活动的证据；（四）为国家安全工作提供便利条件或者其他协助；（五）向国家安全机关、公安机关和有关军事机关提供必要的支持和协助；（六）保守所知悉的国家秘密；（七）法律、行政法规规定的其他义务。"

三、增强维护国家领土安全的本领才干

维护国家领土安全要有高强的本领才干。只有勤奋学习，全面发展，不断增强本领

才干，才能做到维护祖国统一和领土完整，才能维护国家民族的利益。新时代大学生素质和本领的强弱直接影响着民族复兴的进程，也影响到祖国领土的安全利益。大学生要自觉加强学习，勤奋探索，惜时如金，兼收并蓄，融会贯通。大学生应把学习增强本领作为首要任务，争做实现中华民族伟大复兴的生力军，为维护我国国土安全贡献自己的力量。

案例分析　广西：兴边富民再出发

20 多年来，作为边疆省份的广西壮族自治区，实施了四次边境建设大会战和新时代兴边富民三年行动，在兴边富民、开发开放、民族团结进步等方面取得亮眼成绩，有力推动了广西经济社会发展。

截至 2020 年底，国务院共批复广西 9 个边境口岸对外开放，实现国家对外开放口岸在广西 8 个边境县全覆盖。实施边境口岸建设大会战三年行动计划（2019—2021 年）以来，通关便利化水平明显提高，国际贸易“单一窗口”实现所有口岸业务全覆盖，广西进口、出口整体通关速度稳步走在全国前列。边境贸易加快转型升级，边民互市商品落地加工试点成效明显。跨境人民币结算总量连续 8 年居西部省份之首。

随着兴边富民行动在广西沿边地区深入开展，边民生产生活条件大幅改善，各族群众凝聚力和向心力显著增强。

（1）基础设施持续改善。防城港、百色两市开通高铁，8 个边境县（市、区）公路总里程达 8383km，实现县县通高速公路、乡乡通沥青（水泥）路、村村通硬化路。农村自来水普及率总体达 86.4%，光纤网络通达边境地区全部行政村，4G 网络全覆盖边境地区乡镇、行政村，广播电视覆盖率达 98.3% 以上。

（2）特色优势产业加快发展。坚持传统产业和新兴产业发展并重，边境地区糖、锰、铝、木材加工、加工贸易、物流仓储、旅游、边境贸易等特色优势产业加快壮大。2020 年和 2021 年上半年，广西边境贸易进出口总额稳居全国第一。

（3）生态环境保持优良。边境地区森林覆盖率达 66.39%，成功创建 5 个自治区级生态县、20 个自治区级生态乡镇、83 个自治区级生态村。

“十四五”规划开篇之际，加强兴边富边、稳边强边政策指引，推动边境地区社会经济的快速发展，将国防基础设施建设与增进边民民生福祉有机结合，确保边民生活有保障，致富有渠道，才能进一步夯实一线守边的群众基础，才能促进边民一心戍边、安居乐业，才能铸就“一个边民就是一个哨兵，一户家庭就是一个哨所，一个村庄就是一个堡垒”的边疆钢铁长城，才能实现维护边疆地区国土安全的目标。

（资料来源：新华网，2021.12.1）

学习思考

1. 你是否参加过国土安全和国防安全教育的活动,从中学到了什么?
2. 在新时代,我国国土安全面临哪些主要的威胁与挑战?
3. 当代大学生如何从我做起,自觉维护国土安全?

参考文献

[1] 习近平关于总体国家安全观论述摘编[M]. 北京:中央文献出版社,2018.
[2] 习近平. 决胜全面建成小康社会 夺取新时代中国特色社会主义伟大胜利——在中国共产党第十九次全国代表大会上的报告[M]. 北京:人民出版社,2017.
[3] 思想道德修养与法律基础[M]. 北京:高等教育出版社,2018.
[4] 李盱衡,张东宁. 增强大学生国家安全意识的三个维度[J]. 学校党建与思想政治教育,2020. 18.
[5] 王曙光. 价值、困境及路径:总体国家安全观视域下的大学生国家安全教育[J]. 新经济,2020(Z2):98－102.

第四章 新时代国家军事安全教育

巩固国防和强大军队是新时代坚持和发展中国特色社会主义、实现中华民族伟大复兴的战略支撑。我国正处在由大向强发展的关键阶段，前所未有走近世界舞台中央，前景十分光明，挑战也十分严峻。国防和军队建设是国家安全的坚强后盾，军事手段是实现伟大梦想的保底手段。把军队搞得更强大，这样底气才足、腰杆才硬。必须服从服务于党的历史使命，把握新时代国家安全战略需求，为巩固中国共产党领导和我国社会主义制度提供战略支撑，为捍卫国家主权、统一、领土完整提供战略支撑，为拓展我国海外利益提供战略支撑，为促进世界和平与发展提供战略支撑，担当起党和人民赋予的新时代使命任务。

近年来，大国竞争持续加剧，单边主义、保守主义逆势回流，世界格局加速调整，多个领域的安全风险上升，安全生态发生变化，危机事件频发，武力手段重新成为经常使用的战略工具。虽然没有爆发大国军事冲突，但在灰色地带、边缘地带、新领域的斗争日趋激烈。同时随着军事科技的飞速发展和战争样式的不断创新，无人技术、智能技术为战争爆发提供了新手段，战争的门槛不断降低，军事手段成为实现战略目的的重要选择。在此背景下，加快推进国防和军队建设发展，提升军事实力，有效应对风险，确保军事安全尤为重要。

知识目标

通过本章学习，了解新时代国家军事安全的重要性，掌握军事安全的内涵和内容。

素养目标

培育大学生树立国家军事安全意识，以政治思想为统领，强化责任和使命担当；初步了解军事安全的基本知识，把握军事安全在国家安全中的地位和作用，充分认识维护军事安全的重要意义。使大学生成为军事安全的积极践行者和传播者，塑造大学生总体国家安全观。

思政目标

引导大学生了解国家军事安全的历史方位，统筹发展和安全的新格局，理解实现国家安全的制度优势、发展优势、机遇优势，适应时代新变局，提高军事安全素养和本领，树立大学生国家军事安全自信，从自身做起，坚决维护国家军事安全，护航实现中华民族伟大复兴的中国梦。增强大学生的国防观念，使关心国防、热爱国防、建设国防、保卫国防成为大学生的思想共识和自觉行动。

第一节　新时代国家军事安全的基本内涵和主要内容

一、习近平总书记关于军事安全的重要论述

国无防不立，民无兵不安。国防与军事之间存在着紧密的关系，军事作为一种国防手段，只有拥有强大的军事力量，才能形成一定的国防震慑。因此军事和国防的关系密不可分，要想实现国防安全，必须要有过硬的军事力量。

2021 年 7 月 1 日，习近平总书记在庆祝中国共产党成立 100 周年大会上的讲话指出：以史为鉴、开创未来，必须加快国防和军队现代化。强国必须强军，军强才能国安。坚持党指挥枪、建设自己的人民军队，是党在血与火的斗争中得出的颠扑不破的真理。人民军队为党和人民建立了不朽功勋，是保卫红色江山、维护民族尊严的坚强柱石，也是维护地区和世界和平的强大力量。

新的征程上，我们必须全面贯彻习近平强军思想，贯彻新时代军事战略方针，坚持党对人民军队的绝对领导，坚持走中国特色强军之路，全面推进政治建军、改革强军、科技强军、人才强军、依法治军，把人民军队建设成为世界一流军队，以更强大的能力、更可靠的手段捍卫国家主权、安全、发展利益！

军事安全是指国家不受外部军事入侵和战争威胁的状态，以及保障这一持续安全状态的能力。军事安全既是国家安全体系的重要领域，也是国家其他安全的重要保障。从国际关系体系特点和国家的本质上看，军事安全始终是国家安全的核心内容。

军事安全的主要内容包括军队安全、军纪安全、军备安全、军事设施安全、军事秘密安全、军事工业安全、军事活动安全。

二、军队安全

军队是军事的主体和根基，军事安全首先是军队安全，军队安全是军事安全中最核心的内容。从历史上看，军队是国家或政治集团为准备和实施战争而建立的正规武装组织，是国家政权的重要组成部分，是对外发动或应对战争、对内巩固政权的主要暴力工具。当今时代，军队虽然仍承担对内职责，但其主要职责，特别是武力职责，已更多地转向对外，国内事务一般情况下由警察维持。这就是说，军队的主要职责是应对外部威胁，也就是承担国防任

务。军队安全，就是负责国家对外防御、保障国家安全的武装力量不受威胁和侵害。

军队主要由军人组成，因此，军队安全还包括军人安全。从古到今，军人安全比普通国民的安全更受重视。但无论军队还是军人，都是为了保卫国家安全、保卫国民安全而存在的。所以，从根本目的上看，军人安全相对于国民安全来说只是方法、手段、工具性的安全，但也因为其具有重要的工具性而获得了比一般国民更重要的安全地位。军人安全及其各方面权益的保障，在包括我国在内的许多国家都有明文法律规范。

三、军纪安全

军纪包括军队纪律和制度。刑起于兵，师出以律，军队是一种不同于其他社会组织的特殊社会组织，严明的军纪是军队战斗力的制度保障。治军必须依据法律、法规、条令、条例、规章、制度办事，不能随意而为。从古到今，能征善战的军队都是纪律严明的部队，“岳家军”“戚家军”等概莫能外。中国共产党领导的人民军队更是强调铁纪如山，回顾我军历史，从“三大纪律八项注意”到“五统四性”，从“一手抓建设，一手抓法制”到将“依法治军、从严治军”确立为强军之基，人民军队始终以铁一般的纪律著称于世。

军队要有军队的样子。总结历史和现实需要，“军队的样子”就是强军目标明确的听党指挥、能打胜仗、作风优良。听党指挥是灵魂，决定军队建设的政治方向；能打胜仗是核心，反映军队的根本职能和军队建设的根本指向；作风优良是保证，关系军队的性质、宗旨、本色。这三条明确了加强军队建设的聚焦点和着力点，决定着军队发展方向，也决定着军队生死存亡。

四、军备安全

军备安全就是军事装备安全。狭义的军事装备是指直接用于作战的武器装备；广义的军事装备还包括后勤物资，因而主要有枪支弹药、火炮车辆、舰船飞机、卫星飞船、通信器材、油料被服、医疗体系等，但不包括军事设施。军事装备是科学技术的物化，从来都是世界各个民族争夺未来的物质手段，而且始终不惜成本，从而理所当然成为高新技术云集的一个特殊领域。科技创新，尤其是颠覆性创新，很快就会在军事装备领域找到市场。

当前军事装备发展已经同科学技术不可分割地捆绑在一起，每一领域的重大突破都能推动军事装备跨越式发展。军事装备是军队战斗力的物质保障，军事装备安全是军事安全的基础。军队的战斗力及战争的进程与结局，不仅受军事装备优劣的影响，而且受军事装备使用、管理、保障好坏的影响，也就是受到军事装备安全状况的影响。因而无论在平时还是在战时，确保军备安全，都是维护军事安全的重要任务。

五、军事设施安全

我国1990年8月1日起施行了《中华人民共和国军事设施保护法》，2021年6月10日又根据新形势对该法做出修订,2021 年 8 月 1 日正式施行修订后的《中华人民共和国军事设施保护法》。新法进一步明确了军事禁区、军事管理区的划定标准和保护条款,对没有划入军事禁区、军事管理区的军事设施的保护也做出了详细规定,明确了管理职责和法律责任,强化了军事设施的安全保护措施。

《中华人民共和国军事设施保护法》规定,军事设施,是指国家直接用于军事目的的建筑、场地和设备的统称。军事设施包括:指挥机关、地上和地下的指挥工程、作战工程;军用机场、港口、码头;营区、训练场、试验场;军用洞库、仓库;军用信息基础设施、军用侦察、导航、观测台站,军用测量、导航、助航标志;军用公路、铁路专用线,军用输电线路,军用输油、输水、输气管道;边防、海防管控设施;国务院和中央军事委员会规定的其他军事设施。军事设施是军队履行职能的重要依托,是国防实力和军队战斗力的重要组成部分。军事设施安全是军事安全的重要组成部分,其状况好坏直接影响军事安全、国防安全和国家安全。当前,分布在我国广大城乡的各种军事设施安全状况面临诸多挑战。一些地方和企业,为了经济建设和商业利益,与军事设施抢"地盘"、争"空间",在军事设施安全距离之内盖厂房、建住房,给军事设施带来了较大的安全隐患,有的甚至严重影响了军事秘密的保护及军事设施效能的发挥。

六、军事秘密安全

军无密不存。战争的残酷性决定了对抗双方都必须不遗余力搜寻对手的军事秘密,同时千方百计严守自己的秘密。掌握了敌方情报,往往可以"批亢捣虚"、一举破敌。泄露了己方秘密,往往会遭受重大损失甚至一败涂地。因此,"兵机贵密"是兵家通则。《孙子兵法》一方面提出了以"知彼知己,百战不殆"为核心的情报观,另一方面也从保密方面提出问题,强调在情报工作中"间事未发而先闻者,间与所告者皆死"。

长期以来,我军始终是敌对势力窃密、渗透、策反的重要目标。某些西方国家凭借信息技术优势,极力谋求网络空间霸权,发展网络攻击、无线入侵、密码破译等技术手段,使得军事信息安全保密风险前所未有。当前,我国正在全面深化改革和推动军民融合深度发展,军地协作更加频繁,失泄密的渠道和环节越来越多,保密防范难度和复杂性大大增加。这些都对保密工作提出了新的更高要求。在安全保密这个大系统中,任何一片"雪花"出纰漏,都可能酿成整个系统的"雪崩"。只有把保密工作扎实落实到每一个相关个人、每一个工作环节,才有可能做到万无一失。

七、军事工业安全

军事工业自诞生于 18 世纪末的工业革命以来,大致经历了诞生后的成长阶段、两次世界大战期间的快速发展阶段、冷战时期的扩张阶段和冷战后的转型阶段四个重要发展阶段,其中后三个阶段都发生在 20 世纪,而 21 世纪初仍处于转型阶段中。

由于冷战的结束和全球范围国防预算的普遍大幅度削减,各国军事工业都遇到了空前的挑战:一方面在信息技术革命和新军事革命的浪潮推动下,高新技术武器装备的研制与生产费用持续增长,另一方面国防采办费用锐减,要求军事工业改变产业产品结构和单一从事军品研制生产的体制,摆脱规模过于庞大而效益低下的困境,并建立小而精、反应灵活的军民一体化科技工业基础,既满足国家未来的安全需求又促进国家的经济发展。

军事工业在我国又称国防工业,是专门生产、制造、建造用于军事国防目的的武器装备、船舶车辆、侦察器材、通信工具、指挥系统、被服织物、医疗器材、军事设备、军事建筑、军事场地等物质资料的企业和生产部门。军事工业通常都有保密性强、系统复杂、耗资巨大的特点,生产技术处于"高、精、尖"领先地位。军事工业在整个国家工业体系中占有特殊地位,其发展取决于国家的安全需要,并依赖于国民经济基础。改革开放后,一些军工企业开始转变职能生产民用产品,同时也有一些民营和私营企业开始承担军工订单,生产军需物品或零部件。军事工业安全由此不断出现一些新情况、新问题,面临许多新挑战。军工安全既包括军工生产安全、军工产品安全,也包括军工秘密安全。为了在新形势、新条件下全方位保障军事工业安全,必须开阔思路,积极借鉴外国的先进经验,努力走出一条具有中国特色的军工安全道路。

八、军事活动安全

军事活动也称军事行动,是军队有目的、有计划、有组织地使用武装力量的过程,可分为战争性军事活动和非战争性军事活动两种。战争性军事活动,可按武装冲突的等级分为战争、战役和战斗三个层次;非战争性军事活动,包括军演、维和、反恐、救灾、护航、人道主义救援等。

军事活动安全是军队事务的动态安全,既包括战争性军事活动的安全,也包括非战争性军事活动的安全。

第二节　新时代国家军事安全的重要性

一、军事手段始终是维护国家安全的保底手段

军事安全在整个国家安全体系中发挥至关重要的支柱和保障作用,关系到国家的生死存亡和长治久安。

(一)军事安全是国家安全的根本保障

强国必须强军,军强才能国安。在国家安全体系中,军事安全发挥至关重要的支柱和保

障作用，是其他领域安全的重要保证。尽管我国经济社会发展取得了重大成就，维护国家安全的手段和选择增多了，但军事手段始终是维护国家安全的保底手段。面对复杂多样的安全威胁和挑战，用传统的理念、方法和手段越来越难以有效维护国家安全。维护新形势下的军事安全，就是要在总体国家安全观指导下，更新战略思维，综合统筹，不断提升国家安全保障能力，尤其要加快推进国防和军队现代化建设，全面提升打赢能力，坚决维护军事安全，为国家长治久安和中华民族伟大复兴提供强有力支撑。

军事安全的重要指标是指国家的领土、领海、领空和主权乃至网络、太空等新维空间不受敌对国家或国家集团的威胁和侵犯。军事安全与国家领土和主权完整直接相关，攸关国家生死存亡，也是其他安全领域的重要保证。军事安全就是要有巩固的国防和足以威慑和抵御外来侵略的强大军队。战争作为政治的继续，自古以来就被认为是捍卫国家安全的重要手段。当今世界，各国经济社会都有了长足发展，维护国家安全的手段和途径也相应增多。虽然当今几乎不可能出现世界大战，国家间的战争在减少，但地区和国家内部冲突急剧上升，国际恐怖主义成为当今国际社会的最大威胁，军事手段始终是维护国家利益、有效遏制和抵御外部侵略的保底手段。

（二）军事安全在国家安全体系中居于核心地位

军事安全是国家安全的基石，传统安全体系中军事安全具有核心的地位。冷战后，虽然军事安全的地位有所动摇，但在新的国际形势下，仍然是维护国家安全最重要的手段。在全球化时代，国家军事安全保障是国家安全最基本的前提。国家安全涉及领域广，涵盖政治、国土、军事、经济、文化、科技等诸多领域，是一个复杂的系统工程。在上述安全领域，军事安全可以说发挥着无可替代的支撑保障作用。因为在国家安全体系中，尽管政治安全、国土安全、经济安全等与军事安全都是重要组成部分，但军事安全直接关系到国家的生存发展，在国家安全利益的层次结构中自然而然占有最优先位置，对一个国家来说，军事能力是国家战略能力中最“硬”的能力，只有军事上过硬，其他安全才有保障，军事安全对任何国家来说都是“国之大事”。

（三）军事安全是守护国家安全的最后防线

按照历史唯物主义观点，政治是经济的集中表现，而战争又是政治的继续。在国际社会中，军事手段往往是解决国家之间领土、主权等核心利益冲突的最后手段。在其他各种手段都无法奏效的情况下，冲突双方往往要在战场上一决雌雄，这是一个“铁律”。一个国家和民族，如果在军事上不能自强，那么，即使经济上再富有，也难免遭受外来欺侮，安全自然无从谈起。历史反复证明，富裕不等于强大，发展也不必然带来安全。从 1840 年鸦片战争到 1949 年中华人民共和国成立的 100 多年间，中国社会战火频频，给中国人民带来了不堪回首的苦难。仅日本军国主义发动的侵华战争，就造成了中国军民伤亡 3500 多万人的人间惨剧。这段悲惨的历史，给全体中国人留下了刻骨铭心的记忆。我们一定要吸取教训，决不能让历史重演。

二、军事安全是建设巩固国防的重要前提

（一）军事安全是国家建设的内在要求

国防伴随国家的产生而产生，国防建设的宗旨是服务国家利益、民族尊严和社会发展，而现代国防以军事力量为核心，建设巩固国防离不开军事能力的提升。军队建设必须服务于国家安全利益需要，确保军事安全，努力为党巩固执政地位提供重要力量保证，为维护国家利益提供有力的战略支撑。

（二）军事安全是实现国家总体安全的重要目标

“军队不生产谷物，但生产安全。”国防和军队建设是国家安全的坚强后盾，军事手段是实现伟大梦想的保底手段，打赢能力是维护国家安全的战略能力。在国家安全体系中，军事安全发挥着至关重要的支柱和保障作用。有了可靠的军事安全，政治安全、国土安全、经济安全等其他安全才能托底，总体国家安全才有强大支撑。没有军事安全，没有一支强大的军队，没有一个巩固的国防，中华民族伟大复兴就没有安全保障。

（三）军事安全是实现国家总体安全的重要手段

建设巩固国防有赖于军事安全这一基本保障和重要手段，没有一支强大的军队，就没有巩固国防，和平发展也就没有保障。军事安全的实现以国家总体安全的实现为目的，是由我军全心全意为人民服务的根本宗旨决定的。中华人民共和国成立以来，正是因为我们高度重视军事建设，敢于在关键时刻亮剑，才顶住了来自外部的各种压力，维护了国家的独立、自主、安全、尊严。

第三节　新时代国家军事安全面临的威胁与挑战

一、世界新军事革命深入发展带来新挑战

2021 年 3 月 9 日，习近平总书记在出席十三届全国人大四次会议解放军和武警部队代表团全体会议时强调，当前我国安全形势不稳定性不确定性较大，全军要统筹好建设和备战关系，做好随时应对各种复杂困难局面的准备，坚决维护国家主权、安全、发展利益，为全面建设社会主义现代化国家提供坚强支撑。

随着科技的创新发展，世界军事革命加速推进，军事安全环境和内容发生了新的变化，军事安全面临的威胁和挑战也呈现出新的特点。

（一）战争形态和作战样式发生新的变化

新军事革命是指在工业社会走向信息社会的时代，以信息技术为核心的高技术的广泛应用，在军事领域引起武器装备、军事理论和组织体制等一系列的根本变革，导致彻底改变战争形态和军队建设模式的一场革命。世界新军事革命加速发展对我军提出严峻挑战，维护国家安全和发展利益的任务更加艰巨。这场世界革命给我军提供了难得的历史机遇，同时提出了严峻挑战。世界新军事革命拓展国家安全新领域和新战场。当今世界，战争形态加速向信息化智能化战争演变，信息主导成为制胜关键，体系对抗成为基本形态，精确作战成为主要形式，非对称非线性非接触作战成为主要作战样式，太空、网络和极地等领域的博弈日趋尖锐复杂，逐步成为国家安全新领域和军事斗争新战场。世界主要国家纷纷调整安全战略和军事战略，创新作战理论，发展武器装备，优化体制编制，加紧推进军事转型，重塑军事力量体系。有的国家探索前沿作战理论，发展新型航母、无人作战平台以及动能定向能等新概念武器，打造新型作战力量，提升全球快速打击能力；有的国家出台新的国家安全保障战略和防卫计划大纲，修订同盟式防卫合作指针，强行通过新的安保法案，加大进攻性武器装备研发力度；有的核大国持续巩固提升核力量，不断推进核武器现代化进程。我国应对世界新军事革命挑战、推进国防和军队改革面临的压力加大。

（二）军事战略、作战思想和军事力量建设面临新的环境

世界新军事革命加剧全球军事力量失衡。21 世纪初，随着国际局势的发展变化及新军事革命的不断深入，以高技术质量建设为显著特征的军事竞争愈演愈烈，全球性军事战略调整深入进行，世界军事力量对比出现了新的严重失衡，国际军控与裁军进程曲折反复，影响了世界的和平与发展，我国的相对和平环境和改革开放也面临着严峻的挑战。美军由于积极推进新军事革命，全面进行信息化建设，特别是武器装备的信息化建设，因此在军事技术、武器装备、作战思想、体制编制等方面走在世界前列，其军事领域不仅大大领先于其他军事大国，而且与第三世界国家已经形成“代差”，这导致世界军事力量失衡进一步加剧，超级军事大国依靠武力频频对世界事务进行干预，上演不对称战争闹剧的危险进一步增加。与此同时，那些处于物质技术基础劣势的国家，为了消除或缓解面临的威胁和压力，除了积极顺应新军事革命的潮流，推进本国军事变革，更多的是寻找和发展符合自己物质技术基础的军事能力，以便能够应对超级军事强国的威胁，维护国家的生存权和发展权。有许多中小国家面对军事强国的威胁，转而寻求核、生物、化学武器，进而加大了世界军备控制和防止大规模杀伤性武器扩散的难度，这无疑给世界安全与稳定带来了新的危险因素。

（三）太空、网络、人工智能等新型安全领域以及军备竞赛的斗争日趋尖锐复杂

世界新军事革命使传统军事安全格局发生深刻变化。目前，发端于 20 世纪 90 年代末的世界新军事革命已经进入了加速发展阶段。这场发生在世界军事领域的根本性变革，使军事技术、武器装备、军队结构、作战方法和理论等方面发生了翻天覆地的变化。与此同时，它还从整体上改变了世界军事力量对比和传统的国际军事格局，并促使军事安全的形式和

内容都发生了重大变化,推动军事安全模式的转变,促使新的军事安全观确立。太空是当今强国竞争的"战略制高点",网络早已成为狼烟四起的"新战场",对于正在改变战争面貌的人工智能技术,世界各国更是你追我赶、竞相发展。在21世纪相当长的一段历史时期内,新军事革命将在世界军事安全格局转换,特别是在新军事安全架构的建立过程中,发挥十分关键的作用。

虽然在1991年,美国和苏联的冷战已经结束,但是现在北约各国对俄罗斯的敌对态度依旧存在,双方在军事上的对抗,只会引起对方更大的反击,并不断扩大国防开支,陷入一个恶性循环的新的军备竞赛境地。随着信息时代的来临,现代网络平台的多元性,使得在这个虚拟空间中正上演着新世界的冷战,而这冷战的焦点就是信息安全军备的竞赛。还有,美国所提出的"印太战略",事实上是以"美日印澳"四国机制为依托,企图构建所谓印太版的新"北约",其真实意图在于整合中国周边的战略力量,以削弱中国的影响力,遏制中国崛起,从而实现美国霸权护持。这一战略所鼓吹的是早已过时的冷战思维,推行的是集团对抗和地缘博弈,维护的是美国的主导地位和霸权体系。这一战略本身就是巨大的安全隐患,如果强行推进,不仅是历史的倒退,也将是危险的开端,相信各方都会对此保持足够的清醒和警惕。

二、军事秘密泄密的威胁

(一)境外人员渗透窃密形势严峻

随着我国综合国力的提升,国防工业事业快速发展,境外间谍机构针对我国高新武器研制、生产的国防工业单位开展间谍和破坏活动已成常态。境外人员一方面以旅游、经商、探亲等为名直接到我国窃取情报,另一方面,利用贸易交流、人员往来之机,以利益诱惑搜集情报。境外人员渗透策反活动的目标群体也不断扩展,除了政府工作人员、军队工作人员、国防科研单位人员,还包括涉世未深的年轻人。

境外人员窃密的趋势呈现以下特点:一是利用重金收买、腐蚀拉拢;二是利用网络招聘、电子邮件、手机短信等隐秘渠道伺机策反;三是利用合法身份、军地协作、技术"合作"等攻击窃取;四是利用我国涉密单位管理漏洞、防护漏洞,在参与计算机网络、信息技术服务、国防工程等时机窃取情报。这对我国的安全保密工作造成极大威胁。

(二)境内人员失泄密带来新的挑战

(1)安全意识缺乏,保密制度落实不严。失泄密渠道是多种多样的,但敌情观念淡薄、思想麻痹、对信息安全重视程度不够,往往是失泄密事件发生的直接原因。由于长期生活在和平环境,我国少部分群众滋长了和平麻痹思想,对军事信息在军事安全中的重要意义认识不足,主观防护意识不强,在处理军事秘密信息时粗心大意,人为导致许多失泄密事件发生。当前,军事秘密流出的途径重点关注以下两个,一是军迷或窃密者拍摄的照片,二是军队内部刊物的外泄。这些问题的出现,既有国民特别是一些青少年国家安全意识和军事安全意识不强的原因,也有军内外保密工作管理不严的原因。

(2)腐朽思想侵蚀,出卖情报信息。当前我国有少数不法分子为了经济利益和其他目的窃取和出卖军事秘密,特别是通过互联网泄露、窃取和出卖军事秘密,严重损害我国军事安全。有的经不住敌特机关物质利益的诱惑,最终沦为任人摆布的棋子;有的追求腐朽的生活方式,贪图美色,中了敌人的"美人计""美男计",被拉下了水;还有的为了追逐名利、报道猎奇,泄露了我军机密。这些"害群之马"必将受到人民的唾弃和法律的严惩。

微博、微信朋友圈、短视频网络平台已成为现代生活社交的主阵地,然而,网络空间并非法外之地,国家安全无小事,大家切不可随拍上传,让智能手机成为泄密窗口。

(三)网络军事窃密不容忽视

随着信息空间军事对抗的加剧,网络战已经成为现代战争的重要作战样式,网络军事窃密活动越来越频繁。目前,全世界至少有 60 多个国家在若明若暗地研究计算机间谍工具、黑客攻击和监视手段;30 多个国家拥有专门应对信息安全威胁的网络部队。如今,世界各国的网络军事力量建设已进入扩规模、强体系、提能力的新阶段,我国军事信息安全领域面临的挑战异常严峻。

三、打仗意识和忧患意识面临的挑战

(一)军队强化打仗意识面临的挑战

一个民族最难做到的是常存忧患意识;一支军队最难保持的是常备不懈。强烈的忧患意识和危机意识,是任何一个国家公民尤其是军人必备的警觉与素质。当前我国国民的忧患意识不够强,也令我们的军事安全、国家安全面临风险和挑战。

我军许多年没有打过仗了,现代化战争能力不够,各级干部指挥现代化战争能力不够,这两个问题依然很现实地摆在我们面前。全军要把备战打仗作为主责主业,牢固树立战斗力这个唯一的根本的标准,全部心思向打仗聚焦,各项工作向打仗用劲,确保部队召之即来、来之能战、战之必胜。

深刻认清战斗队的根本职能。我军从诞生之日起,就始终强调军队首先是一个战斗队,虽然不同时期具体任务不同,但战斗队的根本职能始终没有变。我军作为执行党的政治任务的武装集团,既要政治过硬也要本领高强,这个本领就是能打胜仗。军人为战而生、价值在打仗,军队的主责主业是备战打仗。任何时候、任何情况下都不能偏离这个根本职能,游离这个主责主业。新时代,我国坚持走和平发展道路,决不干称王称霸的事,决不搞侵略扩张,但如果有人要把战争强加给我们,我军必须能决战决胜。中国历来渴望和平,但决不会因此而放弃国家正当权益,决不会拿国家核心利益做交易。古今中外的战争实践证明,能战方能止战,准备打才可能不必打,越不能打越可能挨打。只有始终聚焦备战打仗,切实形成打赢能力,才能战有胜算、谈有筹码、慑有效果。

深刻认清战争危险的现实存在。当今世界正面临百年未有之大变局,铸剑为犁的时代远未到来。中华民族伟大复兴绝不是轻轻松松、敲锣打鼓就能实现的。有的国家不愿意看到我国一天天强大起来，明里暗里把我国当作最大战略对手，千方百计算计我们、打压我们，总想使绊子、下套子、找碴子。可以预见，我国越是发展壮大，面临的压力阻力将会越大。一方面，随着国家实力的提升，我们的核心竞争力、抵御风险能力显著增强；另一方面，我国面临复杂的安全威胁，遇到的外部阻力和挑战正在逐步增强。面对现实存在的战争危险，中华民族要复兴图强，就必须常存忧患意识；军队要为强国复兴提供支撑保障，就必须“丢掉幻想，准备斗争”。历史反复证明，军队作为保底手段只有保得了底，国家安全才有底数，民族复兴才有底气。

（二）国民国防安全忧患意识面临的挑战

国无防不立，民无防不安。国防是关系到国家和民族生死存亡的根本大计，中华人民共和国的每一位公民，都应当增强国防安全意识，掌握国防安全知识。

确保国家安全和长治久安，需要久久为功、驰而不息。然而，目前社会公众对国防安全的理解度、参与度、支持度，还十分薄弱。现代人活跃于网络空间，社会关注度弱，容易以自我为中心，加上社会环境长期和平、生活安逸，相当一部分国民感到，我国现在是太平盛世，国家强大了无人敢侵犯，片面认为无仗可打，如果国防安全教育普及程度和深入程度不够，就容易产生“和平麻痹”思想。还有的人囿于传统观念，片面认为国防就是守疆卫土，对信息化时代的国防建设新要求知之甚少，尤其对科技国防、心理国防重视不够。历史经验告诉我们，一个国家国防建设的成败，很大程度上取决于全民国防意识的强弱。全民国防意识不强的国家，不可能建立真正强大的国防。总之，当前我国全民国防意识的现状与国防现代化建设的需要还有很多不相适应的地方。新形势下我们只有大力培养全民国防意识，才能为建设现代化国防提供强大的精神动力和可靠的智力保障，否则将难有作为。

第四节　维护新时代国家军事安全的途径与方法

一、加强领导指挥体制与力量建设

（一）新一轮军队改革的总体布局

深化国防和军队改革是实现中国梦、强军梦的时代要求，是强军兴军的必由之路，也是决定军队未来的关键一招。进入新时代，适应世界新军事革命发展趋势和国家安全需求，全面推进国防和军队现代化建设，全面深化国防和军队改革，着力解决体制性障碍、结构性矛盾、政策性问题，迈出强军兴军历史性步伐。

维护军事安全必须以国家总体安全观为指导，贯彻习近平强军思想，积极探索维护军事安全的方法和途径，营造有利于国家发展的安全环境。与战争的发展一样，指挥体制和军事力量的发展也走过漫长的道路。21 世纪以来，世界新军事革命速度加快，按照现代战争的特点规律加强领导指挥体制与力量建设，是保障国家军事安全，确保打赢未来战争的紧迫要求。一是重塑领导指挥体制，调整组建新的军委机关部门，完善军兵种领导管理体制，建立健全联合作战指挥体制，建立健全法治监督体系。二是优化规模结构和力量编成。调整军队规模比例，重塑力量结构布局；调整作战部队编成，重构新型作战力量；优化院校力量布局，重构军事科研体系。三是推进军事政策制度改革，坚持战斗力标准，着眼调动军事人员积极性、主动性、创造性，整体设计和推进军事政策制度改革，建立健全中国特色社会主义军事政策制度体系。

（二）军委管总、战区主战、军种主建

我军经过近几年深化改革，改变了长期实行的总部体制、大军区体制、大陆军体制，构建了“军委管总、战区主战、军种主建”的新体制。这是中华人民共和国成立以来我军领导指挥体制改革最大的一次，是一次结构性、革命性的体系重塑，改革推动力度之大、触及利益之深、影响范围之广前所未有。深化我军领导指挥体制改革，首先是重塑军委机关，突出核心职能，加强军委集中统一领导和战略谋划、战略指挥、战略管理职能，下放代行的军种建设职能，剥离具体管理职能，调整归并相近职能，使军委机关的指挥、建设、管理、监督四条链路更加清晰，决策、规划、执行、评估职能配置更加合理。其次是构建联合作战指挥体系，着眼构建平战一体、常态运行、专司主营、精干高效的战略战役指挥体系，完善军委联合作战指挥机构，使军委作战指挥功能得到实质性加强。同时健全战区联合作战指挥机构，把作战指挥职能和建设管理职能相对分离，战区主要负责联合作战指挥，军兵种主要负责部队建设管理，使战区和军兵种在军委的统一领导下各司其职、各负其责。这样，在军委和战区层级，都可以更好地把诸军兵种力量统起来、联起来、用起来，有效解决“联不起来”“打不了一体化联合作战”的问题，既符合联合作战统一指挥的要求，也符合军种专业化、体系化建设要求。

（三）重塑各军兵种作战力量

按照习近平总书记在中央军委改革工作会议上指出的“着眼于打造精锐作战力量，优化规模结构和部队编成，推动我军由数量规模型向质量效能型转变”，建设一支能打仗、打胜仗的人民军队。以裁减军队员额 30 万为契机，优化军兵种结构，增加新型作战力量比例，瞄准部队建设中存在的非战斗机构和人员偏多、作战部队不充实、老旧装备数量多、新型作战力量少等突出矛盾问题，下决心动刀子，推动部队编成向充实、合成、多能、灵活方向发展。

二、贯彻习近平强军思想，创新军事战略指导

（一）贯彻落实国防和军队现代化新的战略安排

我军是执行党的政治任务的武装集团，必须始终以党的旗帜为旗帜、以党的方向为方

向。党在新时代的强军目标是“建设一支听党指挥、能打胜仗、作风优良的人民军队，把人民军队建设成为世界一流军队”。习近平总书记这一重要论述深刻反映了国家安全环境深刻变化和时代发展对军队建设的必然要求，是对人民军队建设战略目标的重大创新发展，为新时代推进国防和军队建设提供了目标指引。

经过长期接续奋斗，特别是党的十八大以来在中国特色强军之路上迈出坚实步伐，国防和军队建设 2020 年目标任务基本实现，为向着更高层级的目标继续奋进奠定了坚实基础。党的十九届五中全会进一步确定了加快国防和军队现代化的目标任务和发展步骤，明确提出“确保 2027 年实现建军一百年奋斗目标”。这就形成了到 2027 年、2035 年、21 世纪中叶，近、中、远目标梯次衔接的新“三步走”战略安排。我们要坚定决心意志，增强紧迫意识，埋头苦干实干，确保如期实现建军一百年奋斗目标。

（二）统筹推进新时代强军布局

党中央强调，全面推进政治建军、改革强军、科技强军、人才强军、依法治军。这是党领导人民军队在实践中开拓形成的新时代强军布局，明确了中国特色强军之路的基本路径。其中，政治建军是立军之本，改革强军是关键抉择，科技强军是核心驱动，人才强军是宝贵支撑，依法治军是强军之基。建设强大人民军队，必须深刻领会党中央、中央军委和习近平主席科学统筹新时代强军布局的大设计，通过全面抓政治、抓改革、抓科技、抓人才、抓法治掌握大局，紧紧扭住重点领域、主攻方向、战略抓手开拓新局，大力提高革命化现代化正规化水平，提高国防和军队现代化质量效益。

（三）积极防御的战略思想

我国实行的是积极防御军事战略。积极防御，是指以积极的攻势行动，战胜进攻之敌的防御。其基本含义是：在战略防御的形式下，灵活运用多种作战形式和战法，积极进行攻势作战，逐步改变战略形势，适时转入战略反攻和进攻，通过战略决战，夺取战争的最后胜利，或挫败敌人的进攻，逼迫其停战求和，结束战争。

实行新形势下积极防御军事战略方针，必须坚持：加强军事斗争准备，预防危机、遏制战争、打赢战争；营造有利于国家和平发展的战略态势，坚持防御性国防政策，坚持政治、军事、经济、外交等领域斗争密切配合，积极应对国家可能面临的综合安全威胁。

（四）新时代军事战略指导方针

新时代军事战略方针，是指坚持防御、自卫、后发制人原则，实行积极防御，坚持“人不犯我、我不犯人，人若犯我、我必犯人”，强调遏制战争与打赢战争相统一，强调战略上防御与战役战斗上进攻相统一。

贯彻落实新时代军事战略方针，必须服从服务党和国家战略全局，落实总体国家安全观，强化忧患意识、危机意识、打仗意识，积极适应战略竞争新格局、国家安全新需求、现代战争新形态，有效履行新时代军队使命任务。根据国家面临的安全威胁，扎实做好军事斗争准备，全面提高新时代备战打仗能力，构建立足防御、多域统筹、均衡稳定的新时代军事战略布局。坚持全民国防,创新人民战争的战略战术和内容方法,充分发挥人民战争整体威力。

(五)应对新型安全领域威胁

《中国的军事战略》白皮书指出,“适应世界新军事革命的新要求,高度关注应对新型安全领域挑战,努力掌握军事竞争战略主动权”“应对太空、网络空间等新型安全领域威胁,维护共同安全”“统筹传统安全领域和新型安全领域军事斗争准备”。新型安全领域是相对于传统安全领域而言的,这些论述表明,随着信息技术、航天技术、生物技术和人工智能等高新技术的飞速发展,太空、深海、极地、网络空间、生物等领域皆已成为未来战争胜负的较量场。

军事战略是党和国家战略方针在军事领域的集中体现,应对新型安全领域的威胁,必须适应国家利益向海洋、太空、网络空间拓展的新要求,着眼新型安全领域威胁挑战的新变化,与时俱进加强战略指导谋划,增强相应领域的军事力量建设,提升应对新型安全威胁的战略能力。

(六)坚持军民融合发展战略

军民融合是国家从发展战略全局出发,对国家和军队建设各个方面、各个环节,进行科学的军民互通模式的设计、改造和构建,使各种资源得到最佳配置和充分利用,为经济建设和国防建设提供一个相互兼容的经济技术基础和平台所进行的一系列活动。

把军民融合发展上升为国家战略,是我们党长期探索经济建设和国防建设协调发展规律的重大成果,是从国家发展和安全全局出发做出的重大决策,是应对复杂安全威胁、赢得国家战略优势的重大举措。军民融合发展战略注重统筹经济建设和国防建设,实现富国与强军的统一,构建一体化的国家战略体系和能力。

坚持军民融合发展战略,核心是贯彻军民结合、寓军于民的方针,加快重点建设领域军民融合式发展,完善军地统筹建设运行模式,健全国防动员体制机制,深入推进军民融合式发展,不断完善融合机制、丰富融合形式、拓展融合范围、提升融合层次,努力形成全要素、多领域、高效益的军民融合深度发展格局。

三、加强军事保密教育

(一)宣传普及军事保密法律法规

信息化时代,我们面临更大的失泄密风险,必须牢固树立“保密就是保生存,保密就是保胜利”的意识,大力加强军事保密教育。加强军事保密工作有很多工作要做,但第一位也是基础性的工作,就是要切实解决思想认识问题,大力宣传军事保密法律法规,强化保密安全意识,树立全新的信息安全观。要深入宣传贯彻落实习近平总书记关于军事保密工作重要讲话精神和中央的决策部署,用通俗易懂的形式阐释好军事保密工作方针政策;要紧跟科技信息发展步伐,用好新时代保密宣传教育的有力武器,积极探索保密宣传教育形式创新,用人民群众喜闻乐见的新模式全面深入普及保密常识。

（二）加强军事秘密泄密警示教育

案例教育是宣传教育的有效途径，一个案例胜过十次说教。军事秘密泄密警示教育应当充分运用涉及人民群众切身利益的案例和社会关注的热点问题，把依法查处涉军泄密窃密的过程变成生动深刻的保密宣传教育公开课。要加大泄密窃密案件的社会宣传力度，将近年来查处的失泄密案件适当进行脱密处理，在更多媒体、更大范围，以更多途径、更深层次传达通报，让广大人民群众知道军事秘密泄密的危害性，充分发挥警示教育作用。

四、拓展军事外交

（一）丰富军事外交内涵

我国积极发展对外建设性军事关系，形成全方位宽领域多层次军事外交新格局。灵活巧妙、纵横捭阖的军事外交是军事软实力的重要体现，平时可以建立安全互信的机制，战时可以争取最大限度的外部支持，并对敌国起到约束作用。积极拓展军事外交对维护我国军事安全具有重要的现实意义。军事外交要增强忧患意识、大局意识、责任意识，按照“能打仗、打胜仗”的要求，使军事外交向军事斗争准备聚焦，努力提高塑造国际安全环境的能力，为维护国家发展的重要战略机遇期发挥更大作用。

建立军事互信是维护国家安全发展和地区和平稳定的有效途径。坚持以增强政治互信为基础，以促进共同安全为目标，遵循平等协商、尊重彼此核心利益和重大安全关切、不针对第三国、不威胁和损害他国安全稳定的原则，不断丰富交流合作的内容形式，深入开展全方位国际交流与互利合作，推动建立平等、互利、有效的军事互信机制。

（二）配合国家外交斗争

军事外交是维护国家主权、安全和发展利益的战略手段，是我国与外方战略互信与合作水平的深层次体现，实践证明，积极活跃务实的军事外交丰富了国家对外关系的内涵，巩固和深化了与各国的防务安全合作，为营造我国发展的良好外部环境发挥了独特作用。国家利益是军事外交工作的最高准则，也是我们开展军事外交的根本遵循。只要是有利于国家利益的，我们就要全力以赴去做，只要是可能危害国家利益的，我们就要与其坚决斗争。

军事外交是国家展示军队形象、宣示军事政策的窗口，也是维护、实现、拓展国家利益的平台，更是增进各国和平共处、合作发展的重要途径。军事外交对维护国家安全环境、提升国际影响力、塑造军队国际形象、增强军事“软实力”具有重要作用。要创新对外宣传方式，探索融通中外的表达方式，用国际社会容易接受的话语，传递好“中国好声音”，增进各国人民对中国军队的了解，塑造好我军威武之师、文明之师、和平之师的良好形象。

（三）加强外交主动预置

当今世界，军事领域越来越具有开放性，国际军事合作已经经常化、体制化。只有参与，才能在体制内和行动中体现我们的意志和影响力。因此，应该进一步拓宽国际军事合作的领域和手段，无论是联合国框架内的、上海合作组织框架内的，还是其他双边或多边框架内的行动，只要符合我国国家利益，有利于增强我国军事安全，都可以积极参与。要自觉适应新的形势和任务，按照备战打仗要求，发挥铺路搭桥的作用，为“能打仗、打胜仗”服务；要瞄准实战化训练，精心组织中外联演联训，使之成为我军锻炼摔打部队，提高战斗力的“磨刀石”；要认真学习借鉴外军的成功经验，使之成为提升我军核心军事能力、完成多样化军事任务的他山之石。

第五节　新时代大学生应坚决维护国家军事安全

一、大学生要牢固树立国家军事安全意识

作为新时代大学生，站在两个一百年交汇的新时代，我们要积极主动作为，为维护国家军事安全贡献自己的力量。国家军事安全意识，包括军事安全的责任、忧患、预防、保密和法律等方面的意识。

牢固树立国家军事安全意识，要培养大学生的法律观念。2015 年 7 月 1 日通过的《中华人民共和国国家安全法》，明确了维护国家安全的任务、职责、制度以及公民和组织应当履行维护国家安全的义务权利，2020 年 12 月 26 日新修订的《中华人民共和国国防法》明确了国防教育、公民、组织的国防义务和权利，为有效开展国家军事安全工作提供了法律准绳和基本遵循。培养大学生维护国家安全的法律观念，遵守法律法规，并做维护军事安全的权利和义务主体，是落实国家安全教育的首要任务。因此要教育大学生做维护军事安全的践行者，不做旁观者。

牢固树立国家军事安全意识，加强大学生培训教育。每年 4 月 15 日是“全民国家安全教育日”。我国高等院校普遍开设国家安全教育课程，有必要将国家安全教育拓展为包括军事安全在内的全方位国家安全教育。“天下兴亡，匹夫有责”，作为新时代大学生，要增强国家安全意识，以国家主人翁的姿态，积极履行国家安全的各项权利和义务。主动接受国防教育，筑牢国家军事安全的思想防线，崇军尚武，身体力行地投入国防建设之中，为中华民族的伟大复兴贡献力量。

二、大学生应自觉保守国家军事安全秘密

“兵者，诡道也。故能而示之不能，用而示之不用，近而示之远，远而示之近。……攻其无备，出其不意。”用兵时掩藏真实意图，故意制造假象，诱骗敌军上当，以达到消灭它

的目的。这就有了军事秘密及保密规定。但是,随着互联网的快速发展,特别是自媒体的兴起,一些现(退)役军人、军迷等,在网络上什么都敢说,完全把保密规定抛在九霄云外。

互联网的快速发展,使人们的交谈更加方便。但是互联网给人们带来好处的同时,也给一些心存邪念的人钻了空子。比如:敌对势力对我国军事机密的窥探,让间谍情报人员采取五花八门的手段,套取我国的国家秘密、科技政治情报、军事情报和内部情况。这时我们便要提高警惕,避免被那些心存邪念的人套取军事秘密。一旦我们丧失警惕,就可能上当受骗,甚至违法犯罪。军事机密一旦被敌方窥探掌握,就会给国家安全带来致命隐患,同时会使国家科研结果付之东流。互联网时代,个人信息泄露已成为一种"集体忧虑",但我们在考虑个人信息泄露的同时,也要思考国家秘密会不会也随之泄露。对此我们能做的就是不要拍摄军事武器和一些军事基地;也不要在网络上讨论有关国家军事信息的内容。军事保密工作与国家安全息息相关,军事保密工作没有做好,会给国家带来重大的损失。特别是两军开战,给敌军透露作战计划等重要军事情报,直接会使人民军队陷入战争的被动之中,甚至极有可能遭遇大败和全军覆没,给军队和国家会带来不堪设想的后果。新时代大学生必须学习相关保密法律和规章制定,履行国防义务,自觉做一名为国家、为社会负责任的合格公民、合格大学生。

新时代大学生应当增强防范意识和保密意识,绝不能在无意之间将国家军事秘密泄露给其他国家。识别伪装既难又易,关键在于识破别有用心的人。作为新时代的大学生,我们肩负着实现中华民族伟大复兴的历史使命,必须用习近平强军思想武装自己重视国防教育,保守国家军事秘密。

三、大学生应践行维护国家军事安全的使命担当

回顾中国历史,我们曾经失去过太多的国家安全和社会稳定,所以,我们对国家安全和社会稳定问题特别关注、特别警觉。每当我们的周边有什么风吹草动,每当西方大国对我们施压之际……我们都不能不思考国家安全和社会稳定的问题。正因为如此,当代大学生必须提高自身素质,把促进国家安全和社会稳定的思想教育贯穿到平时的学习、生活及活动中去,平时注意将维护国家安全和社会稳定列为首要任务,成为国家安全和社会稳定的自觉维护者。

响应国家号召应征入伍,践行维护国家军事安全的使命担当。大学生应征入伍可以在短时间内提升我军士兵的科学文化素质,对提高军队的战斗力意义重大,尤其是对于技术兵种更是这样。保卫国家安全,维护祖国统一,是我军的根本宗旨。从地方大学里征集在校大学生入伍对推进国防现代化建设大有好处。一个大学生士兵和一个高中生士兵到军队院校去接受培训,大学生士兵一定比高中生士兵知识面宽,从而掌握军事知识和技能的速度要快,深度要深。培养出来的军人知识结构就会高,在部队发挥的作用就会更大。现在,我军正逐步加强质量建设,实行科技强军,随着军队现代化建设的发展,大批新型武器装备部队,不仅需要高素质的军官,还需要文化素质较高的士兵去操纵和维护。所以,征集一定数量的

大学生入伍，对优化部队兵员的文化结构，对适应军队知识密集、技术先进的需要，对加快我军科技强军、走精兵之路都有着十分重要的意义。

四、维护国家军事安全从我做起

当前大学生首要做到的就是始终树立国家利益高于一切的观念。国家安全涉及国家社会生活的方方面面，是国家、民族生存与发展的首要保障。科学技术是没有国界的，但知识分子不能没有自己的祖国。所以，把国家安全放在高于一切的地位，是国家利益的需要，又是个人安全的需要，也是世界各国的一致要求。

要积极配合国家安全机关的工作。国家安全机关是国家安全工作的主管机关，是与公安机关同等性质的司法机关，分工负责间谍案件的侦查、拘留、预审和执行逮捕。当国家安全机关需要大家配合工作的时候，在工作人员表明身份和来意之后，每个同学都应当按照《中华人民共和国国家安全法》赋予的义务要求，尽力提供便利条件或其他协助，如实提供情况和证据，做到不推、不拒，更不以暴力、威胁方法阻碍执行公务，还要切实保守好已经知晓的国家安全工作的秘密。

军事安全始终是国家安全的核心内容，维护国家军事安全是大学生报效祖国、弘扬爱国主义精神的重要体现。尽管现在我们的国家处于和平时期，但“天下虽安，忘战必危”，大学生作为社会主义的接班人和建设者，心系国家军事安全，自觉维护国家军事安全应是其自觉履行的神圣职责。在当今全球化浪潮上，恐怖主义仍然存在。我国安全形势是好的，但不稳定因素依然存在。我国走和平道路征途中还会遭遇各种军事安全风险和挑战的考验。所以，维护国家军事安全，是我们大学生履行义务，关心支持国家的必然要求和自觉行为。

案例分析4-1 偷拍军事装备视频上传网络，一男子因涉嫌非法获取国家秘密罪被公诉

“家是最小国，国是千万家，有国才有家，国家安全靠大家……”2021 年 4 月 14 日上午，浙江省台州市路桥区检察院干警来到辖区内的中盛城市广场，向市民发放国家安全教育宣传资料，并现场讲述了路桥区检察院刚刚提起公诉的一起非法获取国家秘密罪案件。

2020 年 11 月 27 日，台州某演艺设备公司的负责人张伟（化名）承接了某部队演出舞台搭建部分工作。在部队营区施工期间，张伟见部队执勤人员从某军事掩体里移动某型军事装备。第一次近距离看到这样的场面，张伟既好奇又兴奋，明知在部队营区内应遵守禁止拍摄的保密要求，他仍然拿起手机摄录某型军事装备移动过程的清晰视频。

当晚6点，张伟利用剪辑软件对视频进行配乐加工，并发布到某短视频网络平台，引来不少网民浏览观看。当晚9点多，这段视频被部队执勤人员查获并责令予以删除。短短3个多小时，相关视频被46名网民点赞，被评论留言13条。经鉴定，张伟所拍摄的视频包含1项秘密级军事秘密。

张伟案发后意识到自己偷拍行为的无知，向检察官坦言：自己因为好奇，脑子一热就拍了视频，就是想炫耀一下，结果没想到会涉嫌犯罪。

2021年4月13日，张伟因涉嫌非法获取国家秘密罪被路桥区检察院依法提起公诉。

“真没想到，拍个视频发发，很普通的日常社交行为，还会涉及军事秘密触犯国家法律！”有市民感叹道。

“我国刑法规定，以窃取、刺探、收买方法，非法获取国家秘密的，处三年以下有期徒刑、拘役、管制或者剥夺政治权利；情节严重的，处三年以上七年以下有期徒刑。该案中，张伟由于缺乏法律意识、保密意识，出于好奇、炫耀心理拍摄部队军事装备并上传短视频网络平台，主观上并非出于获利或与海外组织有联系而恶意传播，但已危害国家安全，所以以非法获取国家秘密罪追究他的刑事责任。”检察官结合此案给市民们普法。

（资料来源：检察日报，2021－04－15）

案例分析4-2 钟声：美国沉迷军备竞赛，威胁全球军事安全

在坚不可摧的和平正义力量面前、在真相面前、在光明面前，任何嗜好零和博弈、痴迷穷兵黩武者都是没有出路的。美国是世界上武器装备最先进的国家，又是最卖力气夸大渲染所谓他国军事与安全威胁的国家，实乃咄咄怪事。前不久，美国代表在第七十五届联合国大会裁军与国际安全委员会一般性辩论上又折腾了一回，妄称俄罗斯和中国不断发展核力量，国际和平与安全因此受到严重威胁。美方这种颠倒黑白、贼喊捉贼的把戏，本质是为其拒绝履行军控义务制造借口，为其谋求自我松绑、建立绝对军事优势寻找理由。

美国军费常年高居世界第一，2019年达7000多亿美元，占世界军费总开支近40%，超出排在美国之后10个国家军费开支的总和。但是，这等武装到牙齿的程度还不足以填平美国一些政客的欲壑，他们近来又是升级核武库，又是降低核武器使用门槛并部署低当量核武器，还大肆鼓噪所谓“三边军控谈判”以逃避自身核裁军特殊、

优先责任。更有甚者，美方最近开始讨论重启核试验问题，如同从来不知世间尚有不可逾越的红线，抑或本来就对损害全球战略安全怀揣挥之不去的执念。

说到底，美方秉持的是一种极端强调美国利益优先的霸权主义安全观，总以极为扭曲的心态把刻意“寻求”外部威胁作为美国国家安全的需要。比如，美方在《国家安全战略报告》中公然将俄罗斯和中国定位为战略竞争对手，妄图挑动大国对抗。又如，美方图谋太空霸权，将外空定位为“新的作战疆域”，今年正式组建了太空军，并计划在外空部署反导拦截器，加剧外空武器化和战场化风险。

当然，霸权者有时也会扯出一两条遮羞布。譬如在军控和防扩散领域，近年来，美国每年炮制所谓《军控遵约报告》，摆出一副裁判和法官的姿态，对他国军控和防扩散政策和实践指手画脚、说三道四，并将自己标榜为“模范”。但是，国际社会孰能不识遮羞布后面的“毁约”“退群”真相？从退出伊核问题全面协议、《中导条约》《开放天空条约》，撤销签署《武器贸易条约》，到独家阻挠《禁止生物武器公约》核查议定书谈判，美方把自己置于国际道义的对立面。美国是世界上唯一拥有化学武器库存的国家，美方多次推迟化学武器销毁时间，消极履行自身义务，成为建立“无化武世界”的最大障碍。美方所作所为严重破坏全球战略平衡与稳定，阻碍国际军控与裁军进程，受到国际社会普遍谴责。俄罗斯外交部发言人扎哈罗娃指出，美国在军控领域的行为越来越危险，且没有可预测性。

事实是最有说服力的。美国的战争纪录和军事存在，足以令任何人闻之愕然。美国在建国后的240多年历史中，仅有16年没有打过仗。西方学者在《美国侵略：我们是如何入侵或军事干预地球上几乎每一个国家的》一书中指出，联合国承认的190余个国家中，只有3个国家没有与美国打过仗或受其军事干预。美国在全世界拥有数百个军事基地，在亚太、中东欧部署反导系统，寻求在亚太和欧洲地区部署陆基中导，企图强化军事存在，建立绝对优势。美国动辄把战机开到他国领空附近，把战舰开到他国海域附近，甚至以所谓“航行自由”为名到处耀武扬威，热衷于充当世界警察，与当今世界和平发展的大势格格不入。

在坚不可摧的和平正义力量面前、在真相面前、在光明面前，任何嗜好零和博弈、痴迷穷兵黩武者都是没有出路的。需要强调的是，当今世界，没有一个国家能够凭一己之力谋求自身绝对安全，也没有一个国家可以从别国的动荡中收获稳定，威胁全球安全的任何行径都必然被世界各国人民坚决反对。正义必胜、和平必胜、人民必胜，这是人类历史发展的铁律。

（资料来源：人民日报，2020－11－02）

学习思考

1. 如何把握军事安全的内涵与内容？
2. 维护军事安全的途径与方法有哪些？
3. 当代大学生如何从我做起，自觉维护国家军事安全？

参考文献

[1] 杨新，魏代强．居安思危国家安全教育[M]．南昌：江西人民出版社，2021：64－77.
[2] 刘跃进．我国军事安全的概念、内容及面临的挑战[J]．江南社会学院学报，2016：18(3).
[3] 解放军报评论员．强化国家安全意识推进强军兴军伟业[N]．解放军报，2021－04－15.
[4] 中共中央党史和文献研究院．习近平关于总体国家安全观论述摘编[M]．北京：中央文献出版社，2018.
[5]《总体国家安全观干部读本》编委会．总体国家安全观干部读本[M]．北京：人民出版社，2016：101.

第五章 新时代国家经济安全教育

进入新时代，我们比历史上任何时期都更接近、更有信心和能力实现中华民族伟大复兴的目标；我们处在一个风云变幻的时代，世界正经历百年未有之大变局；我们处在一个跨越的时代，中国从大国走向强国，从经济高速发展走向高质量发展；中国处在新发展阶段，从全面建成小康社会走向全面建设社会主义现代化国家。这意味着我国面临的国家经济安全形势空前复杂，维护国家经济安全的任务更加艰巨。作为世界上最大的发展中国家，我国坚持以经济建设为中心，坚持发展是第一要务，发展依然是我国的中心任务。我国经济取得了举世瞩目、世所罕见的历史性成就。在坚持改革发展的同时，国家经济安全问题非常紧迫地摆在我们面前，必须兼顾发展与安全两手抓，两手都要硬。如何统筹经济发展与安全两件大事？如何在更高水平改革开放的条件下坚决维护国家经济安全？这是我们要思考和回答的重大问题。

知识目标

通过本章学习，使学生理解并掌握经济安全的内涵，了解经济安全是中国总体安全的基础，了解中国经济安全面临的挑战和难题，促进中国经济安全的战略选择，构建总体国家安全观。

素养目标

通过本章学习，使学生树立国家经济安全意识，以政治思想为统领，强化责任和使命担当；丰富经济安全知识，提高维护经济安全的本领，成为经济安全的积极践行者和传播者，塑造总体国家安全观。

思政目标

引导大学生了解国家经济安全的历史方位，统筹发展和安全的新格局，理解实现国家安全的制度优势、发展优势、机遇优势，适应时代新变局，提高经济安全素养和本领，树立大学生国家经济安全自信，从自身做起，坚决维护国家经济安全，护航实现中华民族伟大复兴的中国梦。

第一节 新时代国家经济安全的基本内涵

一、基本经济制度安全

国家经济安全，是指经济全球化时代一国保持其经济现状和发展所需资源有效供给、经济体系独立稳定运行、总体经济福利不受恶意侵害和不可抗力损害的状态和能力。党的十八大以来，以习近平同志为核心的党中央对经济安全与国家安全的认识进一步加深，提出经济安全是国家安全的重要组成部分，提出了维护经济安全的主要内容和基本内涵，为切实维护国家经济安全提供了重要思想遵循和现实指引。

（一）坚持公有制主体地位是维护我国经济安全的重要保障

维护基本经济制度安全，是国家经济安全的重要内容之一。维护基本经济制度安全，实质上是坚持社会主义方向与发展经济的有机统一。在坚持基本经济制度的基础上，不断深化改革，从社会制度上确保我国经济安全。以公有制为主体、多种所有制经济共同发展的基本经济制度，是中国特色社会主义制度的重要支柱，也是社会主义市场经济体制的根基。在我国经济面临结构性失衡、空间分布不平衡等风险挑战下，我们必须不断激发我国经济制度优势，推动我国经济稳步前行，达到维护国家经济安全的目的。

（二）完善按劳分配为主体、多种分配方式并存的分配制度

以按劳分配为主体、多种分配方式并存，既是我国分配制度的核心要义，也是防范经济社会风险的制度保障。从经济层面看，一个国家的最终消费率与一个国家的国民收入的平均程度密切相关，国民收入分配越平均，全国性的最终消费率越高，越有利于扩大内需，增强经济发展动力。社会主义市场经济收入分配制度的构建应当充分贯彻“共享”理念，深化收入分配制度改革，完善共同富裕保障机制。主要从以下两方面入手。

（1）初次分配领域中，提高劳动所得在国民收入中的比重。首先，只有全面研究劳动人员的实际工作能力、市场变化情况以及企业资产状况等多个方面，才能在初次分配中实现经济利益与薪酬分配的公平性。其次，创建完善的人员薪酬合理调控制度，建立工资随劳动生产率同步增长的机制，提高劳动报酬。

（2）发挥政府调节再分配领域的多重作用。初次分配领域注重效率优先，让市场发挥主

导作用，兼顾公平仍要依靠再分配的调节功能。税收是国家实现收入分配结构调节的重要经济方式，完善合理的税收制度对调控二次分配具有重要作用。要进一步优化税收结构和征收、监管流程，逐步减少间接税，增加直接税，减轻一般劳动者的税负。

（三）构建高水平社会主义市场经济体制

（1）持续全面推进市场制度改革创新，激发各类市场主体活力。首先要从国有市场的主体出发，积极有序推进国有企业混合所有制改革，构建多元化产权结构；加快国有经济布局优化和结构调整，发挥国有经济战略支撑作用，打造国际一流企业集团。其次在非公有制市场主体上，完善非公有制企业发展所需要的政策和法律体系，优化非公有制企业发展环境，促进非公有制经济健康发展。

（2）加快制度创新，建立现代财税金融体制。现代财税金融体制是市场稳健运行的基础。构建现代财税金融体制的内容包括：在财政体制上，加强宏观调控力度，发挥政府宏观调控作用，提高财政资源统筹能力，增强国家重大战略任务的财力保障；在税收体制上，建立现代税收制度，优化税制结构；在金融体制上，健全金融机构治理机制，完善现代金融监管体系，严格防范金融风险。

（3）构建高标准的市场体系。首先要加强现代产权制度建设，促进高效规范，形成公平竞争的市场体系；其次要完善生产要素市场改革，提高要素资源的市场化配置水平。

二、经济秩序安全

（一）建立安全有序的经济运行秩序

维护经济秩序安全，是国家经济安全运行的重要内容，是对内建立良好经济运行秩序，对外加强国际合作，稳定国家经济秩序。经济新常态下，全面依法治国为市场经济有序运行提供秩序保障和行为规范，是市场经济有序运行的根本保障。在法治的引领和规范下，形成保护产权、平等交换、公平竞争、有效监督的市场环境，确保市场主体权利平等、机会平等，稳定市场主体预期，有效保护知识产权，营造大众创业、万众创新的良好环境，推动经济转型升级。

（二）加强国际合作维护国家经济秩序

国家经济安全的维护很大程度上取决于国际经济新秩序的建立，而国际经济新秩序的建立又依赖于国际社会的共同合作。中国要维护自身经济安全，也需要加强国际合作，灵活把握并致力于构建公平、合理的国际经济新秩序。

（1）积极参与亚太地区经济与安全合作，共同构建面向 21 世纪的亚太经济安全机制。亚太地区在全球安全系统中有着不可比拟的地位。在经济全球化、区域化和集团化趋势日益密切的新形势下，我国有必要在独立自主发展方针的前提下，以更积极主动的态度参与国际事务、区域经济贸易、投资等多种合作，尤其要加强与周边国家和地区的经贸协作。

（2）参与国际规则的制定与实施。在充分遵守国际准则和各种双边或多边协定的基础上，我国要积极参与有关经济运行的国际规则的制定和国际经济新秩序的建设，保持充分的发言权。我国加入世贸组织，为我国参与制定国际经济规则提供了有利条件，以最大限度地保证我国经济安全。

三、经济主权安全

（一）经济发展方针政策的自主制定权

经济主权是国家主权在经济领域的反映，对内表现为经济发展方针政策的自主制定权，对外表现为国际市场的自由利用权。经济主权既表现在领土的管辖与治理，也体现在主权国家对国内经济事务的自主决策。独立自主决策是国家经济安全的关键。首先，营造和平稳定的国际环境。我国在进行经济建设的同时必然受到国际环境的影响，营造有利于经济主权安全的国际环境是中国对外开放战略的重要目标之一，也是顺利开展国内经济建设的前提。其次，坚持国家经济主权原则。随着经济利益在国家利益中的比重日益扩大，发展中国家对于国家经济主权的维护就显得尤为重要，只有坚持国家经济主权原则，发展中国家经济发展才能得到根本的保障。中国要走和平发展的道路，就要以经济建设为中心，对外要始终坚持国家经济主权原则，维护国家经济利益。

（二）国际市场的自由利用权

在经济全球化的趋势下，运用经济外交保护本国经济主权安全以最大限度实现本国经济利益，成为对外战略的重要目标。首先，中国开展经济外交有助于强化国际社会对中国市场经济地位的认可，有助于促进政经结合，促进对外关系全面平稳发展。其次，开展经济外交有助于防范各国尤其是西方国家对华经贸战略中的消极因素，进而减轻其给中国经济主权安全带来的消极影响。

四、经济发展安全

（一）构建以内循环为主、双循环互促的新发展格局

经济发展安全是国际经济安全在经济发展领域的反映，党的十九届五中全会提出我国经济安全的重大方针，加快以国内大循环为主体、国内国际双循环相互促进的新发展格局。习近平总书记指出，要坚持维护国家安全与经济社会发展相协调。面对国家发展过程中出现的各种风险压力，应密切关注经济社会动态，建立预警机制，统筹兼顾经济发展与社会稳

定,实现更为安全的经济发展环境。新发展格局的提出,是立足新发展阶段,贯彻新发展理念,以高质量发展为主体,实现中华民族伟大复兴,构建人类命运共同体的又一重大战略举措。

(1)构建高质量的国内大循环,关键是要以高质量的供给充分激发我国大规模的市场优势和内需潜力。构建高质量的国内大循环,必须坚持把科技发展作为国家发展的战略支撑,以创新驱动力来发展现代产业体系和经济体系;把扩大内需作为战略基点,利用自身市场优势,推进供给侧结构性改革与扩大内需的有机结合,使国内市场成为最终需求的主要来源,形成需求牵引供给、供给创造需求的更高水平的动态平衡。

(2)加快构建新发展格局,关键要处理好扩大内需和稳定外需的关系。国内循环越通顺,越能够形成全球资源要素的引力场,越有利于形成参与国际竞争和合作的新优势。只要坚持立足国内大循环,发挥比较优势,协同推进强大国内市场和贸易强国建设,以国内大循环吸引全球资源要素,充分利用好国内和国际两个市场,积极促进内需和外需、进口和出口、引进外资和对外投资的协调发展,全面塑造我国发展新优势。

(二)构建预警机制是维护国家经济安全的重要方面

经济全球化条件下,国家经济安全具有隐蔽性和突发性的特点。因此,必须建立国家经济安全预警机制。通过建立一套符合国情的国家经济安全态势评价指标体系和计量模型,可以评判国家经济安全的状态和趋势,进而提出防范对策,对保障国家经济的长期安全运行具有重要意义。构建21世纪国家经济安全预警机制,确保中国经济安全持续发展,是摆在我们面前的重大理论问题和实践课题。

(1)构建国家经济安全预警机制的基本思路是,在经济全球化背景下,我国的战略资源安全问题、金融安全问题、民族产业安全问题、生态安全问题等都是需要引起高度关注的重大经济安全问题。加入世界贸易组织后,要防止和化解经济全球化给中国经济安全带来的威胁,确保我国经济快速持续健康发展,必须重塑国家安全新理念,构建21世纪的国家经济安全总体战略,增强应对突发事件和危机的迅速反应能力和临界处理能力;坚持科学发展观,努力提高我国的综合国力,包括国家科技竞争力、金融竞争力、市场竞争力、教育与环境竞争力,以及经济体制与人力资源开发竞争力;加强制度创新,构建国家经济安全的防御体系,根据我国的资源占有和需求情况,建立一定规模的国家经济资源战略储备和保障体系,从而为国家经济安全奠定坚实的物质基础。

(2)对资源型城市产业积聚的风险要高度关注。一是要努力实现产业链延伸,获取加工附加值,即在原有资源开发的基础上,利用资源优势发展资源深加工产业,从而扩展原有产业链,增加资源的产业价值,带动区域的可持续发展。二是可充分利用多种优势资源,搞好多种资源的综合开发,从单一的矿产资源型城市变为资源综合开发型城市。三是从生产型城市转变为市场型城市,对企业资源配置市场化,产业发展和城市建设集资渠道市场化。四是重视政府在资源型城市转型过程中所起的作用。

第二节　新时代国家经济安全的重要性

一、维护国家安全必须以经济安全为基础

国家总体安全观包含人民安全、政治安全、经济安全、军事、文化、社会安全以及国际安全五大要素。不同于人民安全的宗旨性地位，也不同于政治安全的根本性地位，经济安全在整个国家总体安全观里占有基础性地位，为国家安全提供坚实物质基础。进入新时代以来，由于站在新的历史起点、进入新的发展阶段，国家经济安全基础性地位越发重要。

经济安全关乎一个国家的根本利益和长久发展。在总体国家安全观中，经济安全是国家安全的基础，紧随政治安全排在第二位。从基本属性来讲，经济安全问题产生于经济领域，但又不是纯粹的经济问题。

习近平总书记指出，当前我国国家安全内涵和外延比历史上任何时候都要丰富，时空领域比历史上任何时候都要宽广，内外因素比历史上任何时候都要复杂，必须坚持总体国家安全观，以人民安全为宗旨，以政治安全为根本，以经济安全为基础，以军事、文化、社会安全为保障，以促进国际安全为依托，走出一条中国特色国家安全道路。新时代国家经济安全是国家安全的核心指向，是一切安全的出发点和落脚点，维护国家安全必须以经济安全为基础。

二、经济安全是实现人民安全的重要基础

从根本上来说，维护国家安全是为了发展经济，提高人民的生活水平，保障人民利益。经济安全领域也不例外，它不仅关系国家的战略利益，而且直接关系人民的切身利益，因而必须落实“以人民安全为宗旨”的核心价值。党中央多次强调国家安全工作归根结底是保障人民利益，要坚持国家安全一切为了人民、一切依靠人民，为群众安居乐业提供坚强保障。

我国国内生产总值于2010年首次超过日本，成为仅次于美国的世界第二大经济体，但绝非第二经济强国，中国经济结构性矛盾仍然不容忽视。我国正处在跨越“中等收入陷阱”并向高收入国家迈进的特殊历史阶段，内外部环境发生了明显变化。一方面，去杠杆、房地产调控、环保限产、投资、消费和出口下滑导致中国经济供需均有下行压力；另一方面，汇率风险、房地产市场风险、地方债务风险、国企债务风险、民营经济收缩风险等各类风险因素的存在给中国经济带来不稳定因素。我国经济总量虽稳居世界第二，但仍存在大而不强的问题。必须始终坚持“以经济建设为中心”，贯彻新发展理念，加快转变经济发展方式、调整经

济结构，特别是防范金融方面出现系统性风险，增强科技自主创新能力，进一步扩大改革开放，促进经济高质量发展。

经济安全是实现人民安全的重要基础，必须把“以人民安全为宗旨”切实落实到基本经济制度安全、经济秩序安全、经济主权安全和经济发展安全上，进而为人民群众安居乐业提供坚强的基础与保障。

三、经济安全是实现政治安全的重要基础

经济安全是国家安全的基石，决定国家的政治安全。经济实力是世界政治经济秩序构建的决定性力量，也是国家政治安全的基础。在全球化进程中，政治经济化、经济政治化现象凸显，经济因素已经成为增加政治安全的重要筹码。邓小平同志说：“世界上一些国家发生问题，从根本上说，都是因为经济上不去……这不只是经济问题，实际上是个政治问题。”

面对全球化浪潮对中国政治安全带来的诸多不可测因素，中国必须积极参与全球化进程，为中国的政治安全奠定坚实的保障。中国只有积极参与全球化，在先进生产力的推动下，才能深化国内经济体制改革；只有积极参与全球化，在国际竞争的拼搏中，才能锻炼国内企业的生存发展能力；只有积极参与全球化，在国际市场的大风大浪中，才能增强应付各种局势的控制能力和管理水平。

四、经济安全是实现军事、文化、社会安全的重要基础

军事安全是冷战前各国关注的重点，冷战结束后在经济全球化的推动下，经济安全成为各国关注的重点。2008 年美国审计署(GAO)向国会提交的关于外资审查机制的报告，使用了“经济安全”的说法，并视其为国家安全的一部分。面对经济全球化的冲击，各国政府、政治家在决策方面是很难回避经济利益的。

全球化时代，综合国力是各国之间竞争和较量的重中之重，而其中文化力在综合国力中占据至关重要的战略地位。文化安全是关系国家长治久安的重要因素，是引领国家发展的精神动力。中华优秀传统文化作为我们民族的“根”和“魂”，倘若将其抛弃，就等于割断了自己的精神命脉。如果将国家安全比作是房，那么经济安全就是房基，文化安全是房柱，军事安全(政治安全)是房顶。可见，经济安全和文化安全是国家安全的重要组成部分，共同服务于国家安全。

社会安定更离不开经济安全的保障。社会安全是衡量国家安全的综合因素，它直接关系到国家的安全稳定，关系到人民的生活水平。新常态是我国经济未来走向的客观规律，必须要有新思路和新举措。新常态的出现究其根本是对社会内部的真实反映，而改革的要点应该是优化产业结构、转变经济发展方式、缩小城乡贫富差距以及提高科技创新能力，从而有效化解生产力发展的不平衡、不充分的矛盾。

五、经济安全是实现国际安全的重要基础

党中央多次强调，中国开放的大门不会关闭，只会越开越大。这是我们对世界的庄重承诺。对外开放是我国的基本国策，以开放促改革、促发展是我国现代化建设不断取得新成就的重要法宝，是国家繁荣发展的必由之路。

改革开放40多年来，我们积极推进对外开放、积极融入世界经济，我国经济发展取得了举世瞩目的成就。在经济全球化深入发展、各国经济加速融合的时代，只有打开国门搞建设，坚持对外开放基本国策，实施更加积极主动的开放战略，才能获得更多推动发展所必需的资金、技术、资源、市场、人才乃至机遇，才能不断为经济发展注入新动力、增添新活力、拓展新空间。

越是开放越要重视安全，统筹好发展和安全两件大事，增强自身竞争能力、开放监管能力、风险防控能力。当今世界正经历百年未有之大变局，新冠肺炎疫情全球大流行使这个大变局加速演进，保护主义、单边主义上升，世界经济低迷，全球产业链供应链因非经济因素而面临冲击，国际经济、科技、文化、安全、政治等格局都在发生深刻调整，世界进入动荡变革期，我们将面对更多逆风逆水的外部环境。

新时代下的国家经济安全问题，是立足于和平与发展的经济全球化趋势的大前提下，一方面，国家间的经济依赖日益加深，国家间利益互补，如"一带一路"倡议能有效带动沿线国家经济共同发展；另一方面，经济交往越多，相互间造成经济损害的机会就越多，潜在的经济安全问题就可能越严重。国家间的经济关系日益被看成是零和博弈，一国之所得，即另一国之所失而趋于紧张，如中美贸易争端等导致经济安全问题在国家间凸显出来。

第三节　新时代经济安全面临的威胁与挑战

一、国际金融动荡

经济安全作为国家安全体系的重要组成部分，是国家安全的基础，也是新时代中国特色社会主义建设的重要内容。中华人民共和国成立以来，政治和军事安全一直是传统安全模式中最重要的因素。然而自20世纪90年代以来，和平与发展业已成为时代的主题，我国也将发展作为执政兴国的第一要务，维护经济安全成为发展经济的重要任务。随着经济的快速发展和全球化进程的深入推进，大国间博弈更加激烈，经济领域的竞争已然成为大国博弈的主战场，这使得我国经济安全面临着重大的威胁与挑战。

(一)国际金融危机持续影响

当今国际经济格局正发生深刻变化,全球经济治理体系和规则也面临重大调整,面对世界百年未有之大变局,新时代的中国经济必将面临更严峻的威胁与挑战。金融安全是经济安全的重要基础,在全球经济下行压力的影响下,我国的金融发展面临着风险与挑战。2008年爆发了自20世纪30年代经济大萧条以来最严重的全球性金融危机,此次金融危机影响深远,其阴霾久久不散,致使全球经济复苏乏力,经济增长持续在低位徘徊。金融危机已过去10年有余,但全球经济仍未从危机后的余震中恢复。为振兴经济,各国央行纷纷采取了量化宽松的货币政策,以扩大内需,刺激经济的增长。同时,在新一轮科技革命和产业变革的背景下,各国积极发展金融科技的力量,以推动金融机构的转型与升级。另外,为了防范金融风险,避免再次出现金融机构的失控,各国进一步加强了金融行业监管,并开展国际监管合作。受金融危机与疫情的影响,世界经济发展依然低迷。虽然在2021年全球经济恢复了增长状态,但新冠肺炎疫情的持续与反复、贸易保护主义的抬头、国家间的力量对比和竞争等因素,都对世界经济回到健康的秩序造成一定的阻碍。

(二)世界贸易战的发展演变

贸易战是指通过增加关税和非关税壁垒,限制其他国家的商品进入本国市场,以保护本国产业免受别国商品的竞争,这也是贸易保护主义主要的表现形式。现今,尽管经济全球化使各国经济相互依存度不断加强,但金融危机的爆发加上新冠肺炎疫情的冲击,世界经济低迷,各国贸易保护势力抬头,国际贸易形势出现了新挑战。

1. 世界经济衰退与逆全球化潮流涌现

贸易自由化进程的发展,使各国的资本、技术和人才都得到了世界范围的流动,为经济增长提供了强大动力。但与此同时,逆全球化浪潮开始涌现。所谓逆全球化,是指与资本、生产和市场全球一体化进程背道而驰的现象。主要表现为对多边合作局面的反转,或是对资源、商品和劳动力等要素的流动设置障碍。造成逆全球化浪潮的主要原因有以下几个。

(1)2008年金融危机以来,全球经济仍处于长期复苏期,未能恢复稳定快速增长。加之新冠肺炎疫情的破坏性打击,各国经济面临更加严峻的挑战。

(2)国际经济格局发生了转变。随着产业的转移,以中国为主的新兴经济体崛起,发达国家占全球GDP的比重不升反降,发达国家与发展中国家的经济力量随之转化。

(3)欧洲移民问题冲突。欧洲特别是欧盟对全球经济一体化有着深远的影响,但难民问题一直是难以解决的难题。难民潮引起的就业、安全隐患、文化融合等问题皆引发许多民众的不满,而这类人群推动了逆全球化的潮流。

2. 新贸易保护主义甚嚣尘上

贸易保护主义,即通过提高关税和非关税壁垒,限制别国商品大量进入本国市场,以保护本国市场和国际竞争力。随着逆全球化现象的凸显,新一轮的贸易保护主义开始兴起。

贸易保护主义与经济危机通常有着密切的联系，这与金融危机后的全球经济低迷以及新冠肺炎疫情蔓延后的经济新变化相关。

在贸易保护数量方面，2020 年，全球发起贸易救济措施的原审立案数达 422 起，同比增速为 45.02%。另外，不仅贸易保护数量巨大，且实施对象的范围也更加普遍，包括中国在内的许多国家都遭受到不同程度的贸易保护的打击和影响。

3. 新贸易保护主义对中国的影响

我国出口贸易受到影响，对外贸易增长放缓，国内许多行业发展受到限制。我国出口产品比重大，发达国家设置的技术壁垒会约束我国相应行业的出口比重，阻碍国内经济的发展。

（三）经济霸权主义加剧国际金融动荡

所谓经济霸权主义，是某一国家或地区依据其在经济上的绝对优势，对其他国家的经济进行支配和控制，以获取更多资源和经济能力。美国作为全球的经济霸权国家，已长期占据世界经济的支配地位。

1. 当今经济霸权主义的表现形式

（1）贸易垄断与贸易自由主义并行。一方面，设置贸易壁垒是经济霸权行为最常用的方法之一，包括提高关税、发起经济制裁、对海外跨国公司提高征税，甚至利用霸权地位影响国际谈判与国际规则的制定；另一方面，对于国内竞争力优势较大的产业或所谓的“朝阳产业”，实行双重标准，向外大力推行贸易自由主义，以牺牲别国经济利益为代价扩大本国商品出口获取利润。

（2）维护金融霸权。为了维护自己的金融霸权地位，霸权国家会对威胁其货币垄断地位和使用方法的国家实施攻击或削弱。一个国家若能实现世界货币的功能，对这个国家在世界范围内的经济发展和所处地位都可起到巨大作用。在国际贸易中，必须使用美元结算，美国通过调整美元政策，控制世界经济；或是通过期货交易所，控制石油、钢铁等大宗商品的价格，来干预世界经济，从而实现金融霸权的目的。

2. 经济霸凌加剧国际金融市场的动荡

冷战结束后，发达国家特别是美国凭借其强大的军事、政治、经济和科技实力在世界经济体系中占据霸权地位，通过国际组织将自己的意志、原则或规则强制性地在整个体系中推行，同时利用其货币的国际特权、国际投机资本和攻击性的金融投机等方式对发展中国家进行经济侵略和剥削。具体表现在以下几方面。

（1）利用其在国际经济组织中的话语权，制定对发展中国家不利的政策法规，限制发展中国家的经济发展，动辄以违反国际规则为由，对发展中国家进行经济罚款和制裁。

（2）利用美元在国际货币体系中的独特地位，剥削其他国家。一是美国相对而言可以不受限制地向全世界举债，却不必对等地或负责任地偿还。其可通过美元的贬值，既减轻外债负担，又刺激出口，以改善国际收支状况。二是美国可以转嫁危机，输出通胀。当美国出现经常账户逆差时，可以通过印刷美钞来弥补赤字，维持国民经济平衡，将通胀转嫁给其他国家。出现金融危机时，美国可通过增加货币发行量避免信贷紧缩带来的危机，把部分损失通过货币政策的变化转移到世界各地，以至于导致全球金融动荡。

二、国际经济秩序面临变革

(一)要求变革国际经济旧秩序的呼声不断高涨

1. 新兴经济体在国际经济中的地位不断提高

第二次世界大战后，由发达国家为主导，以美国为中心的国际经济秩序逐步建立，然而发展中国家也积极参与到世界经济中，其地位越发明显。而发展中国家以及新兴经济体的崛起，使得旧经济秩序的缺陷逐渐暴露，国际经济秩序面临变革。在经济全球化背景下，经过长期努力，以发展中国家为代表的新兴经济体在国际经济中的地位迅速提高，而中国也被视为新兴经济体的领头羊。一方面，虽然发达国家在经济体量上仍占优势，但新兴经济体已占全球 GDP 增长的近 2/3，对世界经济的贡献量可观；另一方面，新兴经济体之间加强合作以应对发达国家的贸易保护主义，减少对发达国家的依赖性，国际经济实力正在发生转变。

2. 新旧秩序的矛盾冲突日益加剧

当前新旧国际经济秩序的矛盾与失衡主要体现在以下几方面。

(1)国际金融体制的矛盾。国际金融体制是国际货币关系的集中体现。现行的国际金融体制是基于不平等的国际关系而建立的，许多发展中国家通过参与国际金融体制来获得发达国家的资金，以实现经济的全面发展。因此，发展中国家在国际金融体系中只能处于从属地位，甚至发达国家微小的货币汇率波动都会引起发展中国家的金融风险。

(2)国际生产体系的矛盾。在旧的国际生产体系中，发达国家大多从事技术、工业、服务等生产活动；发展中国家则主要从事劳动密集型的加工生产，利润较少。随着新一轮科技和产业革命，越来越多的新经济体正快速调整产业结构，在航空、电信等领域都具备了全球领先的产业优势，新的国际分工体系正在形成。

(二)“一带一路”倡议为全球经济治理拓展了新实践

在国际力量对比深刻变化，构建国际经济新秩序呼声增大的背景下，我国提出了“一带一路”倡议，这是推动国际体系变革和经济合作的伟大战略，也是构建人类命运共同体的实践平台，将有效促进各国经济的互利互赢。

1. “一带一路”倡议的内容

习近平总书记在 2013 年提出“一带一路”倡议，其目标是构建以合作共赢为核心的新型国际关系，打造对话不对抗、结伴不结盟的伙伴关系。其主要内容是发展我国和周边国家的经济、文化合作，分享优质产能，共商项目投资、共建基础设施、共享合作成果，促进区域间的互联互通，包括政策沟通、设施联通、贸易畅通、资金融通、民心相通，并在此基础上加强与太平洋国家与欧洲国家的经济合作。

2.“一带一路”对全球经济治理的影响

在“一带一路”倡议下，我国积极与其他国家在贸易、金融、能源等方面发展合作，推动了国际经济新秩序的变革。

（1）国际贸易的新发展。贸易合作是“一带一路”的核心内容，旨在促进贸易的互联互通。随着战略的不断深入，“一带一路”沿线国家的参与范围不断增加，中国与沿线国家的贸易额也不断增长，而贸易合作的推进也将在一定程度上应对新一轮的贸易保护主义。

（2）金融秩序的新发展。中国通过设立丝路基金，倡导设立亚洲基础设施投资银行，推动完善国际货币体系以及金融监管体系等措施，提高了发展中国家的话语权与影响力，并发挥引领建立公平、公正、包容、有序的国际金融新秩序的作用。

（3）国际分工的新发展。首先，“一带一路”沿线国家按照互利互赢的原则，不断加深战略新兴产业的合作，促进发展中国家的产业结构转型，依附于发达国家的国际分工地位将得到改变。其次，“一带一路”加强基础设施和产业的合作，进一步带动发展中国家的经济转型。

三、主要经济领域安全存在风险

（一）金融安全风险

1. 金融体系系统性压力增大

（1）国际金融市场动荡加剧的风险。新冠肺炎疫情给世界经济发展带来沉重打击，为应对疫情冲击，世界各国纷纷出台了对冲性的宏观政策，政府赤字和债务规模达到历史新高。美国甚至出现所谓“赤字货币化”现象。美国国债的大规模发行，美联储快速扩表，使得美国宏观政策的外溢性加大，一旦疫情得到控制，经济开始恢复，财政货币政策转向，将影响全球金融稳定，加剧金融动荡。

（2）金融双向开放加快推进带来挑战。双向开放是指在金融领域对内、对外同步开放，一方面鼓励吸引外资，允许国外资金流入国内进行金融业务；另一方面积极参与国际竞争，将金融业务拓展到国外，达到资本市场的互联互通。然而开放合作也伴随着一系列风险挑战。首先，国际经济环境的不确定性，国家力量对比发生深刻变化，以及贸易保护主义逐渐加强，都影响着金融开放的稳定秩序。其次，国内的金融机构也存在自身竞争力不足、金融监管体制不够完善等问题，将导致对外开放拓展市场时的风险增加。

（3）杠杆负债率过高加剧债务风险。过去我国经济长期处于高速发展状态，经济主要依赖于通过债务驱动投资的模式来增长，但也滋生出一些历史遗留问题，居民部门、政府部门、企业部门杠杆负债率过高。而这些资金大都流向了房地产行业及融资平台，催生了资产价格泡沫，若缺乏有力的监管与控制，一旦经济减速，房地产价格整体下跌，各个部门都可能面临债务危机。

2. 数字金融和金融科技快速发展带来新挑战

数字金融,主要指传统金融机构与互联网公司利用数字技术实现融资、支付、投资和其他新型金融业务模式。数字金融和金融科技在推动金融创新和服务的同时,也带来了新的问题。首先是监管不足的问题,数字金融下的许多创新业务、新产品通常都被遗漏在传统的监管体系之外,而这些机构与业务的风险可能具有更大的破坏力与传染性。其次是安全问题,数字化经济下,大量客户的个人信息、企业系统等都面临网络侵犯的风险。

(二)财政安全风险

1. 地方政府债务规模增大

财政主要指国家或政府的收支活动,是社会经济活动的重要参与者,也是国家为实现其职能而实施的分配行为。财政安全是国家经济安全的核心内容之一,稳健安全的财政是经济发展的基础。当前我国经济进入新常态,经济下行压力变大,地方财政收支矛盾凸显,政府债务规模扩大,财政赤字增加。据统计,2021 年中国发行地方政府新增债券 43709 亿元。上述提到政府通过土地财政的方式融资,会随着房地产价格的波动、城市土地资源的减少,而增加地方政府的负债压力,同时增加地方债务危机的隐患。

2. 国家财政赤字逐渐增加

我国 2020 年的财政赤字率由 2019 年的 2. 80% 提升 0. 80 个百分点至 3. 60% 以上,而赤字规模也由 2019 年的 2. 76 万亿元扩大至 2020 年的 3. 76 万亿元。在经济下行压力和新冠肺炎疫情影响下,经济恢复的挑战依然存在,基础设施的建设、民生的保障、经济增长率的维持等各方面都需要大量财政支出,若经济发展未能及时跟上,财政赤字压力会越来越大。

(三)产业安全风险

1. 产业技术自主研发与持续创新能力不足

产业安全是国家经济安全的重要组成部分,指本国资本对国内重要经济产业的控制,以保证国内产业在公平的经济贸易环境下平稳、全面、协调、健康、有序地发展。我国在积极参与世界经济的过程中,如何维护产业安全同样成为新的挑战。改革开放以来,我国大量引进国外先进的设备和技术,生产技术水平显著提高。但我国企业在研发方面仍然投入不足,开发能力也有待提高,在一些关键生产领域对外依存度仍较高,一定程度上制约了企业的技术进步和国际市场竞争力。一些企业注重短期利益,害怕潜在风险,则直接引进技术来解决生产难题,导致企业自主研发投入减少,高级技术创新人才不足。另外,知识产权制度不够完善,侵权现象严重,难以合法保护创新者的成果,自主创新的积极性被削弱。

2. 产业结构总体仍处于国际产业价值链体系的低端

在坚持深化改革开放,不断优化产业结构战略下,近年来我国的产业结构升级处于上升趋势,第一产业增加值在不断下降,第三产业产值占 GDP 比重则在迅速提升,并且在创新驱动战略下,新兴产业发展不断加快。但由于技术能力、人才、品牌、标准等方面都还存在短板,与发达国家存在一定差距,因此我国产业结构还未能迈向国际产业价值链的中高端。

3. 粮食安全问题依然突出

粮食安全，指所有人任何时候都能在物质和经济上获得足够安全和富有营养的粮食来满足积极健康生活的膳食需要及食物喜好。改革开放以来，我国在保障粮食安全上，取得了巨大成就。但在全面实现小康之后，我国现在和未来的粮食安全问题，也呈现出新特征、新挑战。

需求性增长。展望未来，随着人口的增加、人均收入的增加和城市化发展，对农产品的需求总量会不断继续增长，对质量和安全的要求也更高。其中，对口粮的需求大体稳定，但质量要求不断提高(优质、专用)；对畜禽水产品的需求会继续增长，质量要求也不断提高。饲料粮(玉米和大豆)需求压力将不断增大。高质量瓜果蔬菜产品的需求也将继续增长。

资源约束趋紧。在生产方面，则面临着种种挑战，其中最突出的就是资源约束。耕地资源、水资源和劳动力资源，数量只减不增；而农业劳动力的成本会继续快速提升；种业发展仍然存在投入不足、创新能力不强，农业技术发展缓慢，粮食的单产水平与世界先进水平仍然有较大差距。

某些大宗农产品自给率不高。在国内生产快速增长的同时，我国的农产品进出口速度也大幅增长，尤其是在加入世贸组织后，我国成为世界上最大的农产品净进口国。某些大宗农产品，包括大米、小麦、玉米、大麦和高粱等谷物，大豆、棉花，食糖，油料和食用油，猪肉、牛肉、羊肉、禽肉，以及水果等，均为净进口。

(四)经济发展存在滑坡风险

(1)世界经济低迷导致需求减少。总需求是经济发展的重要动力，一般指全社会在一定价格水平下，对产品和劳务的需求总量。金融危机的影响加上新冠病毒的冲击，世界经济发展低迷，导致国际市场需求的下降，将可能严重影响我国外贸进出口，从而拉低经济增长速度。

(2)输入型通货膨胀导致原材料成本上升。为应对金融危机的影响，各国纷纷采用了货币宽松的刺激政策，全球货币量剧增，资产价格上涨。作为世界工厂的中国经济，对原材料的依赖度极高，大宗商品价格的快速上涨对中国经济增长势必造成巨大影响，风险不可小觑。

(3)人口结构和劳动力供给变化致使人力成本提高。人口结构方面，我国人口老龄化程度开始加深。而人口老龄化形势的严峻，将直接改变劳动力供给的需求。老年人口比重的上升，代表劳动力比重的下降，劳动力易出现供不应求的现象，在养老支出提高的同时整体人力成本也随之提高。

(4)中国正处于经济转型“阵痛期”，经济减速风险增加。经过改革开放40多年的发展，我国的市场经济进入新阶段。未来中国经济要实现可持续发展，必须进行全面的经济转型。但转型不可能一蹴而就，转型“阵痛”不可避免。中国能否通过动力结构、需求结构、产业结构、要素结构、对外经济结构等增长格局的调整和结构转换，顺利度过转型的“阵痛期”，将是中国真正迈向经济发展更高阶段的关键。

(五)重要经济信息存在泄露风险

个人消费、企业交易、金融业务以及公共管理事务过程中，都会产生大量经济数据和信息，特别在数字时代，这些信息更是蕴含着重要的价值。因此，如何防范国家重要经济信息泄露的风险对于国家安全有着重要意义。

1. 国际人员交往频繁增加了泄密的风险

在经济全球化背景下，国家间的多边合作日益频繁，包括国际会议和谈判、贸易往来、跨国公司、文化交流等形式。在此过程中，涉及大量人员之间的来往，这些人员不同程度掌握或者了解某些重要的经济信息，特别是国家机关工作人员、企业高管等人群，可能还知悉机密级的信息。因此，在国际人员交往时，若出现疏忽或者故意泄密，将严重威胁我国经济安全。

2. 电子设备及现代通信运用成为信息泄密源

在信息化时代下，互联网技术、通信设备技术被大量运用在经济各领域，无论是个人还是金融机构，都离不开电子通信设备的应用，特别是在手机、平板电脑高度普及的移动通信时代，所有数据都是集中收集、储存和处理的。

技术强国可能会利用自身先进的信息技术和资源优势，截取、窃听他国重要信息，在互联网经济时代，巨量的大数据包含着经济命脉里的所有生产信息、消费数据以及个人隐私，一旦泄露将造成无法预计的损失。

3. 走私活动引发经济风险

在世界经济衰退的大背景下，我国各类走私活动依然猖獗，且呈现出新形式与新特点，这不仅会造成国家税收的大量流失，也是对经济秩序的严重扰乱。大量走私商品的低价倾销，导致合法纳税的国内企业反而销售困难，生产能力下降，亏损严重的企业可能面临倒闭。

第四节　新时代大学生应坚决维护国家经济安全

一、牢固树立国家经济安全意识

“保天下者，匹夫之贱，与有责焉耳矣。”维护国家经济安全涉及全国各族人民的切身利益，是新时代大学生作为我国公民的重要组成部分，理应主动肩负起维护国家经济安全的责任。

面对波谲云诡的国际局势、复杂敏感的周边环境、艰巨繁重的改革发展稳定任务，我们必须始终保持高度警惕，既要高度警惕“黑天鹅”事件，也要防范“灰犀牛”事件。国内外环境正在发生深刻而复杂的变化,要防范和化解各种潜在风险,积极应对外部环境变化带来的冲击和挑战,必须有效维护国家安全,处理好发展与安全的关系,有效防范和应对可能影响现代化进程的系统性风险。要应对和满足不断发展变化的国家经济安全形势和需求,将重大风险防患于未然、处置于萌芽阶段,牢牢掌握国家经济安全工作的战略主动权。这充分说明了只有依靠以习近平同志为核心的党中央的坚强领导,只要坚定走中国特色国家安全道路,才能敏锐、主动、迅速地应对各种风险挑战,不惧“黑天鹅”与“灰犀牛”,不断适应时代变局,在新征程中更加发展壮大。

国家经济安全意识,包括经济安全的责任、忧患、预防、保密和法律等方面的意识。牢固树立国家经济安全意识,要培养大学生的法律观念。2015 年 7 月 1 日通过的《中华人民共和国国家安全法》对维护国家经济安全做了明确规定,为有效开展国家经济安全工作提供了法律准绳和基本遵循。2020 年,党的十九届五中全会首次把统筹发展和安全纳入“十四五”时期我国经济社会发展的指导思想,确定国家安全在党和国家发展大局中的重要地位。培养大学生法律观念,做维护经济安全的权利和义务主体,是落实国家安全教育的首要任务。

牢固树立国家经济安全意识,加强大学生培训教育。每年 4 月 15 日是“全民国家安全教育日”。我国高等院校普遍开设国家安全教育课程,有必要将国家安全教育拓展为包括经济安全在内的全方位国家安全教育。

牢固树立国家经济安全意识,增强大学生安全自觉意识。中国经济长期保持中高速增长,相对富足的生活使得少数大学生丧失经济安全意识,放松经济安全警惕,忽视身边的经济安全问题。

二、自觉保守国家经济安全秘密

经济秘密是保障国家经济安全的重要领域。在当今时代,经济秘密是一种重要的资源,掌握经济秘密是掌握竞争主动权的关键。

自觉保守国家经济安全秘密,是开展国家经济安全教育的起点。当前部分大学生存在国家经济安全意识淡薄的现象,具体体现在以下三个方面。

(1)大学生对国家经济安全的认识仍停留在情报、间谍、商业战等一些传统、局部的认识上。只有全方位理解总体国家安全观,才能提升大学生的国家安全意识。

(2)把国家经济安全片面等同于涉外情报、经济间谍等活动,自觉维护国家安全的责任意识不足。维护国家安全是公民的权利与义务,大学生应摒弃错误观念,积极正确地履行维护国家安全的各项权利和义务。

(3)对国内外敌对势力破坏活动的警惕性不强,安全意识淡化。存在“对外开放无密可保”“和平期间无间谍”等麻痹思想,甚至给国家安全和利益造成重大损失,教训极为惨痛。

我们对涉及政治、军事、外交等方面的窃取国家秘密行为比较注意防范,但是对涉及经济安全方面重视不足,普遍缺乏危机意识和防范意识。以经济技术间谍窃取我国科研情报的手段隐蔽而繁多,高等院校、科研单位是经济信息技术保护的利益主体和责任主体,大学生要增强保密意识,筑牢保密防线。环境越开放,越要提高经济安全意识,相关单位应加强经济信息保护力度，组织经济安全培训，大学生应严格执行保密规定，严格遵守保密措施，提高警惕，避免无意涉密、泄密。

三、提升维护国家经济安全能力

改革开放以来，我国在科技创新和产业竞争等方面，与发达国家逐渐形成了相互依存、紧密复杂的分工合作关系。尽管我国已进入全球产业链的关键环节，但仍处在中低端水平。美国等一些发达国家出于战略利益考虑，频频限制先进技术、产品、设备等对我国出口，切断高科技人才培养交流。我国部分高科技企业也被美国列入“实体清单”，削弱了我国在全球的比较优势。

未来一段时期，“卡脖子”和竞争加剧等挑战还会增多。从国家经济安全角度来看，大学生要清醒认识到我国在科技领域的优势与不足，提升自身本领，积极应对挑战。

四、维护国家经济安全从我做起

现代经济活动的重要领域是金融，通过配置资金从而实现对经济资源的调控和分配。金融安全在国家经济安全中有着基础性的地位，没有金融安全就没有经济安全。

大学生是经济行为的活跃主体，社交活动增多，自控能力较差，有的学生还有创业需要。金融消费已经渗透到大学生的日常生活。大学生的金融意识、安全意识、风险意识、防范意识、自律意识有待加强，这是大学生自觉维护国家经济安全的新课题，也是高校开展安全教育的新课题。维护国家经济安全，要引导大学生加强金融安全意识，保管好个人信息，树立理性消费观念，珍惜个人信用，培养理财习惯，提高自我保护能力，合理规避金融风险。

案例分析5-1 筑牢国家粮食安全“压舱石”

粮食是社稷之本，种业是粮食之基。粮食安全、主要包括以下几个方面：一是供应安全。不仅是粮食总量上满足现有基本需求，而且要保持持续性，不能牺牲未来的粮食生产条件为代价，否则会危害未来的粮食安全。二是分配安全。当今世界粮食安全问题，主要是分配安全问题，全世界的粮食总量上足够全球人口的消费，但是由于分配问题，导致全球有10亿人口长期遭受饥饿的威胁，我国在国际粮食分配上一直处于劣势地位。三是质量安全。现代农业由于农药、化肥、转基因、放射性污染等威胁，这些都对我国的人口健康、经济社会发展产生不良影响。

粮食安全是国家经济安全的基础，各种挑战将长期存在，需要积极加以防范。目前中国的粮食安全问题尚不突出，但潜在威胁仍然存在。

第一，粮食安全的首要前提是要保障耕地资源。我国建立了最严格的土地管理制度，制定以《中华人民共和国土地管理法》为主体，相关土地管理制度相结合的耕地保护体系。坚守18亿亩耕地红线的政策在保护耕地、确保粮食安全等方面发挥了重要作用。

第二，世界粮食贸易会受到政治因素、大国竞争的影响，在供求平衡上非常脆弱，不能将粮食安全寄托在粮食进口上。美国是世界上最大的粮食出口国，倘若过度依赖进口，一旦美国以此来威胁中国，中国就会陷入困境。

第三，尽管我国是粮食贸易大国，但主要控制在少数跨国公司手中，特别是种子行业。2020年12月，中央经济工作会议提出，“要开展种源‘卡脖子’技术攻关，立志打一场种业翻身仗”。把种源安全上升到国家安全战略层面，及时补上种业研发短板，确保饭碗牢牢端在自己手上。

（资料来源：南方网，2020－04－15）

案例分析5-2 从华为事件看我国经济安全

早在2012年的一次访谈中，任正非就预感到会发生像今天这样的事情，直到2018年美国制裁中兴事件，更让华为确定了他们的预测。

关于中兴通讯事件。2016年，美国以中兴通讯公司涉嫌违反美国对伊朗出口禁令为借口，威胁对中兴公司实施制裁，采取限制其出口措施。2017年，中兴通讯与美国政府达成和解，中兴通讯同意向美国政府支付8.9亿美元罚金和3亿美元“保证金”。2018年4月16日，美国再次制裁中兴通讯。2018年6月7日，美国商务部长罗斯表示，美国政府已经与中兴通讯达成协议，后者再次缴纳10亿美元罚金，并改组董事会，允许美国政府向公司管理层派驻“监督员”。2018年6月19日，美国参议院通过恢复中兴通讯销售禁令法案。核心技术依赖于人，中兴的教训十分深刻。

2019年5月15日，时任美国总统特朗普签署行政命令，要求美国进入紧急状态，在此紧急状态下，美国企业不得使用对国家安全构成风险的企业所生产的电信设备。这是在为禁止美企与华为的业务往来铺平道路。就此，美国将华为列入出口管制“实体名单”。

2020年5月17日，在华为被列入美国实体名单一周年之际，美国商务部再次扩大并修改针对华为的直接产品规则，禁止全球制造商向华为提供芯片，要求使用美国芯片技术和设备的外国公司，要先获得美国的许可，才可以将芯片供应给华为和其关联企业。这一举动，就是企图彻底“扼杀”华为。

面对美国不断升级的霸凌，华为布局核心环节，加强基础研究，加快生态布局，加速技术自立，自研芯片，优化手机业务。美国持续升级的打压，并未阻止华为前进的步伐，2020 年上半年华为实现销售收入 4540 亿元，同比增长 13.1%，净利润率 9.2%。美国对华为的打压，再次警醒业界基础研究、技术自立、生态协作的必要性。

当然，还有一个终极解决方案，我国要加强自主研发和制造高端芯片，将维护经济安全摆在更重要的位置上。这绝对不是华为一家公司面临的难题。

（资料来源：姜宇，蓝江．数字资本积累中的免疫机制——以美国制裁华为反观资本主义共同体的开放和保护[J]．中国矿业大学学报(社会科学版)，2020:22(6)）

学习思考

1. 我国经济安全面对哪些风险挑战，如何积极应对，服务国家安全和发展大局？
2. 当代大学生如何从我做起，自觉维护国家经济安全？

参考文献

[1] 习近平．习近平谈治国理政(第三卷)[M]．北京：外文出版社，2020.
[2] 中共中央党史和文献研究院．习近平关于总体国家安全观论述摘编[M]．北京：中央文献出版社，2018.
[3] 中国现代国际关系研究院．百年变局与国家安全[M]．北京：时事出版社，2021.
[4] 引领中国经济巨轮扬帆远航——以习近平同志为总书记的党中央推动经济社会持续健康发展述评[M]．北京：人民出版社，2014.
[5] 中共中央党史和文献研究院．习近平关于社会主义经济建设论述摘编[M]．北京：中央文献出版社，2020.

第六章 新时代国家文化安全教育

中国自古就是一个统一的多民族国家，各族人民共同创造了辉煌的中华文化。中华文化是中华民族赖以生存与发展的基础，是当代全体中国人民文化认同的思想文化渊源，也是中国作为民族国家存在的文化基础。文化既是立国之本、兴国之基，也是国家综合竞争力的重要组成部分。文化安全包括文化主权、文化价值观、文化资源安全等方面，是确保一个民族、一个国家独立和尊严的重要精神支撑。在经济全球化与世界多极化发展的今天，中国文化面临外部意识形态渗透、消极文化侵蚀、文化自信和向心力缺失等威胁，文化安全形势不容乐观。维护文化安全，必须强化中华优秀传统文化、革命文化、社会主义先进文化教育。青年学生应该自觉维护国家文化安全。

知识目标

通过本章学习，使学生了解新时代国家文化安全的基本内涵、重要性、面临的威胁与挑战以及加强国家文化安全教育的途径与方法。

素养目标

通过本章学习，使学生热爱中华优秀传统文化、革命文化和社会主义先进文化，做到文化自信、文化自觉和文化自强，保护并传承好文化遗产，积极践行社会主义核心价值观，自觉抵制不良网络文化的侵蚀。

思政目标

引导大学生树立总体国家安全观，坚定中国特色社会主义文化自信，增强文化认同。居安思危，厚植爱国主义情怀。认清肩负的历史使命。警惕境外敌对势力的渗透侵蚀，在接触和学习吸收世界其他文明的优秀成果时，以我为主，为我所用。

第一节 新时代国家文化安全的基本内涵和重要意义

一、新时代国家文化安全的基本内涵

新时代国家文化安全的基本内涵非常丰富，国家文化安全对国家总体安全具有十分重要的意义。

2014 年 4 月 15 日，中央国家安全委员会第一次会议上，习近平总书记指出，当前我国国家安全内涵和外延比历史上任何时候都要丰富，时空领域比历史上任何时候都要宽广，内外因素比历史上任何时候都要复杂，必须坚持总体国家安全观，以人民安全为宗旨，以政治安全为根本，以经济安全为基础，以军事、文化、社会安全为保障，以促进国际安全为依托，走出一条中国特色国家安全道路。此次会议中，习近平总书记深刻论述了我国国家安全的各个方面，提出总体国家安全观，文化安全首次被列入其中，与军事安全、政治安全、经济安全等传统安全并列共同构成含义丰富的国家安全，并在其中占据重要地位。

在党的二十大报告中，习近平总书记对党的十八大以来的思想文化建设进行了回顾和总结，指出这五年来在加强马克思主义指导地位和增强国家文化软实力等方面都“取得重大进展”，但“意识形态领域斗争依然复杂，国家安全面临新情况”。新时代维护国家文化安全依然任重道远，丝毫不能松懈。在庆祝中国共产党成立 100 周年大会上，习近平总书记强调，新的征程上，我们必须增强忧患意识、始终居安思危，贯彻总体国家安全观。文化安全作为总体国家安全观的重要内容之一，与我国的政治安全、网络安全等密切相关、互相影响，是国家安全体系的重要组成部分。文化安全事关国家的繁荣昌盛、社会的和谐稳定以及人民的幸福安康，是构筑中国精神、中国价值、中国力量的重要保障，因而维护国家文化安全具有重大的现实意义。

文化安全是指文化相对处于没有危险和不受内外威胁的状态，以及保障这种状态的能力，其中包括独立自主行使国家文化主权。文化主权是国家主权不可或缺的组成部分，简而言之，就是国家对公共文化事业进行政治安排的权力。如果一个国家丧失了文化主权，那么谈不上什么国家文化安全；反过来，一个国家的文化安全受到威胁，从根本上说，也就意味着这个国家的文化主权受到了威胁或削弱。文化安全意味着要独立自主选择文化制度，独立自主选择文化发展道路和政策并防止文化“全盘西化”，保障文化权益和推动文化发展。

文化安全还包括一定的文化价值观，要坚定文化自信和强化文化认同。坚定文化自信，是事关国运兴衰、事关文化安全、事关民族精神独立性的大问题。党的十八大以来，习近平总书记高度重视文化自信，围绕这一主题提出了许多新思想、新观点、新要求。文化自信，是一个国家、一个民族、一个政党对自身文化价值的充分肯定和积极践行，是对自身文化生命力的坚定信念;文化认同,是人们在一个民族共同体中长期共同生活所形成的对本民族最有意义的事物的肯定性体认,其核心是对一个民族的基本价值的认同,是凝聚这个民族共同体的精神纽带,是这个民族共同体生命延续的精神基础。

文化安全意味着中华优秀传统文化、革命文化、社会主义先进文化安全。在5000多年文明发展中孕育的中华优秀传统文化,在党和人民伟大斗争中孕育的革命文化和社会主义先进文化,积淀着中华民族最深层的精神追求,代表着中华民族独特的精神标识。我们要弘扬社会主义核心价值观,弘扬以爱国主义为核心的民族精神和以改革创新为核心的时代精神,不断增强全党全国各族人民的精神力量。中华优秀传统文化、革命文化、社会主义先进文化不能固化僵化,也要创新发展,以适应时代需求,要加大对文化遗产(语言、风俗习惯、传统节日、文物)和文化生态的保护,以更好保护文化安全。

二、新时代国家文化安全的重要意义

(一)文化安全是凝聚民心的首要前提

民心凝聚需要文化认同,文化认同是一个国家的人民对本国文化的一种价值认同,它的核心在于一国人民长期在本国文化影响下形成特定意义的国家精神标识,对国家有着强烈的认同感和归属感。对于一个国家来说,它的稳定需要人民有一定的凝聚力,人民凝聚力越强,国家也就越稳定,反之凝聚力越弱,国家就会动摇。人民的凝聚力主要来自于人民对自己国家文化的认同,当人民普遍认同本国文化时,就会形成共同的价值追求,外化为人民的行为习惯,最后在思想和行为双重作用下产生了合力,这股合力将人民凝聚在一起,站在相同的价值立场上维护国家安全。因此,文化认同是人民凝聚的关键所在,是国家稳定的根本,形成这种认同则需要文化在一个安全的环境下发展,也就是需要做到文化安全。

文化认同的前提是文化安全。在当今各国文化碰撞与交流日益增多的环境下,每个国家文化的价值、特征与样式能在多大程度上被人民认同,在被认同的基础上能否做到安全地发展和延续,都是文化安全的核心问题。

(二)文化安全是政权稳定的根本保证

政权稳定需要意识形态安全,意识形态作为一个国家的思想上层建筑存在,属于思想文化领域的范畴。马克思的意识形态理论指出,经济基础决定上层建筑,而一个国家的经济基础作为生产关系的总和,是被该国的统治阶级所掌控的,统治阶级必然选择维护其统治的上层建筑,所以作为思想上层建筑的意识形态具有鲜明的阶级性,它存在的目的就是代表统治阶级的利益,维护现有的阶级统治。统治阶级为了维护现有的生产方式和社会形式,势必动用国家政权来进行政治上的统治。这时就需要意识形态为其"合法"动用国家政权提供依据和支持。意识形态与国家政权高度结合在一起,在提供"合法性"依据的同时,依靠国家政权来维护自身的主导地位和对人民的传播。由于国家政权需要意识形态的"合法性"依据,这就要求意识形态本身要符合国家和人民的意志,不能随意被其他思想影响，也就是需要维护意识形态安全。现有的世界秩序下，部分国家为了获取国家利益，搞文化扩张，向文化实力较弱的国家不断进行文化输出和意识形态入侵，维护意识形态和文化安全变得至关重要。

（三）文化安全是主权独立的重要保障

主权独立需要文化主权独立，主权是国家最高利益的体现，它是指一个国家拥有独立自主处理本国对内和对外事务的最高权力，与之相对应的文化主权是一个国家拥有处理本国文化的最高权力，在全球化的发展进程中，文化的作用被不断凸显出来，成为继军事、政治、经济之后又一个具有重要意义的国家战略要素，拥有独立处理文化事务和维护文化利益的文化主权成了主权的重要组成部分。现有的国际环境下，西方资本主义国家的霸权文化不断冲击其他相对弱势的主权国家，在经济、政治上已经取得霸权地位的西方国家不断对其他国家进行文化扩张，妄图将自己国家的文化推向文化实力相对较弱的国家，以此同化别国文化来巩固自身的霸权地位。这对那些相对弱势的国家来说是巨大的灾难，因为无论是经济、政治还是科技的竞争，归根结底是人的竞争，所有的科技、手段都需要人去掌握，所有的资源都需要人去利用，而人的思想是被其接受的文化所影响的，文化主权不能独立，将会导致人民所接受的文化被别国控制，人民的思想被有意识地引导，国家主权被侵蚀，最终成为别国的附庸。因此，主权的独立需要文化主权做到真正独立，而文化主权的独立则需要文化安全来保障。文化主权讨论的是国家层面的权力，所以这里文化安全并不是指某种具体文化的安全，而是国家整个思想文化领域的安全，维护整体的文化安全才能从全局来把握文化主权。

第二节　新时代国家文化安全面临的威胁与挑战

一、西方国家长期以文化为武器，遏制中国发展

进入 21 世纪后，我国面临着西方分化、西化、腐化的巨大威胁，为此，我们必须提高对文化工作的重视。文化是民族生存和发展的重要力量，世世代代的中华儿女培育和发展了独具特色、博大精深的中华文化，为中华民族克服困难、生生不息提供了强大的精神支持。

1945 年世界反法西斯战争胜利后，西方世界就得出这样一个结论，想再用战争方法、用军事行动战胜苏联和中国这样的大国已经不可能了。美国中央情报局原局长艾伦·杜勒斯于是制定了一个新的战略，即对社会主义国家一方面实行“冷战”；另一方面在其内部寻找到与其思想意识一致的人。杜勒斯公开主张，我们要用管弦乐吹垮共产党的第三代、第四代，改变他们前进的方向，找到同盟军，培养代理人。

二、改革开放以来中国文化安全面对的威胁和挑战

改革开放以来，我国文艺创作迎来了新的春天，产生了大量脍炙人口的作品。但是不可否认的是，我们的作品有数量缺质量，有“高原”缺“高峰”，抄袭模仿，千篇一律；机械化生产，快餐式消费；调侃崇高、扭曲经典、颠覆历史，丑化人民群众和英雄人物；一些作品“以洋为尊”“以洋为美”“唯洋是从”；一些作品“去思想化”“去价值化”“去历史化”“去中国化”“去主流化”。

新媒体时代的到来，使娱乐的功能发挥到了极致，在资本主义消费文化的助推下，娱乐超越了自身的界限，全方位地渗透到社会生活的各个领域。特别是处于社会转型中的中国，娱乐为迎合大众，赢得市场，逐渐显现出带有狂欢特质的“泛娱乐化”倾向，演变为影响力极大的社会思潮。一些信息以讽刺经典、调侃政治、戏说英雄人物来诱导受众。新媒体技术塑造的“泛娱乐化”幻象深刻影响着人们的交往方式和思维方式，恶意解构文化传统与文化符号，不自觉地将西方拜金主义、物质主义、消费主义等价值观念渗透到文化产品之中，影响受众的价值观念，混淆人们的价值判断，造成价值混乱，消解主流意识形态认同，造成文化向心力缺失。

（一）中国文化安全受到文化民粹主义的挑战

我国的文化安全也受到文化民粹主义的冲击。民粹主义在当今中国社会的危害不可小觑。民粹主义者往往将自己装扮成民意化身和弱势群体代言人，将一些社会问题和矛盾的根源统统指向现行体制、权力腐败、富人阶层，进而站在所谓道德的立场上对精英、官员、体制、制度进行攻击和否定，形成极端仇视心态，营造否定精英和权威的意识形态氛围，弱化和撕裂主流价值的话语与共识，企图制造党和社会的对立，破坏党执政的社会基础。文化民粹主义思潮的这种危害不利于英雄人物的宣传，尤其易引发一些人对英雄人物所折射和呈现的话语体系、制度文化、政治文化和意识形态的抵触。

（二）中国文化安全受到不良网络文化的挑战

不良网络文化也对文化安全形成威胁。在信息化高度发达的新时代，互联网是一个社会信息大平台，亿万网民在上面获得信息、交流信息，这会对他们的求知途径、思维方式、价值观念产生重要影响，特别是会对他们对国家、对社会、对工作、对人生的看法产生重要影响。如今，我国互联网普及率已达 71.6%，网民规模突破 10 亿，互联网成为亿万群众共同的精神家园。网络平台上的互撕谩骂、拉踩引战、刷量控评，甚至是“人肉搜索”、人身攻击、恶意举报等网络欺凌和暴力行为，具有情绪化和煽动性。在这种舆论生态下，事实真相稀缺，理性思考就会变得越发艰难；虚假信息泛滥，舆情快速翻转，社会负面情绪就会不断聚集。如果网络空间乌烟瘴气、生态恶化，必然会对人们的道德思想和社会文明风尚产生不良影响。正因如此，加强网络文明建设，培育积极健康、向上向善的网络文化，成为文化安全工作的重要任务。

第三节　新时代国家文化安全教育的途径与方法

一、加强文化认同教育

当今时代，随着国际文化交流交融向纵深发展，文化的交锋冲突也愈演愈烈，国家文化安全问题日渐凸显。党的十八届三中全会提出，要“提高文化开放水平”“切实维护国家文化安全”，因此，就必须通过创新保持中华文化的先进性，加强文化教育，使中华文化在新时代拥有话语权。

加强文化认同教育，热爱中华优秀传统文化，增进文化自信和文化自觉，做到文化自强。文化自信的基础上生产力的发展。全球化时代的文化，不是关起门来的自娱自乐，只要自我认同不要世界认同的文化，更不是只有历史眼光，没有当代创新的复古文化。中华民族文化既是历史的、也是当代的，既是民族的、也是世界的。在文化传播以经济为载体的时代，我们要构建起文化自信的信使，通过全球化交往彰显中国文化的独特魅力，实现中华文化的自我认同与世界认同。新文化运动表明，社会发展遇到瓶颈之时，必然带来文化自信的动摇。我国改革开放 40 多年来，人均国内生产总值从 1978 年的 156 美元增长到 2021 年超越 1.2 万美元，7 亿人在 40 多年间摆脱国际贫困线，对世界减贫贡献率超过 70%。中国用 40 多年的时间走完了欧洲 400 多年的路，创造了奇迹，贡献了智慧。世界发现了不一样的中国，也看到了与一个世纪前不同的中国文化。

通过“一带一路”倡议，2020 年，海外中国文化中心总数达到 50 个，形成覆盖全球主要国家和地区的中国文化对外传播推广网络。截至 2021 年 4 月，中国在全球设立了 548 所孔子学院和 1193 个孔子课堂，各类学员将近 1000 万人。美国国际教育委员会发布的普查报告显示，汉语已成为美国中小学生的第四大外语。文化自信的建设，要以坚持以人民为中心的立场。人民群众创造了博大精深的中华文化，失去人民群众即失去了文化传承与创新的动力，建设方向就会出现偏差。历史的客观是人与人之间关系合力的产物，因此人民意志的表现是整体的、客观的，不是个体的、主观的。

首先要信仰自觉。坚持人民立场，就是坚持中国共产党的领导，坚持意识形态工作的领导权。党的十九大报告指出：“意识形态决定文化前进方向和发展道路。必须推进马克思主义中国化时代化大众化，建设具有强大凝聚力和引领力的社会主义意识形态，使全体人民在理想信念、价值理念、道德观念上紧紧团结在一起。”先进的文化源于科学的制度，自信的文化离不开科学的理念。纵观人类历史发展，一个突出的矛盾困扰着人自身现实与未来如何衔接。人们向往未来，又惧怕未来，于是经常拿自己眼前的事实当成未来。马克思主义揭示了历史发展的科学规律，中国共产党是规律的践行者。中国特色社会主义的伟大实践，将中华文明融入科学信仰当中，焕发中华优秀传统文化的生机与活力。

其次是方法自觉。坚持人民立场，要自觉践行社会主义核心价值观。在经济全球化背景下，道德建设遭到资本逻辑的巨大冲击，实用主义、功利主义不同程度地解构我们的文化自信。文化自信的建设，要求我们正确处理物质文明建设与精神文明建设的关系。时代要求我们必须探索建设社会主义先进文化，从科学信仰角度应对资本逻辑的挑战。事实证明，只有坚持文化回归社会、回归于人，才能在各种不确定性因素中找到价值统一性的根基。表面上看，价值多元化致使道德约束根基缺失，实质上却是人对自身片面性理解教条化的结果。道德根本上是对人自身的诠释，只有与人的存在本质相符，并采用科学的发展路线，才能使道德之力获得正当运用，实现道德的公信力，建构人与人之间的价值认同。马克思指出，人是一切社会关系的总和。人的本质不是一个理论上的“是什么”问题，而是实践意义上“如何表现”的问题。人在实践中获得诠释，又在实践中获得发展，最终通过实践复归于人。习近平总书记提出建立价值共识的“同心圆”：“什么是同心圆？就是在党的领导下，动员全国各族人民，调动各方面积极性，共同为实现中华民族伟大复兴的中国梦而奋斗。”践行社会主义核心价值观不是死板、不是盲从，而是从个人遭遇到的实际问题出发，以中国梦为引领，反思道德应然，用行为谱写实然，既获得道德认同又赋予道德现实生命力。践行社会主义核心价值观，就是“人之自由而全面发展”的当代实践。它不仅要肯定道德的应然，更是要通过辩证否定将应然转化为实然，使人们能够跳出实用主义、功利主义的迷障，正确面对社会与自我。英国伦敦大学国王学院中国研究所主任克里·布朗教授认为，社会主义核心价值观最引人注目的地方在于它对道德教育的重视。“社会主义核心价值观”足以涵盖几乎所有的美德，囊括平等、公正、勤奋、敬业、和谐在内的各领域价值观。

二、加强党对文化的全面领导

加强党对文化的领导，培育和践行社会主义核心价值观。要毫不动摇地坚持党对文化工作的领导，牢牢掌握意识形态工作的领导权、管理权和话语权。回顾历史可以看到，无论苏联解体，还是东欧剧变，都与执政党对思想文化领导权的放任和丧失有很大的关系。如果在文化工作中放弃党的领导，就会引起思想混乱和社会混乱，最终使国家和人民遭殃。

我们党向来十分重视对文化工作的领导，党成立后最早建立的工作机关就包括领导思想文化建设的宣传机构。毛泽东同志指出，真正属于人民大众的东西，就一定是由无产阶级领导的。因此，“所谓新民主主义的文化，一句话，就是无产阶级领导的人民大众的反帝反封建的文化。”党的十一届三中全会强调必须把我们党建设成为“领导全国人民进行社会主义物质文明和精神文明建设的坚强核心”。

党的十八大以来，习近平总书记就加强党对文化建设的领导做出了一系列重要论述，进行了一系列重大安排部署，他指出，党的领导是中国特色社会主义最本质的特征，因此在新时代推进文化建设、维护国家文化安全，必须毫不动摇地坚持党的领导。为此，他特别强调两点：一是宣传思想部门必须旗帜鲜明地坚持党性原则。在文化工作中，“只有坚持党性、站在党的立场上，才能更好、更全面反映人民愿望”。二是必须把意识形态工作的领导权、管理权、话语权牢牢掌握在手中，任何时候都不能旁落，否则就要犯无可挽回的历史性错误。

三、大力培育社会主义核心价值观

核心价值观是一个国家的精神纽带，是一个国家的精神支柱，如果一个民族、一个国家没有共同的核心价值观，就注定会魂无定所、行无依归。党中央多次强调，核心价值观，承载着一个民族、一个国家的精神追求，体现着一个社会评判是非曲直的价值标准。社会主义核心价值观是中国特色社会主义意识形态的集中体现，是中华民族文化软实力的灵魂，对维护国家文化安全具有纲举目张的重要作用。中华民族爱国主义精神的历史形成和发展，均与核心价值观建设紧密相关。党的十九大报告中，明确了将社会主义核心价值观融入国民教育全过程、将社会主义核心价值观落实到经济发展和社会治理中，极大地宣扬了新时代中华民族的精神旗帜。自此，核心价值观成为规范国民精神生活、传播社会主流思想的一份重要指南。

培育和践行社会主义核心价值观是维护我国意识形态安全的根本途径。要把社会主义核心价值观融入贯穿于社会发展的方方面面，形成广泛的社会认同。社会主义核心价值观的弘扬与践行存在于生活的方方面面中。党的十八大以来，党中央出台一系列政策方针，为社会主义核心价值观的弘扬和实践提供理论保障；在宣传和落实中，多次以全国传统节日为契机，弘扬优秀传统，让中国的传统节日成为文化节日、文明节，强调节日文化的重要性，创造一种节日新风；利用一切机会积极传播爱国主义精神，引导人们树立和维护民族的权利、文化态度、中华民族的精神和底气。

四、加强文化遗产保护与利用

文化遗产包括物质文化遗产和非物质文化遗产。物质文化遗产是具有历史、艺术和科学价值的文物，包括古遗址、古墓葬、古建筑、石窟寺、石刻、壁画、近代现代重要史迹及代表性建筑等不可移动文物，历史上各时代的重要实物、艺术品、文献、手稿、图书资料等可移动文物，以及在建筑式样、分布均匀或与环境景色结合方面具有突出普遍价值的历史文化名城（街区、村镇）。非物质文化遗产是指各种以非物质形态存在的与群众生活密切相关、世代相承的传统文化表现形式，包括口头传统、传统表演艺术、民俗活动和礼仪与节庆、有关自然界和宇宙的民间传统知识和实践、传统手工艺技能等以及与上述传统文化表现形式相关的文化空间。中国文化遗产蕴含着中华民族特有的精神价值、思维方式、想象力，体现着中华民族的生命力和创造力，是各民族智慧的结晶，也是全人类文明的瑰宝。保护文化遗产，保持民族文化的传承，是联结民族情感纽带、增进民族团结和维护国家统一及社会稳定的重要文化基础，也是维护世界文化多样性和创造性，促进人类共同发展的前提。推动中华优秀传统文化创造性转化、创新性发展，青年不仅要加强文物保护利用和文化遗产保护传承意识，更要在文化产业方面进行时代转化和发展，在研究文物、遗产的历史价值、文化价值的同时，深入研究、阐释和利用中华优秀传统文化的当代价值，积极运用高科技手段，更好地激发创新创造活力。

五、推进文化创新体系与文化安全防线建设

（一）健全现代文化产业体系

坚持把社会效益放在首位、社会效益和经济效益相统一，深化文化体制改革，完善文化产业规划和政策，加强文化市场体系建设，扩大优质文化产品供给。实施文化产业数字化战略，加快发展新型文化企业、文化业态、文化消费模式。推动文化和旅游融合发展，规范发展文化产业园区，推动区域文化产业带建设。提升公共文化服务水平，全面繁荣新闻出版、广播影视、文学艺术、哲学社会科学事业。实施文艺作品质量提升工程，不断推出反映时代新气象、讴歌人民新创造的文艺精品。推进媒体深度融合，实施全媒体传播工程，做强新型主流媒体。推进城乡公共文化服务体系一体建设，创新实施文化惠民工程，广泛开展群众性文化活动，推动公共文化数字化建设。加强国家重大文化设施和文化项目建设，传承弘扬中华优秀传统文化，加强各民族优秀传统手工艺保护和传承。

（二）构筑文化安全阵地防线

维护国家文化安全既需要自身文化产业发展、社会主义核心价值观引领等内在动力的支撑，也需要警惕外来不良文化和错误思潮的侵蚀。一方面，要牢牢把握互联网时代的话语权，构筑文化安全的对外防线。随着信息技术的飞速发展与文化生产传播方式的日趋便捷，一些西方国家将中国的崛起视为重要威胁，大肆宣扬“中国威胁论”，以期通过文化入侵等方式阻碍我国前进的步伐。因此，要防范和抵御外来不良文化和错误思潮的渗透，贯彻落实《中华人民共和国网络安全法》，净化网络环境、惩治违法言论，提高国家安全法治的治理水平和管理能力，维护国家文化安全。另一方面，要提升社会主义意识形态的舆论引导力，强化文化安全防线的内源性力量。当前，我国意识形态领域总体保持向上向好态势，但也要看到，思想文化相互激荡、价值观念多元多样，建设具有强大凝聚力和引领力的社会主义意识形态任务依然艰巨。因此，要切实加强宣传思想文化工作，教育引导广大党员干部和人民群众自觉提高个人文化修养和自律能力，旗帜鲜明地批驳不良言论和错误思潮，增强对不良文化的鉴别力，主动抵御不良文化的侵扰。只有不断增强社会主义意识形态的凝聚力和引领力，才能使更多人自觉加入到增强我国文化话语权的队伍中来，形成维护国家文化安全的强大合力。

六、营造文化安全国际环境

建设文化强国，需要面向未来，但也不能忘记本来。回顾历史，支撑我们这个古老民族走到今天的，支撑5000多年中华文明延绵至今的，是植根于中华民族血脉深处的文化基因。独特的文化传统、独特的文化基因，不仅塑造了中华民族独特的精神品格，也塑造了中国独特的发展道路。就此而言，传承文化基因、弘扬传统文化，不仅是个文化命题，也是个政治命题，不仅事关文化发展，也事关道路认同。也正因如此，曾经“冷门”的传统文化，逐渐走到聚

光灯下成为人们高度关注的“热学”。当然,高度关注并不意味着可以浮躁和喧嚣。传承中华文化基因,绝不是僵化模仿、简单复古,而是辩证取舍、推陈出新,“以古人之规矩,开自己之生面”,推动中华文化的创造性转化和创新性发展。

深化文化交流。封闭的文化不仅是无声的,也是无力的。在当代中国,积极构建“引进来”和“走出去”相结合的文化发展格局,已经成为党和政府的基本文化政策。但也要看到,在文化“引进来”和“走出去”的对比上,我国仍存在着一定的“逆差”。这种“逆差”,不仅表现在“量”上,也表现在“质”上,即我国“走出去”的文化主要集中在器物文化层面,思想文化则很难“走出去”。

真正意义上的文化交流,应是思想上的交流。要坚定价值观自信和文化自信,提高中华文化“走出去”的层次,不仅让世界知道“舌尖上的中国”,还要让世界知道“学术中的中国”“理论中的中国”“哲学社会科学中的中国”;不仅要让世界知道历史中的中国和中华优秀传统文化,还要让世界知道今天的中国和当代中国价值观念。

提高国家文化软实力。文化软实力集中体现了一个国家基于文化而具有的凝聚力和生命力,以及由此产生的吸引力和影响力。努力弘扬中华文化,推进中华优秀传统文化传承发展工程,展示中华文化魅力,夯实国家文化软实力的根基;讲好中国故事,传播好中国声音,阐释好中国特色,注重国家形象塑造,加强对外文化交流和多层次文明对话,构建具有鲜明中国特色的战略传播体系,着力提高国际传播影响力、中华文化感召力、中国形象亲和力、中国话语说服力、国际舆论引导力。坚定文化自信,与积极开展中外文化沟通交流、增强中华文明的生机活力是一致的。中华文明是在中国大地上产生的文明,也是同其他文明不断交流互鉴而形成的文明,它海纳百川、兼收并蓄、博采众长,具有很强的开放性和包容性。坚定文化自信,有利于中华文化走出去,更好地向世界展现一个真实的中国、立体的中国、全面的中国,一个坚持和平发展、促进共同发展、维护国际公平正义、为人类做出贡献的负责任大国,一个对外更加开放、更加具有亲和力、充满希望、充满活力的社会主义大国。新时代的中华民族站立在1045 万平方公里的广袤土地上,吸吮着中华民族漫长奋斗积累的文化养分,拥有 13 亿中国人民聚合的磅礴之力,我们走自己的路,具有无比广阔的舞台,具有无比深厚的历史底蕴,具有无比强大的前进定力。中国人民应该有这个信心,每一个中国人都应该有这个信心。

第四节　新时代大学生应坚决维护国家文化安全

一、新时代大学生坚决维护国家文化安全

作为新时代青年,必须牢记习近平总书记的教导,在坚定的理想信念上下功夫、在厚植爱国主义情怀上下功夫、在加强品德修养上下功夫、在增强综合素质上下功夫。筑牢自己的

思想防线，补好自己的精神之钙，坚定道路自信、理论自信、制度自信、文化自信，增强自身对西方威胁的免疫力，自觉抵制“和平演变”，坚决维护国家文化安全。

党的十九大报告指出：“文化是一个国家、一个民族的灵魂。文化兴国运兴，文化强民族强。没有高度的文化自信，没有文化的繁荣兴盛，就没有中华民族伟大复兴。”中国特色社会主义进入了新时代，我们有千万条理由对中华文化充满信心，我们没有一条理由背叛自己的历史文化。

新时代的大学生，是社会主义文化事业的建设者和接班人，高等学校更是维护文化安全的主阵地，必须要紧紧围绕举旗帜、聚民心、育新人、兴文化、展形象的使命任务，把社会主义核心价值观教育融入文化和旅游工作全过程，体现在文化产品创作、教育、创新、传播的各个环节，实施好社会文明促进和提升工程，努力在全社会形成共同的价值追求。要继承弘扬中华优秀传统文化，推动中华优秀传统文化创造性转化、创新性发展，深入研究梳理中华文明起源和特质，着力构建完整的中国文化基因的理念体系。要扶持优秀文化产品创作，推动全社会加强现代公共文化服务体系建设，推动文化产业结构优化升级，大力推进文化繁荣发展，奠定维护文化安全的坚实基础。要深化文化国际交流与合作，促进国际文化贸易加快发展，掌握文化交流交融交锋主动权，不断提升中华文化的影响力、传播力。要防范和抵御不良文化的影响，依法加强文化阵地规范管理，构筑维护文化安全阵地防线。维护文化安全，还要结合党史学习教育，用好用活丰富多彩的党史资源，弘扬革命文化，唱响爱国主义主旋律。“安而不忘危，存而不忘亡，治而不忘乱”。维护文化安全工作是一项关系全局、利在长远的战略工程，只有大学生人人参与、人人负责，维护文化安全才能有更为坚实的保障；只有文化安全了，才能护航我们向着社会主义文化强国的宏伟目标稳步前进。

二、新时代大学生维护国家文化安全的方式

（一）继承和弘扬中华优秀传统文化

中华传统文化经过5000年发展，显示出顽强的生命力，但也有其糟粕的一面。为此我们新时代青年既要勇于直面和承认传统文化中有过时和落后的地方，更要大大方方地谈中华传统文化的优势，这既是自信的基础，又是自信的表现。真正的自信，应该有一种开放的文化胸怀，既熟知、尊重和珍惜自己民族的优秀传统文化，又能放眼世界、理性地对待其他民族和国家的文化。

（二）学习中国文化，是树立文化自信的关键

学习文化是一件看似简单，但却是十分困难的事情。因为文化像极了空气，用手抓它，却总也抓不到，但我们又感受到它无处不在。了解中国哲学、历史、文学、现实等，都是学习文化。只要用心观察思考，我们会发现中国文化是一条奔流不息的大河，每一个历史时期都产生新的文化元素和活力因子，中国文化在人类历史长河中不但没有缺席过，还表现得异常夺目。优秀的传统文化滋养中国人的人格，在遭受百年屈辱中又产生了革命文化，优秀传统

文化和革命文化的精神加上马克思主义的指引,创造出先进的社会主义文化,这种不断创造的新活力定会把我们送进一个伟大的时代。

(三)勇于实践,是文化自信的归宿

学习科学理论知识与中国文化知识一定要与国家和个体的实践相结合,这是文化自信的归宿。掌握马克思主义提供的立场和方法,会让我们越来越接近而不是穷尽真理。有人因为看到现实中不尽如人意的地方陷入怀疑,有人因为偶尔得知骇人听闻的言论陷入虚无,于是人云亦云地宣泄自己的负面情感,从而否定多年来经受住了实践检验的道路、理论、制度乃至文化,问题就出在立场和方法上。错误立场是站在个人情绪上,而不是人民的立场;错误方法是采用陌生的“新奇”的西方理论,而不是中国化的马克思主义。因此,新时代青年应立足于中国的实际,负责任地拿出改变“假丑恶”的勇气和担当,不断地改造不合理的因素,做中国文化的继承者和开拓者。青年要在学习、交流、创新的实践中树立文化自信。树立文化自信,要以学习和认同为基础,不能盲目自大或者自我贬低,需要对自己有客观的评价和认识;同时要推动中国特色社会主义文化走向世界,成为人类命运共同体的重要支撑力量;更重要的是不能故步自封,停滞不前,需要不断地创新发展,保持中国特色社会主义文化旺盛的生命力。

案例分析6-1 苏联亡党之痛的历史教训

1991 年 12 月 26 日,飘扬在克里姆林宫上空 70 多年的红色旗帜,在亿万人民的叹息中降落,世界上第一个社会主义国家,曾是国际共产主义运动一面鲜红旗帜的苏联解体了。西方世界为此欢呼雀跃,认为社会主义的历史从此走向终结,而资本主义制度及其价值观念一劳永逸地取得了胜利,具有讽刺意味的是,此前一天正是西方人的圣诞节。

苏联亡党亡国,给世界社会主义运动的发展造成了极大的挫折。东欧剧变,致使原有的 15 个社会主义国家中的多数国家改变了社会主义性质。苏联分裂出 15 个独立国家,由铁托元帅亲手建立起来的“南斯拉夫联邦”一分为六,捷克斯洛伐克也被一分为二。

伴随着苏联和东欧共产党执政地位的丧失,东欧各国普遍在政治上实行多党制为基础的资产阶级民主,在经济上大肆推行私有化。与之相伴的是,社会生产大幅度下滑,通货膨胀严重,失业率居高不下,人民实际生活水平大幅下降,广大人民为此付出沉重的代价。

为什么世界第一个社会主义国家,曾经是世界两极中的一霸却在 20 世纪 90 年代初轰然倒下,对此问题,世人有着多种多样的解答,但有一点是人们公认的,即西方对苏联实施的长期战略——“和平演变”起着非常重要的作用。西方一方面通过政治、经济等手段在苏联国内寻找代理人,并加大对苏联反对派人物的支持与培养力度;另一方面利用大众媒体宣传资产阶级价值观,诋毁和丑化苏联社会主义,削弱和对抗马克思主义,在意识形态领域搞心理战、思想战。

苏联解体的惨痛教训告诉我们，一个国家、一个民族，如果不坚守自己的文化信仰，任由西方的价值观在自己的国土上传播，那么这个国家、这个民族离衰落乃至灭亡不远了。

（资料来源：苏联亡党亡国20年祭解说词，博客中国，2014年5月27日）

案例分析6-2 莫高窟文化遗产保护：传统手艺与数字科技下的新生

敦煌莫高窟，开凿于1000多年前，至今仍然保存着735个洞窟，45000平方米壁画和2000多身彩塑，成为世界上历史延续最悠久、保存较完整、内容最丰富、艺术最精美的佛教艺术遗存，千千万万的中外游客不远万里来到中国西北，参观"沙漠里的美术馆"。可是，经历了历史上的劫掠和破坏，又经历了漫长时光的侵蚀和风化，霓裳的色彩渐渐褪去，神佛的眉眼变得模糊，宫殿的墙壁有了裂痕，古老的乐器也结了白霜……

毕业分配的时候，樊锦诗被分配到敦煌研究院，一待就是一辈子。除了悉心修复文物，如何能让珍贵而脆弱的艺术"活"得更久，是樊锦诗日夜都在思考的问题。幸运的是，信息时代的到来让古老的莫高窟焕发了新的生机和活力，樊锦诗产生了一个大胆的构想：要为每一个洞窟、每一幅壁画、每一尊彩塑建立数字档案，利用数字技术让莫高窟"容颜永驻"。从20世纪90年代开始，时任院长的樊锦诗提出了"数字敦煌"的概念，在修复师们"面壁"的同一时间，莫高窟的数字化进程也开始起步。20世纪末，一批学者前往美国西北大学商讨壁画数字化的方案，千年壁画陆陆续续被镜头记录下来，储存到电脑里，得以躲过时间的摧残。于是，与时间赛跑的接力棒开始世代相传，工匠们钻进了洞窟里，摄影机架在了壁画前，最传统的手艺和最先进的技术聚在一起，让千年佛窟重新焕发生机。

2014年，是敦煌研究院成立70周年，也是莫高窟数字展示中心正式投入运营的一年。如今，数字展示中心每天播放30场电影，每场200人。结束之后，200位游客被4辆大巴送到窟区，在8位讲解员的带领下分8条线路参观，人们在8分钟后走出洞窟，这样既充分传播了莫高窟历史，也大大减少了游客在洞窟中的滞留时间，可以降低呼吸产生的水汽和二氧化碳对壁画造成的伤害。洞窟外，更多人通过互联网看到了莫高窟。2016年5月，"数字敦煌"全球上线。研究院的同事们用十几年时间积累的莫高窟数字档案发挥了作用，30个经典洞窟以另一种形式在互联网上重建。也是从这时起，莫高窟的保护工作跨越了"抢救性保护时期"和"科学保护时期"，进入到"预防性保护时期"。

2019 年 8 月底，敦煌研究院与科技公司签署协议，筹备引入 5G 技术，共同推动 5G 联合创新实验室的成立。在以后的日子里，摄影机采集下来的千年壁画，将会被更快更好地传输、处理、储存，然后通过互联网，传播到世界各地。

（资料来源：①莫高窟文化遗产保护：传统手艺与数字科技下的新生．新京报，2019－09－20；②樊锦诗：敦煌的召唤．一生的归宿．光明日报，2019－10－24）

学习思考

1. 为什么要加强国家文化安全教育？
2. 当代青年应如何培育文化自信？

参考文献

[1] 习近平．在庆祝中国共产党成立 100 周年大会上的讲话[N]．人民日报，2021－07－02(2).

[2] 习近平．在中国文联十大、中国作协九大开幕式上的讲话[N]．人民日报，2016－12－01(2).

[3] 习近平．习近平谈治国理政(第二卷)[M]．北京：外文出版社，2017：352.

[4] 海外中国文化中心：布局全球，传播中华文化[N]．中国文化报，2018－01－31.

第七章 新时代国家社会安全教育

人民安全是国家安全的宗旨，是党的性质和宗旨的重要体现，归根到底就是在党的领导和中国特色社会主义制度下，为群众安居乐业提供坚强保障。不断提高人民的安全感、获得感、幸福感是检验国家安全的根本标准。

知识目标

通过本章学习，使学生掌握社会安全的内涵及社会安全对国家安全及人民幸福生活的重要性，了解社会安全面临的各种威胁与挑战的内容。

素养目标

通过本章学习，使学生了解维护社会安全的途径与方法，增强社会安全意识，并提升应对社会安全危害的行为能力。

思政目标

通过本章学习，使学生自觉树立和践行社会主义核心价值观和社会安全观，自觉加强思想道德修养，在社会生活中遵纪守法，敢于与违法犯罪行为做斗争。

第一节 社会安全概述

一、社会安全的内涵

从人类文明的发展历程分析，社会的发展经历了农业文明时代、工业文明时代和全球化时代三种历史形态。社会是指由许多个体汇集而成的,有组织、有规则或纪律的相互合作的生存关系的群体。微观上,社会强调同伴的意味,并且延伸到为了共同利益而形成联盟。宏观上,社会是由长期合作的社会成员,通过发展组织关系形成团体,在人类社会中进而形成机构、国家等组织形式。

(一)社会安全的起源与发展

安全是指社会个体汇集的群体的生命、财产等没有风险或威胁,不同地区、不同历史时期人们面临的风险和威胁均有所不同。随着人类社会的发展,人为风险逐步成为主要威胁。人为风险的来源有两个方面:一是由科学技术的发展对人体健康和生命活动带来的威胁,如信息发展带来的网络诈骗事件;二是由社会制度的复杂化带来的人文社会属性方面的威胁,如政治危机、群体适应事件等。

在农业文明时代,社会以领土及耕地的拓展和人口数量的增加为发展目的,对安全的要求主要表现在以国家为主体的领土安全、人口安全、政治安全、经济安全和军事安全等。社会的安全与发展简单地建立在国家的统治和管理上,并没有明确地被提出和研究。

进入工业文明时代后,由于科学技术的发展、社会生产力的提高,特别是机械、电力的发明使用,使人类征服和改造自然的能力大大增强,人类社会的生产能力也得到了极大的提高。社会的高速发展以经济发展为主导,除了领土安全、人口安全、政治安全、经济安全和军事安全,科技安全、社会安全、文化安全也逐步被纳入安全的范畴。

随着全球化的推进,国际政治、经济以及文化等交流的进一步加深,社会的发展开始注重全面协调的可持续发展。全球化一方面为世界提供了高水准的安全,另一方面也使风险迅速波及世界各地,形成连锁反应。全球化给世界带来了空前的物质繁荣和社会进步,但同时对危机具有扩大化的效应,为世界埋下了风险的种子。20 世纪 80 年代以来,切尔诺贝利核泄漏事故、疯牛病、重症急性呼吸综合征(SARS)、恐怖袭击事件、新冠肺炎等,使人们变得越来越敏感与恐惧,社会也变得越来越脆弱。此时的社会已是全球社会,此时的社会安全也不再仅仅是国家安全系统中的一个子系统,从宏观角度而言,社会安全已经超越国家范畴站到了人类社会的高度,社会的安全与发展问题亟待分析和解决。

(二)习近平总书记科学阐述社会安全观

2014 年 4 月 15 日,习近平主持召开中央国家安全委员会第一次会议,创造性提出总体国家安全观,其中两次提及社会安全。其一是在总体国家安全观的“五大要素”中指出“以军事、文化、社会安全为保障”;其二是明确指出社会安全是构建集 11 个国家安全重点领域于一体的国家安全体系之内容。这说明在总体国家安全观重大战略思想中,社会安全是国家安全体系的构成要素之一,同时在维护国家安全中具有“保障”地位。2015 年出台的《中华人民共和国国家安全法》也两次提及社会安全,第三条规定国家安全工作应当“以军事、文化、社会安全为保障”,这是对总体国家安全观“五大要素”的再强调;第二十九条具体规定:“国家健全有效预防和化解社会矛盾的体制机制,健全公共安全体系,积极预防、减少和化解社会矛盾,妥善处置公共卫生、社会安全等影响国家安全和社会稳定的突发事件,促进社会和谐，维护公共安全和社会安定。”社会安全深嵌于新时代安全稳定话语体系中，集中体现为“社会安全网”以及把社会安全和稳定联系起来的话语表达。对于“社会安全网”，2014 年，习近平在金砖国家领导人第六次会晤上讲话提出，我们应该坚持包容性增长理念，用社会政策托底宏观经济政策，织牢社会安全网，推动经济从量的增长转向质的提升；2015 年，习近平主持召开党外人士座谈会上指出，要加强民生保障，完善社会保障体系和社会安全网。“网”的表述内涵丰富、寓意深邃，其关乎经济、民生、社会保障等方面，蕴含着深刻的系统思维，也是总体国家安全观中“总体”二字的必然要求。也正因如此，在相关话语表达中，常常将社会安全明确点出并同其他安全并列起来，以凸显其在国家安全体系中的重要性，如 2020 年 7 月，习近平在中央政治局常委会会议上强调，防汛救灾关系人民生命财产安全，关系粮食安全、经济安全、社会安全、国家安全；同年 11 月，在中央全面依法治国工作会议上讲话指出网络犯罪已成为危害我国国家政治安全、网络安全、社会安全、经济安全等的重要风险之一。

把社会安全和稳定相联系的表述有：2016 年习近平在省部级主要领导干部学习贯彻党的十八届五中全会精神专题研讨班上讲话指出“没有安全和稳定，一切都无从谈起”；2021 年，中央政治局召开会议审议《国家安全战略（2021—2025 年）》时强调，“要积极维护社会安全稳定，从源头上预防和减少社会矛盾，防范遏制重特大安全生产事故，提高食品药品等关系人民健康产品和服务的安全保障水平”等；党的二十大报告国家安全专章的一个亮点即强调国家安全和社会稳定不可分割的内在联系，“国家安全是民族复兴的根基，社会稳定是国家强盛的前提”的战略定位，把对两者关系的认识提升到一个新高度、新境界。至此可提出，在时代话语体系下把握社会安全的内涵有着两重“关系”维度：一是在社会安全同国家安全的关系上，社会安全是国家安全的有机组成部分，也是国家安全的保障；二是在社会安全同社会稳定的关系上，社会安全与人民群众切身利益关系密切，是社会稳定的重要基础，动荡不安的社会显然没有稳定可言。

（三）社会安全的内涵

人类社会是处在不断变化和发展中的有机整体和复杂系统。社会安全有广义与狭义之分。从广义上讲，无论是经济、政治，还是文化、科技等，都处于“社会”这个概念的范围之中。广义的社会安全是指整个社会系统能够保持良性运行和协调发展，把妨碍社会良性运行与协调发展的因素及其作用控制在最小范围内。它强调指出了社会安全既是一种社会现象，又是一种社会过程，是包括生态安全、政治安全、经济安全等在内的一种“大安全”。狭义的社会安全主要是相对于经济安全和政治安全而言的，是指除经济子系统与政治子系统之外，其他社会领域的安全。具体来讲，狭义的社会安全是指社会公众享有安全与和谐的生活与工作环境，以及良好的社会秩序、公众的生命财产、身心健康、民主权利和自我发展有安全保障。它包括社会安全、交通安全、生活安全以及生产安全。狭义的社会安全是相对于生态安全、政治安全、经济安全等而言的一种“小安全”。社会安全不仅是一种客观存在，也是一种主观感知。

社会安全的基本要素是：①社会安全的主体，是公民个体组合成的公民群体或者整体；②社会安全的客体，即公民个体组合成的公民群体或者整体没有危险或者不受威胁的情形；

③社会安全的内容,是个人生活、群体生产和社会活动中,公民个体组合成的公民群体或者整体没有危险或者不受威胁等。

社会安全是以发现、控制和消除各种威胁社会持续和社会稳定的因素为主要内容,预防治安、刑事、暴力恐怖事件及大规模群体性事件等社会安全事件的发生,降低此类事件造成负面影响的一系列过程或维持秩序和社会稳定的一种状态。

社会安全以公共安全事件的发生类型划分,可以分成社会安全事件、公共卫生事件、意外伤害事件、网络事件、信息安全事件、自然灾害事件以及其他事故或事件六种。

当前,我国正处于经济转轨、社会转型的特殊历史时期,社会治安形势日趋复杂,出现了许多新情况、新问题。其中,比较突出的问题有以下几种:敲诈勒索、盗窃、抢劫、拐卖人口等暴力性、侵财性犯罪屡禁不止,其涉及面广、社会危害大,严重威胁人民群众的生命财产安全,影响社会稳定;网络犯罪日益猖獗,犯罪形式变化多端,犯罪行为及其影响打破了传统的地区边界和国家界限,给社会经济的发展带来巨大威胁;毒品犯罪现象日益严厉,走私犯罪形式更加隐蔽,社会危害极大;有组织的犯罪形势严峻,带有黑社会性质的犯罪组织在全国各地实施黑恶犯罪,如套路贷、村霸、黄赌毒等,严重干扰社会治安,威胁社会和谐稳定。

二、社会安全的风险与治理

(一)社会安全的风险

社会安全风险在广义上是指一种导致社会冲突,危及社会稳定和社会秩序的可能性,是一类基础性的、深层次的、结构性的潜在危害因素,对社会的安全运行和健康发展会构成严重的威胁。一旦这种可能性变成现实性,社会安全风险就会转变成社会安全事件。在狭义上,社会安全风险是指由于所得分配不均、发生天灾、政府施政对抗、结社群斗、失业人口增加造成社会不安、宗教纠纷、社会各阶级对立、社会发生内争等社会因素引起的风险,仅指社会领域的风险。

社会安全风险是量变前提,社会安全事件是质变结果;社会安全风险是社会安全事件处于萌芽阶段的潜在状态,社会安全事件是社会安全风险发展到一定阶段的必然表现。社会安全风险随时随地都存在于整个社会当中,并有可能危及社会的稳定和安全。只要采取适当的措施对社会安全风险加以控制,就能将风险水平限制在社会稳定与安全的临界值之内,保持社会的良性运行与和谐发展。当社会某一个或某几个领域的风险因素不断积累,并超出社会稳定与安全的临界阈值时,社会安全风险就会转化成社会安全事件,使潜伏的威胁演变为现实中的破坏,就会给社会的运行和人民的生活造成灾难性的影响,甚至会引发社会动乱或暴乱,具有极大的危害性。

党的十八届三中全会审议通过《中共中央关于全面深化改革若干重大问题的决定》,提出要加快推进社会治理制度创新,推进基本公共服务均等化,加快形成科学有效的社会治理体制,确保社会既充满活力又和谐有序。社会治理理念的正式提出,表明我国更加注重政治、经济、社会和文化各领域的协调发展,标志着我国的社会建设进入了一个新的发展阶段。

(二)提升社会安全治理的重点

当前我国正处于重要的战略机遇期,也是社会矛盾凸显期。社会矛盾是影响社会安全的因素。毛泽东说过有进步就会有矛盾。伴随着我国经济的飞速发展,社会矛盾也渐渐显露出来。从实质上看,社会矛盾可分为两类:一是合法形式的社会矛盾,这类社会矛盾的冲突程度较轻,社会危害较小,一般可以通过合法途径解决;二是非法形式的社会矛盾,与合法形式矛盾相反,这类社会矛盾社会危害严重,而且会对正常的社会秩序构成严重威胁。近年来,我国社会矛盾总量不断上升,其中合法矛盾比例在下降,非法矛盾比例在不断攀升,反映出我国社会矛盾不但数量多而且日益严重的特征,对社会秩序将产生较大的负面影响。无论在社会发展的任何阶段,稳定的社会秩序都是社会生活正常进行的必要条件,是社会治理追求的理想状态,更是国家繁荣兴盛的根本前提。因此,为了构建社会主义和谐社会,社会治理要坚持以人为本,以关系群众切身利益的现实问题为切入点,化解社会矛盾,稳定社会秩序,使社会各部分在发展中达到动态平衡。

2016 年,习近平总书记就加强和创新社会治理做出重要指示,强调要继续加强和创新社会治理,完善中国特色社会主义社会治理体系,努力建设更高水平的平安中国,进一步增强人民群众安全感。完善社会治安综合治理体制机制,加快建设立体化、信息化社会治安防控体系,各级党委和政府要高度重视社会治理工作,落实社会治安综合治理领导责任制,切实肩负起促一方发展、保一方平安的政治责任。

1. 加强党对安全工作的领导

中国特色社会主义最本质的特征是中国共产党领导,中国特色社会主义制度的最大优势是中国共产党领导。坚持和加强党的全面领导,是提升社会安全治理现代化水平的根本保障。

改革开放以来,党中央聚焦改革、发展、稳定三者的关系问题,提出改革、发展、稳定分别是社会主义现代化建设的动力、目的和前提,强调要坚持把改革力度、发展速度和社会可承受的程度统一起来,在保持社会稳定中推进改革发展,通过改革发展促进社会稳定。党的十八大以来,我们党将政治建设摆在首位,用习近平新时代中国特色社会主义思想武装全党、教育人民,并通过反腐败斗争维护党的先进性和肌体健康,不断提高党的执政能力和领导水平,党的政治领导力、思想引领力、群众组织力、社会号召力不断增强。与此同时,基层组织建设和高素质干部队伍建设不断推进,各级党组织和广大党员的积极性、主动性、创造性被充分调动,有效解决问题的能力不断增强。例如,新冠肺炎疫情作为重大突发公共卫生事件,对经济与社会发展带来巨大风险。事实证明,加强党的领导为打赢疫情防控阻击战、防范化解重大风险提供了坚强政治保证。

2. 提升人民群众的安全感

中国特色社会主义进入新时代,我国社会主要矛盾已经转化为人民日益增长的美好生活需要和不平衡不充分的发展之间的矛盾，人民群众在社会安全等方面的要求日益增长。我们党坚定不移贯彻新发展理念、转变经济发展方式，发展质量和效益不断提升，全面深化改革取得重大突破，为妥善调整利益关系，增强人民群众获得感、幸福感、安全感创造了重要前提。社会的和谐稳定，从根本上要求人与自然、人与社会、人与人之间的和睦共生。在人与自然的关系方面，关键在于坚持尊重自然、顺应自然、保护自然的原则，解决好短期与长期之间的利益调节问题，既要积极预防主要由自然因素带来的灾害影响，也要全面考虑经济社会发展可能对生态环境带来的各种影响。在人与社会的关系方面，关键在于解决好效率与公平之间的平衡问题，解决好收入分配不公、社会保障体系不健全等问题。在人与人之间的关系方面，关键在于解决好社会分层与社会流动带来的社会稳定风险问题，如完善改革发展成果的分享政策、构建社会互信机制，以及发挥文化的价值引导、素质培育等功能。

3. 实现高质量发展

坚持以经济建设为中心、大力发展社会生产力，是维护社会稳定与安全的重要基础。改革开放以来，从“社会主义的本质是解放生产力，发展生产力，消灭剥削，消除两极分化，最终达到共同富裕”“发展才是硬道理”，到“兼顾效率与公平”，到“实现发展成果由人民共享”，再到“把安全发展贯穿国家发展各领域和全过程”，我们党对改革、发展、稳定之间关系的认知越来越深入。党的十八大以来，我们党统筹推进“五位一体”总体布局、协调推进“四个全面”战略布局，坚持稳中求进工作总基调，坚定不移贯彻新发展理念，坚持以供给侧结构性改革为主线，有力有序化解发展不平衡不充分问题。在实践中，我们党深刻认识到，社会安全与稳定并非经济增长与发展的必然结果，只有实现高质量发展，才能为安全与稳定积累雄厚物质基础。

4. 健全风险防控机制

党的十九届五中全会明确指出，当前和今后一个时期，我国发展仍然处于重要战略机遇期，但机遇和挑战都有新的发展变化。增强驾驭风险本领，健全各方面风险防控机制，是处理各种复杂矛盾和战胜各种艰难险阻的前提，是加强国家安全体系和能力建设的必然要求。完整意义上的社会风险防控机制，应当针对经济运行与社会发展过程中可能影响安全与稳定的各类风险进行全面、系统和科学的评价，为政府决策提供可靠依据。同时，基于社会稳定状况的动态性和复杂性，社会风险评估机制应主要侧重于宏观识别和战略判断，即集中对宏观背景和社会稳定状况的动态演化进行定量诊断和超前判别。

三、社会安全的重要性

（一）社会安全是国家安全的重要保障

平安是人民幸福安康的基本要求，是改革发展的基本前提。中华人民共和国成立以来，尤其是改革开放以来，我国用几十年的时间走完了发达国家上百年的进程，这也使得众多原本应在不同历史发展阶段中出现的社会问题在同一时间爆发。随着我国改革开放进入攻坚期，社会矛盾更是层出不穷，刑事犯罪、重大安全事故等时有发生，各种社会安全问题突出。这些问题如果不能得到有效解决，不仅会影响国家的长治久安，还将阻碍中华民族伟大复兴的实现。

（二）社会安全是社会和谐稳定的基础

社会安全是因共同物质条件而互相联系起来的人的安全，以及由一定的经济基础和上层建筑构成的社会各个组成部分（如经济、政治、思想、文化、军事等各方面）的和谐统一、良性运行。社会安全是社会稳定的基础，动荡不安的社会没有稳定可言。当前，我国正处于社会转型期，社会发展的道路不可能一帆风顺，多元化社会利益的交织、碰撞，必然使一些隐藏的社会矛盾逐步浮出水面，进而引发相应的社会问题。只有维护社会安全，夯实基层基础，才能形成强大的社会凝聚力，逐步筑牢稳定合理的社会结构，从而实现促发展、创和谐的目标。

（三）社会安全提升人民群众的幸福感和满意度

社会安全一头连着经济社会发展，另一头连着千家万户，它是人民群众安全感的晴雨表，是社会安定的风向标。随着经济发展和社会进步，人民群众对过上美好生活有更高的期待，对社会安全有更高的标准。只有确保社会安定有序，才能保证人民群众的人身安全，才能让人民群众吃得放心、住得安心、出行平安，才能不断提升人民群众的获得感和幸福感。

例如，随着国内新冠肺炎疫情防控形势相对稳定，人们获得了安全感，出游热情由此不断升温。

案例分析7-1 2021年五一假期　文化和旅游市场平稳有序

2021 年的五一小长假成为意料之中的火爆假期。支付宝平台发布的数据显示，五一假期期间，全国景区交易额较 2020 年同期上涨 200%，酒店住宿等行业增长翻倍，甚至远超 2019 年同期，强势反弹。

2021 年 5 月 5 日晚，文化和旅游部发布的数据显示，2021 年 5 月 1 日至 5 日，月全国国内旅游出游 2.3 亿人次，同比增长 197%，按可比口径恢复至疫前同期的 1032%；实现国内旅游收入 11323 亿元，同比增长 138.1%，按可比口径恢复至疫前同期的 70%。全国文化和旅游系统未发生重特大安全生产事故，未发生疫情通过文化和旅游系统传播事件。假期游客满意度达 84.8%，处于满意水平。

第二节 社会安全面临的威胁与挑战

一、西方敌对势力煽动社会恐怖袭击事件

随着世界多极化、经济全球化、文化多元化以及社会信息化的深入发展，不稳定、不确定因素急剧增多。进入新时代，社会安全面临的威胁与挑战较多，西方敌对势力不断借民族、宗教问题煽动社会恐怖事件，再加上现实社会因疫情、就业、教育、医疗、养老等社会问题的叠加，我们的社会安全面临严峻挑战。

进入新时代，社会安全面临的威胁与挑战较多，西方敌对势力不断借民族、宗教问题煽动多起社会恐怖事件。例如，2014 年 3 月 1 日 21：20 左右，云南暴力恐怖组织袭击昆明火车站，8 名（6 男 2 女）统一着装的蒙面持刀暴徒，在云南昆明火车站广场、售票厅等多处砍杀无辜群众。截至 2014 年 3 月 2 日 18：00，已造成 29 人死亡、143 人受伤。143 名伤者中，包括多名民警、外出打工者和返校大学生。其中，大理学院、云南大学旅游文化学院均为 3 月 1 日、2 日两天开学，两校均有学生在此次事件中受伤。事件发生后，当地公安、特警、消防、120 等部门应急力量迅即到达现场，数十辆警车以及大批警力前往现场紧急处置。现场执勤民警当场击毙 4 名暴徒、抓获 1 人，后很快将另 3 名暴徒缉捕归案。这是一起由新疆分裂势力组织策划的无差别砍杀事件。损失惨重，影响极其恶劣，危害巨大，是一起典型而又非常严重的社会恐怖袭击事件。

现在，中国复兴正从“第一个百年”奋斗目标迈向“第二个百年”新征程。《中共中央关于制定国民经济和社会发展第十四个五年规划和二〇三五年远景目标的建议》，对未来五年和十五年的发展目标、发展战略、发展路径做了全面规划，意味着中国正式开启了从“富起来”到“强起来”、从全面建成小康社会到基本实现社会主义现代化新发展阶段，并形成了加快构建以国内大循环为主体，国内国际双循环相互促进的新发展格局。这是中国发展历史上又一次具有划时代意义的重大战略部署，在此背景下，社会安全治理面临新的阶段性特征，既蕴含新机遇，也伴随新挑战。

二、新时代社会转型拐点带来的社会安全新困境

改革开放 40 多年来，我国稳定解决了十几亿人的温饱、总体上实现了小康。2021 年我国经济持续稳定恢复，经济发展和疫情防控保持全球领先地位，主要指标实现预期目标。同时，外部环境更趋复杂严峻和不确定，国内经济面临需求收缩、供给冲击、预期转弱三重压力。下个阶段，要坚持以习近平新时代中国特色社会主义思想为指导，全面贯彻落实党的十

九大和十九届历次全会精神，认真贯彻中央经济工作会议精神，坚持稳中求进工作总基调，完整、准确、全面贯彻新发展理念，构建新发展格局，推动高质量发展，科学统筹疫情防控和经济社会发展，继续做好“六稳”“六保”工作，着力稳定宏观经济大盘，保持经济运行在合理区间，保持社会大局稳定。同时也要看到，中国经济的高速发展也对资源、环境以及大众日常生活造成了诸多社会影响。在经济新常态、新型城镇化大背景下，进一步深化改革，打破业已形成的稳定性依然困难重重，转型秩序面临更为复杂多变的新危机、新困境与新挑战，呈现出社会转型的新拐点。

从国际格局层面看，世界正经历大变革、大调整，合作与竞争同步上升。我国与世界的互动持续加深，国际因素的倒灌效应和国内因素的溢出效应相互交织。从经济发展层面看，世界经济复苏乏力，经济全球化出现波折。我国经济运行总体平稳，新常态特征明显，但新旧发展动能转换需要一个过程，经济下行压力依然较大。新产业、新业态快速发展，为经济发展创造了新的增长点，也给社会和谐稳定带来潜在风险。从社会变革层面看，随着新型工业化、信息化、城镇化、农业现代化发展，社会日趋开放多样，人们生产生活方式、社会组织动员形式发生深刻变化，原有的社会规范和管理手段逐渐弱化。从科技革命层面看，随着移动互联网、物联网及大数据、云计算、人工智能的发展，人类生活所经历的一切都在变，为人们的生产生活带来诸多便利的同时，新技术在违法犯罪领域的应用也使社会安全陷入更为多元复杂的困境。

三、“经济新常态”背景下的社会安全新矛盾

“经济新常态”在推进缓和以往经济高速增长期累积的矛盾和问题的同时，也带来了新的矛盾和问题，如经济增速下降和实体企业盈利下滑等现实状况所导致的一些企业经营困难、失业人员增多和就业问题凸显，欠薪、裁员和改制等所引发的劳资纠纷，以及不良贷款、地方债务和非法集资等风险点增多等民间纠纷频发。党的十九大报告提出，中国特色社会主义进入新时代，我国社会主要矛盾已经转化为人民日益增长的美好生活需要和不平衡不充分的发展之间的矛盾。

（一）诈骗案件金额上升

诈骗是以非法占有为目的，采用虚构事实或隐瞒真相的方法，骗取数额较大的公私财物的行为，电信诈骗是诈骗犯罪的一种，是不法分子通过电话、网络和短信方式来实施诈骗，诱使受害人给不法分子打款或转账的犯罪行为。2020 年，公安机关累计拦截诈骗电话 1.4 亿个、诈骗短信 8.7 亿条，封堵诈骗域名网址 31.6 万个，通过 96110 反诈预警专号防止 970 万名群众被骗。2020 年，全国破获电信网络诈骗案 25.6 万起，直接避免经济损失 1200 亿元。2021 年 1 月至 5 月，全国公安机关对现行案件快速侦破，先后捣毁境内诈骗窝点 6500 余个；对重大案件专案侦办，共破获被骗百万元以上案件 881 起，同比上升 160.5%；对贷款、刷单、“杀猪盘”、冒充客服等高发类诈骗犯罪实施集群打击，先后组织 20 余次集中收网行动，抓获犯罪嫌疑人 2421 名；对黑灰产犯罪重点打击，打掉技术开发平台、网络引流推广、虚拟货币

洗钱等团伙380余个，坚决斩断技术链、网络链、资金链，形成强大震慑。自2020年10月以来，全国公安机关会同检察、法院、通信、金融等部门联合开展“断卡”行动，严厉打击非法买卖电话卡、银行卡等违法犯罪活动，打团伙、摧网络、断通道、挖幕后，共打掉“两卡”违法犯罪团伙1.5万个，缴获涉诈电话卡373.3万张、银行卡56.6万张，惩戒“两卡”失信人员17.3万名，整治违规行业网点、机构1.8万家，从源头上全力遏制电信网络诈骗犯罪高发态势。

(二)非法集资犯罪高发形成新的社会安全风险

互联网金融业的快速发展在降低交易成本、激活民间投资等方面发挥了重要推动作用。但是，由于缺乏标准、规范和监管，一些网络借贷平台存在巨大的风险，不法分子利用网络借贷、网上理财等名义，以高息回报为诱饵，大肆进行非法集资等违法犯罪活动，带来严重的社会安全隐患。从非法集资部际联席会议办公室获悉，2020年全国共查处非法集资案件7500余起，处置非法集资存量案件1.1万起，涉案金额3800余亿元。近年来，因非法集资引发的群体性事件数量同比大幅上升，涉案群体规模不断扩大，并且呈现出组织化程度提高、网上网下联动突出、连锁反应趋势明显和对抗性破坏力增强等新动向、新特点，甚至出现向政治领域传导的趋向。群体性事件出现以来，经历了从治安概念迈向政治概念的发展历程，意味着群体性事件从以公安部门作为治理主体迈向多元治理系统，从社会结构、资源配置和社会关系等复杂维度进行调整协调的发展过程，这也对我国的治理能力和治理水平提出了新的挑战。

(三)走私犯罪数量连年上升

随着经济的发展，我国走私犯罪的数量呈现连年上升的趋势。近年来我国走私犯罪案件呈现出如下新特点。

(1)地域集中化。走私犯罪受地理环境及经济发展影响，多发生在沿海地区。例如，我国东部沿海地区，具有港口贸易规模较大、来往船只较多、经济比较发达的区域特点。

(2)组织化。走私犯罪多为具有结构严密、分工明确的组织作案，成员之间协作密切，各司其职。2017年杭州海关破获一起案值4亿元的成品油走私大案，一举抓获犯罪嫌疑人20余名，以温州籍许某夏为首的走私犯罪团伙将货船改造成油船从公海购买成品油，卸货和销售等环节中相互配合，有机协调，呈现出组织化的特征。

(3)隐蔽性。网络信息技术的快速发展也逐渐被应用到走私犯罪领域，导致其犯罪手段不断推陈出新，表现为极强的隐蔽性。如近年来飞速发展的互联网海外代购行业中，很大一部分是非法代购，存在着偷逃关税、逃避海关监管的走私犯罪活动，海关部门很难监察到不合法的证据来对其进行检查和惩罚，同时代购商品的销售渠道多以网络渠道进行交易，进一步呈现出隐蔽化的特征。

四、新型城镇化进程中的社会安全新危机

所谓新型城镇化，是指坚持以人为本，以新型工业化为动力，以统筹兼顾为原则，推动城

市现代化、城市集群化、城市生态化、农村城镇化，全面提升城镇化质量和水平，走科学发展、集约高效、功能完善、环境友好、社会和谐、个性鲜明、城乡一体、大中小城市和小城镇协调发展的城镇化建设路子。党的十八大提出新型城镇化概念，显著提升了城镇化的地位和作用，明确了新型城镇化的发展方略。党的十九大报告提出要推动新型工业化、信息化、城镇化、农业现代化同步发展，主动参与和推动经济全球化进程，发展更高层次的开放型经济，不断壮大我国经济实力和综合国力。新型城镇化进程中城乡分割的二元户籍制度、生态环境危机、缺乏协调合理规划以及经济产业转型失序等问题严重威胁社会安全。以社区为基点，新型城镇化还存在着诸多发展的问题。

“村改居”社区治理问题凸显。2016 年 2 月，国务院发布《国务院关于深入推进新型城镇化建设的若干意见》，提出促进新型城镇化有序开展。在城镇化过程中，城市周边地区涌出诸多村改居社区。村改居社区作为一个过渡性社区，是伴随着城镇化进程而产生的，面临着集体经济发展瓶颈、组织关系不顺、居住人口结构复杂且流动性强、公共服务落后、居民的就业和社会保障不足等问题。传统的社区安全治理资源日益瓦解，新模式又尚未构建形成，造成社区犯罪和治安侵害频发、社区矛盾纠纷不断的安全困境。此外，村改居社区居民大多是被抛入城市，呈现出文化他者的迷茫，社区居民自身参与社区安全治理的意愿薄弱造成治理体系的缺位。因此，在未来一个时期，村改居社区安全依然面临着严重困境。

短租房集中社区安全威胁严重。根据实地调查了解，社区中的短租房成为当前威胁社区大众生命财产安全和日常生活秩序的重大漏洞。当前，以公安机关为主体构建的旅店业信息管理系统已经基本建成并得到不断完善，对恐怖主义等违法犯罪分子进行及时有效的监管防控。但在房屋租赁领域，大部分地区还尚未构建完善的信息登记系统，随便编个身份证号就能入住，对入住者身份信息并不核实的情况时常发生，导致短租房成为从事卖淫嫖娼、吸毒贩毒违法犯罪行为和暴恐分子藏身的关键隐匿区域，对社区安全秩序带来严重威胁。我国部分地区公安机关职能部门还存在短租房管理职责不清的问题，房屋租赁与黑旅店分别由分管社区警务工作的人口部门和分管旅店业的行业场所管理部门负责，但短租房概念在实践管控中却常常难以区分确定，监管缺位问题严重。

五、科技信息犯罪引发的社会安全隐患

信息网络在为人类生产生活提供便利、提高效率和效益等方面发挥重要作用的同时，也给人们日常生活带来诸多风险。社会互动从传统的时空范围中分离出来，进入了以信息化和数字化为载体的脱域互动形态，因网络社会具有虚拟性、开放性、隐蔽性和复杂性等特征，其运作应用存在诸多风险，各种形式的电子讹诈、电子色情服务、网络非法交易、网络侮辱诽谤、网上侵犯商业秘密以及网上组织邪教组织等违法犯罪案件日益增多。当前，利用新技术手段操纵证券、期货市场等违法犯罪呈日益恶化趋势，非法吸收公共存款、利用网贷平台集资诈骗等涉众型经济案件多发，动态化、智能化电信诈骗等新型犯罪增多，存在防范难、取证难和打击难的困境。

此外，利用互联网从事渗透活动加剧，网上造谣传谣问题突出，网络攻击、窃密等网络安

全威胁加大,网络贩枪贩毒、卖淫招嫖、赌博、诈骗等违法犯罪持续高发,导致社会安全面临更为严峻的困境和挑战。互联网的便捷性、虚拟性和跨界性形成了犯罪成本低、犯罪主体隐蔽和犯罪危害广的特征,在具体打防管控工作中,依然存在侦查技术滞后、部门协调不顺畅、法律法规不健全和公民防范意识淡薄等问题,使社会治安防控体系陷入防范打击成本高、犯罪主体身份识别难和属地管辖办案难的困境,严重阻碍了虚拟社会的安全有序运行。

2014 年 6 月 9 日,习近平总书记在中国科学院第十七次院士大会、中国工程院第十二次院士大会上的讲话指出,多年来,我国一直存在着科技成果向现实生产力转化不力、不顺、不畅的痼疾,其中一个重要症结就在于科技创新链条上存在着诸多体制机制关卡,创新和转化各个环节衔接不够紧密。资源共享失调,信息数据深度应用不足,服务社会安全治理能力较弱,网络系统存在信息连接不畅、沟通不顺和共享不足的现实问题,依托信息化服务社会安全治理的水平还较弱,没有形成有机互通的统一整体,也为社会安全风险埋下了严重隐患。

六、新型冠状病毒感染叠加多重挑战

随着经济全球化和社会信息化的推进,国家安全和社会安全的边界日趋模糊,重合度越来越高。在某种程度上说,社会安全是国家安全的"风向标"。社会安全在某种程度上能真实反映国际局势的动荡和国家安全面临的风险与挑战,社会安全问题也有可能升级为影响国家安全的重大事件。

2020 年初以来,新冠病毒感染突如其来,并呈现常态化、长期化、反复性的态势。全球抗疫形势严峻加剧,国际格局面对百年未有之大变局,美国等西方敌对势力全面遏制中国发展,大国博弈激烈复杂,社会安全备受考验。新冠肺炎疫情是我国改革开放过程中的一次大考,是对社会安全治理体系和治理能力的一次检测。新冠肺炎疫情的暴发影响了世界人民正常的生产生活秩序,对国家、社会、人民造成了巨大的损害。新冠肺炎疫情防治中,我国凭借制度优势,秉承"人民生命健康至上"的理念,最大限度地保护了人民的身体健康与生命安全,也为阻止疫情在世界蔓延争取了宝贵的时间和提供了成功的经验,但也暴露出市域社会公共安全领域的弊端和不足。这些问题和不足引发外界广泛关注、质疑甚至批评,受到反中反华势力、恐怖组织、邪教组织的"甩锅"、污名化和言论抹黑。美国等西方国家不断对中国吹毛求疵,刻意抹黑,贬低中国应对疫情的成效和影响。新冠肺炎疫情不仅给社会安全领域的社会生产、社会经济和社会秩序、城市经济发展、社会治安、群众生命财产安全带来严重挑战,同时面临社会安全深层的国家安全、政治安全、意识形态安全、文化安全的挑战。

七、威胁和挑战的主要表现形式

(一)暴力恐怖活动事件

恐怖主义活动是全人类的公害,其暴力行为严重威胁人民的生命安全、生存发展、社会生产和生活秩序。近几年来,境外敌对势力通过非法宗教渗透、互联网煽动、文化渗透,与我国境内“藏独”“疆独”等民族分裂势力勾连聚合,沆瀣一气,进行有组织的犯罪,呈现出日益猖獗之势。在这种形势下,暴力恐怖活动处于多发期、活跃期,我国面临的暴力恐怖风险较高,反恐斗争任重道远,任务艰巨。当前,我国境内恐怖势力的组织性越来越高,行动具有严密的计划性,组织内部人员分工明确、训练有素,作案方式越来越复杂,作案手段也呈现多样化,如爆炸、暗杀、投毒、纵火、绑架、抢劫等;恐怖组织实施暴力活动越来越秘密隐蔽,恐怖活动更具有伪装性,且活动袭击范围逐步扩大。例如,2015 年 9 月 18 日,一伙暴徒袭击了新疆阿克苏地区拜城县海拔 2600 多米的偏远煤矿,并设伏袭击前往处置的民警,造成 11 名各族无辜群众死亡、18 人受伤,3 名民警、2 名协警牺牲,包括时任阿克苏地区公安局副局长的买买提江·托乎尼牙孜。由于暴徒逃窜至深山负隅顽抗,公安、武警和当地各族干部群众在 1300 多平方千米山区范围内开展围捕,克服山陡沟深、林多路险、天寒地冻、空气稀薄等重重困难,综合运用多种科技手段,连续作战,经过 56 天数次围歼战斗,才迫使 1 名暴徒投降自首,并将其余暴徒全部击毙。

(二)社会群体性事件

社会群体性事件是指由特定群体或不特定多数人聚合临时形成的偶合群体,以人民内部矛盾的形式,通过没有合法依据的规模性聚集、对社会造成负面影响的群体活动等群体行为方式,引起的干扰社会正常秩序的事件。总体上看,随着改革开放的不断深入,我国群体性事件次数和参与人数均呈上升趋势,参与人员成百上千的事件在全国范围内屡见不鲜。群体性事件所涉及行业越来越多,主体成分也呈多元化。当前,较为常见的社会群体性事件有非正当维权事件、泄愤事件及骚乱事件等。社会群体性事件产生的原因涉及多个方面,既有复杂的社会因素、历史背景因素,也有诸多现实的主客观因素。总体来说,经济转轨必然引起社会利益格局的调整,容易导致利益冲突,而部分民众缺乏法律意识或对政策理解出现偏差,始终相信所谓大闹大解决,小闹小解决,不闹不解决,试图通过放大矛盾和扩大影响来维护自身权益。例如,2018 年,湖南省嘉禾县以李某德为首的 10 名村民对嘉禾县政府各部门多次办理的安置地安排、清理村级财务和处理村霸等信访事项办理情况不满意、不理解,为制造影响,数次伙同、串联其他上访人员赴省进京进行非正常上访。2018 年 3 月 1 日,这 10 名村民串联多名上访人员搭乘客车进京上访。为了扩大影响,他们在高速公路某公安检查站起哄闹事,身穿状衣在高速公路上逆行,然后又在高速公路步行约 4 个小时,造成公共场所秩序和交通秩序严重混乱。其中一名村民邓某还在劝返途中向政府机关工作人员索取人民币 4000 元。法院经过审理认为,被告人李某德等人借上访的名义,纠集他人造成公共场所秩序和交通秩序严重混乱,其行为已构成寻衅滋事罪。

(三)网络诈骗事件

随着互联网技术的迅速发展和信息技术的广泛应用,我国进入移动互联网时代,移动智能终端普及度提高。在这种情况下,传统违法犯罪活动向网上发展蔓延,出现了电信诈骗、网络诈骗等新型网络犯罪形态。一些不法分子利用互联网、移动通信等载体和工具实施网络黄赌毒、金融诈骗、枪支贩卖等违法犯罪活动,电信诈骗、窃取公民个人信息等新型网络犯罪不断滋生。例如，山东省聊城市冠县法院于2021年6月29日公布了4起电信网络诈骗典型案例，其中一起案例中，陈某通过QQ聊天工具与杨某取得联系，虚构帮助杨某投资某虚拟货币以获取收益的事实，并通过伪造收益图取得了杨某的信任，在两个月内分4次骗取了杨某共计人民币63万元，后将所骗财物用于偿还个人债务、赌博等。此外，网上造谣、恶意炒作等乱象也屡禁不止，如散播险情、灾情等方面的虚假信息。这些行为严重扰乱着社会秩序，甚至引发了社会恐慌，影响着社会的平稳发展。

（四）网络舆情事件时有发生

当前，我国社会舆情在总体上是积极健康的，是有利于社会发展的。但同时我们也应看到，在经济社会转型期，人们的思想道德观念和价值取向不仅趋向多元，而且在现实生活中相互摩擦、激烈碰撞，使得整个社会舆情呈现出复杂多变、高发频发的趋势。尤其是随着互联网技术的发展，网络舆情对公共事件的影响日益显现。由于网上舆论主体多元化、传播平台多样化和舆论交锋复杂化等因素，网络生态的污染源尚未根除，局部的正能量缺失、违法错误言论不时出现等问题依然存在。例如，每遇热点问题，总有人歪曲历史、罔顾事实，在网上发表主观臆测的言论，强化或极化某种特定观点，渲染情绪，博取眼球。而这些网络偏激言论又往往容易被蓄意炒作，或者被那些别有用心者所利用。又如，一些商业资本盲目追逐商业利益最大化，打击竞争对手，利用网络技术打造网络水军，为操纵舆论不惜造谣生事、侵犯公民合法权利、违法犯罪，对网络正常传播秩序造成干扰破坏，一些信息服务平台故意打擦边球，发布有违社会伦理、公序良俗的不良内容，传播毒害人们心灵的文化垃圾。

所有这些，都致使社会舆情形势严峻复杂，给社会安全带来风险隐患。

第三节　新时代大学生应做维护社会安全的践行者

一、维护社会安全方法

社会安全是社会建设的一项重大任务，也是社会治理的重要组成部分。推进国家治理体系和治理能力现代化的一项重要工作，就是推进社会安全治理体系和治理能力的现代化。习近平总书记在系列重要讲话中，提出了创新社会治理的新思想新理念，对于我们推进社会安全治理创新具有重大的现实意义和指导意义，新时代大学生不仅是社会安全的维护者，还应是社会安全的践行者。

（一）人民至上是社会安全治理的基本目标

2014年1月，习近平同志在中央政法工作会议上指出，平安是老百姓解决温饱后的第一需求,是极重要的民生,也是最基本的发展环境;人民安居乐业,国家才能安定有序。2016年4月15日,在首个全民国家安全教育日到来之际,习近平总书记做出重要指示:国泰民安是人民群众最基本、最普遍的愿望。实现中华民族伟大复兴的中国梦,保证人民安居乐业,国家安全是头等大事。要坚持国家安全一切为了人民、一切依靠人民,动员全党全社会共同努力,汇聚起维护国家安全的强大力量,夯实国家安全的社会基础,防范化解各类安全风险,不断提高人民群众的安全感、幸福感。这一重要论述,把平安提到极为重要的民生高度,是对我们党民生思想的创新发展。

(二)创新是维护社会安全的持久动力

习近平总书记在全国社会治安综合治理创新工作会议上指出:要坚持问题导向,把专项治理和系统治理、综合治理、依法治理、源头治理结合起来。因此,要将创新理念融入社会安全治理系统中。具体来讲,系统治理,就是要加强党委领导,发挥政府主导作用,鼓励和支持社会各方参与社会治理,形成社会治理合力;综合治理,就是要强化道德约束,规范社会行为,调节利益关系,协调社会关系,解决社会问题;依法治理,就是要加强法治保障,运用法治思维和法治方式化解社会矛盾,破解社会治理难题,提升社会治理的法治化水平;源头治理,就是要标本兼治、重在治本,以网格化管理、社会化服务为方向,健全基层综合服务管理平台,及时反映和协调人民群众各方面各层次的利益诉求,从源头上解决影响社会和谐稳定的各种深层次问题。

在国家十四五规划中,强调加强和创新社会治理,并提出要建立共建共享的社会治理格局。党的十九大报告在此基础上,增加了共治,即要建立共建共治共享的社会治理格局,更加充分地体现了治理的核心思想。中国的改革开放和体制转型,出现了多种多样的所有制形式,国有经济、集体经济、民营经济、个体经济、外资经济、股份制经济等快速发展,这就意味着中国的经济资源、技术资源、人才资源等并不是都集中在党委政府手上,其他的经济主体也掌握着大量的资源。对社会成员的服务和管理,也不能完全由政府大包大揽,而是由社会中的多个主体共同参与服务和治理。

二、维护社会安全主要注意的问题

(一)关注社会转型期社会矛盾问题

维护社会和谐稳定,重在妥善处理社会矛盾。党的十九大报告指出,社会主要矛盾已经由人民日益增长的物质文化需要同落后的社会生产之间的矛盾转化为人民日益增长的美好生活需要同不平衡不充分的发展之间的矛盾。人民群众对美好生活的需要日益广泛,不仅对物质文化生活提出了更高要求,而且在民主、法治、公平、正义、安全、环境等方面的要求也日益增长。现阶段我国处于社会矛盾的凸显期,社会利益矛盾错综复杂。因此,遇到关系复杂、牵涉面广、矛盾突出的改革,要及时深入了解群众的实际生活情况怎么样,群众的诉求是什么,改革能给群众带来的利益有多少,从人民利益出发谋划思路、制定举措、推进落实。这就要增强发展的全面性、协调性、可持续性，积极推动解决人民群众的基本民生问题，不断打牢和巩固社会和谐稳定的物质基础，从源头上预防和减少社会矛盾的产生。

（二）维护社会安全要解决好人的问题

2014年3月，习近平总书记在全国两会上参加上海代表团审议时明确指出，加强和创新社会治理，关键在体制创新，核心是人，只有人与人和谐相处，社会才会安定有序。社会是由人构成的，错综复杂的社会关系都是由人与人之间的关系构成的。人与人之间的关系理顺了、和谐了，社会才能安定有序，和谐稳定。因此，社会安全治理也要紧紧抓住人这个核心。

（三）强调网络信息安全治理问题

网络社会的兴起给社会安全治理提出了新问题、新挑战。互联网的快速发展造成无限扩展的虚拟社会空间，在给人们的生活带来方便的同时带来了新的社会治理问题和挑战。特别是以手机为基本平台的网络社会，使人们的生活步入实时、交互、快捷、高频的微时代，社会舆论、社会情绪甚至社会行为以新的机制形成，传统的社会管理已难以奏效。尤其是网络犯罪已成为第一大犯罪类型，暗网成为毒品、色情、暴力泛滥的黑色空间。网络社会治理成为考验社会安全治理体系和治理能力的热点、焦点和难点问题。2014年2月27日，习近平总书记主持召开中央网络安全和信息化领导小组第一次会议并发表重要讲话：网络安全和信息化是事关国家安全和国家发展、事关广大人民群众工作生活的重大战略问题，要从国际国内大势出发，总体布局，统筹各方创新发展，努力把我国建设成为网络强国。

三、维护社会安全的主要意义

（一）增强人民群众安全

增强人民群众的安全感是社会安全治理的核心目标。2013年5月31日，深化平安中国建设工作会议在江苏苏州召开，习近平总书记就建设平安中国做出重要指示。他强调，要把平安中国建设置于中国特色社会主义事业发展全局中来谋划，紧紧围绕两个一百年奋斗目标，把人民群众对平安中国建设的要求作为努力方向。社会安全是人民群众的共同事业，只有依水行舟，才能源源不断地从人民群众中汲取智慧和力量。要坚持人民主体地位，创造有利于人民参与的组织形式，健全以群众自治组织为主体、社会各方广泛参与的新型社区治理体系，把城乡社区建设成社会安全治理的基础平台。协商是人民民主的重要形式，对涉及群众切身利益的公共事务，要树立求同存异理念，在不同利益诉求中权衡，尽可能兼顾各方利益。要善于运用健全的法制管住任性的权力，要把培育法治生活方式，推动人民在法治轨道上解决纷争行成习惯。党的十八大以来，习近平总书记从统筹推进"五位一体"总体布局和协调推进"四个全面"战略布局高度，对社会安全治理提出了许多新理念、新战略，阐明了一系列带有方向性、根本性的重大问题。这就要求主动适应新形势，立足当前、着眼长远，坚持创新引领，积极推动理念、制度、机制、方法创新，不断提高社会安全治理社会化、法治化、智能化、专业化水平,努力实现对各类风险从被动应对处置向主动预防转变,建设更高水平的平安中国。

(二)科学有序推进平安中国建设

社会安全是科学有序推进平安中国建设的重要保障。社会安全不仅影响整个社会发展,而且关乎社会有序转型以及现代化协调发展的实现。随着经济的全球化及我国改革的推进,必然会出现各种矛盾。习近平总书记强调,要坚持源头治理、系统治理、综合治理、依法治理,努力解决深层次问题,着力建设平安中国,确保人民安居乐业、社会安定有序、国家长治久安。

(三)完善社会安全治理体系

完善社会安全治理体系,是新形势下推进社会安全治理创新的重要载体,是建设平安中国的基础工程,也是实现社会安全的机制保障。当前,我国已进入全面建成小康社会的决胜阶段,社会安全治理面临新的阶段性特征。我们要准确把握新形势下人民群众需求的新变化,深化对社会安全治理规律的认识,把社会安全治理摆到经济发展大局中来谋划,向改革要活力、向创新要动力,建立健全符合中国国情、具有时代特征的社会安全治理体系。

(四)提高预测预警预防各类风险的能力

习近平总书记特别强调,创新社会治理必须提高预测预警预防各类风险的能力,只有提高预测预警预防能力,才能真正摆脱被动应对的治理状态,从根本上实现由被动治理向主动治理的转变,牢牢把握社会治理的主动权。当前,我国正处于工业化、城镇化快速推进时期,各种传统的和非传统的、自然的和社会的安全风险交织并存,各类社会安全问题常在意想不到的时间和地点显现,社会安全治理面临的形势更加严峻,如何更好地保障社会安全已经成为党和政府加强执政能力建设的重大课题。提高预测能力是主动治理的基本前提,只有对可能出现的各类问题和风险及其发生的时间、方式、规模、潜在危害、变量因素等预先做出系统评估和科学判断,才能及时预警、积极预防、有效治理。

四、新时代对大学生进行社会安全教育的途径与方法

(一)增强总体国家安全观下的大学生社会安全意识培养

新时代大学生是未来中国特色社会主义建设的中坚力量,要积极培养新时代大学生国家和社会安全意识。大学时期是学生世界观、人生观、价值观形成的重要时期,也是转变成公民的重要一步,作为社会中的一个公民个体,每个人都应当明白,社会安全的程度,取决于一个国家社会文化的发展程度。也就是说经济发展速度、社会公平程度、政治体制、历史文化原因等,都有可能对社会安全程度产生直接的影响。社会安全教育是高校育人的生命线,

关系到高校自身发展和社会稳定，新冠肺炎疫情期间习近平总书记针对人民生命健康安全多次做出重要指示，社会安全也上升到前所未有的政治高度。大学生要主动接受国家安全教育，有效培育国家社会安全意识，树立正确的社会安全观，成为国家和社会安全的坚决维护者、自觉遵守者、坚定捍卫者。

新时代大学生安全意识在很大程度上能够反映一个国家公民的安全意识。要培育大学生的社会安全意识，培养大学生对社会的责任感和使命感，就要顺应时代的变化，有能力应对各种风险和挑战，所以每一位大学生应具有随时代的发展而产生的社会安全意识。新时代大学生社会安全意识是在总体国家安全观指导下所形成的新的国家安全意识，具备总体性和综合性。新时代大学生社会安全意识，是大学生对社会面临的安全形势和不安全因素的理性认知，以及大学生在维护社会安全和利益时的情感态度和意志能力。同时，社会安全意识并不是空洞的，而是大学生在面对安全问题时，其知（理性认知）情（情感态度）意（意志能力）三方面的具体体现。新时代大学生对社会安全的理性认知应掌握总体国家安全观所提出的“政治安全、国土安全、军事安全、经济安全、文化安全、社会安全、科技安全、信息安全、生态安全、资源安全、核安全等11个方面所涵盖的内容，形成以人民安全为宗旨，以政治安全为根本，以经济安全为基础，以军事、文化、社会安全为保障”的根本认识。可分为以下的三个方面：一是大学生对国家安全基础知识的掌握，是构建其国家和社会安全意识的基础，这一方面直接决定了大学生对于国家和社会安全的基本认识；二是建立在大学生现有国家安全基础知识上的对社会安全现状的总体认知；三是大学生对国家安全重大事件的认识，即对事关社会安全的重大事件所做出的是非评判。

对国家和社会安全的情感态度是大学生对维护国家和社会安全所表现出的价值取向，即大学生在感性层面上对维护国家和社会安全所流露出的情感态度，包含了以下三个方面：一是以爱国主义为核心的民族精神，是大学生社会安全意识的精神内核；二是大学生对维护社会安全的责任和义务的认同感，是其维护社会安全的内驱力；三是在特定事件下，大学生对国家和社会安全所流露出的情感。维护社会安全的意志是建立在维护国家和社会安全的责任和义务的认同感基础之上，对维护国家和社会安全所产生的一种强烈的意愿；而维护安全的能力是一种综合的素质，它是建立在大学生对国家和社会的认知和情感之上，是在产生了维护国家和社会安全的意志之后的实际行动。

（二）履行维护社会安全的义务

大学生应自觉遵守社会安全法律，履行维护社会安全的法律义务：为国家建设和社会安全工作提供便利条件或其他协助的义务；在国家机关调查了解有关危害社会安全的情况下如实提供有关证据、情况的义务；及时报告危害社会安全行为的义务。对每一项责任和义务，新时代大学生都应当勇于担当，尽职尽责坚决维护社会安全。新时代的大学生应当高扬爱国主义旗帜，把爱国之情、强国之志、报国之行统一起来，为国家和民族做出应有的贡献。在社会实践中，应该培育三种意识。

（1）培育大学生的社会安全意识，使大学生对于总体社会安全形成更为深刻的认识，在维护社会安全上有整体的视野、具体的行动，有助于总体国家社会安全观的落实。

（2）培育大学生的社会安全意识，有助于维护国家的长治久安，维持社会稳定发展，为实现中华民族伟大复兴的中国梦筑牢基础。

（3）培育大学生的社会安全意识，有助于大学生形成科学的人生观、价值观和世界观，有助于大学生更好地成长成才。

案例分析7-2 山西信访局完善信访机制，决战扫黑除恶

自2018年以来，山西省信访局接待一处、二处开设专门的扫黑除恶信访事项接待窗口，由专人负责处理涉黑涉恶来访问题；在信访信息系统中开设专栏，专项办理涉黑涉恶类信访问题，实现网上全程流转、持续跟踪督办；建立涉恶信访问题和保护伞线索受理办理报送机制。

2018年中央第十五巡视组和中央扫黑除恶第二督导组在晋期间，山西省信访局将巡视组移交的36件涉黑涉恶信访事项、督导组移交的7批3100件信访事项，全部在第一时间交办各市和各有关部门办理，推动了问题的有效解决，让人民群众获得了更多的获得感、幸福感和安全感。

此外，山西省信访局还在全省各级信访接待场所，通过发放宣传资料、张挂标语条幅等多种方式，引导群众既积极参与扫黑除恶专项斗争，依法理性反映黑恶线索，又勇于善于揭发举报幕后组织策划聚集上访、闹访滋事等可能涉及的黑恶行为，积极发动全社会广泛参与扫黑除恶专项斗争，为维护正常信访秩序和社会大局稳定营造良好氛围。

由于山西省信访局为维护群众合法权益、维护良好信访秩序、维护社会和谐稳定做出了重要贡献，山西省信访局办公室连续两年（2018年、2019年）被评为全省扫黑除恶专项斗争先进单位。

（资料来源：山西日报，2019－06－01 05:43）

案例分析7-3 山东临沂高三女学生被电话诈骗骗光学费

2016年8月，山东省临沂市高三毕业生徐玉玉被陈文辉等人骗走9900元钱，在去派出所报警后的回家途中，身体出现不适，最终抢救无效死亡。公安机关出具的死亡原因分析报告认为，徐玉玉应系被诈骗后出现忧伤、焦虑、情绪压抑等不良精神和心理因素的情况下发生心源性休克，行心肺复苏后继发多器官功能衰竭而死亡。就在同一个月，山东省临沂市大二学生宋振宁因遭受电信诈骗，心中郁结而猝死；广东省揭阳市高三毕业生蔡淑妍在遭受电信诈骗后跳海自杀。三条年轻生命的消失，引起社会轰动。

（资料来源：山东商报．作者：高倩．2016－08－26）

深度阅读

1.《中华人民共和国反恐怖主义法》(2016 年 1 月版).
2.《中华人民共和国国家安全法》(2015 年 7 月版).
3.《关于加强社会治安防控体系建设的意见》(2015 年 4 月版).

学习思考

1. 个人安全、社会安全与国家安全之间有什么关系?
2. 国家制度建设与社会安全的意义是什么?

参考文献

[1] 王建平. 公民安全、社会安全与国家安全[M]. 成都:四川大学出版社,2017:254.
[2] 寇丽平. 社会安全治理新格局[M]. 北京:国家行政学院出版社,2018:8.
[3] 李东波. 牢固树立国家安全观——国家安全教育学习[M]. 北京:中国言实出版社,2021:103.
[4] 李宏. 提升社会安全治理能力的着力点[N]. 中国青年报,2021-04-23.

第八章　新时代国家科技安全教育

科技是国家强盛之基，创新是民族进步之魂。国家科技安全是国家安全战略的重要内容。2020年教育部印发了《大中小学国家安全教育指导纲要》，将科技安全列入纲要。其中，科技安全包括科技自身安全和科技支撑保障相关领域安全，涵盖科技人才、设施设备、科技活动、科技成果、成果应用等多个方面，是支撑国家安全的重要力量和技术基础。面临重点领域核心技术受制于人、创新能力不足等问题。维护科技安全必须重视人才培养、突破关键核心技术。在当前全球科技竞争白热化的情况下，科技创新竞争力已经成为一个国家竞争成败的决定性因素，国家科技实力的增强和竞争力的提高是保障国家经济安全的首要前提。对大学生进行国家科技安全教育应着重引导学生树立国家科技安全意识、科技创新意识、专利意识和保密意识等观念。目的是确立大学生国家科技安全意识，让大学生得以全面了解、熟悉我国的科技安全体系，将其提升至战略高度加以重视，进而渗透到大学生思想深处，并在具体的学习和工作中用行动践行。

知识目标

通过本章学习，使学生了解习近平总书记关于国家科技安全的重要讲话，增强科技是国之利器的战略认识，明确科技安全是国家安全战略的重要内容。全面加强对大学生国家科技安全意识的培养力度，构建与时俱进的国家科技安全教育模式和教育体系。

素养目标

科技全球化是每一个国家实现科技安全教育的主要模式和手段，面对目前我国大学生国家科技安全教育存在的缺失问题，我们需要大力加强和完善大学生国家科技安全教育，将其融入思想政治教育模式当中。全面加强和完善我国大学生的科技安全教育，成为新时代对大学生国家安全教育的主要内容之一。

思政目标

国家安全是安邦定国、百姓安居乐业的基础，维护国家安全就是维护全国民族人民的利益。科技安全是国家安全的重要组成部分，要坚持总体国家安全观，并把科技安全放在核心地位。在政治经济全球化和国际格局多极化的背景下，新时代国家科技安全严重影响着国际关系和国家战略选择，在推动国际关系体系和国家新秩序确立的过程中发挥着重要作用。加强科技安全既要确保自身安全，又要发挥科技的支撑作用，保证相关领域的安全。一方面要不断提高大学生自身的科技水平，壮大科技队伍，另一方面要求大学生用科技力量来保障国家安全、利益。

第一节　新时代国家科技安全的基本内涵

一、科技安全的定义

科技安全是指科技体系完整有效，国家重点领域核心技术安全可控，国家核心利益和安全不受外部科技优势危害，以及保障持续安全状态的能力。根据百度百科的解释，科技安全，狭义上表示国家科学技术发展的一种安全态势，广义上是指在一定的社会环境条件下，特别是国际大环境中以国家价值准则为依据的对科技系统与相关系统相互作用所决定的国家安全态势的一种动态描述。

狭义的科技安全概念可以表述为：科技安全表示国家科学技术发展的一种安全态势，这种态势体现了在国际大环境下，国家通过政治、军事、外交、经济、科技等手段，使国家科学技术系统既通过与国际环境的开放式作用和系统内部的协调运行达到功能优化，又保证该系统不招致来自内部和外部的威胁，并以此维护国家利益。这个定义是将科学技术作为一个特定的系统，以该系统自身的安全状态来确定科技安全内涵的。在这个意义上，考察科技安全状态应主要侧重于四点：一是国家的科学技术实力的强弱；二是国家的科技法规、政策完善程度；三是科技工作的运行机制是否有效；四是国家对科技系统的保护力度。

广义的科技安全概念可以理解为，科技安全是在一定的社会环境条件下，特别是国际大环境中以国家价值准则为依据的对科技系统与相关系统相互作用所决定的国家安全态势的一种动态描述。一个国家的科技安全态势体现了该国国家能力的四个方面：一是国家利益免受国外科技优势威胁和敌对势力、破坏势力以技术手段相威胁的能力；二是国家利益免受科技发展自身的负面影响的能力；三是国家以科技手段维护国家安全的能力；四是国家在所面临的国际国内环境中保障科学技术健康发展以及依靠科学技术提高综合国力的能力。

二、科技安全的范围

科技安全包括科技成果安全、科技人员安全、科技产品安全、科技设施安全、科技活动安全和科技应用安全。科技安全最关键的是科技保密。

在经济全球化社会中,科学技术不仅是第一生产力,也是国家安全的重要保障。科技安全是国家安全体系中重要的组成部分,科技创新是保障国家安全的战略支撑。随着科学技术日新月异地迅猛发展,科技安全对经济发展、社会进步产生着极其重要的推动作用,是国家其他领域安全的技术基础,对国家安全发挥着关键作用。改革开放后,尤其是党的十八大以来,我国科技实力不断提高,科技发展进入快速跃升期,一批重大科技成果达到世界先进水平。我们必须清楚地看到,世界新一轮科技革命对我国未来生存发展带来挑战,重点领域核心关键技术受制于人的困境依然存在,科技安全管理、军民融合发展等问题依然突出。同时,我国前沿基础研究依然薄弱,科技基础依然不牢,原始创新能力依然不足,对事关长远和战略全局的重点领域部署不够。防范化解科技重大风险,维护国家科技安全,是一个时代的命题。习近平总书记多次强调,我们一定要密切关注、防范化解高科技的各类重大风险,确保科技尽量在安全的轨道上运行。

维护我国的科技安全要坚持聚焦重大需求。针对国家层面科技安全所面临的首要问题,聚焦维护国家安全重大需求,充分发挥制度优势,整合集成资源,加大协同。

维护我国的科技安全要坚持前瞻部署,坚持自主创新,坚持完善体制机制。国家加强自主创新能力建设,加快发展自主可控的战略高新技术和重要领域核心关键技术,加强知识产权的运用、保护和科技保密能力建设,保障重大技术和工程的安全。在科技安全国际合作方面,坚持全球视野,加强国际合作,合力解决人类共同面临的粮食危机、气候变化、公共卫生等重大挑战,协力打造人类命运共同体。

切实维护国家科技安全,是我们每个公民应尽的义务。对我们新时代大学生而言,迫切需要加强对国家科技安全法律法规的学习,提高维护国家科技安全的意识,对境内外敌对势力的渗透、入侵、破坏活动保持高度警惕,这样才能在面对科技重大风险的时候,做出正确的判断和决策,使国家和人民的安全利益免受损害。

第二节　新时代国家科技安全战略的重要意义

一、习近平总书记高度重视国家科技安全战略

科技和科技安全广泛渗透于国家安全的各种领域、各个要素和各个因素之中。国家安

全体系及其任何部分都有科技安全问题存在。科技和科技安全不仅对当代国家安全在整体上起决定作用,而且对当代国家安全其他领域和内容都起决定性作用。科技与科技安全的丧失,对国家安全是毁灭性打击,新时代国家科技安全具有重要的战略意义。

(一)中国必须把科技创新摆在国家发展全局的核心位置

党中央明确指出,科技创新作为提高社会生产力、提升国际竞争力、增强综合国力、保障国家安全的战略支撑,必须摆在国家发展全局的核心位置,科技创新是核心,抓住了科技创新就抓住了牵动我国发展全局的“牛鼻子”。这是他以全球视野、战略眼光做出的重要论断。这一论断和要求,从科技创新在经济社会发展中的重要作用出发,强调了把科技创新置于国家发展全局的核心位置的重要性和必然性,蕴含着深刻的理论逻辑、历史逻辑和实践逻辑。习近平把脉当今世界科技发展新趋势、审度新时代中国具体国情和实际,进一步指出,“科技是国之利器,国家赖之以强,企业赖之以赢,人民生活赖之以好”,“科技实力决定着世界政治经济力量对比的变化,也决定着各国各民族的前途命运”。这些论述有着坚实的理论基础,体现出继承性与创新性的统一,是对马克思主义科技观在当代中国和当今时代条件下的丰富和发展。

中华人民共和国成立后,党中央及时发出“向科学进军”的号召,通过调动国内外一切积极因素,努力推动我国科技事业发展。从“一辆汽车、一架飞机、一辆坦克、一辆拖拉机都不能造”到“两弹一星”等一系列世界先进科技成果问世,科技进步带动我国建立起独立的、比较完整的工业体系和国民经济体系,奠定了中国在国际上的大国地位,生动诠释了“科技立国”的深刻内涵。进入改革开放新时期,党中央大力实施科教兴国战略、创新驱动发展战略,相继制定并推进了国家科技攻关计划、国家高技术研究发展计划、国家重点基础研究发展计划、国家科技支撑计划等一系列科技发展计划,加速追赶世界先进科技水平,有力地支撑了我国经济社会发展,使我国科技实力、经济实力和国际影响力日益提升,书写了“科技兴国”的精彩篇章。当下,中国特色社会主义进入了新时代,要全面建成社会主义现代化强国、奋力实现中华民族伟大复兴的中国梦,“比历史上任何时期都更需要建设世界科技强国”,中国踏上了“科技强国”新征程。

加强国家科技安全,是推进新时代中国特色社会主义事业的必然要求。新时代推进中国特色社会主义事业,统筹推进“五位一体”总体布局,协同推进“四个全面”战略布局,离不开科技创新的支撑和促进。经济建设要依靠科技创新注入新动力,以更好地实现经济发展方式转变、增长动力转换、经济结构优化,建设现代化经济体系;政治建设要通过科技创新为人民群众参与政治生活、表达政治诉求、行使政治权利,提供更多便捷、有效的途径和方式;文化建设要依靠科技创新丰富社会主义核心价值观传播媒介、促进文化产业改造升级、更新文化产品生产方式、提升文化产品国际传播力等;社会建设要依靠科技创新保障人民群众生命安全和身体健康、改善民生水平、加强和创新社会治理,为人民群众创造更加安全的社会环境;生态文明建设要依靠科技创新推动绿色发展、打赢污染防治攻坚战、保护和修复生态系统,建设天蓝、地绿、水清的美丽中国。总之,在新时代全面建设富强、民主、文明、和谐、美丽的社会主义现代化强国,就要充分发挥科技创新的引擎动力和支撑作用。

（二）中国正面对着推进科技创新的重要历史机遇

党中央多次指出我们正面对着推进科技创新的重要历史机遇，机不可失，时不再来，必须紧紧抓住。具体来说，新一轮科技革命和产业变革与我国加快转变经济发展方式形成历史性交汇，这为我国顺势而为、乘势而上，大力推进科技创新带来有利环境和条件。一方面，新时代我国经济社会发展对科技创新的需要比以往更加迫切，这是推进科技创新的强劲动力。改革开放40多年来，我国经济实力持续上升，创造了举世瞩目的“中国速度”，目前，经济总量居于世界第二位。基于经济发展客观规律要求和国内外经济发展趋势新变化，我国经济进入由“速度增长型”向“质量发展型”转变的新阶段。当前，我国经济正处于转换动力、调整结构的关键节点。由于经济发展旧动能逐渐趋于弱化，传统发展方式优势不再，我国经济发展驱动力要由以往主要依靠投资、资源、廉价劳动力等要素转换到主要依靠科技创新上来。通过科技创新推动制造强国、质量强国建设，有助于深化供给侧结构性改革，不断满足人民对高质量产品的物质需求；农业科技创新能够为农业农村现代化、农民生活水平改善提供强大支撑，有利于乡村振兴；绿色科技创新能帮助人们建设更加美丽的环境，有利于实现人与自然和谐共生。科技创新因此成为中国转变经济发展方式的关键环节，而转变经济发展方式的需要也为科技创新提供了重要的历史机遇。正如恩格斯所指出的，“社会一旦有技术上的需要，则这种需要就会比十所大学更能把科学推向前进”。另一方面，当今世界新一轮科技革命和产业革命正在孕育成长，“全球科技创新进入空前密集活跃的时期，新一轮科技革命和产业变革正在重构全球创新版图、重塑全球经济结构”。实现中华民族伟大复兴，建设社会主义现代化强国，更需抓住新一轮科技革命的历史机遇。中国要强盛、要复兴，就一定要大力发展科学技术，努力成为世界主要科学中心和创新高地。古今中外科技创新之于民族盛衰、大国沉浮的历史充分诠释了“科技兴则民族兴，科技强则国家强”这一科学论断。一些国家抓住科技革命的难得机遇，实现了经济实力、科技实力、国防实力迅速增强，综合国力快速提升。当今世界新一轮科技革命浪潮涌动，对于历史上曾与世界科技革命失之交臂的中国来说更显弥足珍贵。机遇往往稍纵即逝，我们必须以史为鉴，增强机遇意识和紧迫感，“不能等待、不能观望、不能懈怠”，而应主动参与、提前谋划、抢占先机。

（三）让科技为人类造福

新时代推进科技创新应在全社会弘扬正确、积极的科技伦理观，明确科技创新活动的价值取向，为科技造福人类社会提供保障。

一是要牢固树立科技创新为全人类造福、为人民服务的价值观念。科技创新是为全人类造福的伟大事业。2014年3月27日，习近平在联合国教科文组织总部的演讲中指出，我们要大力发展科技事业，通过科技进步和创新，认识自我，认识世界，改造社会，使人们在持续的天工开物中更好掌握科技知识和技能，让科技为人类造福。这要求我们在科技创新活动中要始终坚持以人民为中心的工作导向，积极回应人民群众的期盼和关切，“要把满足人民对美好生活的向往作为科技创新的落脚点，把惠民、利民、富民、改善民生作为科技创新的重要方向”,通过科技创新不断满足人民日益增长的美好生活需要,使科技成果更充分地惠及广大人民群众。

二是要有强烈的爱国情怀。爱国主义是中华民族精神的核心,每一位科研人员都必须有强烈的爱国情怀。习近平总书记强调,强烈的爱国情怀是“对我国科技人员第一位的要求。科学无国界,科学家有祖国。要热爱我们伟大的祖国,热爱我们伟大的人民,热爱我们伟大的中华民族”。在新时代,科技工作者更应充分认识科技创新对实现中华民族伟大复兴中国梦和建设社会主义现代化强国的重要意义,牢记祖国和人民寄予的重托,勇挑建设世界科技强国的重担。

三是要具备合乎创新规律的科学精神。科技创新是探索未知、创造未有的实践活动,有其特定的内在规律,与之相应,科技工作者必须具备特定的科学精神。比如,要树立敢为天下先的创新自信。自信是人们进行实践活动的积极心理因素,在科技创新实践中尤显重要。我国广大科技工作者要有强烈的创新信心和决心,既不妄自菲薄,也不妄自尊大,勇于攻坚克难、追求卓越、赢得胜利,积极抢占科技竞争和未来发展制高点。只有自信的国家和民族,才能在通往未来的道路上行稳致远。再如,要敢于怀疑。创新意味着突破甚至是颠覆,科学研究、技术创新,就是在不断怀疑、论证、试验的过程中向前发展的。习近平总书记多次勉励科技工作者要树立科学精神,努力科技创新,凡事要有打破砂锅问到底的劲头,敢于质疑现有理论,勇于开拓新的方向。尊重科研规律,尊重科研管理规律,尊重科研人员意见,为科技工作者创造良好环境。

(四)坚定不移走中国特色自主创新道路

抓住机遇、应对挑战,必须坚定不移走中国特色自主创新道路,这是我们建设世界科技强国的必由之路。这条道路是有优势的要最大限度发挥各方面优势,形成推进科技创新整体合力。新时代,推进科技创新具备诸多“中国特色”的优势,这是我们建设世界科技强国的自信之源。

1. 坚持党的领导

我们党多次指出中国共产党领导是中国特色科技创新事业不断前进的根本政治保证。历史经验表明,中国共产党在领导科技事业发展过程中,在科技人员思想政治工作、科技发展战略规划、科技创新资源配置、重点科研项目合力攻关、科研基础设施保障、科技人员工作积极性调动等方面都显示出独特的领导和组织优势,特别是保证了社会主义制度集中力量办大事这一特色优势的充分发挥。习近平总书记强调,集中力量办大事是我们成就事业的重要法宝,过去我们取得重大科技突破依靠这一法宝,今天我们推进科技创新跨越也要依靠这一法宝。在新时代推进科技创新,要坚持和加强党对科技事业的领导,继续发挥党的领导政治优势,激发科技界创新热情,凝聚全社会创新力量,不断开创中国科技事业发展新局面。

2. 坚实的科技基础

中华人民共和国成立70多年来,科技事业取得长足发展,与世界先进科技水平的差距逐步缩小。当前,我国在某些科技领域正由“跟跑者”向“并行者”“领跑者”转变,“科技实力正处于从量的积累向质的飞跃、点的突破向系统能力提升的重要时期”。我国在“两弹一星”、超级杂交水稻、人工合成牛胰岛素、纳米科技、干细胞研究、人类基因组测序、载人航天、探月工程、北斗导航、高速铁路等领域所取得的成就，体现出科技基础之坚实，也成为我国能够抓住新一轮科技革命机遇的先决条件。历史经验表明，那些抓住科技革命机遇走向现代化的国家，都是科学基础雄厚的国家；那些抓住科技革命机遇成为世界强国的国家，都是在重要科技领域处于领先行列的国家。自信源于既有成就，坚实的科技基础使我们更加有信心、有能力抓住新时代科技创新机遇。

3. 规模宏大的科技人才队伍

科技人才是推进科技创新的根本依靠和第一资源。多年来，我国一以贯之地实施科教兴国战略、人才强国战略，实施“长江学者奖励计划”“海外高层次人才引进计划”“青年英才开发计划”等一系列人才引进、培养政策，时至今日已经造就出一支世界上最大规模的科技人才队伍，为科技创新提供了丰富的人力资源保障。当下，我国正在努力推进“世界一流大学和一流学科”建设，党的十九大又提出“建设教育强国”的目标，强调必须把教育事业放在优先位置，这必将在新时代为建设世界科技强国源源不断地培养、输出大量科技人才。正如党和国家所希望地那样中国这么多人，教育上去了，将来人才就会像井喷一样涌现出来。

4. 广阔且富有潜力的市场需求

党中央指出人民的需要和呼唤，是科技进步和创新的时代声音。新时代我国对科技创新的社会需求呈现出一些新特征。

(1)我国已经确立并在继续完善社会主义市场经济体制，市场在资源配置中起决定性作用的观念已深入人心。当下我国社会的市场观念、市场意识、市场思维都较改革开放之初有了显著的变化，市场需求已成为科技创新的重要指向标，加之我国人口众多，伴随着国民收入持续增长，对先进科技成果的消费需求广阔且潜力巨大。

(2)伴随着中国开放的大门越开越大，我国的社会需求直接对接全球先进科技成果，这无形中给我国科技创新带来竞争压力，进而转化为创新动力。

(3)人们的消费理念随着潮流而快速变化，对含有新、奇、特技术的产品和服务的渴望越发强烈，对科技创新充满期待。

有鉴于此，党和政府多次强调要结合社会主义市场经济新条件，发挥好我们的优势，加强统筹协调，促进协同创新，优化创新环境，形成推进创新的强大合力。

5. 持续有力的科技投入保障

资金投入对科技创新的重要性不言而喻。2013 年 9 月，习近平在十八届中央政治局第九次集体学习时就强调：“要加大政府科技投入力度，引导企业和社会增加研发投入。”2015 年至 2019 年，我国研究与试验发展(R&D)经费支出分别比上年增长 8.9%、10.6%、12.3%、11.8%、10.5%，已连续多年增速保持世界领先。国家统计局发布的《中华人民共和国 2019 年国民经济和社会发展统计公报》显示，2019 年，全国研究与试验发展(R&D)经费为 21737 亿元，占全年 GDP 的 2.19%，已接近创新型国家研发投入占 GDP 比重的水平。可以预见，我国未来仍将不断加大研发投入,持续改善创新环境,更有力地推动建设世界科技强国的进程。

(五)中国科技一定要坚持开放创新

国际科技交流、合作乃至竞争,在相当程度上推动着世界科学技术不断向前发展,最终惠及人类社会。在建设中国特色社会主义的新时代,科学技术是世界性的、时代性的,发展科学技术必须具有全球视野。关于自主创新与开放创新的关系,他分析指出,“我们强调自主创新,不是关起门来搞研发,一定要坚持开放创新”。在新时代推进科技创新过程中,我们必须树立全球视野,坚持开放创新。

时代潮流的现实要求。当今世界的时代潮流是和平、发展、合作、共赢,在科技领域坚持开放创新,是适应时代客观要求的应然之举。2014 年 6 月,习近平总书记在国际工程科技大会上指出,在和平、发展、合作、共赢的时代潮流中,提高工程科技发展国际化水平已成为各国推动工程科技创新的普遍共识和重要手段,共享工程科技成果是推动共同发展、促进共同繁荣的重要途径。2019 年 10 月,他又在向第二届世界顶尖科学家论坛所致贺信中强调,中国愿同世界各国一道加强科学研究,密切科研协作,推动科技进步。这充分体现了中国在推进科技创新方面顺应时代潮流,主动融入全球创新网络,努力实现互利共赢的积极态度。

中国近现代科技发展的历史启示。近代中国落后挨打的原因之一,在于封建统治者闭关锁国、夜郎自大,中国同世界科技发展潮流渐行渐远,屡次错失富民强国的历史机遇。鸦片战争后,与资本主义列强存在巨大差距的现实迫使中国人开始多方面地了解、学习西方自然科学技术,但由于长期战火连绵、社会动荡不宁,科技发展极其有限。直到中华人民共和国成立后,我国才真正建立起人民的科技事业并奋起直追,陆续取得一系列重大科技成果。党的十一届三中全会以来,我国在更广范围实行对外开放,更大规模学习、引进外国先进科学技术,全面加强国际科技交流与合作,推动了中国科技事业蓬勃发展、日新月异。

历史是最好的教科书,中国近现代科技发展的历史告诉我们:封闭导致落后、开放利于进步。新时代推进科技创新,必须秉持开放理念,走开放创新之路。

科技发展规律及新趋势的客观要求。在百年未有之大变局的新时代,在全球化、信息化、网络化深入发展的条件下,创新要素更具有开放性、流动性,不能关起门来搞创新。这是他把脉当今世界科技创新的新条件、新特点和新趋势得出的重要结论。只有在准确把握世界科技发展趋势、了解科技发展前沿信息、认识我国科技发展不足和短板的基础上进行顶层设计和战略部署,才能更有效地推动我国科技事业发展。

二、新时代国家科技安全的重大战略意义

(一)科技安全是保证国家安全以及国家长治久安最主要的依据

科技安全的主体概念是科技体系的完善有效,作为我国国家主要产业,科技安全要技术

可控和稳定，使我国的国家核心利益和安全不会受到来自外界的影响，从而保证相对安全的状态。目前科技发展直接应用于政治以及经济发展等多个产业当中，是构建我国国家安全最根本的基础。科技不安全，国家的多个产业都会受到巨大的影响。在第二次世界大战之后，核弹成为人类发展当中最具有威胁的物理系统之一，也是一个国家高精尖科技最根本的体现，直接决定了国家的安全和地位。中华人民共和国成立之后，美国等国家为了保证自己的世界霸主地位，对我国进行了多次核武器的威胁，为了应对美国的威胁，我国决定发展自己的核武器，1964 年 10 月 16 日，我国第一颗原子弹试爆成功，向世界宣示了中华民族攀登科技高峰的勇气、信心和能力。原子弹的研制成功，使我国国防实力大幅提升，也使我国在外交上拥有了更多的主动权，以美国为首的西方国家再不敢小觑中国。历史照映现实，国家发展落后就要挨打，核心技术是花钱买不来、求不来、换不来的，特别是对于国防科技的核心安全、科技的发展以及相应的制度发展，对于一个国家在世界竞争中具有重要的地位。正如邓小平同志提出的，如果 20 世纪 60 年代我国没有原子弹，那么就不能取得今日的成就。

（二）科技安全直接决定了国家军事安全和国防安全

国防科技本身代表着国家科技发展最前沿最主要的方向，实践当中我们可以了解到，只要掌握了最尖端的国防科技，就可以取得世界的军事战略以及竞争的主动权。例如，20 世纪 90 年代的海湾战争当中，美国依靠自身牢固的国防科技基础以及高科技的武器，仅仅在 42 天当中，就击溃了在当时来说是中东强国的伊拉克，在这一场战争当中，伊拉克的军队伤亡超过 10 万人，损失飞机 300 多架、坦克和装甲车 6000 多辆、各式火炮超过 3000 门，海上力量也遭到了毁灭性打击，伊拉克军队有 46 个师失去了战斗力。而美国仅仅阵亡 148 人，损失飞机、坦克数十辆，这场战争完全基于一种单方面碾压的模式进行。国防科技当中军队武器的发展、军事力量的建设和使用，直接决定了战争的成败。目前我国正在大力推动科技的发展，把大量的科技应用到军事建设上，航母以及核潜艇取得了重大突破，特别是我国的东风系列的战略武器扬名世界，在科技力量的推动下，我国的武器装备不断发展，为保证我国的安全打下坚实基础。

（三）科技安全是抵御和防止外部入侵风险最主要的模式

目前我国的科技安全作用不断发展，已经成为国家发展的根基，如果信息科技不安全，国家的安全会受到巨大的影响，科技安全已经成为影响国家安全发展的主要因素。2020 年，世界范围内都出现了新冠肺炎疫情，面对未知病毒，我国坚持以科学发展为根本，利用目前的科技创新模式和成果，在病毒分析以及疫苗的研制等方面取得了卓越的成果，这一切离不开一套完整的医疗科技模式。大数据、人工智能等技术发挥了重要的作用，在抗击疫情中大显“神通”，我国很快就复工复产。

进入到 21 世纪，科技对于国家的实力以及人民群众生活的直接影响是非常明显的。科技加速了国家的发展，提升了人民群众的生活品质。国家要发展，人民要富强，就需要强大的科技力量作为支撑，构建国家的安全防线，全面强化科技安全，提高科技创新更是一切的根本。

（四）科技安全是国家安全最主要的保障

新一轮的技术革命正在酝酿，科学技术已经在多个领域中成为重要的保障和支撑力量，科技安全战略已经成为国家战略体系发展当中不可或缺的关键，对于国家安全的发展具有重要的意义和价值。目前，我国科技事业得到快速的发展，各个产业的科技发展和成果不断呈现，但是我国的科技安全产业当中最主要的核心技术受限的局面仍没有根本改变，科技的转化率较低的状况没有得到很好的解决，就当下来说，我国因为缺乏芯片技术，被其他国家左右，华为以及中兴等企业都受到了国外机构的打压。最主要的原因是西方国家担心我国科技的发展会给他们造成威胁。如果科技发展受到制约，所有的产业都会受到影响。因此，我们在取得骄人成绩的同时，要时刻清醒地认识到，只有加快国家的科技发展，全面推动科技自主创新，全面突破和解决封锁情况，掌握核心技术，才能真正掌握主动权，保障我国的国家安全和国家利益。

第三节　新时代国家科技安全面临的问题与挑战

一、我国科技领域仍然存在一些亟待解决的突出问题

2018 年 5 月 28 日，习近平在中国科学院第十九次院士大会、中国工程院第十四次院士大会开幕会上指出，我国科技领域仍然存在一些亟待解决的突出问题，特别是同党的十九大提出的新任务新要求相比，我国科技在视野格局、创新能力、资源配置、体制政策等方面存在诸多不适应的地方。正确认识和把握这些问题，才能对症施治，从而有针对性地消除科技创新活动中的障碍和阻力。

（一）基础科学和关键核心技术的短板较为突出

基础科学是科技进步之基石，“基础研究是整个科学体系的源头，是所有技术问题的总机关”。由于基础薄弱、研发投入受限等，我国在基础科学方面仍与世界先进科技强国有较大差距，“基础科学研究短板依然突出”。而关键核心技术是一国科技实力的标志，是国际科技竞争力的关键所在，关乎国家安全和经济社会发展全局。关于基础科学和核心技术之间的关系，他们是互为因果的辩证关系，核心技术的根源问题是基础研究问题，基础研究搞不好，应用技术就会成为无源之水、无本之木。在新时代，必须以“咬定青山不放松”的韧劲，

“在关键领域、卡脖子的地方下大功夫”，日积月累、久久为功，稳步推进基础科学的研究和关键核心技术的突破，努力补齐短板。

（二）科研和经济之间的联系尚需进一步加强

科技与经济的“两张皮”状况，是我国科技创新中存在的又一突出问题。其直接表现是科技成果向现实生产力转化不力、不顺、不畅。一方面，不少科技创新止步于论文发表、专利申请，科研成果封闭自我循环较严重，形成科技创新中的“孤岛现象”。另一方面，在科技创新成果转化途中存在着“最后一公里”的体制机制上的“篱笆墙”。科技成果向生产力转化不力，导致科技对于经济社会发展的功能发挥不充分，不能起到应有的战略支撑作用，同时造成进一步促进科技创新的物质保障力和社会需求度降低，以致科技创新的动力不足。习近平总书记多次讲到这一问题，反复强调科技创新“要面向经济社会发展主战场，转化为经济社会发展第一推动力”。

（三）创新型科技人才结构性不足的矛盾仍然存在

我国是科技人才大国，科技人才队伍的规模可观，但还存在一定的结构性不足，主要是高水平创新人才缺乏。我国在重大科研项目、重大工程、重点学科等领域的首席科学家、战略科学家、世界级科技大师等领军人才不够多，创新团队有限，尖子人才不足。高水平科技人才是科技创新活动的“火车头”，是国家科技实力的标志性力量。然而，我国高水平科技人才现状与我国建设创新型国家进而建成世界科技强国的客观要求尚有较大差距，科技人才队伍建设面临着严峻挑战。对此，习近平总书记强调，要全面聚集人才，一方面要聚天下英才而用之，另一方面要大力培养造就高水平科技人才队伍。

（四）科技资源配置有待进一步优化

当今时代，“科技创新活动不断突破地域、组织、技术的界限，演化为创新体系的竞争”。只有合理配置创新资源，才能建立起优质、高效的创新体系。然而，科技资源配置分散、封闭、重复建设问题在我国科技领域依然存在。我国在科技计划、经费投入、项目管理等多方面存在着分散的状况，如科技计划碎片化、科研项目聚焦不够、科研经费分割浪费等，从而导致我国创新体系整体效能不强。应继续深化科技体制改革，着力加强一线调研、顶层设计和总体协调，使创新资源配置更加科学合理。

（五）企业的技术创新主体地位需要进一步突出

企业熟悉市场对科技成果的需求趋势，具备配置科技创新资源的平台优势，能够直接促使科技创新成果产业化。然而，我国企业在科技创新方面的主体作用尚未得到充分发挥。从主观上讲，不少企业热衷于短期快速获利，创新意识较弱、自信心不足，习惯于引进、购买国外技术，潜心自主创新的积极性不高。从客观上讲，企业创新环境亟待优化，时常受限于体制机制、市场调节等诸多方面的影响。社会需要是科技进步的动力，而企业是联结科技发展与社会需求的纽带，企业能否成为创新主体对于全社会科技创新水平提升具有重要意义。

因此，党中央特别强调，要进一步突出企业的技术创新主体地位，使企业真正成为技术创新决策、研发投入、科研组织、成果转化的主体。

二、国家科技安全形势不容乐观，我国大学生科技安全意识防范较为薄弱

习近平总书记指出：科技是国之利器，是提高我国综合国力和国际竞争力的必然要求和战略举措。国家科技安全本身主要是指和我国国家利益以及安全技术相互存在，但是不会受到威胁的模式。全球化的时代背景下，国外发达国家科技发展继续保持着自身的安全优势模式，在国际论坛当中散布中国威胁论，推动其他国家对我国展开科技竞争，导致我国受到挤压。主要表现如下。

(1)我国目前科技安全存在发达国家的挑战和压迫。科技是一切国家和国家竞争力最主要的表现模式，如果我们自身缺乏科技的竞争优势，将会导致我国科技安全产业失去保障力度。我国现阶段科技的竞争力在全球的排名在25～28之间，总体的科技发展水平直接落后国外先进国家20年的水平。

(2)我国科技安全受到了来自国外发达国家的控制。国家之间需要竞争，但是竞争的本质是为了推动发展，目前一部分国家对我国实施了技术壁垒的模式，直接限制了我国综合国力以及竞争力的提高，例如美国等部分西方国家以意识差异及制度壁垒等问题作为借口，对我国高新技术实施打压和封锁。

(3)我国的科技人才面临非常严重的威胁。目前世界当中的发达国家正在挖掘和争取我国的科技人才，对于我国人才的安全造成了巨大的影响。根据我国2020年人才计划，在我国西南地区的军工企业当中，有超过80名特色科技的专家被挖走。国防科技人才的流失，直接导致我国重要计划的开展受到了巨大的影响，直接给我国的国防科技安全造成了巨大的危害，并且发达国家使用多种政策对我国人才进行争夺，越来越多的跨国企业在我国大张旗鼓地招聘优秀人才输送到国外。

面对这些挑战，重视国家的科技安全，保卫国家的科技安全，现阶段已经成为我国的重要任务之一，但就目前来看，作为我国科技安全未来发展主要动力以及社会主义建设接班人的大学生，其国家科技安全的意识不容乐观，主要表现为对我国科技安全意识的淡薄。在全球化浪潮中，越来越多的大学生只看到了世界和平，对于我国目前处于西方发达国家的威胁以及挑战状况缺乏足够的认知。并且一部分大学生自身缺乏责任，随着网络的快速发展，大学生不能正确地将西方发达国家的威胁挑战与自身的责任联系起来。此外，还有大学生缺乏奉献精神，一部分大学生在国外高工资、高待遇的诱惑下，忘记了国家以及民族的培养，人才大量流失。最后，大学生保密意识缺乏，在当下全球化发展的时代背景下，对于国家科技安全缺乏足够重视，认为全球一体化，信息无国界，对我国的科技安全造成了严重的破坏。

三、大学生群体地位的重要性以及国家安全教育出现的严重缺失

从知识模式以及物化的形态角度进行分析，大学生是目前科学发展的主要开拓人员

和传播人员，也是建设社会主义现代化的主要力量；基于精神角度进行分析，大学生具有青春活力，思维敏捷，对科技安全在我国的独立性以及重要性具有敏锐的了解，对国家的科技安全以及爱国主义思想的培养需要非常强烈；从政治意识的角度进行分析，大学生自身的国家科技安全素养和思想直接决定了我国国家科技的安全性。大学生国家科技安全意识需要养成，但是综观我国科技安全教育，还存在着一些问题：归属性缺乏，宣传缺乏力度，研究缺乏深度，内容上存在问题，载体的完善性和创新性也远远不够等；从文化的价值观角度进行分析，国家的科技安全本身具有不可替代的价值，但是对于国家科技安全的教育自身较为抽象，教师不能积极以及明确地让学生了解其本身的价值，这也在很大程度上导致我国安全教育缺乏实践性。面对目前我国大学生国家科技教育教学存在的问题，需要给予足够的重视，要加强思想教育，让大学生自觉承担起维护国家科技安全的重任。

国家科技安全与国家利益、科学技术的存在和发展息息相关。随着全球化的持续推进，西方发达国家凭借雄厚的科技实力，将科技安全优势延续下来，嘴上说着中国威胁论，在针对中国的科技控制能力、竞争优势方面投入大量资源进行遏制和制裁，已经直接威胁到我国的科技安全问题。

第四节　新时代国家科技安全教育的途径与方法

一、大学生国家科技安全教育——思想政治教育的应有之义

随着科技全球化的到来，加强培养大学生的国家科技安全意识，是现阶段摆在思想政治教育面前的首要任务。思想政治教育是大学生国家科技安全教育的第一线，应注重创新教育路径、意识与内容各方面，这样与国家科技安全教育相同步的思想政治教育体系才能够顺利建立起来。

随着科技全球化的不断加深，任何国家要想维护自身安全，就必须将国家科技安全教育落实到位。但就目前我国大学生国家科技安全教育的情况来看，整体形势并不乐观。对于大学生国家科技安全教育的缺失问题，在思想政治教育体系中应不断加强大学生国家科技安全教育所处的地位，加大培养大学生国家科技安全意识工作的实施力度，是现阶段思想政治教育的一个巨大挑战。

国家科技安全教育，是结合维护国家科技安全的要求、目的，采取教育和教化等手段，将国家科技安全教育向人们的思想观念方向转变，以此将人们的民族心理、国家意识充分激发出来，同时二者最终会发展为奋斗目标及共同信念。其特点包括民族性和政治性等，确切属于一个民族、国家，服务于它们的根本利益。国家科技安全是公民在履行国家科技

利益、安全与冗余的义务方面应当具备的观念形态的一个统称。其中含有保密意识、民族精神、安全防范意识和国家利益至上意识等。黑格尔曾经说过:一个人在社会中所接受到的教化,与他在社会中具备的现实力量是成正比的。在资本主义社会当中,资产阶级的思想政治教育理论家会采取教育、教化的方式,加强国家科技安全意识对人们思想的渗透效果,即《新教伦理与资本主义精神》中马克斯·韦伯强调的理性主义。社会主义社会却截然不同,对大学生开展的国家科技安全教育,是以社会主义核心价值体系作为指导的一种国家科技安全意识,在该体系的引导下,国家科技安全的总体态度、根本观念才会慢慢培养起来。坚持加强专题研究以及教育的结合发展,是国家科技安全和相关的思政教育主要的模式和途径,对于其本身不单单可以全面激发大学生对学习的积极性,还可以加强对大学生科技安全的意识培养,在具体的研究过程和阶段当中,我国教师对国家科技安全当中的热点问题进行专题的设计,引导学生进行研究分析。例如,在日本福岛核泄漏当中分析科技安全问题等,学生通过对课题的设计以及资料的分析,实地考察等,研究自身具有的问题,体验知识的过程和发展,全面加强认识程度和能力,强化自身的责任感。

二、构建大学生国家科技安全教育体系——思想政治教育的路径选择

(一)创新思想政治教育,促进大学生国家科技安全教育意识的不断提高

大学生具备较强的国家科技安全教育意识,是将国家科技安全教育落实到位的基本条件。马克思主义提到,理论一旦被群众掌握,便会朝物质力量转变。顺着该逻辑思考,传统思想政治教育必须加强创新,紧跟时代脚步,弥补大学生国家科技安全教育存在的漏洞,坚决支持大学生国家科技安全教育的开展,从全方位发展角度认识国家科技安全教育,只有这步做好了,国家长治久安的目标才会早日实现。我们每个人都要明白,爱国主义教育永远在路上。思政教育更要坚定这种理念,通过时事教育将爱国主义教育长期进行下去。将新时代的社会主义建设事业与爱国主义教育事业结合在一起。根据现阶段的形势,结合思政教学,让学生对时事予以实时关注,将维护国家安全和利益视为己任。将实时发生的国内、国际事件进行爱国主义教育,可以帮助学生对相关知识深入地了解、梳理,有助于学生知识面、视野的延展,让爱国主义教育不再是停留在口头上的词语,而是变成实实在在的行动,坚决杜绝形式主义。

(二)创新思想政治教育,丰富与完善大学生国家科技安全的教育内容

思想政治教育在理论研究方面要不断深入,这样,国家科技安全教育的学科体系才能尽快建立起来。首先,采取安全防范意识和科技安全忧患意识教育等手段,让大学生在成长过程中养成合格的国家科技安全意识;其次,形成科技安全危机应对教育,当国家科技安全利益受到威胁的时候,具有维护的行为能力,以过人的胆识面对困难;最后,通过科技安全危机责任感教育和保密意识教育等,引导大学生对自身责任和义务形成正确认识。

（三）创新思想政治教育，探索大学生国家科技安全教育的基本路径

坚持思想政治教育与国家科技安全的相互交融。在思想政治教育中积极引入国家科技安全教育，贯穿到每一个工作环节中，将“三个有机结合”落实下去，从中汲取养分，让大学生的国家科技安全意识在社会主义荣辱观这片土壤中茁壮成长。第一，促进国防教育与国家科技安全教育的相互交融。强烈要求在国防教育教材中增加国家科技安全基础知识这个部分，提高国家科技安全教育在国防教育中的地位，把握好大学生军训的绝佳机会，让他们能够全方位认识到国家科技安全的重要性；第二，促进形势政策教育与国家科技安全教育的相互交融。现阶段，《形势与政策》课已经普及到全部的高校当中，教师要加强国家科技安全热点教育的开展力度，以此促进学生安全忧患意识的不断提升。

案例分析8-1　天津大学张浩被美国无理扣押7年至今未归

张浩，男，1979 年生，曾在美国留学，读至博士学位，后又在美国工作于 2009 年辞去在美职位，同年回国并担任天津大学教授。2020 年，中国芯片领军人物天津大学教授张浩被美国法院判刑并处罚款 330 万元人民币。

2015 年 5 月 16 日，中国芯片领军人物张浩教授去美国赴约参加学术会议，到美国刚下飞机就被美国 FBI 抓捕。张浩被当地法院以涉嫌经济间谍罪起诉，一同被起诉的还有包括另外两名天津大学教师在内的 5 名中国公民，其中一人是和张浩同样来自精密仪器与光电子工程学院的庞慰。根据当时美国的起诉书称，张浩和庞慰被指从其美国雇主，分别是马萨诸塞州的思佳讯通信技术公司（Skyworks Solutions）和科罗拉多州的安华高科技公司（Avago Technologies）窃取应用在智能手机、平板电脑和 GPS 设备的薄膜体声波谐振器技术资料，这种技术也有军事用途。起诉书中罗列了关于这些指控的各项“证据”，这 6 人共面临 32 项指控，包括共谋从事经济间谍活动、共谋盗窃商业机密、经济间谍及教唆。2020 年 9 月初，美国判张浩长达 18 个月的有期徒刑，并处罚款 330 万元人民币。

张浩教授被美国诱捕，是美国典型的“钓鱼执法”，是美国借国家公权打压中国科技人员的典型例证之一，这对中国相关科技产业的发展是个重大的打击。张浩的律师邓光表示，张浩的案件完全是被美国冤枉的。事件发生后，《中国青年网》于 2015 年 5 月 21 日对此事进行了报道。天津大学也发出：维护张浩教授的合法权益，义不容辞。天津大学还发起全校教职工为张浩募捐，以应付在美国的庞大司法开支，张浩教授在美国被扣押已有 7 年，这是美国打压中国科技发展的典型案例。所以维护国家科技安全刻不容缓，十分重要。

（资料来源：百度百科，https://weibo.com/ttarticle/p/show? id=2309404696273713496168）

案例分析8-2 中国对美国美光公司进行制裁

2023年5月21日，中国宣布，中国对美国美光公司进行制裁。在华销售产品未通过网络安全审查的美光公司引起了广泛关注，审查针对哪些内容？外资在华市场如何？中国对外开放脚步如何走？25日，商务部举行例行发布会，发言人束珏婷就大众所关心的经贸、外资、半导体等热点问题答记者问。

据"网信中国"微信公众号此前消息，日前，网络安全审查办公室依法对美光公司在华销售产品进行了网络安全审查。审查发现，美光公司产品存在较严重网络安全隐患，对我国关键信息基础设施供应链造成重大安全风险，影响我国国家安全。为此，网络安全审查办公室依法做出不予通过网络安全审查的结论。按照《中华人民共和国网络安全法》等法律法规，我国关键信息基础设施的运营者应停止采购美光公司产品。

针对此事，商务部新闻发言人束珏婷回应称，有关审查是维护中国国家安全的必要措施。同时，束珏婷强调，中国政府坚定推进高水平对外开放，持续改善营商环境，愿与世界各国分享中国发展机遇，只要遵守中国法律法规要求，欢迎各国企业各类产品服务进入中国市场。

结合24日外交部发言人毛宁回应此事时做出的表态，"中方有关部门对美光公司在华销售产品的网络安全审查是依法实施的，决定是基于事实做出的。中国的网络安全审查不针对特定国家和地区，我们也不排斥任何国家的技术和产品。"可以说，外交部和商务部对此事的回应是一个"双份说明"，其核心观点就是，我们不针对任何特定国家和地区，只要遵守中国的法律法规的要求，我们乐见合作共赢。

值得一提的是，美光公司是除了美军工企业，中国制裁的第一家美企，反观美国，以"国家安全"为借口，在没有任何事实依据的情况下，将1200多个中国企业和个人列入各种清单。

商务部证实：中美商务部长将在APEC部长会议期间会谈

直新闻观察发现，在今天的商务部记者会上，商务部新闻发言人束珏婷证实，5月25日至26日，王文涛部长将赴美国参加亚太经合组织贸易部长会，期间将分别与美国商务部长雷蒙多、贸易代表戴琪举行会谈。中方将就中美经贸关系和双方共同关心的问题与美方进行交流。

而就在5月22日，王文涛在上海主持召开座谈会，听取美资企业在华经营情况以及对中国持续优化营商环境的意见建议。上海美国商会以及强生、3M、陶氏、默克、霍尼韦尔等美资企业代表参加座谈。会议上，王文涛重点谈到了两个方面。

一方面，王文涛表明了中方态度，他表示在中方坚持推进高水平对外开放的格局下，吸引外资始终被放在重要地位。此外，中方也将继续做好相关工作，保护外企在中国的合法权益。

叠加“美光被审查”这样一个特殊的时间节点，这番表态无疑是给在华外资吃下了一颗定心丸。

另一方面，王文涛强调中美双方的合作应建立在互相尊重、互惠互利的基础上，这样才符合两国人民的根本利益。

商务部：中国已经连续7年保持为德国第一大贸易伙伴

与美国对华的频频发难不同，直新闻观察发现，中欧在经贸领域上保持着相对密切的合作交流。比如德国，多项数据和事实都证明了中国对外资一视同仁，在营商环境上也获得了外资的认可，更从侧面反映了美国在经贸上对中国的“围堵抹黑”毫无根据。

德国经济研究所近日分析数据显示，尽管国际环境收紧，德国对华直接投资仍在增加。对此商务部新闻发言人束珏婷表示，“中德互为彼此重要的经贸合作伙伴，中国已经连续7年保持为德国第一大贸易伙伴，德国是中国在欧洲地区的第一大贸易伙伴，第一大外资来源地和重要的投资目的地。”

同时束珏婷列出数据，根据中方统计，2022年德国对华投资25.7亿美元，同比增长52.8%。宝马对合资公司增资扩股、巴斯夫湛江一体化生产基地、奥迪长春新能源汽车等多个德企在华大项目纷纷落地，这充分说明德国企业看好在中国长期发展的前景。

商务部：希望G7将不寻求对华“脱钩”表态落到实处

日前，七国集团峰会的会议公报称要对华“去风险”而非“脱钩”。商务部新闻发言人束珏婷也在今天的记者会上回答媒体的相关提问时表示：我们希望七国集团成员将不寻求对华“脱钩”的表态落到实处，不能一边说不寻求“脱钩”，一边滥用贸易投资限制措施，打压遏制中国发展。

束珏婷说，中国给世界带来的是合作与机遇，不是对抗与风险。如果以降低风险之名行“去中国化”之实，那就是去合作，去机遇。中国作为稳定全球产业链、供应链的重要力量，愿继续成为各国可信赖的贸易伙伴和互利共赢的合作伙伴，继续扩大高水平对外开放，以自身高质量发展惠及全球。

（资料来源：丁舒航，深圳广电直新闻．关于美光公司，商务部的回应来了，2023－05－25）

学习思考

1. 什么是国家科技安全？科技安全的范围有哪些？
2. 习近平总书记关于国家科技安全的主要论述是什么？
3. 新时代大学生维护国家科技安全的方法是什么？

参考文献

[1] 王雯霞. 大学生安全教育与管理存在的问题及对策[J]. 长江大学学报(社会科学版),2011(3).
[2] 林俊风. 当前对大学生进行国家科技安全教育的原则和策略[J]. 广东第二师范学院学报,2012(2).

第九章 新时代国家网络安全教育

随着互联网时代的到来，大学生的生活空间和交流领域在不断地扩展、拓宽，在给大学生带来无尽便利的同时，也使大学生卷入网络诈骗、网络成瘾、网络暴力、网络渗透、国家网络安全的风险旋涡。为降低网络问题给大学生带来的各种伤害，网络安全教育必须提上日程。国家网络安全教育日益成为大学生安全教育的重要组成部分。因此在进行高校教育的过程中，要顺应时代的潮流，培育大学生网络安全素养，增强网络安全意识，提高发现网络问题、分析网络问题、解决网络问题的能力，树立正确的网络安全观，坚决维护国家网络安全，为建设网络强国贡献力量。

知识目标

通过本章学习，使学生掌握新时代国家网络安全的重要性、基本内涵，了解新时代国家网络安全面临的威胁与挑战，熟悉网络安全教育的途径与方法。

素养目标

培养网络安全素养，培养良好的网络安全意识，培养正确的网络空间价值观、是非观，培养网络行为自律，培养良好的网络空间思想道德修养、辩证思考的逻辑思维，培养网络安全科学文化理念。

思政目标

树立维护国家网络空间主权的思维，坚定维护国家网络安全的决心；树立网络责任感和使命感，自觉担负起实现网络强国和维护网络安全的时代责任；培养网络安全意识，共筑网络安全防线；培养网络安全法治观和道德观，遵守网络安全相关法规，成为一个具有高度法治观念和高尚道德情操的合格公民。

第一节 新时代国家网络安全的含义及重要作用

党的十八大以来，以习近平同志为核心的党中央高度重视网络发展和治理，立足国内外发展大势，深入探索互联网发展规律，围绕我国网络发展动力、网络安全治理和国际网络发展等主题，提出了一系列具有创造性、时代性、理论性和实践性的新观点、新论断，形成了习近平总书记关于网络强国战略思想，即“要从国际国内大势出发，总体布局，统筹各方，创新发展，努力把我国建设成为网络强国”，要“向着网络基础设施基本普及、自主创新能力显著增强、信息经济全面发展、网络安全保障有力的目标不断前进”。习近平总书记关于网络强国战略思想内涵丰富，意蕴深远，回答了新时代我国互联网发展和治理面临的重大理论和现实问题，是我国网络安全和信息化工作的指导思想和根本遵循。准确领会新时代网络强国战略思想的深刻内涵，应当从以维护国家安全和利益为首要任务、“坚持以人民为中心”的根本立场、以建设网络强国为核心目标、以技术创新为引领、以携手构建网络空间命运共同体为愿景五个方面全面把握。

一、新时代国家网络安全的含义及其内涵

（一）网络安全的含义

网络安全，通常指计算机网络的安全，实际上也可以指计算机通信网络的安全。计算机通信网络是将若干台具有独立功能的计算机通过通信设备及传输媒体互连起来，在通信软件的支持下，实现计算机间的信息传输与交换的系统。而计算机网络是指以共享资源为目的，利用通信手段把地域上相对分散的若干独立的计算机系统、终端设备和数据设备连接起来，并在协议的控制下进行数据交换的系统。计算机网络的根本目的在于资源共享，通信网络是实现网络资源共享的途径，因此，计算机网络是安全的，相应的计算机通信网络也必须是安全的，应该能为网络用户实现信息交换与资源共享。

习近平总书记在党的二十大报告中强调：“推进国家安全体系和能力现代化，坚决维护国家安全和社会稳定。”网络安全作为网络强国、数字中国的底座，将在未来的发展中承担托底的重担，是我国现代化产业体系中不可或缺的部分。当前，网络空间已经成为继陆、海、空、天之后的第五大主权领域空间。俄乌战争充分表证了网络安全是国际战略在军事领域的演进，对我国网络安全提出了严峻的挑战。在信息多元化发展的当今社会，没有网络安全就没有国家安全，没有信息化就没有现代化。

（二）网络安全的内涵理解

1. 以维护国家安全和利益为首要任务

网络安全和国家安全是有机联系的整体，两者之间是相互依存、密不可分的，没有网络安全就没有国家安全。随着信息技术的广泛应用，国家安全领域得到前所未有的扩展，网络空间是主权国家在领土、领海、领空和太空之外的“第五战略空间”，网络安全成为国家安全体系的重要组成部分，已经成为主权国家正常运转的“神经系统”。如果不能保障网络安全，国家安全就会受到威胁，国家利益也会受到损害，不利于我国的社会主义现代化建设。因此，在总体国家安全观的视域下，习近平总书记将网络安全上升到国家安全的战略地位，既是总体国家安全观在网络空间的映射，也是我国针对来自网络空间的机遇、挑战和威胁做出的全面回应和系统总结，对营造清朗的网络空间、促进网络成为创新发展的新兴动力、维护国家安全和利益以及社会稳定具有非凡的意义。

2. 坚持以人民为中心

依靠人民是开创新时代社会主义事业的内在要求，是网络强国战略的实践逻辑，也是网络强国建设的力量之源。党中央多次强调，网络安全为人民、网络安全靠人民，把保障人民群众的安全和利益作为网络安全工作的根本出发点。十九大的召开标志着中国特色社会主义进入新时代，我国社会主要矛盾已经转化为人民日益增长的美好生活需要和不平衡、不充分的发展之间的矛盾。十八大以来习近平总书记关于网络安全的一系列方针策略，既坚持了人民的主体地位，体现了维护网络安全为了人民、依靠人民、由人民共享的价值信念，也将这种价值信念时刻贯穿在实践之中，努力实现人民对美好生活的愿景。因此，为了更好地顺应人民需求、发展网信事业，在加快我国网络强国建设和增强网络安全治理的过程中，必须坚持以人民为中心的思想，确保人民群众成为网络强国的建设主体和受益主体，不断提高人民群众的获得感、幸福感、安全感。

3. 以建设网络强国为核心目标

网络和信息化发展作为当今世界的显著特征，在促进发达国家工业现代化的同时带动了发展中国家的农村、城镇发展的现代化，逐渐成为推动社会转型、提升综合国力的重要因素。全国网络安全和信息化工作会议的召开标志着网络强国战略思想的成熟，这成为我国建设现代化强国的重要基石和力量源泉。从现状来看，中国虽然是一个网络大国，网民数量和网民规模都居于世界前列，但与网络强国相比，在网络基础设施建设、核心技术的研发应用、网络空间管理等方面还有较大的差距，还面临着技术、网络、应用、文化、安全、立法、监管等多个关卡。党的十八大以来，以习近平总书记为核心的党中央认真谋划未来我国互联网发展的美好蓝图，把马克思主义基本原理和我国互联网发展与治理的实践相结合，提出了一些新理念和新主张，这些具有理论性、原创性、时代性和实践性的“智慧方案”汇聚形成了具有鲜明时代特色的网络强国战略思想。因此，要统筹国际国内局势，深入领会习近平总书记网络强国建设的战略目标。一方面，我国要加强基础设施建设，培养高素质的网络人才队伍，突破西方国家对核心技术的垄断，努力实现建成网络强国的核心目标，使我国互联网发展进入全新的时代；另一方面，对内要建立符合时代特征的网络安全治理体系，对外要加强同其他国家的团结合作，并在此基础上努力为全球网络安全治理提供“中国药方”，从而提高我国在国际社会的话语权。

4. 以技术创新为引领

生产力是社会发展的最终决定力量，科学技术是第一生产力。以习近平同志为核心的党中央立足网络强国建设大局，不断强调技术创新的作用，并做出重要部署，为信息化工作指明了方向。

习近平总书记强调，“核心技术是国之重器”。不掌握核心信息技术，在国际信息竞争中就会受制于人，不但无法取得自身快速发展，而且会在网络安全等诸多方面受到掣肘。在各国普遍高度重视核心技术研发的情况下，技术的比拼是一场硬碰硬的较量。首先，我们应当有决心、信心和恒心，处理好开放与自主的关系。一方面，要清醒地认识到，核心技术买不来、换不来，只能靠自己，必须发扬自立自强、攻坚克难的精神，敢于啃硬骨头，在关键领域坚持自主创新、自我发展；另一方面，又不能封闭僵化、闭门造车，要积极引进先进技术进行有效转化，实现开放创新。其次，要集中力量办大事。在实际工作中坚持“两点论”和“重点论”，有所为有所不为。将重点放在网络信息领域核心技术设备攻坚方面，着力推动高性能计算、移动通信、量子通信、核心芯片、操作系统等研发和应用技术取得重大突破。再次，推动核心技术成果的有效转化。科学技术只有应用于实践才能产生实际价值。加强产、学、研融合，破解科研成果转化的技术难题和制度障碍。最后，统筹谋划，形成协同效应。一要培育内生动力，掌握推动技术进步的内在规律，建立技术体系，将基础研究与技术创新紧密结合起来，为应用技术实现突破创造条件；二要协调外部环境，在技术攻坚、产业升级、政策支持三方面共同发力，推动产业体系建设，完善金融、财税、国际贸易制度环境，为技术创新培育公平的市场环境。

5. 携手共建“网络空间命运共同体”

面对网络安全这种全球性的挑战，维护网络安全、构建网络空间责任共同体、利益共同体、命运共同体是国际社会共同的责任。习近平总书记也向世界表明了中国坚定维护世界和平的决心，并顺应历史的潮流和时代的要求，在“人类命运共同体”的基础上，提出构建“网络空间命运共同体”的重要思想。2017 年 1 月，习近平主席在联合国发表主旨演讲时，系统阐述了人类命运共同体的理念。同年 2 月，构建“人类命运共同体”被写入联合国有关决议中，成为国际社会的共识。我国作为世界上最大的发展中国家，始终秉承和平与发展的时代主题，积极倡导构建人类命运共同体，而习近平总书记关于网络空间命运共同体的具体表述，是在网络空间领域对马克思主义的创新性发展。世界互联网大会是由我国倡导和举办的世界性互联网盛会，习近平总书记在第二届大会开幕式上的致辞中提出了构建网络空间命运共同体的“四项原则”和“五点主张”，这些都是中国正以其大国担当和实际行动，向世界展示着中国实力、中国气概和中国魅力，维护我国在网络空间的主权，努力树立一个负责任的网络大国形象，希望通过大会平台推动“网络空间命运共同体”的构建。

二、新时代国家网络安全的重要作用

（一）网络安全关涉国家整体安全

网络空间是主权国家在领土、领海、领空和太空之外的“第五战略空间”，网络安全是国家安全体系的重要组成部分，已经成为主权国家正常运转的“神经系统”。“网络和信息安全牵涉到国家安全和社会稳定，是我们面临的新的综合性挑战”。网络安全从本质上来讲就是网络上的信息安全，国家网络安全也成为国土安全的关键一环，对于国家、社会、企业和个人等都有重要意义。

在信息发达的网络社会，国家间的现实较量转向虚拟空间，网络中的国家博弈映射到现实世界，对国家安全造成重大影响。国家安全在网络空间层面表现出的问题主要包括：一是网络主权的侵犯。网络空间成为具有鲜明主权特征的“第五空间”，网络殖民主义就是侵犯虚拟主权的重要表现。一直以来，西方国家从未停止对我进行“西化”“分化”的脚步，网络的发展为西方文化霸权提供了新途径，他们凭借先发技术优势垄断国际话语权，不断炮制“中国威胁论”“中国崩溃论”，宣扬所谓的“普世价值”，通过互联网络传播输送西方价值观，侵蚀他国主权。二是黑客和网络间谍的威胁。2015 年，声名大噪的黑客机构“海莲花”攻击了全球 36 个国家的网络，中国的感染者占到 92.3%。“海莲花”使用木马病毒攻陷、控制政府人员、外包商、行业专家等目标人群的电脑，意图获取受害者电脑中的机密资料，截获受害电脑与外界传递的情报，甚至操纵该电脑自动发送相关情报，从而达到掌握我方信息的目的。

（二）网络安全关乎社会稳定和公民权益

网络违法犯罪行为危害个人权益和社会稳定。网络是一把双刃剑，在为人们提供无限便利的同时，也存在着安全风险。如今，网络色情、伪基站等乱象丛生，网络诈骗、网络知识产权侵权、网络侵犯隐私等问题不断，致使公民人身、财产等权益受损，破坏了社会的长治久安。

网络公共风险为个人权利和社会稳定埋下隐患。网络空间的公共风险主要表现为：①网络人际信任的风险。如所谓网友、微商等都可能成为网络公共风险；②网络谣言的风险。有些网络谣言是发起者蓄意而为，有些则是在传播过程中形成信息扭曲，从而引发信息传播中的公共风险；③网络群体性事件的风险。网络群体性事件往往具有瞬间爆发、虚实交互、难以预测等特征，在一定程度上形成了潜在的公共风险；④网络意识形态安全存在风险。目前，网上各种社会思潮激荡，新自由主义、历史虚无主义、狭隘民族主义等负面思想潮流和消极价值观念交织，混淆网民的视听，污染腐蚀人们的精神世界，使网络意识形态安全受到威胁，给社会稳定带来隐患。

由此可见，对于网络信息安全的治理，已经成为国家以及相关部门的重点研究方向，做好网络信息安全的保护工作，是构建一个和谐发展的社会的重要基础以及国家的重要保护屏障。

（三）网络安全关乎经济发展

在互联网发展的过程中，个人、企业等都加入到了其使用之中，对于网络信息的依赖程度较高，这样的使用情况，令网络的意义不断提升。因此，网络信息安全有着较为重要的经济发展意义。从目前来看，网络入侵的手段越来越高明，不法分子专门利用出售、贩卖网络信息来获取收益，客户信息被盗、数据遗失等情况时有发生，这不仅令企业蒙受巨大的经济损失，还对我国的经济发展造成了威胁。所以，加大网络信息的保护力度，是保障经济正常发展的重要措施。

金融行业作为我国经济发展的支柱行业，对于网络系统资料的保密是相当重要的，一旦信息系统遭到入侵，不仅会大面积地影响资金的流动以及金融行业的稳定，而且对于每一个储户也有着不小的经济损失，直接影响着人们的正常生产生活。由此可见，网络信息安全的重要性体现在经济的基础性发展之上。

（四）网络安全关乎文化保护

对于一个民族来说，文化的传承是民族发展的根本，能够加深民族之间的凝聚力，保证民族拥有自身的文化信仰，以影响民族的建设与发展。对于各个国家民族来说，文化有着相当重要的意义，对于文化安全的保护，是体现一个国家基本竞争力的重要表现。在目前全世界进行产业文化革命以及创新的发展过程中，互联网成为其发展的基本纽带，网络平台对于文化传承也有着相当重要的话语权。而以美国为首的西方国家，正在通过网络向我国民众进行信息文化的传播以及渗透，不仅令我国的文化逐渐消沉且受到质疑，还有可能影响人们的爱国思想。我们必须不断加大网络信息安全保护力度，防止发达国家通过互联网进行信息的不平衡交流，避免对我国文化进行腐蚀和威胁。

（五）网络安全关乎未来战争胜负

如今，网络空间正在进行着一场没有“硝烟”的战争，影响着各国发展的大局，其战争内容囊括各个领域。“实现强军目标，建设世界一流军队”是我军建设发展的战略目标，网络安全是打赢未来战争的重要保障。我们必须提高网络安全的整体水平，从战略全局的高度进行谋划，加强顶层设计，加大统管力度，加速体系建设，打造一个高度依赖先进技术和具有可靠应用保障能力的信息网络。军事决策与管理层应该按照专业化、集成化、体系化的要求，尽快建立包括体制机制、运行模式、平台装备、评估方法等内容的适合国情军情的一体化的网络安全体系。

第二节　新时代国家网络安全面临的威胁与挑战

当今时代，随着社会对网络依赖性的增加，网络安全所面临的威胁和挑战也与日俱增。

从国际角度来看，国家或地区在政治、经济等各领域的冲突都会反映到网络空间，可以对国家安全构成威胁；从社会生活方面来看，网络安全威胁涉及民众意识形态和价值取向、个人信息安全、网络犯罪等。当前，网络安全问题已成为我国面临的最复杂、最现实、最严峻的非传统安全问题之一。

一、民众意识形态和价值取向受到网络信息影响

在信息互联互通的网络时代，传统现实里的各种问题已逐渐蔓延到网络虚拟空间，民众的意识形态和价值取向在网络空间中呈现复杂多样、多渠道渗透和交互的特征。因此，较过去而言，网络意识形态和价值取向发生风险的概率更大、级别也更高，而风险是否被有效防范直接关系着国家安全与社会稳定。

近年来，网络意识形态安全问题得到了前所未有的重视。“意识形态工作是党的一项极端重要的工作”“网络已是当前意识形态斗争的最前沿”等观念日益深入人心。从党员干部到普通民众，网络上维护社会主义意识形态的力量正在迅速出现和汇集，覆盖率、影响力也在不断上升。但是，网络上社会主义意识形态主战场的斗争仍然十分激烈，不容放松。随着我国全面改革的进一步深化，新媒体技术的快速发展，网络已经成为国外敌对势力对我国进行意识形态渗透的主要阵地。西方敌对势力在我国境内物色骨干和代理人，不仅栽培个别所谓“公知”与“大 V”等反动分子进入网络舆论场，还收买网络写手，致使各种危害国家安全和社会稳定的信息大量充斥于网络信息平台，企图搅乱民众思想，撕裂社会共识。最终导致主流意识形态在网络舆论场的引导力被弱化，由突发社会事件上升为意识形态论争的频率加大，对民众心理的影响更加深刻，存在向政治事件转化的风险。

价值观是反映社会发展变化的产物，是在社会化过程中实现的，随着改革开放的不断推进，经济发展呈现全球化趋势，多元文化相互碰撞，特别是传统和现代观念所引发的矛盾冲突，东方和西方文化所产生的交融对抗，使得民众在物质和精神、集体和个人等价值选择上摇摆不定，价值观形成呈现出多元化、多样性的发展态势。当今时代，网络改变了人们的思想观念、行为习惯和思维模式，影响着民众的价值取向。网络的多样性和隐蔽性很容易传递一些不健康的反动、虚假信息，任何能够连接网络的人都可以利用网络工具开展传播活动，敌对势力利用网民的从众心理，制造误导民众的错误言论，将价值判断传递给民众，企图以西方政治价值观标准塑造我国民众的价值观，这样的舆论氛围将可能导致社会主义主流价值观的感召力和信服力弱化，进而导致民众对社会主义价值观的信仰危机。

截至 2021 年 6 月，中国网民规模已增至 10.11 亿，手机网民规模达 10.07 亿，手机即时通信用户规模达 9.83 亿。庞大的网民群体、便捷的智能设备和普及的社交平台在互联网的支撑下催生出强大的网络舆论力量。舆论信息产生渠道之多、传播速度之快、获取途径之便利、覆盖范围之广泛，前所未有。舆论生态、媒体格局、传播方式均已发生深刻变化，一个“万物皆媒”的全媒体时代悄然而至。网络已成为公众主张观点、表达诉求和释放情绪的主流平台，网络舆情已然成为新时代日益强大、不可低估的新兴舆情力量，网络舆情事件呈现多发、高发态势，涉及领域已转向与民众关系密切的社会共性话题，在强大公共舆论压力下，无论

对于相关的直接责任主体，还是作为社会管理者的政府机构，网络舆情管控的难度都成倍加大。

二、关键信息基础设施面临的安全隐患增大

国家关键信息基础设施是指关系国家安全、国计民生，一旦数据泄露、遭到破坏或者丧失功能可能严重危害国家安全、公共利益的信息设施，包括但不限于提供公共通信、广播电视传输等服务的基础信息网络，能源、金融、交通、教育、科研、水利、工业制造、医疗卫生、社会保障、公用事业等领域和国家机关的重要信息系统、重要互联网应用系统等。习近平总书记在网络安全和信息化工作座谈会上指出，“金融、能源、电力、通信、交通等领域的关键信息基础设施是经济社会运行的神经中枢，是网络安全的重中之重，也是可能遭到重点攻击的目标”。因此，必须采取一切必要措施保护关键信息基础设施及其重要数据不受攻击破坏。

近年来，以云计算、大数据、物联网、工业互联网为代表的新技术得到了快速应用，更多的传统金融、能源、电力、通信、交通等基础设施联入网络，成为泛在的关键信息基础设施的有机组成。基础设施中系统的大规模集成、互联使得基础设施的脆弱性和安全威胁不再是简单的线性叠加。2017 年 5 月 12 日，全球爆发 WannaCry 攻击事件，波及包括英国、俄罗斯、中国、美国等在内的 150 个国家，影响能源、电力、交通、医疗、教育等多个重点行业领域。2021 年 5 月，美国最大的燃油管道运营商 Colonial Pipeline 因遭到勒索软件攻击，导致美国 17 个州和华盛顿特区进入紧急状态。这表明，网络攻击的布局、挑战、目标、手法、造成的危害都突破常规，供应链攻击、勒索攻击、工控设备攻击等各种新攻击手段不断刷新想象。

为了应对日益增长的网络安全威胁，美国、欧盟等主要发达国家纷纷采取措施，从法律法规、发展战略、技术标准、管理体系等方面入手，加强国家关键信息基础设施的保护。我国也高度重视关键信息基础设施的安全防护，党中央多次强调，我国金融、能源、电力、通信、交通等领域的关键信息基础设施是经济社会运行的神经中枢，是网络安全的重中之重，也是可能遭到重点攻击的目标。我们必须深入研究，采取有效措施，切实做好国家关键信息基础设施安全防护。这些关键信息基础设施事关经济发展、社会稳定和人民生命财产安全，一旦受到攻击，可能导致交通中断、金融紊乱、电力瘫痪等问题，具有很大的破坏性和杀伤力。

三、网络犯罪呈现高发态势

近年来，公安机关持续打击各类网络违法犯罪行为，一些高发类犯罪势头得到了一定遏制，但随着科技不断进步，犯罪手段也在不断翻新，滋生出多种形态的网络黑灰产业，对社会造成重大危害。诱人招聘广告背后，暗藏刷单类诈骗陷阱；看似直播体育比赛，实则为境外赌博拉客；进群学习理财技巧，巨额投资打水漂，等等。特别值得关注的是未成年人网络犯罪日益突出。近年来，未成年人因网络的违法犯罪一直呈高发态势，现实危害性日益增强。据《检察日报》报道，2021 年 1 月至 9 月，检察机关起诉未成年人利用电信网络实施犯罪 2467 人，同比增长 32.6%。

随着网络技术的日新月异,网络窃密犯罪日益上升,从“维基解密”到“斯诺登事件”,再到“瑞士加密机事件”,事实证明,网络窃密对个人、社会乃至国家都会带来严重的危害。随着我国综合国力和国际地位显著提升,境外间谍情报机关将我国作为主要目标,将网络窃密作为其情报窃密的主要方式之一,网络窃密事件频发,攻击目标涉及计算机、电子邮箱、移动智能终端、重要信息系统、关键信息基础设施等。据统计,2021 年上半年,境内捕获恶意程序样本数量约 2307 万个,日均传播次数达 582 万余次,按照境外传播来源统计,美国占到境外总数的 49%;境内感染计算机恶意程序的主机数量约 446 万台,位于境外约 4.9 万个计算机恶意程序控制服务器控制我国境内约 410 万台主机,就控制服务器所属国家或地区来看,位于美国的控制服务器数量达 7580 个,位列第一,控制我国境内约 314.5 万台主机。2020 年 3 月 26 日,国防部新闻发言人任国强在例行记者会上表示,长期以来,美国违反国际法和国际关系基本准则,对外国政府、企业和个人实施大规模、有组织、无差别的网络窃密、监控和攻击,是国际社会公认的惯犯。希望美国停止对中国进行网络窃密和攻击活动,还中国和世界一个和平、安全、开放、合作的网络空间。

第三节　新时代国家网络安全教育的途径与方法

网络安全教育指的是通过采取一定的教育方式、教育手段提高人的网络安全防范意识和维护自身安全的能力。开展网络安全教育的目的是进行网络安全意识的培养和网络安全素质的培训。当前,网络安全问题时刻威胁着国家安全,而我国网络安全教育的发展远远落后于网络发展的速度,大力加强国家网络安全教育,切实提升民众应对网络风险的意识和能力迫在眉睫。

一、新时代国家网络安全教育的意义

近些年,党和国家高度重视网络安全教育问题。2014 年,政府工作报告中首次明确提出“维护网络安全”,中央网信办、中央编办、教育部、科技部、工信部、公安部等 10 部门随后联合主办了首届“国家网络安全宣传周”,迅速在全国范围内掀起了普及网络安全教育的高潮,此后形成惯例,每年 9 月的第三周定期举行。

2017 年 6 月 1 日,《中华人民共和国网络安全法》(以下简称《网络安全法》)正式实施,是我国网络空间法治建设的重要里程碑,《网络安全法》中指出,“要培养网络安全人才,建立健全网络安全保证体系”,倡导各类学校和社会机构积极组织开展相关活动,通过各种途径和方式宣传加强网络安全教育。

2020 年,教育部办公厅印发的《2020 年教育信息化和网络安全工作要点》中指出,“不断完善教育网络安全体系,全面提升网络安全人才培养能力和质量,不断提高教育系统网络安

全防护水平”，还提出要出台教育部直属机关数据安全管理办法和指导意见，编写相关课程指南，组织开展教育系统关键信息基础设施认定和检查，举办国家网络安全宣传周“校园日”活动。

2020年10月，教育部向全国大中小学下发《大中小学国家安全教育指导纲要》（以下简称《纲要》），网络安全等16个领域纳入国家安全教育。

上述举措充分显示了党和国家各部门、各主体对网络安全教育的重视，在国家层面设置相关制度保障，为我国网络安全治理提供了顶层设计。

网络安全教育是一个复杂的社会问题，我国应循序渐进，针对不同群体开展不同形式的网络安全教育项目，建立政府、社会组织、学校和科研机构、个体共同参与的公民网络安全教育实施体系（表9－1），形成符合我国国情的、全社会“立体式”参与的网络安全教育实施体系。

表9－1　网络安全教育实施体系

实施主体		实施目标	具体措施
政府	国家领导人	宏观调控	通过公开发言等方式把网络空间安全的重要性提高到国家层面
	相关职能部门	政策指导	制定相关方针政策，并协调各类政策法规的推广 开展各类宣传活动，打击网络犯罪，帮助普通民众了解其网络行为及背后影响力
社会组织	企业	人力管理	内部员工的网络安全意识教育和培训，赞助和推动网络安全科普活动
	其他社会组织	规范管理	形成行业规范和标准，完善人才评价体系，开展普及宣传活动
学校	学历教育	人才储备	推动网络空间安全学科发展；针对中小学生、大学生开设网络安全教育相关课程、项目等，增加学生对网络空间安全的兴趣
	职业教育	技能提升	通过短期培训、专项计划等培训更多的网络安全领域的专业人才，实现学历教育到职业化的衔接
个体	一般民众	个人数据安全	通过上述各类活动和平台，具备保护个人数据隐私的能力，提升个人网络安全角色意识
	专业人员	人才培养	推动网络安全专业认证，开展内部交流和培训，帮助普通民众识别网络威胁、擅用防护工具，营造网络安全氛围

二、新时代国家网络安全治理的重点

（一）全面推进网络空间法制化

当今时代，网络空间与现实空间已融合成为相互交织、相互渗透、相互影响的公共空间。可以说，网络空间从来就是现实空间的一部分，是现实空间的重要拓展，并且是为现实空间人类活动服务的。人类的社会活动越来越多地拓展到这个新空间，使其成为最大的公共场所。因此,网络空间并不完全是虚拟的,也绝非“法外之地”,法律底线同样不可逾越。依法加强网络空间治理,是互联网事业健康发展的重要保障。

建设法治的中国,必然涵盖法治的网络空间,依法治网是依法治国的题中应有之义,是依法治国的必然要求和重要领域。

我国正全面推进网络空间法治化,《网络安全法》《中华人民共和国数据安全法》《中华人民共和国个人信息保护法》《关键信息基础设施安全保护条例》等一系列网络安全法律法规相继发布和实施(见表9-2),这标志着我国网络安全法律法规体系基本建成,这对提升国家网络安全水平、保护公众利益、加速网络安全产业发展具有重大意义。

表9-2　近年来网络安全法律法规实施时间

法律法规名称	实施时间
中华人民共和国电子签名法	2005年4月1日
中华人民共和国网络安全法	2017年6月1日
中华人民共和国密码法	2020年1月1日
中华人民共和国数据安全法	2021年9月1日
关键信息基础设施安全保护条例	2021年9月1日
网络产品安全漏洞管理规定	2021年9月1日
中华人民共和国个人信息保护法	2021年11月1日
网络安全审查办法	2022年2月15日

党的十八届四中全会《中共中央关于全面推进依法治国若干重大问题的决定》提出,“加强互联网领域立法,完善网络信息服务、网络安全保护、网络社会管理等方面的法律法规,依法规范网络行为”,为全面推进网络空间法治化提供了行动指南和强大动力。全面推进网络空间法治化,是时代的要求和现实的需求。

《网络安全法》第五章对网络安全监测预警与应急处置做了明确的规定,包括组织体系及安全事件处置原则、网络安全监测预警制度、网络安全信息通报制度、应急处置制度以及网络通信临时管制制度,规定了国家网信部门、关键信息基础设施安全保护工作部门、省级以上人民政府有关部门以及网络运营者的工作职责。还规定国家网信部门协调有关部门建立健全网络安全风险评估和应急工作机制,制定网络安全事件应急预案,并定期组织演练。网络安全事件应急预案应当按照事件发生后的危害程度、影响范围等因素对网络安全事件进行分级,并规定相应的应急处置措施。

(二)确保网络空间安全是建设网络强国的基础

国家安全是民族复兴的根基,社会稳定是国家强盛的前提。必须坚定不移贯彻总体国家安全观,把维护国家安全贯穿党和国家工作各方面全过程,确保国家安全和社会稳定。

以前瞻性布局占据网络强国战略制高点。围绕维护网络空间国家战略利益的目标,对涉及网络空间的前瞻性、全局性、核心性问题进行预研和持续研究,统筹国家资源,集聚国家力量,针对基础核心技术、硬件和软件等领域的不同战略需求和特点,分类对待、分步实施,带动相关产业发展，打造自立自强的产业体系。持体系化发展思维，以信息领域核心技术为突破点，以点带面、整体推进，实现基础软硬件协同突破，依托密码技术、主动免疫可信计算等网络安全关键技术，形成安全可信中国现代化创新体系，有效支撑国家网络安全保障体系建设。

构建主动免疫积极防御网络空间防护体系。按照“积极防御、综合防范”的思路，切实提升关键信息基础设施等重点领域、重点目标的安全保障能力，大力发展网络安全态势感知、网络攻击追踪溯源、监测预警等能力，加强技术验证和实战演练，制定有效的应急响应程序和措施。大力提升坚于可信根支撑的并行、动态、实时和全方位的网络安全主动免疫能力。

以积极参与网络空间国际治理提升影响力和话语权。积极参与网络空间国际治理，加强网络空间国际合作，推动国际社会在联合国框架下制定打击网络犯罪、个人信息保护等行为规范，宣介网络主权和建立民主、透明的国际互联网治理体系的理念；积极参与网络空间国际条约和标准制定等工作。大力提升我国网络空间领域的核心地位和话语权。

三、新时代国家网络安全教育的途径

（一）加快网络空间安全人才培养

国家互联网信息办公室 2016 年 12 月 27 日发布的《国家网络空间安全战略》指出，夯实网络安全基础，需要推动网络安全教育进教材、进学校、进课堂，提高网络媒介素养，增强全社会网络安全意识和防护技能。加强学校网络安全教育是有效推进网络安全建设的基础性工作，是筑实筑牢网络安全防线的重要途径。学校作为育人的主阵地，具有系统性、集中性、普及性等教育优势，对学生开展网络安全教育应成为各阶段素质教育、安全教育的重要内容，这也是信息化、数字化时代人才培养的客观要求。

2015 年 6 月，为加快网络空间安全高层次人才培养，根据《学位授予和人才培养学科目录设置与管理办法》的规定和程序，国务院学位委员会、教育部决定在“工学”门类下增设“网络空间安全”一级学科，为网络安全人才培养工作奠定了基础。近几年国内多所院校开设网络空间安全专业，2017 年 8 月，中央网信办、教育部印发《一流网络安全学院建设示范项目管理办法》，确定西安电子科技大学、东南大学、武汉大学、北京航空航天大学、四川大学、中国科学技术大学、战略支援部队信息工程大学 7 所高校作为首批一流网络安全学院建设示范项目。2019 年又增加了第二批一流网络安全学院建设示范项目高校，分别是华中科技大学、北京邮电大学、上海交通大学、山东大学。

教育部对各教育阶段开展学校网络安全教育都提出了指导意见和明确要求，强调要坚持问题导向、目标导向与效果导向相统一，聚焦教材开发、教学设计、师资建设等重点环节，补齐短板，扎实有效地推进学生网络安全教育的具体工作。如何有效地开展学生网络安全教育，提高学生网络安全教育的效果，需要从以下几个方面入手。

（二）结合高校思想政治教育开展网络安全教育

网络安全是关乎国家安全、社会稳定、人民利益的重要问题。因此，加强学生网络安全教育,要把网络安全教育与爱国主义教育、社会主义法制教育结合起来,将其设定为思想政治教育的重要组成部分,将网络安全上升到总体国家安全观的高度。目前,各级学校都在思想政治教育课程中加入了网络安全总体国家观的内容,配套教材也陆续面世。同时,要充分利用新媒体时代的优势,运用互联网作为媒介和载体,比如可以在共青团中央开展的青年大学习平台上定期开展网络安全教育主题团课,让学生在学习中国特色社会主义思想的同时学习加强网络安全教育。将学生网络安全教育与思想政治教育相结合,通过思想政治学习,不断加强维护网络安全的意识自觉和行动自觉。

(三)结合高校信息技术课程开展网络安全教育

互联网已经成为学生日常学习生活中离不开的重要工具,不管是中小学生还是大学生,信息技术课程都是必修的课程。将网络安全教育与信息技术课程相结合,是强化学生网络安全教育效果的重要途径,在信息技术课程中融入网络安全观、网络行为规范等对学生进行网络安全教育。大学阶段,各高校也在积极地根据时代的发展和现实的需要,开设网络安全教育必修课,系统详细地向大学生传授网络安全教育内容,在专业课程、通识课程中增加网络安全教育的内容,将网络安全教育贯穿大学生课程学习的全过程中。目前,线上教育平台(如中国大学慕课等)也在发挥着重要的作用,这些平台已经上线一批网络安全教育公开课,大学生可以不受时间空间的限制,随时随地接受网络安全教育。

(四)结合高校校园文化活动开展网络安全教育

校园文化活动深受学生群体的喜爱,是进行学生网络安全教育的一个非常有效且实用的途径。很多学校结合国家安全日,举办网络安全周、网络安全主题征文、网络安全知识竞赛等活动。宣传网络安全知识,弘扬主流意识形态和正确的价值观,引导学生正确使用互联网,辨别各种网络热点和信息;充分利用互联网技术,紧跟社会发展步伐,在校园中设立电子屏幕,滚动播放各种典型案例和网络视频,让同学们更加直观、更有兴趣地主动接受网络安全教育,提高网络安全教育的成效。

(五)结合全社会网络安全意识教育开展网络安全教育

加强社会网络安全意识教育,需要民众建立维护国家网络主权的思维。由于主权具有不可转让、不可分割和不可侵犯的神圣地位,具有排他性,当信息逐渐成为一种重要资源,当打击一国的网络所产生的破坏力不亚于对其领土领空进行轰炸时,国家有权利也有义务对网络空间进行保护和规范,捍卫本国的网络主权和安全。因此,我们要建立维护国家网络主权的思维,认识到网络空间主权应该受到尊重,我国也同样尊重其他国家在网络空间的主权。

我国《国家安全法》第二十五条中明确提出"维护国家网络空间主权",为依法管理在中国领土上的网络活动、抵御危害中国网络安全的活动奠定了法律基础。同时与国际社会同步,优化互联网治理体系,确保国家利益、国民利益不受侵害。

加强社会网络安全意识教育,需要开展全民实践教育活动。提高全民网络安全意识,特别是提升亿万网民依法上网、文明上网、安全上网的意识，共同维护网络安全和国家安全、维护网民的切身利益已成为全社会的重大课题。

第四节　我国互联网网络安全的现状

习近平总书记十分重视国家网络安全，多次发表了重要讲话。信息技术的飞速发展，使互联网成为大学生获得信息和知识的一个重要平台，5G、大数据、云计算、人工智能等新技术的高速发展，为大学生提供了海量化、高密度的信息，改变着大学生的生活和学习方式，互联网的发展为我们学习生活带来便利的同时，也伴随着安全隐患，作为新时代的大学生从思想和行动上都应该坚决维护国家的网络安全。

一、习近平总书记对网络安全和信息化工作的重要论述

2016 年 4 月 19 日，习近平总书记在网络安全和信息化工作座谈会上发表重要讲话，阐述了中国网信事业的发展目标、重要任务与实践途径。2016 年 10 月 9 日，中共中央政治局就实施网络强国战略进行集体学习，习近平总书记再度从国家整体战略的高度，结合当今世界具体特点以及中国面临的历史机遇和挑战，就如何建设网络强国进行了战略布局。这两次重要讲话，充分体现了习近平总书记关于网络安全的重要论述，是我们不断奋勇前进，谱写网络强国新篇章的重要指引。

习近平总书记的网络安全观，是在信息革命的宏观背景下，总体国家安全观在网络空间的具体体现。早在 2014 年 2 月 27 日中央网络安全和信息化领导小组第一次会议上，习近平总书记就指出，没有网络安全就没有国家安全，没有信息化就没有现代化。当今世界，正处于信息革命时代，网络空间已成为继陆、海、空、天之外的第五空间，各国的国家安全、经济发展、社会稳定与网络安全日趋紧密地联系在一起。总体国家安全观，勾画出维护国家安全的整体布局，提出以人民安全为宗旨，以政治安全为根本，以经济安全为基础，以军事、文化、社会安全为保障，以促进国际安全为依托，维护各领域国家安全，深化拓展了我们党国家安全事业的理论视野和实践领域。习近平总书记关于网络安全把握了当前中国国家安全在战略规划、政策实践与理论研究领域的最前沿，就中国国家安全面临的来自网络空间的挑战、威胁和机遇做出了全面回应、系统总结。

习近平总书记关于网络安全的重要论述，系统回答了具有中国特色的网络安全必须实践的总目标是造福人民，具有鲜明的时代性与重大的现实意义。在网络安全和信息化工作座谈会上，习近平总书记明确指出，推动我国网信事业发展，让互联网更好造福人民。这一论述精准把握了中国国家网络安全的本质。一个国家维护其网络安全，首先要超越就网络安全讨论网络安全的窠臼，将网络安全纳入国家宏观安全战略框架之中；国家宏观安全战

略，需要超越就安全论安全的狭窄视野，与国家长期发展战略需求密切结合起来；任何国家自身的长期发展，需要与所处的历史时代，以及国际体系基本特点密切结合。习近平总书记高屋建瓴地把握了时代特点，清晰梳理了中国在信息时代的战略任务。只有将观念和认识统一到习近平总书记的重要讲话精神上来，树立正确的网络安全观，才能保障中国的网络安全实践沿着正确道路和方向前行。

习近平总书记关于网络安全的重要论述，科学解释了安全与发展之间的辩证关系，扫清了中国建设网络强国道路上的思想障碍。如何看待发展与安全的关系，是习近平总书记网络安全观的核心内容之一。习近平总书记明确指出，网络安全和信息化是相辅相成的。安全是发展的前提，发展是安全的保障，安全和发展要同步推进。今日的中国，必须要同步推进安全和发展，这是由信息革命本身的特点所决定的，是由信息革命所处的国际体系的特点所决定的，是由中国自身发展所处的历史阶段所决定的。对所有国家来说，同步推进安全和发展，都是非常艰巨的战略挑战，也正因为如此，能够深刻认识并解决这个问题的国家，才可能真正成为网络强国，才可能赢得网络空间战略博弈的有利态势。

习近平总书记关于网络安全的重要论述，精准指出了中国建设网络强国面临的主要威胁与挑战，具有重大的战略价值和实践意义。全球网络空间已成为大国战略博弈的最新领域。不同国家遵循不同的目标和需求，在网络空间展开激烈的竞争与博弈。在 2016 年 2 月美国兰德公司提出的战略分析报告中，明确指出中国倡导的以网络空间主权为核心概念的战略论述，对美国的网络空间国际战略构成了全面的挑战。这种挑战源于中国首次提出了基于独立概念（即网络空间主权）的系统战略论述，这对美国国家网络安全战略构成了全面的冲击。要应对这些复杂挑战，就要准确把握网络安全的核心特征，即习近平总书记所指出的，网络安全是动态的而不是静态的，网络安全是开放的而不是封闭的，网络安全是相对的而不是绝对的，网络安全是共同的而不是孤立的。唯有如此，才能在网络安全实践中少走弯路。

习近平总书记关于网络安全的重要论述，清晰阐述了建设全球网络空间治理新秩序的中国方案，体现了中国构建网络空间命运共同体的雄心。全球网络空间的高速发展，日趋凸显出建设网络空间治理新秩序的必要性、重要性和迫切性。网络安全和信息化工作座谈会召开以来，我国在较短时间内梯次完成了国家网信大战略的制度与法规体系建设，以制度化的方式，为推进中国网信事业发展奠定了扎实基础。在实践中，中国开辟了乌镇世界互联网大会的主场，为推进全球网络空间治理新秩序的构建贡献了中国方案，中国的治网之道日趋清晰地显现出强大的生命力和感召力。

二、我国互联网网络安全的稳步提高

2021 年 9 月 15 日，中国互联网络信息中心（CNNIC）在京发布第 48 次《中国互联网络发展状况统计报告》，截至 2021 年 6 月，我国网民规模达 10.11 亿，较 2020 年 12 月增长 2175 万，互联网普及率达 71.6%，较 2020 年 12 月提升 1.2 个百分点（图 9 - 1）。

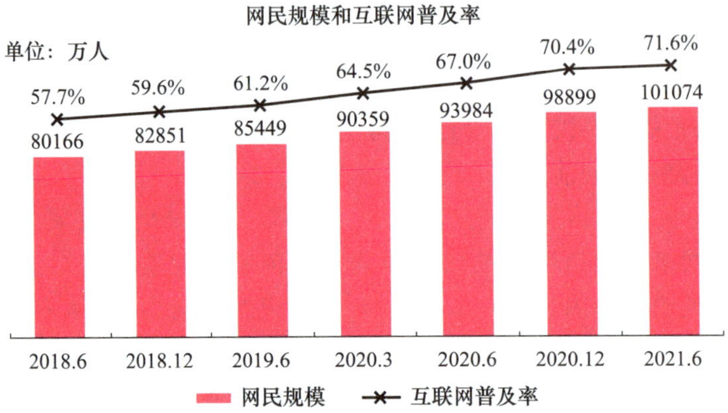

图 9－1　网民规模和互联网普及率

我国手机网民规模达 10.07 亿，较 2020 年 12 月增长 2092 万，网民使用手机上网的比例为 99.6%，与 2020 年 12 月基本持平（图 9－2）。

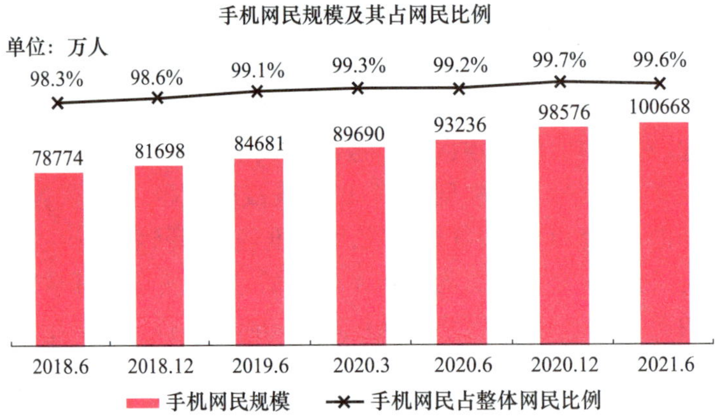

图 9－2　手机网民规模及其占网民比例

2020 年全球突发新冠肺炎疫情，抗击疫情成为各国的紧迫任务。不论是在疫情防控相关工作领域，还是在远程办公、教育、医疗及智能化生产等生产生活领域，大量新型互联网产品和服务应运而生，在助力疫情防控的同时进一步推进社会数字化转型。与此同时，安全漏洞、数据泄露、网络诈骗、勒索病毒等网络安全威胁日益凸显，有组织、有目的的网络攻击形势愈加明显，为网络安全防护工作带来更多挑战。

2021 年 6 月，国家计算机网络应急技术处理协调中心发布《2020 年中国互联网网络安全报告》，2020 年，CNCERT/CC 协调处置各类网络安全事件约 10.3 万起，同比减少 4.2%。据抽样监测发现，我国被植入后门网站、被篡改网站等数量均有所减少，其中被植入后门的网站数量同比减少 37.3%，境内政府网站被植入后门的数量大幅下降，同比减少 64.3%；被篡改的网站数量同比减少 45.9%。在主管部门指导下，CNCERT/CC 持续开展对被用于进行 DDoS(Distributed Denial of Service,分布式拒绝服务)攻击的网络资源(以下简称“攻击资源”)的治理工作,境内可被利用的攻击资源稳定性降低,被利用发起攻击的境内攻击资源数量持续控制在较低水平,有效降低了自我国境内发起的攻击流量,从源头上持续遏制 DDoS 攻击事件。根据其他报告,全年我国境内 DDoS 攻击次数减少 16.16%,攻击总流量下降 19.67%;僵尸网络控制端数量在全球的占比稳步下降至 2.05%。

第五节　新时代大学生应坚决维护国家网络安全

一、加强大学生网络安全的认识教育

习近平总书记关于网络安全的重要论述作为大学生网络意识培育的理论依据,为大学生网络安全意识培育研究指明了方向,确保了研究目的的正确性。因此在习近平总书记关于网络安全的重要论述指导下,首先要对大学生进行网络安全的认知教育,在一定程度上对其加强思想引领与主流意识形态的构建;其次将网络安全意识从思想转化到日常的行为表现,积极践行网络强国战略思想,从自身做起保障国家的网络安全,在实践中检验所学理论,确保高校所进行的网络安全意识培育内容能够充分贯彻习近平总书记关于网络安全的重要论述,保证大学生网络安全意识的形成是朝着这一指导思想的方向所发展,确保大学生网络安全意识培育能够达到预期效果,同时更具有社会性与实效性,进而助力网络强国的早日实现。

自 2017 年 6 月 1 日起施行的《中华人民共和国网络安全法》(以下简称《网络安全法》),是我国目前第一部对网络空间安全管理方面进行规范的基础性作用的法律文件,见证着我国网络法治建设的历史进程,对依法治网、处罚违法犯罪提供了可借鉴的法律依据,保障了互联网能够正常运行,同时能够保障公民、其他社会组织与国家的安全利益,维护国家网络空间的领导权。法律规定“各级人民政府及其有关部门应当组织开展经常性的网络安全宣传教育,并指导、督促有关单位做好网络安全宣传教育工作”“国家支持企业和高等学校、职业学校等教育培训机构开展网络安全相关教育与培训,采取多种方式培养网络安全人才,促进网络安全人才交流”等条例。

《网络安全法》作为网络安全领域的综合性法律,为我们依法处理网络安全问题提供了重要的法律依据。由此可以看出,《网络安全法》为高校对大学生进行网络安全意识培育提供了理论基础与法律保障,再一次确立高校对大学生进行网络安全意识培育所占据的重要地位,明确规定了高校网络安全培育的职责,并且对高校提高教学质量等方面提出了要求。

青少年是国家的未来,互联网对青少年群体的不良影响也一直受到社会各方广泛关注。

截至2021年6月，我国6~19岁网民规模达1.58亿，占网民整体的15.7%。为更好地引导青少年上网，为青少年营造健康的上网环境，政府部门、群团组织、企业、学校等社会各界积极行动、持续发力。

一个国家要想持续发展，实现国家的长治久安，就需要有相当完备的国家安全体系，以应对波谲云诡的国际形势。当前，我国正处在一个机遇与挑战并存的黄金时期，正所谓前途是光明的，道路是曲折的，国家的发展不可能一蹴而就、一帆风顺，越是取得成就的时候，越要有如临深渊的谨慎。近几年美国用“贸易保护”的幌子危害我国的网络安全，打击我国的对外贸易，不利于我国安全、高效地发展，更不利于“国家安全命运共同体”的构建。所以我们需要提高全民族网络安全的素养，以应对纷繁复杂的网络世界。大学生作为民族的中流砥柱，也是网络安全教育的重点对象。

目前网络大环境呈现出纷繁复杂的特点，影响大学生网络安全的不良因素不断增多，为高校教育提出了较大的新考验。高校肩负着为国家培养、输出人才的重任，大学生作为高校网民的主体，对其进行必要的网络安全意识培育的重要作用不言而喻。因此对大学生进行网络安全意识培育刻不容缓，是高校各项工作中的重要内容。对大学生进行网络安全知识的传授以及网络安全意识的培育，确保大学生保证自身的生命财产安全、信息数据安全、政治信仰安全与意识形态安全，在树立正确的世界观、人生观以及价值观的指导下进行正确的网络行为，将大学生培养成为适应现代社会发展的高素质人才。

二、加快打造安全可信的网络产业生态体系

中国式现代化对建设网络强国意味着必须坚持提升网络空间领域创新能力，实现更广范围、更深程度、更高水平发展。

自主自信创建中国现代化安全可信科技和产业体系。《中华人民共和国网络安全法》第十六条规定，国务院和省、自治区、直辖市人民政府应当统筹规划，加大投入，扶持重点网络安全技术产业和项目，支持网络安全技术的研究开发和应用，推广安全可信的网络产品和服务，保护网络技术知识产权，支持企业、研究机构和高等学校等参与国家网络安全技术创新项目。《国家网络空间安全战略》提出的战略任务“夯实网络安全基础”，强调“尽快在核心技术上取得突破，加快安全可信的产品推广应用”。2021年发布的《关键信息基础设施安全保护条例》第19条明确要求“运营者应当优先采购安全可信的网络产品和服务”。为此，应加快打造安全可信网络产业生态体系。以操作系统和CPU为突破点，带动国产软硬件研发和应用。针对当前创新研制成功的可信并行架构的飞腾CPU和海光CPU，充分利用现有成果，推进自主操作系统的研发和应用，集中优势力量，协同攻关，经科学评估，选择几家各类面向应用操作系统的企业进行集中支持，研发形成拥有完全知识产权和可知、可编、可重构、可信、可用的面向应用的操作系统产品系列，并全力推动国产操作系统应用。发挥5G技术优势，在高端路由器自研安全可信芯片和操作系统等核心技术上取得突破和在国际市场抢占先机。

案例分析9-1 滴滴违规在美国上市，受到国家网信办网络安全审查

2021 年 6 月 30 日，拥有海量数据、依托“大数据”赋能的“滴滴出行”在美国纽约证券交易所上市，股票代码为“NYSE:DIDI”，IPO 发行定价为 14 美元，上市首日市值最高达 800 亿美元。2021 年 7 月 2 日，国家互联网信息办公室（简称“网信办”）发布公告：“为防范国家数据安全风险，维护国家安全，保障公共利益，依据《中华人民共和国国家安全法》《中华人民共和国网络安全法》，网络安全审查办公室按照《网络安全审查办法》，对‘滴滴出行’实施网络安全审查。为配合网络安全审查工作，防范风险扩大，审查期间‘滴滴出行’停止新用户注册。”这是我国自《网络安全审查办法》发布以来的首次公开审查行动。2021 年 7 月 4 日晚，网信办再次发布了关于下架“滴滴出行”App 的通报。2021 年 7 月 5 日，对滴滴的审查掀起联动效应，网信办接连宣布对“运满满”“货车帮”“BOSS 直聘”实施网络安全审查，同样要求审查期间停止新用户注册。2021 年 7 月 9 日，网信办再次通报，要求“各网站、平台不得为‘滴滴出行’和‘滴滴企业版’等上述 25 款已在应用商店下架的 App 提供访问和下载服务”。可以预见，对滴滴等系列海外上市互联网平台企业开展网络安全审查将对我国企业数据伦理治理与数据安全监管产生深远的影响，具有标志性的变革指向意义。

（资料来源：国家互联网信息办公室发布公告）

案例分析9-2 出售银行卡、手机卡男子犯“帮信罪”被判刑

被告人唐某明知他人收购银行卡、电话卡等用于犯罪活动，为谋取非法利益而出售，其行为涉嫌犯罪被公诉。近日，东城法院对该案依法进行公开审理并当庭宣判，唐某因犯帮助信息网络犯罪活动罪，被判处有期徒刑 7 个月，并处罚金人民币 5000 元。

公诉机关指控，2020 年 9 月，被告人唐某在明知他人收购银行卡、U 盾、电话卡用于信息网络犯罪活动的情况下，为谋取非法利益，使用其个人信息办理中国建设银行卡及与之关联的 U 盾，连同手机卡一并向他人出售。经查，其办理的银行卡于 2020 年 10 月间，被用于向本市和湖南省长沙市的被害人实施电信网络诈骗犯罪活动，支付结算金额共计人民币 33 万余元。公诉机关认为，唐某的行为已构成帮助信息网络犯罪活动罪。

庭审中，唐某对指控事实、罪名及量刑建议均没有异议，并表示认罪认罚。

法院经依法审理后当庭宣判，被告人唐某犯帮助信息网络犯罪活动罪，判处有期徒刑 7 个月，并处罚金人民币 5000 元。

法官提示：

《中华人民共和国刑法》第二百八十七条之二规定了帮助信息网络犯罪活动罪，这是《刑法〈修正案(九)〉》新增设的罪名，体现了刑事立法领域通过惩处网络犯罪帮助行为来加大对信息网络犯罪的打击力度。“帮信罪”在司法实践中通常表现为为网络电信诈骗等犯罪提供银行账户及手机号码，用以接收并转移诈骗等犯罪所得。

法官提醒，在日常生活中，切勿贪图小利，将自己的身份证、手机卡、个人银行卡、对公账户及结算卡、微信及支付宝等第三方支付平台账户出售、租赁给他人，避免沦为犯罪的“帮凶”，甚至给自己招来牢狱之灾。生财有道，切勿以身试法！

（资料来源：罗兰、刘向智．出售银行卡、手机卡男子犯“帮信罪”被判刑．2021/05）

学习思考

1. 高校大学生网络安全意识存在的问题有哪些？
2. 目前网络安全的威胁有哪些体现？
3. 如何加强高校大学生网络安全意识的培育？

参考文献

[1] 张园园．习近平新时代网络安全思想的深刻内涵与实践要求[J]．西安石油大学学报(社会科学版)，2019(2)：74－78.

[2] 崔传桢．透视中国网络安全——从国家战略到企业网络安全实战案例[M]．北京：中国财经出版社，2020.

[3] 陈铁明．网络空间安全通识教程[M]．北京：人民邮电出版社，2019.

[4] 杨义先，钮心忻．安全通论——刷新网络空间安全观[M]．北京：电子工业出版社，2018.

[5] 于丰源．新媒体时代大学生网络安全教育提升对策研究[D]．大连：大连理工大学，2021.

[6] 习近平．坚决打赢网络意识形态斗争．习近平关于网络强国论述摘编[M]．北京：中央文献出版社，2021.

[7] 孙风娟．最高检发布1月至9月全国检察机关主要办案数据[N]．检察日报，2021－10－19(1).

[8] 许畅，高金虎．美国公民国家网络安全意识培养问题研究[J]．情报杂志，2018(12)：135－139.

第十章　新时代国家生态安全教育

2020 年 4 月 27 日，习近平总书记主持召开中央全面深化改革委员会第十三次会议，审议通过了《全国重要生态系统保护和修复重大工程总体规划(2021—2035 年)》(以下简称《规划》)。作为党的十九大以后全国生态保护和修复工作的第一个综合性规划，《规划》统筹山水林田湖草一体化保护和修复，科学布局全国重要生态系统保护和修复重大工程，促进自然生态系统质量整体改善和生态产品供给能力全面增强，将为维护国家生态安全、推进国家生态系统治理体系和治理能力现代化、加快建设美丽中国奠定坚实生态基础。

知识目标

系统认识国家生态安全与理解国家生态安全的内涵及其重要性，深刻认识到国家生态面临的威胁和挑战，提升大学生对建造优美环境的现实意义，增强新时代大学生维护国家生态安全的使命担当。

通过本章学习，使学生掌握新时代国家生态安全的重要性、基本内涵、面临的威胁与挑战、生态安全教育的途径与方法。

素养目标

培养良好的国家生态安全意识，将新时代国家生态安全理念注入青年学生的思想中，建设人与自然和谐共生的现代化，是人民追求美好生活的新内涵，也将是中国对全球贡献可持续发展战略的“中国方案”。

思政目标

党的十九大将“坚持人与自然和谐共生”确立为新时代坚持和发展中国特色社会主义的基本方略之一，引导学生深刻认识新时代背景下建设国家生态安全的重要意义。引导学生深刻认识保护生态安全的重要性，让国家生态安全价值观扎根新时代青年大学生的思想中，提升青年大学生对国家生态安全的保护意识，自觉承担起时代赋予的使命和坚决维护国家生态安全的责任。

第一节　新时代国家生态安全的基本内涵

一、生态安全的定义

生态安全是指生态系统的健康和完整情况，是人类在生产、生活和健康等方面不受生态破坏与环境污染等影响的保障程度，包括饮用水与食物安全、空气质量与绿色环境等基本要素。健康的生态系统是稳定的和可持续的，在时间上能够维持它的组织结构和自治，以及保持对胁迫的恢复力。反之，不健康的生态系统，是功能不完全或不正常的生态系统，其安全状况则处于受威胁之中。生态安全具有整体性、不可逆性、长期性的特点，其内涵十分丰富。

从狭义来说，生态安全是指自然和半自然生态系统的安全，即生态系统完整性和健康的整体水平反映。健康系统是稳定的和可持续的，在时间上能够维持它的组织结构和自治，以及保持对胁迫的恢复力。若将生态安全与保障程度相联系，生态安全可以理解为人类在生产、生活和健康等方面不受生态破坏与环境污染等影响的保障程度，包括饮用水与食物安全、空气质量与绿色环境等基本要素。

广义地说，一是环境、生态保护上的含义。即防止由于生态环境的退化对经济发展的环境基础构成威胁，主要指环境质量状况低劣和自然资源的减少和退化削弱了经济可持续发展的环境支撑能力；二是外交、军事上的范畴。即防止由于环境破坏和自然资源短缺引起经济的衰退，影响人们的生活条件，特别是环境难民的大量产生，从而导致国家的动荡。

广义的生态安全以国际应用系统分析研究所（IIASA，1989）提出的定义为代表：生态安全是指在人的生活、健康、安乐、基本权利、生活保障来源、必要资源、社会秩序和人类适应环境变化的能力等方面不受威胁的状态，包括自然生态安全、经济生态安全和社会生态安全，组成一个复合人工生态安全系统。

二、生态安全是一个动态的系统工程

生态安全是一个动态的系统工程，具体表现在以下几个方面。

（1）生态安全是人类生存环境或人类生态条件的一种状态。或者更确切地说，是一种必备的生态条件和生态状态。也就是说，生态安全是人与环境关系中，生态系统满足人类生存与发展的必备条件。

（2）生态安全是一种相对的安全。没有绝对的安全，只有相对安全。生态安全由众多因素构成，其对人类生存和发展的满足程度各不相同，生态安全的满足也不相同。若用生态安全系数来表征生态安全满足程度，则各地生态安全的保证程度可以不同。因此，生态安全可以通过反映生态因子及其综合体系质量的评价指标进行定量的评价。

(3)生态安全是一个动态概念。一个要素、区域和国家的生态安全不是一劳永逸的,它可以随环境变化而变化,反馈给人类生活、生存和发展条件,导致安全程度的变化,甚至由安全变为不安全。

(4)生态安全强调以人为本。安不安全的标准是以人类所要求的生态因子的质量来衡量的,影响生态安全的因素很多,但只要其中一个或几个因子不能满足人类正常生存与发展的需求,生态安全就是不及格的。也就是说,生态安全具有生态因子一票否决的性质。

(5)生态安全具有一定的空间地域性质。真正导致全球、全人类生态灾难不是普遍的,生态安全的威胁往往具有区域性、局部性;这个地区不安全,并不意味着另一个地区也不安全。

(6)生态安全可以调控。不安全的状态、区域,人类可以通过整治,采取措施,加以减轻,解除环境灾难,变不安全因素为安全因素。

(7)维护生态安全需要成本。也就是说,生态安全的威胁往往来自人类的活动,人类活动引起对自身环境的破坏,导致生态系统对自身的威胁,解除这种威胁,人类需要付出代价,需要投入。这应计入人类开发和发展的成本。

三、生态安全具有多重特征

生态安全具有以下五点多重特征。

(1)生态安全的整体性。局部生态环境的破坏可能引发全局生态问题,甚至会导致整个国家和民族的生存条件受到威胁。

(2)生态安全的综合性。影响生态安全的因素有很多,这些因素相互作用、相互影响,使生态安全的维护显得尤为复杂。

(3)生态安全的区域性。地域不同、对象不同,生态安全的影响因素和表现形式也会不同。

(4)生态安全的动态性。生态安全会随着影响因素的发展变化而在不同时期表现出不同的状态。

(5)生态安全的战略性。生态安全关系国计民生,关系经济社会的可持续发展。

第二节　新时代国家生态安全的重要性

一、生态安全的重要意义

国家主席习近平 2022 年 1 月 17 日出席 2022 年世界经济论坛视频会议并发表题为《坚

定信心勇毅前行 共创后疫情时代美好世界》的讲话，指出，发展经济不能对资源和生态环境竭泽而渔，生态环境保护也不是舍弃经济发展而缘木求鱼。中国坚持绿水青山就是金山银山的理念，推动山水林田湖草沙一体化保护和系统治理，全力以赴推进生态安全建设，全力以赴加强污染防治，全力以赴改善人民生产生活环境。生态安全在国家安全体系中居于十分重要的基础地位。

（一）生态安全提供了人类生存发展的基本条件

生态安全与政治安全、军事安全和经济安全一样重要，都是事关大局、对国家安全具有重大影响的安全领域。生态安全是其他安全的载体和基础，同时又受到其他安全的影响和制约。当一个国家或地区所处的自然生态环境状况能够维系其经济社会的可持续发展时，它的生态就是安全的；反之，“覆巢无完卵”，生态环境一旦遭到严重破坏，生态不再安全，必然影响社会稳定，危及国家安全。我国生态安全政策重点强调两个方面：一是必须维护生态系统的完整性、稳定性和功能性，确保国家或区域具备保障人类生存发展和经济社会可持续发展的自然基础，这是维护生态安全的基本目标，是一个根本性、基础性的问题；二是必须要处理好涉及生态环境的重大问题，包括妥善处理好国内发展面临的资源环境瓶颈、生态承载力不足的问题，以及突发环境事件问题，这是维护生态安全的重要着力点，是最具有现实性和紧迫性的问题。

（二）生态安全是经济发展的基本保障

反思工业革命带来的生态危机，我国生态安全形势不容乐观，土地退化，生态失调，植被破坏，生态多样性锐减，正是在这样的生态危机背景下，习近平总书记提出“绿水青山就是金山银山”的重要理论。该理论也是实现中华民族伟大复兴的中国梦的重要内容。

党的十九大报告指出：“我国经济由高速增长阶段转向高质量发展阶段。”生态环境问题的根源和本质就在于粗放型增长方式。粗放型经济是目前人类所运用的经济发展模式，在生产要素质量、结构、使用效率和技术水平不变的条件下，经济增长依靠大量投入和扩张来实现。这种经济增长方式的实质是以数量的增长速度为核心，消耗较高，成本较高，产品质量难以提高，经济效益较低。粗放型经济是与集约型经济相对的。集约型经济增长方式是指在生产规模不变的基础上，采用新技术、新工艺，改进机器设备、加大科技含量的方式来增加产量，这种经济增长方式又称内涵型增长方式。其基本特征是依靠提高生产要素的质量和利用效率，来实现经济增长。以这种方式实现经济增长，消耗较低，成本较低，产品质量能不断提高，经济效益较高。在当代，提倡的是集约型经济。比如东北牧业的发展方向，就是发展集约化。改善生态环境状况，必须转变经济发展方式，减少资源消耗和污染的产业模式，推动产业变革。推动高质量发展，充分发挥生态环境保护，推进供给侧结构性改革、加快产业结构转型升级方面的作用。强化生态环境保护与推动高质量发展是一致的，在改善生态环境质量的同时，实现环境效益、经济效益和社会效益共赢。

（三）生态安全是社会稳定的坚固基石

生态安全的根源在于人的主体价值需求与客观规律之间的矛盾。恩格斯曾告诫：“我们不要过分陶醉于我们对自然界的胜利。对于每一次这样的胜利，自然界都报复了我们。”十九大报告指出：“人与自然是生命共同体，人类必须尊重自然、顺应自然、保护自然。”既要强调人与自然的和谐共生，更要减少对环境破坏的因素。新时代我们要坚持习近平新时代中国特色社会主义思想为指导，树立社会主义生态安全意识，让人与自然和谐共生在中华大地成为生动实践。

（四）生态安全是资源安全的重要组成部分

改革开放以来，我国经济社会得到快速发展，但资源约束趋紧、环境污染严重、生态系统退化的形势日益严峻，生态安全问题已经成为关系人民福祉和民族未来的大事。习近平总书记指出，既重视传统安全，又重视非传统安全，构建集政治安全、国土安全、军事安全、经济安全、文化安全、社会安全、科技安全、信息安全、生态安全、资源安全、核安全等于一体的国家安全体系。明确将生态安全纳入国家安全体系之中。这是在准确把握国家安全形势变化新特点新趋势基础上做出的重大战略部署，对于提升生态安全重要性认识，破解生态安全威胁，意义重大。党的十八届五中全会进一步明确提出，坚持绿色发展，有度有序利用自然，构建科学合理的生态安全格局。由此可见，生态安全的重要性日益得到广泛认可和重视。

（五）生态安全是全球治理的重要内容

面对全球生态危机，应对气候变化和维护环境安全，中国积极承担应尽的责任，倡导并推动各国携手应对生态危机、努力实现绿色发展、共同守护地球家园；主张各国加强对话与磋商、共同维护全球生态安全。国家主席习近平在出席气候变化巴黎大会开幕式上发表题为《携手构建合作共赢、公平合理的气候变化治理机制》的讲话，指出：“应对气候变化是人类共同的事业，中国一直是全球应对气候变化事业的积极参与者，目前已成为世界节能和利用新能源、可再生能源第一大国。”中国将把生态文明建设作为“十三五”规划重要内容，落实创新、协调、绿色、开放、共享的发展理念，通过科技创新和体制机制创新，实施优化产业结构、构建低碳能源体系、发展绿色建筑和低碳交通、建立全国碳排放交易市场等一系列政策措施，形成人和自然和谐发展现代化建设新格局。中国在“国家自主贡献”中提出将于2030年左右使二氧化碳排放达到峰值并争取尽早实现，2030年单位国内生产总值二氧化碳排放比2005年下降60%～65%，非化石能源占一次能源消费比重达到20%左右，森林蓄积量比2005年增加45亿立方米左右。虽然需要付出艰苦的努力，但我们有信心和决心实现我们的承诺。

二、生态安全纳入国家安全体系的重要性

（一）协调经济社会发展的客观要求

将生态安全纳入国家安全体系，是推进国家治理体系和治理能力现代化、实现国家长治久安的迫切要求，对于促进经济社会可持续发展、加快生态文明建设具有重要意义和深远影

响。尽管我国生态环境保护与建设力度逐年加大,但总体而言,资源环境与生态恶化趋势尚未得到逆转,生态问题已严重制约经济社会的可持续发展。将生态安全纳入国家安全体系,体现了党中央对环境保护工作的高度重视,有利于促进资源与能源的高效利用,加大我国生态关键地区的保护力度,改善生态系统功能和环境质量状况,缓解经济社会开发建设活动对自然生态系统造成的压力和不利影响,促进人口资源环境相协调、经济效益和生态效益相统一。

"十四五"生态环保产业面临新的发展机遇。一是实现"碳达峰碳中和"目标愿景将带动生态环保产业面向绿色低碳循环发展体系全面升级;二是生态环境治理体系现代化、排污成本内部化机制不断健全,将催生潜在环保需求转化为市场需求;三是产业政策机制日趋完善,促进产业发展环境不断优化;四是行业并购整合加速,"专精特新"成为中小企业发展方向;五是生态环保产业从细分领域的专业治理向环境问题的系统化、综合化环境服务转型升级;六是生态环保产业与高科技、新一代信息技术等融合发展。

(二)深化国家生态安全管理的重要举措

目前,我国政府采取按生态和资源要素分工的部门管理模式,生态安全管理职能分散在各个部门,在国家层面缺乏统一决策、统一监督管理的体制和机制,造成国家公共利益和部门行业利益的冲突,不利于国家对生态安全的宏观调控。生态安全管理是一项庞大的系统工程,将生态安全纳入国家安全管理框架,有利于整合资源开发利用、环境管理、生态保护等众多领域,协调各主管部门职责与利益,建立起分工明确、协调统一的国家生态治理体系,促进生态治理现代化。

(1)2035 年基本建成我国北方生态安全屏障。《北方防沙带生态保护和修复重大工程建设规划(2021—2035 年)》(以下简称《规划》)提出,北方防沙带生态保护和修复重大工程的基本原则是,坚持保护优先、自然恢复为主,坚持因地制宜、科学精准治理,坚持绿色发展、生态惠民富民,坚持创新引领、强化监督管理。统筹推进山水林田湖草沙系统治理,以防沙治沙和荒漠化防治为主攻方向,重点实施京津冀协同发展生态保护和修复、内蒙古高原生态保护和修复、河西走廊生态保护和修复、塔里木河流域生态修复、天山和阿尔泰山森林草原保护、北方防沙带矿山生态修复等 6 项重点工程,共 29 个重点项目。到 2025 年,完成沙化土地治理 460 万公顷(1 平方千米 =0.01 平方千米),退化草原治理 270 万公顷,营造林 220 万公顷,水土流失治理 450 万公顷。到 2035 年,完成沙化土地治理 1380 万公顷,退化草原治理 740 万公顷,营造林 610 万公顷,水土流失治理 1120 万公顷。区域风沙危害得到有效遏制,生态系统稳定性和质量得到明显提升,河湖、湿地生态状况得到明显改善,可治理沙化土地得到基本治理,水土流失得到全面治理,废弃矿山得到全面修复,森林、草原、河湖、湿地、荒漠等自然生态系统质量和稳定性显著提升。北方防沙带是我国防治沙化和荒漠化的核心区,纳入全国重要生态系统保护和修复重大工程的总体布局。《规划》实施范围为北京、天津、河北等 9 个省(区、市)181 个县(市、区、旗)以及新疆生产建设兵团所属 99 个团,总面积 183 万平方千米。

(2)强化自然保护地监督,坚决守住国家生态安全底线。自然保护地是生态建设的核心载体、中华民族的宝贵财富、美丽中国的重要象征,在维护国家生态安全中居于首要地位。

经过60多年的努力,我国已建立各级各类自然保护地近1.18万个,覆盖陆域国土面积近18%,管辖海域面积4.1%,基本建成类型比较齐全、布局基本合理、功能相对完善的自然保护地体系。2019年,中共中央办公厅、国务院办公厅印发《关于建立以国家公园为主体的自然保护地体系的指导意见》(以下简称《指导意见》),明确要逐步形成“以国家公园为主体、自然保护区为基础、各类自然公园为补充的自然保护地分类系统”,建成“中国特色的以国家公园为主体的自然保护地体系”的总体目标,部门组建和《指导意见》印发,为新时代自然保护地建设、管理、监督强化体制机制保障,提供根本遵循,指明发展方向,具有重大深远意义。

(3)加快国家生态安全体制机制建设。中共中央、国务院出台了《生态文明体制改革总体方案》,为增强生态文明体制改革的系统性、整体性和协同性提供了重要遵循。为确保国家生态安全战略顺利实施,必须加强体制机制建设,整合相关的组织机构,明确各部门职责。国家层面要建立有效的监督考核与问责机制,确保国家生态安全战略实施的效果。各级党委和政府应对本辖区的生态安全状况负责,将国家生态安全工作纳入国民经济和社会发展规划,并且作为考核领导干部政绩的指标之一,对由于干部失职、渎职给国家造成重大损失和严重后果的,要依法追究责任。

(三)实现民族永续发展的必然选择

生态安全是人类生存与发展的基本安全需求,维护生态安全是生态文明建设的重要内容。世界范围内生态环境变化引起的各种极端事件表明,生态灾难足以影响民族和国家的长治久安。将生态安全纳入国家安全体系,有利于让广大干部群众深刻认识自然生态环境对实现民族永续发展的基础支撑作用,有利于进一步突出生态安全保障的重要地位。作为一个发展中大国,中国的发展道路和生态影响是具有全球意义的。中国提出的建设人与自然和谐共生的现代国家,意味着我国“五位一体”的总体布局更为全面和完善,标志着我们党对中国特色社会主义的认识更加成熟、更加定型,同时也是中国在可持续发展方面对全球贡献的中国方案。

第三节　国家生态安全面临的威胁与挑战

一、国家生态安全面临的主要威胁

随着经济和城市化建设的迅速发展,人民物质生活水平的不断提高,产业结构调整的不断深化,我国生态环境面临的形势十分严峻。

(一)工业对生态环境的威胁

在我国工业发过程中,还有相当一部分企业使用简陋的设备,工艺相对落后,技术含量不高，人员素质较低，导致了企业在生产过程中大量排放废水、废气，然而这些污染物并没有经过处理就直接排入河流中，这些污染源是直接造成生态安全的最大威胁。

(二)农业、养殖业污染对生态环境的影响

农业和养殖业现代化水平的提高和农村经济的发展，化肥、农药的使用量呈递增趋势。大量残留物积累于土壤中，有机物和氮、磷营养元素的污水、污物直接或间接进入河流，造成农产品多级污染，严重威胁着人民身体健康。

(三)生活垃圾对生态环境污染严重

随着城镇人民增加，生活水平不断提高和膳食结构不断变化，生活垃圾的产生量越来越多，加上没有进行合理的分类处理方式，有毒物质直接渗入土壤或者挥发到大气中，导致对大气、土壤存在很大危害。

二、国家生态安全面临的主要挑战

(一)自然生态面临的挑战

自然生态空间过度挤压，总体缺林少绿，草原超载过牧现象较为严重，湿地开垦、淤积、污染、缺水等问题比较突出，近海生态恶化趋势还没有得到全面遏制。2019 年，全国生态环境状况指数(EI)值为 51.3，生态质量一般，生态质量优和良的县域面积占国土面积的 44.7%，主要分布在青藏高原以东、秦岭 - 淮河以南、东北的大小兴安岭地区和长白山地区；一般的县域面积占 22.7%，主要分布在华北平原、黄淮海平原、东北平原中西部和内蒙古中部；较差和差的县域面积占 32.6%，主要分布在内蒙古西部、甘肃中西部、西藏西部和新疆大部。817 个开展生态环境动态变化评价的国家重点生态功能区县域中，与 2017 年相比，2019 年生态环境变好的县域占 12.5%，基本稳定的占 78.0%，变差的占 9.5%。根据第九次全国森林资源清查(2014—2018 年)结果，全国森林面积为 2.2 亿公顷，森林覆盖率为 22.96%，森林蓄积量为 175.6 亿立方米。全国草原面积近 4 亿公顷，约占国土面积的 41.7%，是全国面积最大的陆地生态系统和生态屏障。内蒙古、四川、西藏、甘肃、青海和新疆六大牧区草原面积为 2.93 亿公顷，约占全国草原面积的 3/4。南方地区草原以草山草坡为主，大多分布在山地和丘陵，面积约 0.67 亿公顷。农用地土壤污染状况详查结果显示，全国农用地土壤环境状况总体稳定，影响农用地土壤环境质量的主要污染物是重金属，其中镉为首要污染物。

(二)土地沙化、退化及水土流失面临的挑战

全国水土流失面积为 295 万平方千米，沙化土地面积为 173 万平方千米，因农田过度利用导致土层变薄、酸化、次生盐渍化加重和有机质流失的情况分布较广。根据第五次全国荒漠化和沙化监测结果，全国荒漠化土地面积为 261.16 万平方千米，沙化土地面积为 172.12 万平方千米。根据岩溶地区第三次石漠化监测结果，全国岩溶地区现有石漠化土地面积

10.07 万平方千米。根据 2018 年水土流失动态监测成果,全国水土流失面积为 273.69 万平方千米。其中,水力侵蚀面积为 115.09 万平方千米,风力侵蚀面积为 158.60 万平方千米。与第一次全国水利普查(2011 年)相比,全国水土流失面积减少 21.23 万平方千米。

(三)水资源短缺面临的挑战

海河、黄河和辽河流域地表水资源开发利用率均在 70% 以上,一些地方河流开发利用已接近甚至超出水环境承载能力,部分区域水生态系统受损严重。2019 年,全国地表水监测的 1931 个水质断面(点位)中,Ⅰ~Ⅲ类水质断面(点位)占 74.9%,比 2018 年上升 3.9 个百分点;劣Ⅴ类占 3.4%,比 2018 年下降 3.3 个百分点。主要污染指标为化学需氧量、总磷和高锰酸盐指数。2019 年,长江、黄河、珠江、松花江、淮河、海河、辽河七大流域和浙闽片河流、西北诸河、西南诸河监测的 1610 个水质断面中,Ⅰ~Ⅲ类水质断面占 79.1%,比 2018 年上升 4.8 个百分点;劣Ⅴ类占 3.0%,比 2018 年下降 3.9 个百分点。主要污染指标为化学需氧量、高锰酸盐指数和氨氮。西北诸河、浙闽片河流、西南诸河和长江流域水质为优,珠江流域水质良好,黄河流域、松花江流域、淮河流域、辽河流域和海河流域为轻度污染。持续开展饮用水水源地生态环境问题排查整治,899 个县级水源地 3626 个问题整治完成 3624 个。全国地级及以上城市 2899 个黑臭水体消除 2513 个。全面完成长江入河、渤海入海排污口排查,其中,长江入河排污口 60292 个、渤海入海排污口 18886 个。长江流域、渤海入海河流劣Ⅴ类国控断面分别由 12 个、10 个降至 3 个、2 个。持续开展工业园区污水整治专项行动,长江经济带 95% 的省级及以上工业园区建成污水处理设施并安装在线监测装置。推进长江"三磷"专项排查整治,存在问题的 281 家企业(矿、库)中 172 家完成整治,长江流域总磷超标断面数比 2018 年下降 40.7%。启动地下水污染防治试点。组织规范畜禽养殖禁养区划定和管理,1.4 万个无法律法规依据划定的禁养区全部取消。

(四)生物多样性面临的挑战

中国约 20% 的脊椎动物(不含海洋鱼类)和 10% 的高等植物面临威胁,外来物种入侵事件频繁发生,对自然生态系统平衡、本土物种基因构成威胁。中国已知物种及种下单元数 106509 种。其中,动物界 49044 种,植物界 44510 种,细菌界 469 种,色素界 2375 种,真菌界 7386 种,原生动物界 1920 种,病毒 805 种。列入国家重点保护野生动物名录的珍稀濒危陆生野生动物 406 种,大熊猫、金丝猴、藏羚羊、褐马鸡、扬子鳄等数百种动物为中国所特有。列入国家重点保护野生植物名录的珍贵濒危植物 8 类 246 种,已查明大型真菌种类 9302 种。全国已发现 660 多种外来入侵物种,其中,71 种对自然生态系统已造成或具有潜在威胁并被列入《中国外来入侵物种名单》。67 个国家级自然保护区外来入侵物种调查结果表明,215 种外来入侵物种已入侵国家级自然保护区,其中 48 种外来入侵物种被列入《中国外来入侵物种名单》。

(五)城乡人居环境面临的挑战

一些城市空气质量超标,部分区域灰霾污染频发,部分河流和湖泊的污染物入河(湖)量超过其纳污能力,部分地区城乡饮用水水源存在安全隐患,土壤点位超标率也比较高。至2019年,全国废水中化学需氧量排放量为567.1万吨,其中,工业源废水中化学需氧量排放量为77.2万吨,农业源化学需氧量排放量为18.6万吨,生活源污水中化学需氧量排放量为469.9万吨,集中式污染治理设施废水(含渗滤液)中化学需氧量排放量为1.4万吨。全国废水中氨氮排放量为46.3万吨,其中,工业源废水中氨氮排放量为3.5万吨,农业源氨氮排放量为0.4万吨,生活源污水中氨氮排放量为42.1万吨,集中式污染治理设施废水(含渗滤液)中氨氮排放量为0.3万吨。2019年,全国废气中二氧化硫排放量为457.3万吨,其中,工业源废气中二氧化硫排放量为395.4万吨,生活源废气中二氧化硫排放量为61.3万吨,集中式污染治理设施废气中二氧化硫排放量为0.6万吨。全国废气中氮氧化物排放量为1233.8万吨,其中,工业源废气中氮氧化物排放量为548.1万吨,生活源废气中氮氧化物排放量为49.7万吨,移动源废气中氮氧化物排放量为633.6万吨,集中式污染治理设施废气中氮氧化物排放量为2.4万吨。全国废气中颗粒物排放量为1088.5万吨,其中,工业源废气中颗粒物排放量为925.9万吨,生活源废气中颗粒物排放量为154.9万吨,移动源废气中颗粒物排放量为7.4万吨,集中式污染治理设施废气中颗粒物排放量为0.3万吨。2019年,全国一般工业固体废物产生量为44.1亿吨,综合利用量为23.2亿吨,处置量为11.0亿吨。全国工业危险废物产生量为8126.0万吨,利用处置量为7539.3万吨。2019年,调查统计城镇污水处理厂9322家,设计处理能力为2.5亿吨/日,共处理废水742.7亿吨;调查统计生活垃圾处理厂2438家,生活垃圾填埋量为2.0亿吨、焚烧量为1.3亿吨;调查统计危险废物集中处理厂1325家、医疗废物集中处理厂338家,实际处置危险废物1497.4万吨。

第四节　新时代国家生态安全教育的途径与方法

一、提高生态责任意识

新时代国家生态安全教育是高等学校的重要任务,高等学校培养的大学生,必须要具备国家生态安全的基本知识,树立国家生态安全的理念和意识,使新时代的大学生真正成为社会主义现代化国家生态环境安全的维护者和践行者。

直视国家生态安全出现的威胁与挑战,党的十九大将“坚持人与自然和谐共生”确立为新时代坚持和发展中国特色社会主义的基本方略之一。党的十九大报告还从推进绿色发展、着力解决突出环境问题、加大生态系统保护力度、改革生态环境监管体制参与全球环境治理等方面做出新部署新要求。首先,提高生态责任意识;其次,做生态安全的推动者和践行者;最后,积极倡导绿色、低碳、循环、可持续生活方式等多种渠道的教育途径和方法,使学生自觉担负起建设美丽中国的重要责任,推进绘就美丽中国蓝图。

大学阶段,要重点围绕理解中华民族命运与国家关系,践行总体国家安全观。学生系统掌握总体国家安全观的内涵和精神实质,理解中国特色国家安全体系,树立国家安全底线思维,将国家安全意识转化为自觉行动,强化责任担当。生态保护是国家发展的必要条件,环境与政治、经济、文化的建设不可能独自存在,它们之间都是互相联系与影响的。从细节做起,提高学生保护生态的意识。

二、树立生态安全理念,践行生态安全行动

维护生态安全必须践行"绿水青山就是金山银山"理念,加强综合治理,筑牢国家生态安全屏障。在《全国生态环境保护纲要》中对生态安全做了明确的要求,生态安全包括水、土地、大气、生物物种安全等方面,是人类生存发展的基本条件。面临生态破坏、环境污染、疫情等威胁,让学生树立正确的价值观,认识人类社会是可持续发展的,不要因为一己私利而忽略了生态安全的重要性。从我做起,从小事做起,做生态安全的推动者和践行者。

(1)提升自我的基本素质和建设能力。党的第十九届第五中全会审议通过了《中共中央关于制定国民经济和社会发展第十四个五年规划和二〇三五年远景目标的建议》。2035年基本实现社会主义现代化远景目标,广泛形成绿色生产生活方式,碳排放达峰后稳中有降,生态环境根本好转,美丽中国建设目标正在实现。意味着从现在开始,作为国家未来的接班人,大学生就必须具备建设美丽中国的能力和基本素质。建设美丽中国,我们青年责无旁贷,要积极投身我们的生态建设当中。

(2)大学生需要树立家国情怀。深入学习理解习近平生态文明思想,树立可持续发展的思想和节能环保的理念,积极参与环保行动。比如,每年3月12日为国家植树节,提倡"多一片绿叶,多一份美好",从小培养学生植树造林的意识,了解自然,保护自然,全社会一起参与,人人出力,功在千秋。

(3)明确自己的使命。青年是国家的希望,在生态的建设当中,经常会遇到困难,我们需要克服困难,认真刻苦学习,排除万难,造福一方。比如,21岁的习近平同志在四川学习沼气池的相关知识,建造第一个沼气池,改善当地人的生活。

(4)坚持环保发展理念。20世纪50年代,我国河北省的塞罕坝是一个风沙弥漫的地方。经过几代人的努力建设,从治理荒沙到生态建设,成功地将塞罕坝变成人类最适合居住的地方之一,并建设成为一条以环保为理念的商业模式,印证了习近平总书记关于"绿水青山就是金山银山"的重要理念。

三、倡导绿色、低碳、循环、可持续生活方式

青年是国家的未来,从小培养良好的生活习惯是国家发展的需求,我们应该积极地响应国家政策,倡导绿色出行、垃圾分类、节能减排等生活方式,让"低碳时代"成为我们在

生活上的标配。保护好生态环境是我们每个人的责任，要为构建我们美丽的家园而一起携手共进。

(1)提倡低碳可持续发展的生活方式。由于经济的迅速发展，低碳可持续发展成为社会发展的需求，让人们明白环境污染和生态破坏对后代子孙生存的危害性，激发环境保护的理念，已经成为新时代人与自然关系的全新解释。培养良好的低碳生活习惯，形成适度合理消费、节俭的社会风尚。

(2)适度消费可以推动未来经济发展形态的转型。适度消费就是在尊重自然承载力的条件下，通过自己的消费理念和购买行为来引领经济发展的潮流，反对侈靡浪费，摒弃破坏环境和资源浪费的行为，节约能源，促进生态发展的平衡，追求高效、低消耗、无污染和可持续发展的绿色经济模式，做到人与自然和谐共生，为建设美丽中国而努力，同时也推动构建人类命运共同体理念。

四、新时代大学生应坚决维护国家生态安全

作为国家未来的接班人，新时代大学生要牢记习近平总书记的教导，落实好《全国重要生态系统保护和修复重大工程总体规划(2021—2035 年)》的要求，为维护国家生态安全、推进生态系统治理体系和治理能力现代化、加快建设美丽中国，奠定坚实生态基础。

(1)加强学习，提高政治站位。思想是行动的先导，监督者和被监督者都要以习近平生态文明思想为指导，以中央关于甘肃祁连山国家级自然保护区生态环境问题和秦岭北麓西安境内违建别墅问题的通报为镜鉴，进一步提高政治站位，持续加大生态环境保护力度，共同守护国家生态安全底线。

(2)充分发挥新闻媒体舆论监督作用。通过新闻媒体，发挥监督机制的作用，公开曝光生态破坏严重的突出问题，为人民创造良好的生活环境，还大自然以青山绿水，努力维护我们的美好家园。

(3)强化生态保护意识。新时代的大学生应当强化国家生态安全意识，保护生态就像保护好自己的眼睛一样，自觉增强自己的责任感和使命感。维护生态安全必须践行“绿水青山就是金山银山”理念，加强综合治理，筑牢国家生态安全屏障。

(4)严格遵守生态文明法律制度。2015 年 1 月 1 日起施行的《中华人民共和国环境保护法》第六条规定：“一切单位和个人都有保护环境的义务。地方各级人民政府应当对本行政区域的环境质量负责。”坚持以“最严格制度最严密法治保护生态环境”为重要抓手，强化制度执行。青年学生就必须维护落实生态环保行动，增强公民的生态法律意识，坚决与一切破坏生态的行为做斗争，使用法治手段推进生态文明建设。

(5)坚决维护国家环境治理，推动构建人类命运共同体。必须要处理好涉及生态环境的重大问题，包括妥善处理好国内发展面临的资源环境瓶颈、生态承载力不足的问题，以及突发环境事件问题，这是维护生态安全的重要着力点，是最具有现实性和紧迫性的问题。同时，青年学生也要积极参与全球环境治理，展现中国负责任大国形象，争取合理的发展空间，推动人类命运共同体理念的构建。

案例分析10-1 被告人董传桥等19人污染环境案

2015年2月,被告人董传桥将应由黄骅市津东化工有限公司处置的废碱液,交由没有资质的被告人刘海生处置。后刘海生联系被告人刘永辉租用被告人李桂钟停车场场地,挖设隐蔽排污管道,连接到河北省蠡县城市下水管网,用于排放废碱液。2015年2月至5月,董传桥雇用被告人石玉国等,将2816.84吨废碱液排放至挖设的排污管道,并经案涉暗道流入蠡县城市下水管网。同时,从2015年3月起,被告人高光义等明知被告人娄贺无废盐酸处置资质,将回收的废盐酸交由娄贺处置。娄贺又将废盐酸交由无资质的被告人张锁等人处置。张锁、段青松等人又联系李桂钟,商定在其停车场内经案涉暗道排放废盐酸。2015年5月16日、17日,石玉国等人经案涉暗道排放100余吨废碱液至城市下水管网。同月18日上午,张锁等人将30余吨废盐酸排放至案涉暗道。下午1时许,停车场及周边下水道大量废水外溢,并产生大量硫化氢气体,致停车场西侧经营饭店的被害人李强被熏倒,经抢救无效死亡。经鉴定,本案废碱液与废盐酸结合会产生硫化氢,并以气体形式逸出;李强符合硫化氢中毒死亡。

【裁判结果】

河北省蠡县人民法院一审认为,案涉废碱液、废盐酸均被列入《国家危险废物名录》,属危险废物。被告人董传桥等违反国家规定,非法处置、排放有毒物质,严重污染环境。其行为均已构成污染环境罪。董传桥等人非法排放废碱液,娄贺等人非法排放废盐酸,均对李强硫化氢中毒死亡这一结果的发生起到了决定性的作用,应对李强的死亡结果承担刑事责任。根据各被告人的犯罪事实、情节和社会危害性,一审法院判决被告人董传桥等犯污染环境罪,判处有期徒刑7年至2年不等,并处罚金。河北省保定市中级人民法院二审对一审刑事判决部分予以维持。

【典型意义】

本案系污染环境致人死亡案件。危险废物具有腐蚀性、毒性、易燃性、反应性、感染性等危险特性,收集、贮存或处置不当,不仅严重威胁生态环境安全,更可能直接危及人体健康甚至生命。近年来,非法处置危险废物现象屡禁不绝,环境风险日益凸显。面对环境污染犯罪呈现的大幅增长态势,坚持最严格的环保司法制度、最严密的环保法治理念,加大对环境污染犯罪的惩治力度,服务保障打好打赢污染防治攻坚战,是人民法院审判工作的重要职责。本案中,被告人董传桥等挖设隐蔽排污管道,将废碱液排放至城市下水管网,被告人张锁等利用同一暗道排放废盐酸,造成一人死亡的特别严重后果。人民法院全面贯彻宽严相济刑事政策,充分发挥环境资源刑事审判的惩治和教育功能,结合各被告人的犯罪事实、情节和社会危害性,依法认定提供、运输、排放、倾倒、处置等环节各被告人的刑事责任,从重判处刑罚。本案的审理和判决对于斩断危险废物非法经营地下产业链条、震慑潜在的污染者具有典型意义。

(资料来源:保定市中级人民法院官网,2019-08-02)

案例分析10-2 东莞市沙田镇人民政府诉李永明固体废物污染责任纠纷案

生效刑事判决认定,2016年3月至5月,李永明违反国家规定向沙田镇泥洲村倾倒了约60车600吨重金属超标的电镀废料,严重污染环境,其行为已构成污染环境罪。2016年7月至9月,东莞市沙田镇人民政府(以下简称沙田镇政府)先后两次委托检测机构对污染项目进行检测,分别支出检测费用17500元、31650元。2016年8月至9月,东莞市环境保护局召开专家咨询会,沙田镇政府为此支付专家评审费13800元。沙田镇政府委托有关企业处理电镀废料共支出2941000元。2016年12月,经对案涉被污染地再次检测,确认重金属含量已符合环保要求,暂无须进行生态修复,沙田镇政府为此支付检测费用19200元。沙田镇政府委托法律服务所代理本案,支付法律服务费39957元。

【裁判结果】

广东省东莞市第二人民法院一审认为,沙田镇政府为清理沙田镇泥洲村渡口边的固体废物支出检测费用68350元、专家评审费13800元、污泥处理费2941000元,以上合计3023150元。沙田镇政府系委托具有资质的公司或个人来处理对应事务,并提交了资质文件、合同以及付款单据予以证明。李永明倾倒的固体废物数量占沙田镇政府已处理的固体废物总量的25.6%,故李永明按照比例应承担的损失数额为773926.4元。沙田镇政府为本案支出的法律服务费亦应由李永明承担。沙田镇政府对于侵权行为的发生及其损害结果均不存在过错。一审法院判决李永明向沙田镇政府赔偿电镀废料处理费、检测费、专家评审费773926.4元,法律服务费39957元。广东省东莞市中级人民法院二审判决李永明向沙田镇政府赔偿电镀废料处理费、检测费、专家评审费773926.4元。

【典型意义】

本案系固体废物污染责任纠纷。生态环境是人民群众健康生活的重要因素,也是需要刑事法律和民事法律共同保护的重要法益。生效刑事判决审理查明的事实,在无相反证据足以推翻的情况下,可以作为民事案件认定事实的根据。本案审理法院正确使用《中华人民共和国环境保护法》,在依法惩治污染环境罪的同时,对于沙田镇政府处理环境污染产生的损失依法予以支持,体现了“谁污染、谁治理”的原则,全面反映了污染环境犯罪成本,起到了很好的震慑作用。本案对于责任的划分,特别是对地方政府是否存在监管漏洞、处理环境污染是否及时的审查判断,也起到了一定的规范、指引作用。本案的审理和判决对于教育企业和个人依法生产、督促政府部门加强监管有着较好的推动和示范作用。

(资料来源:最高人民法院发布十起生态环境保护典型案例. 政务:辽河中级人民法院,2020-06-05)

深度阅读

1. 中共中央、国务院．生态文明体制改革总体方案．新华社,2015－09－21.

2. 中共中央关于制定国民经济和社会发展第十四个五年规划和二〇三五年远景目标的建议．新华社,2020－10－29.

学习思考

1. 国家生态安全的基本定义是什么?
2. 我国生态安全面临的主要威胁和挑战是什么?
3. 新时代大学生应怎样维护国家生态安全?

第十一章 新时代国家资源安全教育

资源安全是一个国家或地区可以持续、稳定、及时、足量和经济地获取自然资源的状态。资源安全在国家安全中占有基础地位。本章通过对资源相关知识、国家资源安全的必要性和重要性、面临的威胁与挑战以及维护途径与方法的阐述，旨在引导大学生建立正确的国家资源安全观念，维护国家资源安全是新时代大学生义不容辞的使命与担当。

知识目标

通过本章学习，使学生了解国家资源安全的概念、分类、利用和保护，国家资源安全的内涵、重要性，以及国家资源安全维护的途径和方法。

素养目标

在全面学习国家资源安全相关知识、理解维护国家资源安全内涵的基础上，建立正确的价值观和思维方法，树立维护国家资源安全的法律观念，增强对国家资源的热爱和保护意识。

思政目标

充分认识国家资源安全的含义、必要性和重要性，认清维护国家资源安全所面临的威胁与挑战，激发对国家资源安全性维护的责任感和使命担当，提高维护国家资源安全的自觉性。

第一节　新时代国家资源安全的基本内涵

一、资源的概念、分类和特点

《辞海》对资源的解释是："资财之源，一般指天然的财源"。它是在一定历史条件下，能被人类开发利用以提高自己福利水平或生存能力的、具有某种稀缺性的、受社会约束的各种环境要素或事物的总称。

(一)资源的概念

资源通常有广义、狭义之分。

(1)广义的资源,是指人类生存发展和享受所需要的一切物质的和非物质的要素。也就是说,在自然界和人类社会中,有用物即资源,无用物即非资源。因此,资源既包括一切为人类所需要的自然物,如阳光、空气、水、矿产、土壤、植物及动物等,也包括以人类劳动产品形式出现的一切有用物,如各种房屋、设备、其他消费性商品及生产资料性商品,还包括无形的资财,如信息、数据、知识和技术,以及人类本身的体力和智力等。

(2)狭义的资源,仅指自然资源。联合国环境规划署对资源这样定义:所谓自然资源,是指在一定的时间、地点的条件下,能够产生经济价值的、以提高人类当前和将来福利的自然环境因素和条件的总称。如果从不同的角度出发,自然资源就是一个不断发展的概念,具有复杂性和多变性。

(二)资源的分类

资源的分类按照不同的标准有多种方式,如表 11 -1 所示。

表 11 -1　资源的分类

分类标准	分类方式
按资源的社会属性	可分为专有资源和共享资源
按是否流动	可分为流动资源和非流动资源
按资源可更新的特征	可分为非再生资源和再生资源
按资源的用途	可分为农业资源和信息资源等
按资源存在的形态	可分为土地资源、水资源、气候资源、矿产资源、生物资源、环境资源等

(三)资源的特点

(1)经济性。资源的有限性和人类需求的无限性之间的矛盾决定了资源的稀缺性。这种稀缺性与人类需求的冲突和矛盾,使资源具有了经济价值。

(2)动态性。随着社会经济和科技的发展,可能导致之前没有经济价值的资源变得具有经济价值,也可能使原来具有经济价值的资源变成没有经济价值。

(3)多样性。表现在资源种类的多样性、功能的多样性以及价值的多样性。

(4)时空性。任何资源都受时间和空间的制约,并随时间和空间的变化而变化。

(5)生态性。人类与自然资源共同组成了共生共荣的生态系统,因此资源也具有生态性和公共性的特点。

二、我国的资源现状和存在的问题

(一)资源丰富,种类齐全

我国是世界上的资源大国,自然资源综合排序在世界144个国家中位列第八。资源总量大,种类较为齐全。

(1)土地资源:我国拥有960多万平方千米的国土面积,位列世界第三,占世界面积的7.2%,占亚洲面积的30%。

(2)海洋资源:我国海域面积约473万平方千米,海洋化学资源、生物资源、海底矿产资源和海洋能源十分丰富。在世界沿海的国家中居第九位。

(3)水资源:我国淡水资源总量为28000亿立方米,位列世界第六。但空间分布差异大,南多北少,其中81%集中分布在长江流域及其以南地区。

(4)生物资源:我国是世界上生物多样性最丰富的国家之一,我国的哺乳动物、鸟类、鱼类的种类为世界最多。我国自然分布的野生动物中,脊椎动物约7300种,已定名的昆虫13万种,其中大熊猫、朱鹮等400多种野生动物为我国特有。高等植物有3.6万种,数量位列世界第三,其中特有种高达1.5万~1.8万种。我国栽培植物、家养动物的丰富程度世界上独一无二。我国的普通微生物菌种保藏中心保藏的专利菌株数量位列世界第二。

(5)矿产资源:矿产资源总量位列世界第三,已发现矿产171种,探明储存量的矿产有156种,其中20多种具有世界优势。

(6)能源资源:能源资源总量位居世界第二,探明矿产可采储量位居世界第三。

(7)森林资源:我国森林面积近2亿公顷,排在世界第六位;森林覆盖率约23%,森林蓄积量约176亿立方米,总量分别居世界第五位和第七位。我国是全球森林资源增长最多、最快的国家。

(8)草地资源:总面积近4亿公顷,占世界草地面积的12.4%,仅次于澳大利亚,居世界第二位。

(二)人均资源严重不足

尽管我国自然资源丰富,但由于人口众多,而资源的总量是有限的,因此资源的人均占有量仅为世界平均水平的1/3。

(1)我国土地资源的特点是“一多三少”,即总量多,人均耕地少,高质量的耕地少,可开发后备资源少。我国人均占有土地面积仅为世界平均水平的1/3,耕地人均占有面积排在世界第67位。在这有限的耕地中,缺乏水源保证、干旱退化、水土流失、污染严重的耕地占了相当大的比例。北京、广东、福建、浙江等省(市)以及相当一部分县(市)人均占有耕地面积400平方米以下,已低于国际上规定的534平方米的警戒线,比日本人均467平方米还要少67平方米。中国的粮食问题实际上就是土地问题,我国人均粮食产量是加拿大人均产量的1/5,人均棉花产量是美国人均产量的1/3,人均肉类是加拿大人均量的1/4。

(2)我国海洋面积低于世界平均水平,人均水资源不足2400立方米,仅为世界人均占水量的1/4。我国是世界13个人均水资源缺乏的国家之一。

(3)我国人均草地资源面积只是世界人均水平的1/2。

(4)我国人均森林覆盖率和蓄积量不到世界平均水平的1/4和1/6,森林人均拥有量仅是世界人均量的1/6。我国森林分布在东北和西南地区居多,其他地区较少。

(5)我国矿产资源人均占有量排世界第53位,人均能源资源不足100吨,仅为世界平均水平的3/5。

由于人口和经济的持续增长,势必会导致人均资源量进一步减少,加上利用不当和管理不善,很多资源遭到了不应有的浪费和破坏,这样就更加重了我国资源形势的严峻性。总体来讲,我国既是资源大国,又是资源贫瘠国。

三、国家资源安全的分类和基本特征

(一)国家资源安全的分类

(1)立足于资源系统自身的资源安全,可称为资源系统安全,是指资源特别是可再生资源的数量和质量性状的保持及改良。

(2)立足于资源保障能力的资源安全,是指资源对社会经济发展的保障或支撑能力。这是通常人们所理解的资源安全。上面关于资源安全的定义,正是基于这样的一种理解,也可以说是狭义的资源安全。

(3)立足于安全主体问题,可分为国家资源安全与区域资源安全。二者有着本质的差异,主要是利益主体不同,利益取向不同,国家利益不是区域利益的简单加和。在资源安全方面,区域利益应该服从于、服务于国家利益。另外,从安全主体的角度来看,还可分为群体资源安全与个人资源安全。在此,我们更加关注国家资源安全。

(4)立足于资源类别的不同,可分为战略性资源安全和非战略性资源安全。所谓战略性,是指在社会经济发展中占有基础地位、对国计民生和国家安全有重大影响、易出现常态下市场垄断和非常态下供给中断的资源。战略资源安全是国家资源安全的基础组成部分,又可分为水资源安全、能源资源安全(特别包括石油安全)、土地资源安全(特别包括耕地资源安全)、矿产资源安全(特别包括战略性矿产资源安全)、生物资源安全(特别包括基因资源安全)、海洋资源安全、环境资源安全等。

(二)国家资源安全的基本特征

资源安全具有以下5个典型的特征。

(1)主体性或利己性。资源安全的主体是很重要的因素,资源安全是利己的,有资源为我所有和所用的含义。

(2)目的性或针对性。资源安全问题研究和管理的目的就是要发现不安全因素、不安全领域、不安全方面以及不安全地区,并进行调适和干预。

(3)动态性或可变性。资源安全问题与资源稀缺问题一样,是一个永恒的主题,任何国家或地区在资源安全领域都会不断出现变化和新的问题。

(4)层次性或尺度性。资源安全有大小之分,于是产生了国家资源安全和区域资源安全,群体资源安全和个体资源安全等不同层次的基本特征。

(5)互动性或相关性。资源安全与生态安全、环境安全、食物安全以及经济安全有互动性或相关性,即其他方面的安全状态改进有助于资源安全状况的改进。

(三)影响国家资源安全的因素

(1)资源因素。资源因素是影响资源安全的最基本和最重要的因素之一。通常,一个国家自身的资源越丰富,对经济发展的保障程度越高,受外界不安全因素影响的可能性相对就越小,资源供应的安全性就越高。资源因素对资源安全影响巨大,但并不是说资源贫乏国家的资源安全问题就最严重。例如,日本在经历了第一次石油危机的沉重打击后,通过建立庞大的战略石油储备系统和一系列风险防范机制,其资源供应的风险得到了有效控制。

(2)政治因素。近几十年的石油危机、石油供应中断、石油价格的大幅度波动等都与政治因素有关。政治因素对资源安全的影响主要有两个方面,一是资源进口国与资源出口国之间政治关系恶化,如第一次石油危机就是阿拉伯国家与西方国家政治关系紧张所导致的结果;二是资源生产国国内的政治因素,如第二次石油危机就是由伊朗国内政治和宗教因素造成的。

(3)运输因素。资源运输的安全程度与运输的距离、运输线的安全状况、运输方式以及运输国对资源运输线的保卫能力强弱有关。一般来说,距离越远,影响资源安全的因素越多,资源的安全性越低。也就是说,资源的安全性与生产国和消费国之间的距离成反比关系。海上运输安全还与有无海盗的侵扰、是否通过海峡以及遭受控制、封锁的可能性大小、海峡运输事故的多少等有关。美国能源部确定了世界上 6 个重要的制约石油运输的咽喉要塞,这些咽喉要塞很容易遭到封锁。我国石油等重要资源进口通道单一且风险较大,通道安全隐患较大。例如,我国每年要从世界各地进口数亿吨石油(我国一年消费近 7 亿吨,自产近 2 亿吨,5 亿多吨靠进口,我国石油对外依存度高达 70% 以上),海运必须经过马六甲海峡,一旦遭到封锁,可以想象我国的能源安全将面临多么被动的局面,日常经济社会稳定就会受到严重冲击。因此,有专家建议与泰国合作人工开凿克拉克海峡,建人工运河,避开马六甲水道;我国与巴基斯坦合作在瓜达尔港租建码头 43 年,建中巴高铁;我国与缅甸合作建中缅石油输出管道,也都有能源安全的战略考虑。俄罗斯总统普京认为,中国是俄罗斯忠实可靠的战略合作伙伴。截至 2021 年,中俄天然气管道向中国供气的年输送量已达 380 亿立方米,每年通过管道向中国输入原油达 3000 万吨以上。建立以保障国家资源安全为宗旨的贸易体系十分重要,以实现多元化、多渠道、多路径、稳定可靠和经济合理的资源进口,并规范、控制和管制战略资源的出口。

(4)经济因素。经济因素对资源安全的影响是一种间接的影响。对资源进口国来说,最主要的影响就是经济能否支持进口资源所需要的外汇。如果没有出口的强有力支持,就很难保障这一点。经济因素涉及的另一个重要问题是价格的变动。对进口国来说,价格上涨对进口能力和进出口平衡有影响。在和平时期，价格的剧烈波动是资源安全的最主要问题之一。目前我国原油进口额在所有进口商品中排第二。

（5）军事因素。军事因素对资源安全的作用是多方面的，对运输安全来说，拥有强大、反应快速的海上军事力量，就能保护资源的海上运输线。对重要海峡的控制能力也是保障资源运输安全的重要方面。军事因素对资源安全的影响还表现在对主要资源生产地的军事干预能力上，一国对资源产地的军事干预能力越强，资源就越有保障。海湾战争就是美国和西方国家以强大的军事干预能力，避免石油供应受制于伊拉克，有效地保障了美国及其盟国石油的安全供应。

第二节　新时代国家资源安全的重要性

一、资源安全是国家发展的坚强柱石

国家安全关系体现在国家和民族生存与发展的各个关键领域和战略层面。资源安全是我国生态文明建设的重要方向、目标和要求。一是资源对于人类生存与发展的贡献是基础性的、不可替代的，由此自然资源往往被称为自然资源基础，即人类生存和发展不可或缺的基础。二是资源供给的有限性，自然资源往往在数量、质量等方面有其极限或限制，不可能随心所欲、永无止境地索取。三是自然资源对于社会经济发展支撑能力往往呈现削弱之势，石油、水、耕地等资源危机层出不穷。四是自然资源开发利用保护不当引发的生态环境问题日益严重，水、大气、土壤污染的影响广泛而深远。五是自然资源特别是战略性资源的国际争夺愈演愈烈，并成为主导国际关系、地缘政治的主要因素。资源外交、资源军事等应运而生。六是自然资源开发利用引发的社会、政治、民族等问题日益显现，“资源诅咒”或“资源陷阱”在部分国家、地区，特别是资源富集区或资源输出地时常发生。

资源安全在国家安全中居于重要地位。资源作为战略保障，是国家维护政治、军事安全的基础，是经济社会平稳可持续发展必不可少的要素。资源作为经济发展和人民生活最基本的投入要素，是国家发展之基、生态之源、民生之本，在经济社会发展和生态文明建设中承担着重要作用，关系着中华民族的永续发展，关系着“两个一百年”奋斗目标的顺利实现。

发展解决的是动力问题，而安全解决的是保障问题。任何国家的生存与发展，都需要可靠的资源供应；否则生产、生活就不能进行，经济就会崩溃，社会就会动荡，进而政权就会失去存在的基础。

纵观历史，控制资源往往是大国竞争博弈的主要因素之一。由于资源对国家具有生死攸关的重要性，国家间往往会因资源问题而发生冲突甚至战争。因此，资源安全事关国计民

生、事关中华民族兴旺发达。经济社会发展是推动国家和民族赓续绵延的强大动力，而资源安全是确保国家和民族行稳致远的坚强柱石。

二、资源安全是国家安全的重要支撑

资源的掌控量是衡量国家实力的重要元素。当前，我国发展到了一个新的阶段，内部矛盾越来越复杂，外部形势越来越严峻，各种不确定因素不断增多，国家安全面临的挑战前所未有，资源安全问题是各主要大国国家战略中的重要方面。战略资源的国际争夺愈演愈烈，并成为主导国际关系、地缘政治的主要因素，资源外交、资源军事等应运而生。

资源安全与其他领域安全直接或间接相关联，发挥着重要的支撑作用。例如，资源的权属关系，是国家政治制度的重要部分；控制国土上的资源是维护国土安全的重要内容；没有充足的、稳定的资源供应，经济无法正常运行，社会无法稳定，军事安全、科技安全、网络安全、核安全也得不到原料保障；只有高效利用资源，才能使生态安全和资源安全协调兼顾。

资源安全的深度和广度不断延伸。百舸争流，奋楫者先。当今时代，信息技术、生命科学、智能制造、绿色能源等前沿领域不断突破，新材料、新产品、新业态迭代周期不断缩短。例如，随着互联网技术和信息全球化的发展，数据跨境流动愈加频繁，数据资源也成为各国博弈的新领域。前有美国出台《爱国者法》，试图在数据资源领域维护其“霸权”地位；后有欧盟通过《欧盟通用数据保护条例》，赋予数据主体访问权、更正权和限制处理权等，防止某些国家利用数据优势威胁欧盟的主权独立和国家安全；2021 年，随着《中华人民共和国数据安全法》的出台，我国也从国家资源安全层面，正式为大数据时代数字经济的安全健康发展提供了有力支撑，向世界展示了数据安全治理的中国方案。

党中央作出科学判断，当前我国国家安全内涵和外延比历史上任何时候都要丰富，时空领域比历史上任何时候都要宽广，内外因素比历史上任何时候都要复杂。随着经济社会发展变化，国际资源的供需格局也随之呈现新的发展趋势，国家资源安全的内涵正在不断发生变化。资源的安全不仅体现在占有资源的数量上，还反映在资源的利用水平和精深加工水平上，资源安全的支撑作用将进一步凸显。

三、资源安全是构建人类命运共同体的必由之路

人类生存在同一个地球上，一国安全不能建立在别国不安全之上，别国面临的威胁也可能成为本国的挑战。面对日益复杂化、综合化的安全威胁，我们应该坚持共同、综合、合作、可持续的新安全观，营造公平、正义、共享、共建的安全格局，让世界各国人民对美好生活的向往变成现实。

几十年来，党和国家立足于我国社会发展现实，将资源安全纳入我国社会发展的整体格局之中，坚持贯彻绿色发展理念，树立大局观、长远观和整体观，将资源保护作为一项国家战略行动和基本国策来实施。例如，《中华人民共和国国家安全法》第二十一条规定了维护资源和能源安全的任务，说明了国家资源安全的重要性，明确各级政府和全体人民都应遵守和

贯彻执行。又如，2021 年 10 月 24 日，中共中央、国务院发布了《关于完整准确全面贯彻新发展理念　做好碳达峰碳中和工作意见》，《意见》明确指出："我国应构建绿色低碳发展经济体系，提升能源利用率，提升非化石能源消耗比重，降低二氧化碳排放水平，提升生态系统碳汇能力坚定不移走生态优先，绿色低碳的高质量发展道路，确保 2030 年实现碳达峰，2060 年实现碳中和"。

"海不辞水，故能成其大"。在维护资源安全方面，我国不仅有雄心壮志的诺言，更有脚踏实地的行动，与世界各国同舟共济、协调行动，展现了负责任的大国担当。

第三节　新时代国家资源安全面临的威胁与挑战

一、我国的资源供需矛盾形势严峻

我国是资源大国，但也是人口大国，人均资源在世界上排名远远靠后。目前我国的现有资源远远不能满足中国特色社会主义现代化建设的需要，我国的石油、天然气、铁矿石、粮食、煤炭等基础性资源，每年都需要大量进口。以美国为首的西方国家出于遏制中国发展的目的，对我国发动了种类繁多的贸易制裁。我国的国家资源安全面临严重的威胁与挑战。

我国是世界上主要的资源生产大国，资源的总量大、种类多，但资源禀赋总体并不优越，人均占有量少、开发难度大。加之作为世界主要的资源消费大国，长期以来我们重经济发展、轻环境保护，生态、环境、水土和矿产资源等均处于不同程度的失衡或危急状态。中国是一个地域辽阔、人口众多的发展中大国。如前所述，包括淡水、石油、天然气、耕地等在内的战略性资源，虽然总量居世界前列，但人均水平远远低于世界平均水平。特别是矿产资源，作为人类经济社会发展的物质基础，是工业、农业、国防等行业的"粮食"和主要动力来源。预计未来数十年，全球对矿产资源的需求将高速增长。我国对矿产资源的需求居高不下，显示出小（人均矿产占有量小）、大（需求和消费量大）、高（对外依存度和安全风险相对较高）和降（国内资源供应能力和资源保障均有所下降）的特点。在较长时间内（至少到 2035 年），矿产资源需求仍将保持高位，而我国未来矿产资源储量总体增量不足、供需矛盾突出、长期大量依赖进口的局面难以得到根本改善。

（一）资源开采和利用过度

我国是公认的资源大国，这些年受到海外市场的刺激，致使中国大量、廉价地向发达国家出口稀有矿产资源。从国内的资源生产来讲，由于过去近 20 年的高强度开发，主要矿种产量占全球比重远高于储量占全球比重，开发强度远超过世界平均水平，有的甚至超过 10 倍。特别是优势资源大量出口发达国家，产量普遍占全球的一半以上，有的甚至高达 80% ~

90%。由于我国矿产冶炼加工产能扩张过快，甚至出现了钨、锑等优势资源也需要大量进口矿石的情况，这种高强度开采所导致的国内资源大量消耗，削弱了我国资源的可持续供应能力。

(二)人均资源量少和地区分布不均

长期以来，我国一直存在着自然资源供给能力严重短缺的问题。我国资源总量大，但人口密度高，人均土地资源、水资源、生物资源和矿产资源都非常有限，人均占有资源量低于世界平均水平，矿产资源供不应求的态势在短期内很难改变。此外，矿产资源中富矿少贫矿多，矿产资源地域分布上，与人口、工农业生产中心、水资源的分布脱节。国内大宗矿产资源分布非常不均衡，东西部差异明显，西部资源分布高度集中，但产业集中度低，开发利用条件差。我们赖以生存的水资源时空分布严重失衡，北方地区水资源严重不足。而传统用水方式的粗放无疑增加了供水压力，资源性、工程性、水质性缺水并存，华北西北等一些地区水资源、水环境承载能力严重不足。加之水资源破坏、污染和浪费现象极为严重，水资源短缺问题已经成为制约中国社会经济发展的主要问题之一，是中国资源安全体系中最为薄弱的资源种类。

(三)工业生产用地过量和红线保护形势严峻

作为一个人多地少的大国，我国耕地后备资源十分有限，人均耕地仅相当于世界平均水平的30%。耕地资源是典型的原位性资源，其安全问题主要源自国内因素。近年来，随着人口的增长和工业化、城镇化、农业现代化的加快推进，建设用地需求刚性上升，使耕地大幅度减少，部分沿海省市的人均耕地面积已经低于联合国粮农组织提出的0.8亩警戒线，加之中国用地粗放浪费，土壤侵蚀、沙化、污染情况严重，耕地资源基础萎缩之势长期未得到根本扭转，18亿亩耕地“红线”已岌岌可危。

(四)环境污染导致可利用资源减少

伴随着现代化、工业化的进程，我国资源浪费和资源破坏现象较为严重，资源效率虽然不断提高，但与国际先进水平相比，还有较大差距，尤其是能源效率、水效率的差距较大。资源的无序开发和粗放利用，导致植被破坏、地面沉陷、水土流失，优质耕地、生态用地被大量占用，出现江河断流，湖泊干涸、地下水位下降、水质和土壤污染，资源环境难以承受。当前，全球物种灭绝速度不断加快，生物多样性丧失和生态系统退化，对人类生存和发展构成重大风险。工业文明创造了巨大的物质财富，但也带来了环境和生态危机。

中国能源资源禀赋的基本特点是“富煤、少气、贫油”，以煤为主的化石能源支撑了我国改革开放以来经济社会的快速发展，但以煤炭资源为主的能源结构，对我国的生态环境影响非常大。具体而言，煤炭开采导致土地资源破坏及生态环境恶化，影响土地耕作和植被生长，改变地貌并引发景观生态的变化；从含煤地区分布看，富煤地区往往也是贫水地区，因此煤炭开采破坏地下水资源，加剧缺水地区的供水紧张；煤炭开采导致废气排放，危害大气环境。

总之,我国的国内资源环境面临严峻的挑战。一是我国经济持续高速或较高速增长,给并不厚实的自然资源基础和生态环境带来了日益沉重的压力。二是人口增长及人均消费水平持续提高,进一步加大我国资源安全面临的压力,且这种压力在相当长时期内是不可逆转的、刚性的。三是资源供给压力持续增长,我国淡水、石油、天然气、耕地等战略性资源,虽然总量居世界前列,但人均水平均远低于世界平均水平。资源供给压力持续加大,是我国资源安全保障的主要问题,且近中期内难以改变。四是生态文明建设的理念不断增强,资源节约、环境保护和生态保育的力度持续加大,在相当程度上减缓或减轻了对资源基础的压力。五是国家对非传统安全问题越来越重视,特别是进入 21 世纪以来,基于对国际国内形势的研判,我国对资源、生态、环境等领域的安全问题越来越重视。

二、我国经济建设资源对外依存度高

(一)能源大量依赖进口

加强资源安全,目的是保证充足而可靠的资源供应和合理的价格,维护国家的核心价值和目标不受损害。但由于我国大部分地区在过去几年间大量开发矿产资源,导致不可再生能源不断减少。随着我国经济高速发展,对矿产资源需求快速增长,主要矿产资源短缺的态势日益明显,资源对外依存度呈上升趋势,且居高不下。

继 2017 年我国成为世界最大原油进口国之后,2018 年又超过日本,成为世界最大的天然气进口国。中国资源对外依存度不断攀升,部分资源远高于国际公认的 50% 的安全警戒线。作为全球第一人口大国和第二大经济体,巨大的资源需求量相对于有限的自给能力就像一把“达摩克利斯之剑”高悬于中国能源和国家安全之上。

石油作为一种重要的战略资源和“政治性商品”,在国民经济和国际关系中具有举足轻重的作用,被视为国家经济的生命线,石油供给安全又被认为是能源安全体系中最重要的部分。而石油资源在中国的分布只占到世界石油资源的极小部分,不到 4%,显然不能满足占世界总人口 22%、汽车拥有量已居世界第一的中国的需要。目前我国油气对外依存度不断上升,而新增探明油气地质储量降至近 10 年来最低点,保障能源安全成为当务之急。2020 年国内原油产量 1.95 亿吨,同比增长 1.6%;天然气产量 1888.5 亿立方米,同比增长 9.8%;原油表观消费量 7.36 亿吨,对外依存度达到 73.5%;天然气消费量 3253.6 亿立方米,对外依存度达到 42.0%。

目前中国资源依赖国际市场的比例逐步增加,资源运输又依赖远距离海运。油气进口主要海运通道均须穿过马六甲海峡和南海。马六甲海峡是世界上最繁忙的航运水道之一,是连接太平洋和印度洋的海上枢纽,是东亚国家重要的石油和液化天然气运输通道。海上运输安全风险大,跨境油气管道安全问题不容忽视。

(二)矿产资源稀缺程度增高

矿产资源作为我国重要经济能源之一,不仅能够为我国发展综合经济提供基础,还不断丰富社会科学技术文明，促进社会可持续发展，从而进一步达到提高我国全民生活质量及水平的目的。矿产资源作为非可再生资源，其储量是有限的。我国已探明的矿产资源总量约占世界的12%，仅次于美国和俄罗斯，居世界第三位；但人均占有量低，仅为世界平均水平的58%，居世界第53位。我国矿产品种齐全，但结构存在严重缺陷：关系到国民经济命脉的、用量大的铁、锰、铜、铝等大宗矿产贫矿和难选矿多，富矿少，规模小，质量差，经济效益低下，后备储量严重不足，供需关系日趋紧张，资源储量日益枯竭；钨、锑、锡、稀土等优势矿产，富矿多，规模大，质量好，储量丰富，但由于开发利用管理不善，优势难以发挥。

截至2018年，我国在43种主要矿产资源中有32种消费量居世界第一，24种消费量占比超过全球的40%，18种大宗和关键金属矿产对外依存度（40% ~99%）居高不下，直接威胁国家经济安全。

国际环境形势错综复杂。一是国际贸易格局正在发生变化，但国际自由贸易主流意识下各种贸易壁垒依然存在，并且在部分地区、部分领域还十分严重，这对于我国资源贸易格局、走向及对策等有着重要影响。二是各类生态环境行动不断涌现。世界各国特别是世界大国，国际组织特别是联合国机构，对全球变化的关注与日俱增。《联合国气候变化框架公约》《京都议定书》以及低碳发展理念和呼声，无疑会抑制化石能源的消耗，对于减轻石油、天然气和煤炭资源压力是极其有利的。三是世界资源贸易与合作态势多变，世界各国特别是人口大国和经济发达国家对本国资源保护不断加强，国际贸易通道安全性变幻莫测，资源贸易引发的国际贸易摩擦甚至争端不断上升，资源贸易延续寡头垄断格局。四是地缘政治格局变幻莫测，单极削弱、多极渐强的世界力量格局正在形成，中国地缘政治关系有待进一步改善。

三、资源开发利用水平不高

（一）开发技术不高

从总体上讲，我国资源开采方式粗放，科技创新能力不足，初级冶炼加工产能过剩，产品深加工和终端应用依赖国外技术，资源浪费较严重，环境污染等问题突出，特别是非法开采、超指标开采、采富弃贫等问题屡禁不止。资源开采引发的生态破坏问题造成了高昂的经济成本和社会成本。

近年来，我国矿产资源高效利用领域已有明显进步，特别是在选矿技术、工艺改造和设备研发等方面均有所提升，但是我国对矿产资源的综合利用起步较晚，矿产资源总回收率和共伴生矿产资源综合利用率较国际先进水平仍有很大差距。目前还有相当多的小矿在采用较为原始的采矿方法。因此我国金属矿产资源选冶加工仍以初级产品为主，产品缺乏国际竞争力，综合利用所得产品的科技含量和附加值较低。

（二）利用效率偏低

目前我国资源利用方式尚未发生根本性转变，没有摆脱工业化国家发展的模式，资源利用方式粗放、浪费严重、效率不高，建立资源节约型社会、发展循环经济任务艰巨。我国矿山的特点是“小、散、多”。由于我国大部分矿山建设得早，开采技术相对落后，矿产资源总回收率为 30% 左右，比国外先进水平低 20%。矿山环境问题也很突出。全国煤矿回采率平均只有 35%，共伴生矿的利用率不高。只有部分大中型矿山开展综合利用，有色金属矿山综合回收率为 35%，比国外水平低 10%。

（三）管理水平落后

在资源开采过程中由于监管力度不够，行业准入把关不严，无证勘查开采、越界开采、持勘查许可证非法采矿、非法承包转让探矿权采矿权、乱采滥挖等现象随处可见，使得大量的矿产资源流失和破坏，也造成了严重的环境污染及生态破坏问题。同时，部分企业注重利益而忽视环境保护，不愿意在环境保护方面投资或仅投资很少的部分。开采过程中工艺不规范，不能合理处理资源开采过程中产生的污染物，造成地下水资源和土壤资源、地表生态的扰动，土地沙化、水资源污染、生态系统破坏等诸多问题接踵而来。

我国资源安全面临着百年不遇的大变局，要在变局中求发展、谋新机，必须建立开放共享的资源机制，使国内市场和国际市场更好地联通，合理利用两个市场、两种资源的供应体系，才能缓解资源瓶颈，真正保证我国建设和发展所需之资源供应，同时也节约了国内资源，避免对某些国内短缺资源的掠夺性开发和利用。另外，在充分利用国际市场的同时仍然要大力节约资源，积极提高资源的利用效率，尽可能降低对国际资源的依赖程度。为此，我国要制定适合国情的具有中国特色的资源安全政策：一是资源生产能力不断提升，二是产业结构升级有利于资源节约，三是境外资源供应保障能力增强，四是国内优势资源保护得到加强。不忘初心，守住底线，为迎接下一个一百年资源安全新的挑战做好准备。

第四节　新时代国家资源安全教育的途径与方法

一、加大资源保护宣传力度

当今时代，经济全球化的迅速发展为我国合理利用两个市场、两种资源提供了更为有利的契机，也对国家资源安全提出了严峻挑战。因此，如何更好利用国内国外两个市场、两种资源，推动国内国外双循环互相促进，是构建新发展格局的关键所在。对于国家资源的保护、开发与监管，是新时代国家资源安全教育需考虑的三个重要问题。党的十九届五中全会提出：推动绿色发展，促进人与自然和谐共生，要求坚持“绿水青山就是金山银山”理念，坚持尊重自然、顺应自然、保护自然，坚持节约优先、保护优先、自然恢复为主，实施可持续发展战略，完善生态文明领域统筹协调机制，构建生态文明体系，推动经济社会发展全面绿色转型，建设美丽中国。要切实落实好党中央的决策，需要在全国加强资源保护的宣传，夯实国家资源安全的基础。

（一）在区域和产业层面加强国家资源安全

我们需要加快转方式调结构，着力构建资源节约型社会，减轻经济发展对资源投入的依赖，有效降低资源消耗强度。这就要求我们必须树立和认真落实科学发展观，按照走新型工业化道路的要求，在企业发展方面通过技术创新和提高管理水平，从而减少单位产出的资源消耗。通过对产业结构的调整，提高生产系统的资源利用效率，降低社会经济发展对资源的依赖程度和消耗程度。

（二）在国家社会层面加强国家资源安全

我们需要通过强化和宣传资源节约意识，改变大众消费模式，在全社会范围内建立资源节约型的生产和生活方式。例如，坚持贯彻党中央关于“要坚持以水定城、以水定地、以水定人、以水定产，把水资源作为最大的刚性约束，合理规划人口、城市和产业发展”的重要指示，全面加强节水宣传教育，依法推进全民节水行动，引导社会、家庭、个人主动参与爱水、节水、护水行动；开启“节能低碳”模式，践行低碳生活，助力我国“力争 2030 年前实现碳达峰、2060 年前实现碳中和”减碳目标的实现；大力宣传和推进“严守 18 亿亩耕地红线”“找矿突破战略行动”“野生动物保护”等各方面的举措，统筹国家资源供需战略，找到资源开发利用和环境保护的平衡点，实现资源和环境的双赢，为资源安全长治久安奠定基础。

（三）在国际合作层面加强国家资源安全

在深度全球化时代，各国利益相互镶嵌，资源安全互依互保。加强跨境资源安全的体系性治理，维护国家资源利益势在必行。跨境资源安全治理需要树立人类命运共同体理念，以总体国家安全观为指导，兼顾国内国外两个大局。在国际层面，坚持“共同安全、综合安全、合作安全、可持续安全”来推进资源安全治理的国际合作；在国内层面，需要政府权力部门的上下互动，政府与社会、民众、媒体以及不同部门之间的横向联动，推进跨境资源安全的协力共治。

二、提高资源开发利用水平

资源开发利用总体水平不高，是我国资源安全面临的突出问题。一方面导致资源浪费严重，加剧资源供需紧张关系；另一方面造成高昂的环境代价，不仅经济上不可持续，水污染、大气污染等问题还影响群众的身心健康，使得一些必要的资源开发利用项目不被公众理解。因此，维护资源安全必须以提高资源开发利用水平为重要抓手，着力治理资源开发利用造成的各种环境污染，推动资源利用与环境保护相协调。

同时，提高资源开发利用水平的关键还在于加大科技创新力度。我们可以充分利用国内和国外两个市场、两种资源，通过政策鼓励和技术创新，加大勘探技术和资源开发技术研发，加快新技术、新工艺推广，不断提高资源开发利用水平，推动资源行业由大变强，不断提高资源利用和深加工水平，解决高端产品和装备对外依赖问题，推进资源的全产业链安全，实现绿色发展、可持续发展，从而为资源安全提供强大支撑。

三、完善资源安全法律体系

我国应当重视并吸取有关国家在资源安全的经验教训，坚持底线思维，健全预防预备体系，完善应急预案，提高抵御极端风险挑战和应急管控的能力。

（一）加强监管力度

国家安全是人民幸福安康的基本要求，是安邦定国的重要基石。我们应严格遵守环境管理和执法，依法从严查处违法行为，着力治理资源开发利用造成的各种环境污染，推动资源利用与环境保护相协调。

（二）完善相关法律

在资源保护立法方面，2015 年颁布的《中华人民共和国国家安全法》，从国家安全层面对资源安全提供了法律保障。2021 年 3 月 1 日颁布的《长江保护法》《生物安全法》，完成了《土地管理法》《森林法》等修改或修订，是对国家安全法的细化及落实。

在新时代，我国继续稳步推进《矿产资源法》、《国土空间开发保护法》《国土空间规划法》《野生动物保护法》《湿地保护法》《国家公园法》等立法或修法工作，修订土地管理法实施条例、森林法实施条例，推进资源安全保障法的立法工作，力争形成资源安全保障的配套法律法规，为资源保护构建法制安全屏障。

（三）加强跨境资源安全治理

中国政府、外交部门、海关在参与全球资源安全治理中，应坚持理性和辩证思维，积极介入与灵活行动，提升资源安全治理“巧实力”，加强对国际公约的研究，善用国际话语权和主导权，灵活运用国际公约与国际规则，针对他国侵犯中国核心利益的贸易壁垒、抹黑中国国际形象等行为，研究制定反制举措，必要时可通过金融管制、加征关税、巧设技术性壁垒等反制手段予以有力回击，坚决维护国家资源安全与国家利益。

第五节　新时代大学生应坚决维护国家资源安全

一、自觉遵守国家安全的有关规定

维护国家资源安全是公民义不容辞的使命与担当。大学生作为新时代的接班人，应该坚决贯彻总体国家安全观，树立维护国家资源安全的法律观念，全面学习资源相关的知识、理解和维护国家资源安全内涵，掌握正确的方式方法，为国家的安全事业做出自己应有的贡献。

我国《宪法》第五十四条规定："中华人民共和国公民有维护祖国的安全、荣誉和利益的义务，不得有危害祖国的安全、荣誉和利益的行为。"国家安全是人民幸福安康的基本要求，是安邦定国的重要基石。开展国家安全工作，不仅要依靠国家机关依法履行职责，还要充分发挥全社会维护国家安全的积极性。

国家安全"不怕千日无患，就怕一日不防"。当今时代，国际形势风云变幻，大国博弈波澜难止。在关于国家安全立法的过程中，我们也发现某些西方国家通过各种渠道对我国正常的立法活动制造干扰。这恰恰说明了国家安全法对一些敌对势力形成了有效威慑。作为新时代的大学生，作为祖国未来的栋梁，我们更应该坚决贯彻习近平总书记提出的"总体国家安全观"，培养报效祖国的远大志向。在日常生活中，不仅要自觉维护国家安全的原则，牢固树立法治意识，做到遵法、学法、守法、用法，做到心有所畏、言有所戒、行有所止，更要积极参与国家安全的宣传和普及工作，促进法律真正深入人心、发挥作用，构筑坚不可摧的人民防线，形成全社会共同维护国家安全的良好局面。

二、养成维护国家资源的良好习惯

"生态兴则文明兴，生态衰则文明衰"。自然界是人类社会产生、存在和发展的基础和前提。人可以通过社会实践活动有目的地利用自然、改造自然，但人类归根到底是自然的一部分，在开发自然、利用自然的过程中，人类的行为方式必须符合自然规律，对自然界不能只讲索取，不讲投入；只讲利用，不讲建设。生态环境没有替代品，用之不觉，失之难存。

进入新时代，我们也应把"有自然的人类社会"作为考虑伦理道德观念的基本出发点，即每个人都是生态环境的保护者、建设者、受益者，没有哪个人是旁观者、局外人、批评家，谁也不能只说不做、置身事外。一方面，我们要增强对环境问题的忧患意识和危机感，注意节约自然资源，做好环境保护的宣传工作，从自身点滴做起，在日常生活中，节约用水、节约用电，不浪费粮食，生活中不相互攀比、不铺张浪费，发扬传统的艰苦朴素美德；另一方面，作为祖国未来的栋梁和接班人，我们也应认识到学习资源相关知识的意义和重要性，萌发对新能源等未知领域探索的兴趣，更加坚定专业学习的热情和信心。

"道虽迩，不行不至；事虽小，不为不成。"维护国家资源安全，关系到每个公民的一言一行和切身利益，我们应从身边做起，从小事做起，让维护国家资源安全成为每个人的自觉行为和责任。作为青年中最有思想、最有文化的群体，大学生有义务、有责任树立正确的社会主义生态文明观，把时代赋予我们的维护国家资源安全的使命扛在肩上、记在心上、落在行动上。

三、掌握保护国家资源安全的方式

当今时代，信息技术高度发达，社会全面开放，国内国外各种思潮、观点可谓"乱花渐欲迷人眼"，众说纷纭、泥沙俱下，世界百年未有之大变局加速演进。青少年正处于人生成长的关键时期，人生观、世界观、价值观等正处于逐步形成的重要阶段，我们必须始终保持强大的战略定力，提高底线思维，“系好大学的第一粒扣子”，宁可把形势想得更复杂一点，把挑战想得更严峻一些，做好应付最坏局面的思想和知识准备，才可“任凭风浪起，稳坐钓鱼船”，在遇到危机事件时，心中有数、处变不惊、谋划科学、赢得主动。

一方面，我们可以通过学习和总结国家资源安全的相关知识和案例，了解国家资源安全危机事件发生的经过和原因，熟悉自身在危机处置中的角色和定位，反思、评价所采取的预警、监测及应急处置举措是否合理、合法，练好国家资源安全危机处置的基本功；另一方面，我们还可以积极利用广播、校园网、电视、板报、校报、宣传廊、宣传标语等载体，在校园中广泛组织开展相关知识竞赛、讲座、主题班会等活动，以身作则，做好维护国家资源安全的宣传大使。

“国家兴亡，匹夫有责”，资源安全，重于泰山。维护国家资源安全，我们不只要有“乱云飞渡仍从容”的战略定力，更要有“不到长城非好汉”的进取精神。作为祖国未来的接班人，青年人应勇于当尖刀、担重任，牢固掌握保卫国家资源安全的方式方法，既要打好防范和抵御风险的有准备之战，又要打好化险为夷、转危为机的战略主动战，为实现中华民族伟大复兴的中国梦奉献青春、智慧和力量。

案例分析 北大高材生入澳国成帮凶，致中国损失七千亿，铁矿石仍被卡脖子

中国消费了世界7成的铁矿石，同时也是澳大利亚铁矿石的最大买家。可是中国作为买家，过得并不舒坦，澳方用高价铁矿石“欺压”了中国十几年，这一切要归结于当年臭名远扬的商业间谍——胡士泰。1977年中国恢复高考，胡士泰抓住了这次翻身的机会，年仅16岁就考上了北京大学历史系，并在毕业之后去往澳大利亚改学冶金专业。毕业后胡士泰进入澳大利亚第二大铁矿公司——哈默斯利铁矿工作，在此工作期间，三大矿石巨头之一的力拓铁矿收购哈默斯利，胡士泰随即成为力拓公司员工。1997年胡士泰通过在力拓的杰出工作加入澳大利亚国籍，后来他主动要求回中国，担任力拓驻华首席代表。然而，他并不是为报效祖国，而是要充当澳方“间谍”。2003年是中国与世界三大矿石巨头价格谈判元年，作为在中国长大的澳大利亚人，胡士泰明白澳方如果想要获取谈判优势，就必须充分了解中国铁矿石市场“不为人知”的商业秘密。通过金钱优势，胡士泰顺利拉拢中首国际总经理助理、矿业进出口公司总经理谭以新等人，打造了一条力拓与钢铁企业之间的巨大贿赂网。通过贿赂网，胡士泰通过诱惑国内大钢厂和铁矿石贸易部门的重要领导，得心应手地获得极为关键的商业情报，如进口矿的平均成本、原料库存的周转天数、企业进口矿的最低报价等，这些情报足以让力拓对中国钢铁“肆意把玩”。同时，胡士泰从国际矿商那里拿到产量充足的长协矿，高价倒卖给小钢厂，从中获取高额利润，过着与薪资完全不相符的奢靡生活。在胡士泰的帮助下，澳方在谈判过程中可谓“知彼知己，百战不殆”，而中国钢铁协会却节节失利，不得不屈服于澳方，后来仅四年时间，力拓公司出口中国的铁矿价格竟同比增长80%。2009年胡士泰因犯商业间谍罪和非国家工作人员受贿

罪，被判处10年有期徒刑。从起获的大量情报数据中，6年来胡士泰使中国蒙受了7000亿人民币的巨大损失，这几乎相当于澳大利亚GDP的10%。在胡士泰被捕后，澳方政府的反应十分激烈，甚至澳大利亚总理亲自出面与中方交涉，请求放人，2018年胡士泰出狱后，澳方立即请他回到力拓工作。为了自己的欲望，胡士泰割舍故土亲情，选择背叛国家，纵使他有了想要的一切物质生活，但他的后半生注定将背负叛国骂名。胡士泰案值得中国深思和反省，我们还有多少7000亿，可以因所谓“自己人”而失去呢？

（资料来源：新浪财经，2021－05－17）

深度阅读

1. 张文木．世界地缘政治中的中国国家安全利益分析[M]．北京：中国社会科学出版社，2021.

2. 国家林业和草原局政府网．

学习思考

1. 新时代国家资源安全包括哪些内容？
2. 新时代国家资源安全面临哪些威胁与挑战？
3. 作为新时代大学生，我们应如何维护国家资源安全？

参考文献

[1] 郭满，齐亮，吴党阳．大学生军事理论教程[M]．西安：西北工业大学出版社，2018：34－45，201.

[2]《总体国家安全观干部读本》编委会．总体国家安全观干部读本[M]．北京：人民出版社，2016：174－175.

[3] 魏在禄，雷涛，何均虎．创新推进生态“五化”探索绿色发展新路子[N]．宜宾日报，2021－10－09(003).

[4] 刘冬，徐梦佳，杨悦，邹长新．完善协作机制深入推进区域低碳绿色发展[N]．中国环境报，2021－10－12(003).

[5] 张德元．“十四五”全面提高资源利用效率的路径选择与政策建议[J]．中国经贸导刊，2021(13)：57－59.

[6] 李成玉．加强再生资源综合利用促进清洁发展绿色发展[J]．中国经贸导刊，2017(09)：23－24.

第十二章 新时代国家核安全教育

当前，无论是核电机组数量，还是核电运维水平，或者是三代核电技术，我国都跻身世界前列。“十四五”时期，我国核电将迎来重要发展机遇期，理性、协调、并进的核安全观作为落实核安全工作最重要的指导方针，将其学习好、认识好、落实好，对于更好地保障核安全乃至国家安全有着十分重要的意义。核能的开发利用，给人类发展带来了新的动力，极大地增强了人类认识世界和改造世界的能力。核能是一种清洁、高效、优质的能源，备受世界各国瞩目。同时，核能发展也伴生着安全风险和挑战。人类要更好地利用核能、实现更大的发展，必须应对好各种核安全挑战，维护好核安全。然而，随着国家推进核能利用的发展，与之相伴的却是公众对相关知识的缺乏，甚至是对核电项目的恐惧和不信任，导致了强烈的“邻避效应”。因此，加强核安全教育，是国家安全教育的应有之义。如何统筹核能开发利用与核安全两者之间的关系？如何在更高水平改革开放的条件下坚决维护国家核安全？这是我们要思考和回答的重要国家安全问题。

知识目标

核安全内涵是国家核安全教育的基础，加强国家核安全教育的重要性，了解中国核安全面临的挑战和难题，加强国家核安全教育的方法和途径。

素养目标

通过本章学习，使学生树立国家核安全意识，以政治思想为统领，强化责任和使命担当；丰富核安全知识，提高维护核安全的本领，成为核安全的积极践行者和传播者，塑造总体国家安全观。

思政目标

引导大学生了解国家核安全的历史方位，统筹发展和安全的新格局，理解实现国家安全的制度优势、发展优势和机遇优势，适应时代新变局，提高核安全素养和本领，树立大学生国家核安全自信，从自身做起，坚决维护国家核安全，护航实现中华民族伟大复兴的中国梦。

第一节　新时代国家核安全的基本内涵

一、习近平总书记高度重视国家核安全

党的十八大以来，以习近平同志为核心的党中央高度重视核安全工作。2014 年 3 月 24 日，习近平主席在荷兰海牙召开的第三届核安全峰会上，首次系统阐述了以发展和安全并重、权利和义务并重、自主和协作并重、治标和治本并重为主要内容的中国核安全观。2014 年 4 月 15 日，习近平总书记在中央国家安全委员会第一次会议上指出，要贯彻落实总体国家安全观，构建集政治安全、国土安全、军事安全、经济安全、文化安全、社会安全、科技安全、信息安全、生态安全、资源安全、核安全等于一体的国家安全体系，首次将核安全纳入国家安全体系。这些重要论述，深刻阐述了全球核能安全与发展的一系列重大理论和实践问题，是当前和今后一段时期我国核工业改革发展的基本遵循。

（一）核安全观是我们党在国家安全和全球治理领域的重要理论创新和实践创新

以习近平同志为总书记的党中央，高举和平发展、合作共赢的旗帜，统筹国内国际两个大局，在全面梳理全球核安全治理面临的问题的基础上，创造性地运用辩证唯物主义世界观和方法论，发挥中华民族兼容并蓄的深厚文化底蕴和智慧，深刻系统地阐述了坚持理性、协调、并进的核安全理念，有力地回答了世界核领域全球治理的根本性问题，科学指明了全球核安全治理的方法、途径和原则。习近平总书记提出的核安全观，是对我国核安全理念的继承和发展，与我国总体安全观、独立自主的和平外交政策、防御性的国防战略等政策和主张一脉相承，既关照到现有核安全治理机制和架构，又充分照顾到世界不同国家的差异性、多样性、成长性，凝聚了国际社会在核安全领域的共识；既关注安全问题，又关注发展问题；既是对中国长期以来在核安全领域良好实践经验的总结，又是新形势下中国致力于加强核安全和国际安全的行动宣言。核安全观倡导共同安全、综合安全、合作安全、可持续安全，具有全局性、战略性和中国特色，诸多重要原则和主张写入峰会公报，成为指导世界核安全进程走向的重要原则，是中国参与国际安全秩序顶层设计的成功实践，是我们党在国际安全和全球治理领域重要的理论和实践创新，必将对促进全球战略稳定与均衡，提升全球核安全水平起到重要作用。

（二）坚持发展和安全并重，始终将安全举过头顶

习近平总书记指出，作为保障能源安全和应对气候变化的重要途径，和平利用核能事

业，如同普罗米修斯带到人间的火种，为人类发展点燃了希望之火，拓展了美好前景，要使核能事业发展的希望之火永不熄灭，就必须牢牢坚持安全第一原则。同时又强调，要秉持为发展求安全、以安全促发展的理念，让发展和安全两个目标有机融合，任何以牺牲安全为代价的核能发展都难以持续。“求木之长者，必固其根本；欲流之远者，必浚其泉源。”发展是安全的基础，安全是发展的条件。发展和安全是人类和平利用核能的基本诉求，犹如车之两轮，鸟之双翼，相辅相成，不可或缺。在推进社会主义现代化建设进程中，发展是第一要务，安全是第一责任，安全发展是推进国家治理体系和治理能力现代化的题中应有之义。

（三）坚持权利和义务并重，始终将责任扛在肩上

习近平总书记指出，没有规矩，不成方圆。各国要切实履行核安全国际法律文书规定的义务，全面执行联合国安理会有关决议。同时又强调，一把钥匙开一把锁。在强调各国履行有关国际义务的同时，也要尊重各国根据本国国情采取最适合自己的核安全政策和举措的权利。习近平总书记提出的核安全观从中国发展实际出发，强调世界各国都有和平利用核能的权利，特别是广大发展中国家也有发展核能的迫切愿望。这既维护了中国的权益，又维护了广大发展中国家的权益，讲出了很多发展中国家想讲但不便讲的问题。

（四）坚持自主和协作并重，始终将创新融入血液

习近平总书记指出，核安全首先是国家课题，各国政府要强化核安全意识，培育核安全文化，加强机制建设，提升技术水平。同时又强调，核安全也是全球性课题。一个木桶的盛水量，是由最短的那块板决定的。一国核材料丢失，全世界都将面临威胁。实现普遍核安全，需要各国携手努力，争取做到即使不在同一起跑线上起跑，也不让一个伙伴掉队。目前，世界范围内核安全风险和核恐怖主义威胁现实存在，核领域全球治理机制有待健全。加强核安全领域全球治理和国际合作，显得尤为紧迫。

（五）坚持治标和治本并重，始终将风险踩在脚下

习近平总书记指出，完善核安全政策举措，发展现代化和低风险的核能技术，坚持核材料供需平衡，加强防扩散出口控制，深化打击核恐怖主义的国际合作，是消除核安全隐患和核扩散风险的直接和有效途径。同时又强调，治标还要治本，只有营造和平稳定的国际环境，发展和谐友善的国家关系，开展和睦开放的文明交流，才能从根源上解决核恐怖主义和核扩散问题，实现核能的持久安全和发展。前者强调的是“治标”，后者强调的是“治本”，坚持治标和治本并重，要以消除根源为目标，全面推进核安全工作。

二、国家核安全的基本概念

目前，学术界对核安全还没有一个统一的定义。一般来说，对核安全的理解分为广义和狭义两种。从广义上来说，核安全是指不受核威胁的状态，即既包括 Nuclear Security，又包括 Nuclear Safety。前者是指防范人为的核威胁或核攻击，如防止核扩散、防范核犯罪等，有时译作

"核安全",有时又译作"核安保"。后者是指在和平利用核能的过程中,防范核事故的发生,以及减轻事故发生的后果,一般译作"核安全"。不少学者认为,"核安全"应该同时包括这两者。

狭义上的核安全,更强调核能和核技术利用的安全。2014 年,生态环境部(国家核安全局)、国家能源局和中国国家原子能机构联合发布了《核安全文化政策声明》,将核安全定义为"对核设施、核活动、核材料和放射性物质采取必要和充分的监控、保护、预防和缓解等安全措施,防止由于任何技术原因、人为原因或自然灾害造成事故,并最大限度地减少事故情况下的放射性后果,从而保护工作人员、公众和环境免受不当的辐射危害。"在此语境下,核安全仅包括 Nuclear Safety,即尽量减少核运行事故发生的可能性,并在发生事故时尽量减轻后果。而 Nuclear Security 往往被定义为"核安保",不属于"核安全"的范畴。也有学者对核安全的定义进一步精细化,在狭义的核安全的基础上提出,核安全与核应急也存在区别。核安全重在预防,核应急则是为了"遏制事故的发生或减缓事故的扩大程度和减轻事故的后果"而采取的应对措施。核安全是与易裂变材料或聚变材料紧密相关的安全,核安全的定义不能脱离核反应失控和核反应产生的放射性物质泄漏污染这个核心内容。因此,常规工业安全和辐射安全都不应属于核安全的范畴。

2014 年 3 月,习近平主席出席荷兰海牙核安全峰会时,阐述了中国坚持"理性、协调、并进"的核安全观得到与会国家的高度赞同。中国核安全观是习近平新时代中国特色社会主义思想在核安全领域的集中体现,是核安全治理领域的重大理论创新,是推进国际核安全进程的重要里程碑。中国核安全观,既涵盖了国内核能利用安全,又包含了核安全全球治理的内容,属于广义的核安全定义。

2017 年 9 月,《中华人民共和国核安全法》由全国人民代表大会常务委员会发布。该法对核设施、核材料和放射性废物安全以及核事故应急做出了详细的规定。

2019 年 9 月,中华人民共和国国务院新闻办公室发布了《中国的核安全》白皮书。白皮书全面介绍了中国核安全事业的发展历程,指出中国核安全的基本原则和政策主张,叙述了中国核安全监管的理念和实践。其中,核安保的内容也有所体现。

当核安全在核工业监管或制定标准等技术性语境下使用时,需要对概念进行精细化的界定。对新时代大学生核安全意识培养方面,我们将采用广义的定义,即核安全既包括在核能和核技术利用过程中防范核事故,走出一条中国特色核安全之路,又包括我国积极参与推进核安全全球治理,防止核扩散、核恐怖主义、核犯罪等,打造核安全命运共同体的决心和努力。

第二节　新时代国家核安全的重要性

一、核安全是国家安全的重要组成部分

核安全是国家安全的重要组成部分,事关国家安危、人民健康、社会稳定、经济发展及大

国地位。确保核安全，对保障政治安全、国土安全、军事安全、经济安全、社会安全、生态安全、资源安全等都具有重大作用。

核能的开发利用在为各国提供动力的同时，也带来了不容忽视的核安全挑战。在出席荷兰海牙核安全峰会时，习近平主席提出了中国核安全观，将核能事业的和平发展比作普罗米修斯带到人间的火种，充分肯定了核能为人类带来的光明前景，但同时也强调，只有切实维护核安全，核能事业才能持续健康发展。传统国家安全中，一般不包括核安全。当今世界正经历百年未有之大变局，不稳定性、不确定性明显增强，国内外的安全形势日趋复杂，国家安全的内涵和外延也在不断延伸。核安全关乎国家安危、社会稳定、人民健康、经济建设及大国地位。守好核安全，对维护政治安全、国土安全、军事安全、经济安全、社会安全、生态安全、资源安全等都有重要意义。在 2014 年 4 月，习近平总书记在中央国家安全委员会上首次提出总体国家安全观，将核安全纳入国家安全体系，将核安全上升到国家安全的战略高度，确认了核安全在国家安全中的重要性，体现了党中央对核安全的高度重视。

无论是总体国家安全观中的核安全，还是中国核安全观，都是新时代以来，以习近平同志为核心的党中央统筹国内国际两个大局、精准研判国家安全形势变化而提出的总体部署。因此，核安全已经成为国家安全的重要组成部分。

国安才能国治，治国必先治安。国家安全是安邦定国的重要基石，涉核无小事。在新时代，维护国家核安全符合全国各族人民的根本利益。

二、中国是核大国，核安全压力大

1955 年 1 月 15 日，党中央做出了大力发展我国原子能事业的战略决策，拉开了中国核工业发展的序幕。20 世纪 80 年代初，我国首次制定了核电发展政策，核电产业开始起步。1991 年 12 月，我国第一座自行设计、自行建造的核电站——秦山核电站并网发电，中国成为继前苏联、美国、英国、法国、加拿大、瑞典之后第七个有能力自行设计建造核电站的国家。如今，我国核电技术经历了三代演进，是继美国、法国、俄罗斯之后又一个拥有独立自主三代核电技术和全产业链的国家。第四代核电技术也步入了积极研发阶段。2021 年 12 月 20 日，石岛湾高温气冷堆核电站示范工程首次并网发电，这是全世界首个并网发电的第四代高温气冷堆核电项目，这说明中国已经成为全球核电技术的领跑者。目前，中国大陆核电厂分布已遍及 8 个省份（见表 12 - 1）。数十年来，中国核电产业实现了从无到有、从弱到强的跨越。无论是在技术研发、工程应用方面，还是在运营管理方面，我国核电水平都位居世界前列。根据《国家核安全局 2020 年报》，目前中国大陆有 49 台运行核电机组，位居全球第三；有 15 台在建核电机组，位居全球第一，是名副其实的核大国。2013 年，国家能源局提出核电“走出去”战略，我国陆续与巴基斯坦、英国等开展核电项目合作，标志着我国核电从“技术进口”到“技术出口”的飞跃。

表 12-1　中国大陆核电厂分布

省区	核电厂名称	在运机组	在建机组	发电量(亿千瓦时)
辽宁	红沿河核电厂	4	2	32.702
山东	海阳核电厂	2		19.051
	石岛湾核电厂		1	—
	国核示范工程		2	—
江苏	田湾核电厂	5	1	35.206
浙江	秦山核电厂	1		2.682
	秦山第二核电厂	4		21.459
	秦山第三核电厂	2		11.664
	方家山核电厂	2		16.502
	三门核电厂	2		18.913
	三澳核电厂		2	—
福建	宁德核电厂	4		32.7525
	福清核电厂	5	1	32.649
	漳州核电厂		2	—
广东	太平岭核电厂		2	—
	大亚湾核电厂	2		16.601
	岭澳核电厂	4		31.052
	台山核电厂	2		23.12
	阳江核电厂	6		45.307
广西	防城港核电厂	2	2	16.83
海南	昌江核电厂	2		9.563

(资料来源:中华人民共和国国家核安全局. 国家核安全局2020年报)

过去良好的运行记录,不代表我国在核电安全运行上没有压力。2020年,我国大陆核电厂共报告20起运行事件及21起建造事件,这些事件并未达到国际核事件分级表(INES)中2级或以上(未发生危机公众和环境安全的放射性事件),且均得到妥善处理。以2020年福清核电厂和阳江核电厂报告的运行事件为例(见表12-2),无论是管理、设备,还是人力,都有触发运行事件的风险。这足以说明,作为一个核大国,中国的核安全压力也是巨大的。

表 12-2　2020年福清核电厂、阳江核电厂报告的运行事件

	发生时间	事件名称	原因分类	分级
福清核电厂	2020年10月3日	3、4号机组应急柴油发电机组一台燃油输送泵备用逻辑未进行验证导致试验超期	管理	0
	2020年10月27日	5号机组执行蒸汽排放联锁检查调试试验过程中触发安注	设备	0

续表

	发生时间	事件名称	原因分类	分级
阳江核电厂	2020年2月2日	2号机组KIC系统两个计算服务器不可用不满足运行技术规范要求	设备	0
	2020年3月24日	4号机组两台循环水泵跳闸导致反应堆紧急停堆	设备	0
	2020年3月25日	阳江核电厂4台机组因海生物入侵导致反应堆自动停堆	设备	1
	2020年5月30日	Y8TEG024VY内漏导致8TEG004BA部分气体意外排放	设备	0
	2020年8月24日	4号机组因液位计故障导致EAS001BA充注体积不足超出运行技术规范维修期限要求	人因	0

（资料来源：中华人民共和国国家核安全局．国家核安全局2020年报）

以习近平同志为核心的党中央高度重视我国核能发展的安全。2015年1月，在我国核工业创建60周年之际，习近平总书记做出重要指示，强调要“坚持安全发展、创新发展，坚持和平利用核能，全面提升核工业的核心竞争力，续写我国核工业新的辉煌篇章”①。2016年4月，习近平主席在美国首都华盛顿举行的第四届核安全峰会上指出，中国是核电发展最快的国家，同时中国也保持着良好的核安全记录。他强调，中国将始终在确保安全的前提下开发利用核能。

三、核安全是核电发展的生命线

在人类和平利用核能和核技术的过程中，大大小小的核事故严重影响了各国政府和公众对核安全的信心。1979年3月，美国宾夕法尼亚州的三里岛核电站发生核事故，导致大量放射性物质溢出。事故发生后，核电站附近约20万人撤离。1986年4月，乌克兰普里皮亚季附近的切尔诺贝利核电厂的四号反应堆发生爆炸，致使8吨多的强辐射物泄漏，事故造成了惨重的人员伤亡和经济损失，号称人类最严重的核事故。2011年3月，由于地震的影响，当时全球最大的在役核电站——福岛核电站发生了放射性物质泄漏事故，虽然因为及时的撤离行动，没有导致放射性照射死亡事件，但对周边环境依然产生了严重的放射性污染。在这样的背景下，反对核能运用的社会运动在世界各地兴起。

日本福岛核事故后，全球核电发展总体放缓。部分西方国家甚至开始了“淘汰”核电的进程。例如，核电比例最高的法国在2014年提出，要大幅降低核电比重；第一个建设核电站的国家德国在2021年10月宣布，将在2022年全面弃核；瑞士也承诺在2034年之后将不再使用核电。

四、全球核安全治理刻不容缓

自从人类开始使用核能以来，核安全阴影就一直笼罩着人类社会，甚至“谈核色变”“闻

① 新华网2015年1月15日，习近平就我国核工业创建60周年作重要指示。

核必反”。

1945 年 8 月 6—9 日，美军对日本广岛和长崎投掷原子弹，造成大量平民和军人伤亡。核武器的杀伤力给全世界人民带来了巨大的恐惧。

第二次世界大战后，美国大力推动国际社会搭建起一套核不扩散体系。1957 年，国际原子能机构成立。由美国主导建立的核安全体系在防止核扩散方面发挥了一定的作用，但也出现了许多不适应世情的问题。当今，世界正经历百年未有之大变局，国际安全形势风险叠加，安全领域的挑战和威胁层出不穷。与核安全相关的风险也十分严峻。

一方面，核污染的阴影挥之不去。2021 年 4 月，日本政府宣称要把福岛第一核电站的核废水排放入海，引起了世界各国的严重关切。此举将对全球海洋生态环境和公众健康产生难以估量的影响，中国、俄罗斯、韩国等多个国家表示坚决反对，但日本政府罔顾国际社会的质疑，仍在持续推行该计划。

另一方面，在全球恐怖主义活动频发的今天，防范核恐怖主义的重要性也与日俱增。核恐怖主义是指以核设施为袭击对象，或者以核技术和产品为工具制造核恐怖的犯罪行为。2021 年 4 月，伊朗纳坦兹核设施电力系统发生故障，伊朗原子能组织主席萨利希将这起“敌对行动”定性为“核恐怖主义”行径，而该设施在此前也多次受到袭击。

此外，在全球范围内，对核及其他放射性物质的非法贩卖活动也十分猖獗。截至 2006 年 12 月 31 日，多个国家已经向国际原子能机构下的非法贩卖数据库报告了总共 1080 起涉及核材料和其他放射性物质的非法贩卖及其他擅自活动的事件，还有多起得到公开报道的事件尚未得到有关国家的确认。这些被走私或失窃的核材料和放射性物质中，不乏高浓铀和钚，一旦落入恐怖组织或极端分子手中，后果将不堪设想。

国际原子能机构原总干事穆罕默德·巴拉迪表示，近年来的三个现象从根本上改变了安全环境。这三个现象分别是核黑市出现、更多国家试图获取核武器、恐怖分子表现出获得大规模毁灭性武器的欲望。

无论是核污染、核犯罪还是核扩散，它对人类的影响都超越国界，没有哪个国家能够置身事外。要想解决以上问题，也需要世界各国联合起来，共同应对。因此，核安全不仅是国际安全的重要组成部分，还是全球安全治理的重大议题。

第三节　新时代国家核安全面临的威胁与挑战

一、美国核战略持续调整是对中国核安全的最大挑战

党的十八大以来，面对错综复杂的国际形势和艰巨繁重的国内改革发展任务，特别是新冠肺炎疫情的严重冲击，以习近平同志为核心的党中央坚持底线思维、增强忧患意识、提高

防控能力，着力化解各种风险挑战，保持了我国经济社会持续健康发展和社会大局稳定。

放眼当今世界，国际社会在核安全方面面临多重挑战，全球核安全形势不容乐观。核安全问题已经成为跨越国界的全球性问题，世界上没有哪个国家能够回避或单独解决此问题。特别是“9·11”恐怖袭击之后，核安全成为国际社会核不扩散机制的重要议题之一。当今世界正经历百年未有之大变局，我国核安全面临的风险挑战十分严峻。总体而言，我国核安全正面临着如下问题。

美国目前保有世界第一的战略核力量，近年来仍继续加强对核战略的调整，对核武库实施升级换代，加大核力量建设投入，用于持续强化其“三位一体”、灵活响应的核打击能力。2018 年 2 月，美国国防部出台的《核态势评估报告》进一步阐释了特朗普政府的核战略构想。该报告中多次提到，为了维护美国本土及盟友与伙伴的安全，美国在现阶段依然追求核威慑的重要意义，以及为增强威慑效力不惜降低使用核武器门槛的核战略发展方向。

自冷战结束以来，美国对于中国的战略定位与安全判断不断发生变化。随着中国综合国力逐步提升，美国在 21 世纪的前 18 年时间里将中国逐渐视为战略竞争对手与核安全挑战。2001 年“9·11”事件后，美国专注反恐，对中战略重点有所转移，但美国政府在 2018 年版《核态势评估报告》中所提到的大国竞争回归，中国逐渐被动地成为美国的核竞争对手与战略假想敌。美国军费开支是几个发达国家的军费开支之和，美军也经历过几场高技术条件下的局部战争，拥有打这类战争的经验。因此，能冒天下之大险，对中国发动直接军事攻击的，恐怕非美国莫属。近年来，美国还在中国周边加强军事部署，以遏制中国战略崛起，通过在中国周边问题上加剧与中国对抗的做法破坏中国周边安全环境。无论是台海问题、南海问题，还是东海问题、朝鲜半岛核问题，在美国的主观建构下，美中之间的战略博弈恐将趋于激烈。中国台湾“台独”势力一直把美国视为自己的靠山，希望借美国之力成就自己之独立。美国虽然在表面上承认台湾是中国领土不可分割的一部分，但仍然向台出售大量先进武器，加强同台军的情报交流，威胁中国的国家安全。在这样的时代背景下，美国此轮核武器现代化举措无疑不利于消除美中之间“核武困境”，不仅对中国国家安全构成威胁，还影响了亚太地区整体的安全格局。所以，我国必须以远程核打击力量为威慑，以高技术和必要的数量优势为两翼，应对美国对我国安全构成的挑战。

二、周边国家核扩散形势对中国核安全造成巨大威胁

自从核武器诞生以来，国际社会就开始为防止核武器扩散进行不懈努力，经过多年的谈判和协商最终达成了《不扩散核武器条约》（NPT），该条约于 1968 年开放供签署，1970 年正式生效。它是国际军控领域最普遍的条约，是国际核不扩散机制的基石。自 NPT 生效以来，国际社会在防止核武器扩散上取得了重要成绩，有核国并没有像 20 世纪 60 年代人们预测的那样大量出现，至今拥有核武器的国家仍然还是个位数，这是国际社会防核扩散共同努力的结果。

在我国周边，核扩散形势严峻。自 2009 年朝鲜宣布退出六方会谈后，朝鲜核问题停滞不前。近几年，朝鲜多次发表措辞严厉的声明，并多次提及“核试验”与“核打击”。印度几

十年来一直不遗余力发展战略核力量。日本长期储存大量敏感核材料,一份关于日本核材料问题的研究报告显示,其国内共存有10.8吨敏感度极高的分离钚,同时还拥有约1.2吨高浓铀,可以制造大量的核武器。此外,南海周边国家对我国的挑衅也不容忽视。

纵观我国周边各国情况而言,核威慑力量仍是确保我国国家安全的重要基石,保持和发展我国核威慑力任重道远。我国已签署了《禁试条约》,并积极参与国际《禁产条约》谈判,我国作为负责任的大国,越来越受到国际社会的关注。周边国家核扩散态势日趋严峻,如何防止周边国家核扩散态势,不仅是我国的重要任务,也是维护我国周边安全形势的需要。

三、恐怖主义组织成为全球核安全的重大威胁

2001年以来,以各种恐怖袭击为代表的非传统安全威胁日趋严峻,核恐怖主义威胁更加紧迫。"9·11"事件表明,如果恐怖组织获取核武器,它们将会毫不犹豫地使用这些武器。由于传统的核威慑主要针对主权国家,因此对恐怖主义组织这些非国家行为体无法发挥作用,不能有效地阻止它们获取和使用核武器。恐怖主义组织要想制造核恐怖,可能会通过以下方式:窃取完整的核武器,窃取核材料制造粗糙的核爆炸装置,窃取核材料及其他放射性物质用于制造放射散布装置,袭击或破坏核电反应堆、核燃料循环设施、研究反应堆以及核运输等。针对这些内容,2010年,美国主办首届核安全峰会,峰会认为,"核恐怖主义是对国际安全最具挑战性的威胁之一,强有力的核安全措施是防止恐怖分子、犯罪分子及其他非授权行为者获取核材料的最有效途径"。2016年,习近平主席在美国华盛顿第四届核安全峰会上再次强调,世界格局正在经历前所未有的深刻演变,安全领域威胁和挑战层出不穷,产生恐怖主义的根源远未消除,核恐怖主义仍然是对国际安全的重大威胁。

四、全球核材料安保现状堪忧,加大中国核安全威胁

2000年美国"9·11"事件后,另一个与核扩散相关的重要问题(核安全问题)日益突出,并引发了国际社会的广泛关注。目前全球核材料的存量惊人,加上核能与技术的广泛应用使得越来越多的核材料分散在世界各地,而一些国家和地区对这些核材料缺乏有效保护,且核材料管控能力薄弱,加强核安全的难度较大。据统计,全世界有249座正在运行的研究反应堆,其中有100多座仍以高浓缩铀为燃料。这些分布广泛的核材料的监管和安保问题成为全球主要的安全关切。因为核材料安保不善造成的核走私及核材料丢失事件屡屡发生,如20世纪90年代初苏联解体后储存在苏联各加盟共和国内的核原料不时出现被盗与被走私出境的事件。近年来,核材料走私势头非但没有得到控制,反而成倍增长。

在全球化趋势不断加深的情况下,各国之间的联系日益紧密,命运共同体的特征日益凸显。一国发展,离不开他国的支持和帮助。一国发生灾难,往往殃及他国。核安全事故灾难更是如此。在当前世界格局下,要解决核安全这个棘手难题,仅靠一两个国家单打独斗哪怕

是世界上最强大的国家也难以做到。实现世界普遍核安全需要各国加强交流,加强合作,互利共赢。习近平主席 2014 年 3 月 24 日在荷兰海牙核安全峰会上形象而深刻地指出:“核安全也是全球性课题。一个木桶的盛水量,是由最短的那块板决定的。一国核材料丢失,全世界都将面临威胁。实现普遍核安全,需要各国携手努力。”

中国核安全观的核心内涵“四个并重”之一为“治标和治本并重”,以消除根源为目标全面推进核安全努力。完善核安全政策举措,发展现代化和低风险核能,坚持核材料供需平衡,加强防扩散出口控制,深化打击核恐怖主义国际合作,消除核安全隐患和核扩散风险。各国应团结起来,发展和谐友善的国家关系,共同营造和平稳定的国际环境,从根源上解决核恐怖主义和核扩散问题,实现核能的持久安全和发展。

五、核电、核技术潜在的事故风险挑战中国社会安全

自核能使用以来,核能利用国已发生多次严重的核事故。2011 年 3 月 11 日,日本地震和海啸破坏了东京电力公司福岛第一核电站的供电系统,大量核辐射物质泄漏,引发严重核污染事件,造成了七级(最高级)核安全事故,暴露出国际核安全体系在防止核事故方面存在严重的问题和缺陷。

安全至高无上,核能利用离开安全毫无意义,一切核能利用的过程以安全作为根本性前提。核能无论是在军用上用作核武器,还是在民用上用作一种能源,如果利用不当,都会造成毁灭性打击。日本福岛核事故发生后,中国政府组织专门力量对全国运行核电厂、在建核电厂、研究堆和其他重要核设施开展了历时 9 个多月的综合安全检查,结果表明,中国核设施在选址时充分考虑了地震、洪水、海啸等影响,由极端自然事件引发核事故的可能性极小。为进一步提升核设施安全水平,汲取日本福岛核事故教训,中国政府制定并实施了核设施短期、中期、长期安全改进计划,增强了核设施抵御外部事件、预防和缓解严重事故的能力。

毋庸置疑的是,核技术在能源、农业、医疗等领域的应用日益广泛。核安全通过确保核能的安全健康可持续发展,对我国的资源安全起到多重保障作用。核电的稳定性、经济性和高能量密度的特点使其成为增加电力供应、调整能源结构、优化化石资源利用的重要选项。核能的安全稳定供应有利于缓解能源紧张趋势。据统计,“十二五”前 3 年我国电力缺口较大,部分地区在用电高峰时段仍存在限电现象。根据各省能源需求预测,大部分省份“十三五”期间的电力缺口在 1000 万千瓦以上。核能的安全有序发展有利于调整能源结构。2013 年,中国煤炭消费占一次能源消费比重已达到 65.7%,天然气消费占 5.7%,核电占不到 2%。同时,煤炭、天然气、原油的对外依存度分别为 10%、30% 和 60%,直接影响我国能源安全。核能作为替代能源有利于提高化石资源利用效率。中国在确保安全的基础上开展核能和平利用,既满足当代人的需要,又不对子孙后代遗留隐患、构成危害,以保障人类文明永续发展。中国核安全工作的基本原则是:安全第一、依法治核,预防为主、纵深防御,责任明确、独立监管,严格管理、全面保障。因此,确保核安全对提高公众信心、保障社会安全、提升社会能效而言具有积极作用。

第四节　新时代大学生应坚决维护国家核安全

一、推动新时代大学生维护国家核安全的必要性

开展国家安全教育，尤其是开展核安全教育，有助于大学生更加清醒地认识我国的国家安全局势，并不断提高维护国家安全的能力，以坚定的立场、正确的方法与危害国家安全的行为作斗争；有助于引导青年学生树立和坚持正确的国家观、民族观，增强中华民族归属感、认同感、荣誉感，积极投身社会主义建设，在积极维护国家安全与稳定的过程中，早日实现自己的人生梦想。

大学教育不仅包括专业学习，更应该做好道德和精神培养，树立大学生对国家和社会的责任感。加强国家安全教育是大学教育的核心内容之一，而国家核安全教育则是国家安全教育的重要组成部分，要让广大大学生树立起坚决维护国家核安全的意识，以更好地推动大学生维护国家安全的精神和意识。

我国当前所面临的国际环境复杂多变，而部分大学生的国家安全意识不强，认识模糊，对国家安全的认识比较片面，安全意识薄弱，这些内容具体体现在以下方面：一是大学生对国家安全的概念仍停留在军事、国防、领土、战争、情报、间谍等一些传统、局部的认识上，对国家核安全相关内容的了解更是匮乏。只有全方位理解国家安全，才能端正大学生的思想认识，增强国家安全意识。二是对国内外敌对势力破坏活动的警惕性不强，安全意识淡化。尤其是对潜在的对我国构成核安全威胁的，如美霸权主义的核威慑、恐怖主义核威慑，以及核安全事故风险等相关内容的了解同样是少之又少。三是把国家安全片面等同于情报间谍等活动，自觉维护国家安全的责任意识不足，产生了“国家安全与己无关”的错误观念。大学生应该摒弃错误观念，以国家主人翁的姿态，积极正确地履行维护国家安全的各项权利和义务。基于以上基本情况，迫切需要对大学生加强国家安全教育，强化我国大学生核安全教育，学习和培养国家安全尤其是核安全知识和意识，牢固树立总体国家安全观。

虽然我国有专门的队伍，如军队、国家安全委员会、应急管理部等从事国家安全保障工作以及核安全相关工作，但国家安全是全方位的、立体的、多元的、多层次无边界的安全，关系到国家建设的方方面面，应该由全民共建安全屏障，全民共同治理安全隐患，全民共享安全成果。但毋庸置疑的是，学生是我们“共建、共治、共享”国家安全过程中的重要构成环节和组成部分。国家安全教育作为维护国家安全的重要举措，有助于青年学生提高国家安全意识，增强国家安全责任，最终将汇聚起维护国家安全的强大力量，促进全社会同心共筑国家安全的“命运共同体”，而强化新时代大学生的核安全意识和观念是强化新时代国家安全教育的应有之义。当前，我国经济飞速发展、社会和谐稳定，但国家面临的国际安全形势不容乐观。国家安全关系到国家

存亡、人民幸福,没有国家安全,就没有和平稳定的建设环境,就没有社会主义的现代化。当代大学生肩负国家复兴之大任,应该深切关注国家安全与发展,树立国家安全和利益高于一切的观念和意识,自觉维护国家安全,这是大学生健康成长成才应有的政治素质和高尚品格。

党的十九大提出了“培养担当民族复兴大任的时代新人”的重大命题,对青年学生的精神状态、使命担当以及综合素质提出了更高的要求。2018 年 4 月,教育部印发《关于加强大中小学国家安全教育的实施意见》,明确指出要“把国家安全教育覆盖国民教育各阶段,融入教育教学活动各层面,贯穿人才培养全过程”。2019 年 11 月,中共中央、国务院印发《新时代爱国主义教育实施纲要》,提出要加强国家安全教育和国防教育。这些举措都是旨在通过多种形式的国家安全宣传教育活动,提升包括青少年在内的全体公民的国家安全意识。而中国是核能与核技术利用大国,核安全是国家安全的重要内容,政策法规是核安全的基本保障。为积极做好核安全工作,中国从高从严构建核安全政策法规体系,实施国家核安全战略,制定核安全中长期规划,完善核安全法规标准。先后发布了《核安全与放射性污染防治“十二五”规划及 2020 年远景目标》《核安全与放射性污染防治“十三五”规划及 2025 年远景目标》,2003 年 6 月,《中华人民共和国放射性污染防治法》颁布;2017 年 9 月,《中华人民共和国核安全法》颁布。截至 2019 年 6 月,颁布《民用核设施安全监督管理条例》《民用核安全设备监督管理条例》《核材料管制条例》《核电厂核事故应急管理条例》等行政法规 9 部,发布部门规章 30 余项和安全导则 100 余项,制定核安全相关国家标准和行业标准 1000 余项,31 个省、自治区、直辖市制定地方性法规文件 200 余个。以上相关法律、法规内容及时总结国内外核安全实践经验,密切跟踪国际原子能机构和核电发达国家最新安全要求,详细分析了核安全现状与形势,为我们展开大学生核安全教育提供了基本依据,也为提醒我们开展大学生核安全教育的必要性。同时,这些相关文件还阐明了核安全指导思想和基本原则,明确了核安全目标指标、重点任务、重点工程、保障措施,统筹核安全各项工作。这对于我们积极做好新时代大学生核安全教育,强化学生维护国家核安全的意识和观念有着重要意义。

二、强化新时代大学生维护国家核安全的紧迫性

国家安全教育与学校思想政治教育具有内在的一致性,呈现出紧密的联动性与交融性。开展国家安全教育是加强学校思想政治教育工作的重要载体,因此各级各类学校要加强国家安全教育,强化学生的国家安全意识,不断培养社会主义合格的建设者和接班人。

青年是国家的未来,民族的希望,是中国特色社会主义事业的建设者和接班人。然而,成长于和平年代的青年学生,由于没有经历过战争和动荡,安全意识普遍淡薄,且容易对西方文化和资本主义思想盲目崇拜,加之缺乏辨别是非的能力。随着改革开放的深入,高校逐步由封闭型办学变为开放型办学。高校社会化程度不断加深,办学形式多样化,学生等人员结构复杂化,校园与社会相互交叉、相互渗透,校园安全和秩序管理形势日趋复杂。有关统计数据表明,高校校园内发生的安全问题大多与学生的安全意识淡化有关。因此,加强大学生安全教育,提高他们的综合安全素质和安全防范能力,可以有效减少和避免大学生各种安全问题是当前的重要工作。

总体而言，当前影响我国大学生国家安全教育效果的主要因素有以下几种。

第一，国内外安全形势异常复杂，国内外安全风险相互渗透，传统安全与非传统安全相互交织。我国正处于社会转型期、改革攻坚期和矛盾凸显期，消极腐败、环境污染、金融风险、科技泄密、资源短缺，尤其是核安全问题存在的潜在威胁等大量非传统安全风险上升，国家安全面临的威胁和挑战增多，各种威胁和挑战的联动效应明显。

第二，大学生是思想渗透的重要群体。大学生是西方敌对势力发动“颜色革命”的争取对象。长期以来，西方敌对势力对我国的分化、西化、弱化的战略从未消失，且随着我国综合国力的提升和国际影响力的加大，西方国家对我国的渗透开始变本加厉，严重威胁我国的国家安全和人民安全。部分大学生国家安全观念陈旧，基本素养匮乏，维护国家安全的意识不强，辨别力较差，国家安全危机感和责任感淡化，对身边发生的危害国家安全的言行熟视无睹、听之任之，一旦受到敌对势力的诱骗、威胁常常不知所措、应对不当。近年来，敌对势力已经把大学生作为拉拢策反的重要目标。例如，一些大学生在海外留学、业余兼职、生活社交中，由于缺少安全意识，经常一步步陷入敌对势力拉拢策反的陷阱，酿成泄露国家秘密等危害国家安全的违法犯罪悲剧。

第三，新媒体成为思想渗透的主要平台。一些敌对势力把新媒体作为思想渗透、勾连策反的主战场、主阵地，各种舆情攻势、网上入侵、网络窃密等网络攻防战日益复杂、多样、激烈、多变。一些“意见领袖”利用网民盲目从众和缺乏理性的心理特点，炒作社会热点、敏感事件，抹黑、诋毁党和政府的形象，形成多元复杂的网络舆论场。在网络社会思潮的交流交融交锋中，新自由主义、历史虚无主义、极端民粹主义思潮不断改头换面，其言论和观点具有很大的迷惑性、欺骗性和煽动性，对我国国家安全构成了严峻挑战。各类新媒体的发展加快了各种错误思潮传播的速度和广度，削弱了管控社会舆论、抵御思想渗透的力度，增加了我国对大学生进行价值引领和行为塑造的难度。如此种种，都无形中增加了我国高校大学生国家安全教育的难度。如何更好落实大学生国家安全教育是较大的挑战，而落实国家安全教育工作的过程中如何拓展好核安全教育，强化核安全教育和核安全文化等内容真正扎根于大学生的思想深处更是当前高校大学生国家安全教育的紧急任务。

长期以来，我国一直通过军事理论课、思想政治理论课等课程，对大学生开展国家安全教育、国防教育和核安全教育。进入新时代以来，我国国家安全战略布局在理论创新、法治建设等方面取得了长足进展，加强国家安全教育的相关政策不断出台，这使构建中国特色国家安全教育体系成为可能，高校国家安全教育和核安全教育有了新的发展方向。2014 年我国提出了总体国家安全观，意味着我国对国家安全基本规律的认识达到了新的高度，不仅为我国制定国家安全战略提供了根本遵循，也为如何强化国家安全教育提供了理论指引。为了进一步落实党中央的要求，教育部在 2018 年 4 月发布了《关于加强大中小学国家安全教育的实施意见》。该意见要求以国家安全战略需求为导向，按照“系统设计、整体谋划，尊重规律、注重实效，部门联动、协同推进”的工作原则，从学科建设、内容体系、教材建设、教学活动、实践基地、师资队伍和教学评价七个方面加快国家安全教育体系建设。这个意见明确提出了今后开展国家安全教育的总体要求和目标任务，并对重点工作进行初步规划，这为新形势下进一步加强国家安全教育提供了重要指导意见，也为新时代加强大学生核安全教育的发展和课程建设提供了可能和起到重要支撑作用。

三、新时代大学生践行维护国家核安全的重要性

人类历史上历次核风险安全事故事件的一个共性问题是产生与核安全文化淡化有关或直接由核电厂安全管理引起。如果加强核安全文化建设,这些问题可以被识别质疑和解决,可能会防止事件发生或减轻其严重程度。导致这些事件发生的一系列决策和行动通常能追溯到整个组织的核安全文化价值观。核安全文化的淡化、核安全文化的流失和核安全文化的冲突是现阶段我国核设施存在的突出问题。进入新时代,我国国家安全的内涵外延、时空领域、内外因素与之前相比都发生了巨大变化。但我国的国家安全教育,尤其是核安全教育,一定程度上还不能适应新时代国家安全形势的变化。总体国家安全观是习近平主席在“百年未有之大变局”中做出的关于中国与世界关系的战略思考,是新时期我国国家安全理论和实践的重大创新,也是新形势下指导国家安全工作的强大思想武器和科学行动指南。因此,为适应我国核能事业快速发展的新形势和实现核能的持久安全和健康发展,一定要牢固树立总体国家安全观在新时代国家安全教育中的指导地位,积极做好核安全文化的建设工作。

培育大学生的国家安全意识是一项固本培元的基础性工作,而大学生核安全意识是这项固本培元工作的重要环节。国家安全意识是一种主动维护国家安全的观念和态度,是积极认同和主动践行的自觉意识。大学生国家安全意识的养成,不能仅限于理论认知,还需要社会实践。这就需要大学生通过思想上的认知、认同,增强行动上的担当和践行。不仅需要确保在校期间立场坚定、头脑清醒,而且需要在漫长的工作和生活中做到长期坚持、持之以恒。大学生将成为社会最活跃的中坚力量,他们国家安全意识及国家核安全意识的普遍提升,不仅能为他们个人生活、职业发展、创新创业提供帮助,也能为国家政治稳定、经济发展和文化交流提供支持和保障。因此,大学生国家安全意识的培育,必须立足当前、着眼未来,必须见微知著、防微杜渐,必须内化于心、外化于行,克服只重视理论认知而忽视实际行动、只重视传统安全而忽视非传统安全、只重视个人利益而忽视国家安全的错误倾向。国家安全教育不仅包括知识传授,也注重价值引导和能力提升,三者不可偏废,共同构成了国家安全教育的三个维度,统一于国家安全教育的全过程。新时代大学生坚持维护国家核安全,并积极践行国家核安全教育的宣传和文化建设工作,对于维护和增进国家安全状态能力提升有重要作用。

第五节　新时代国家核安全教育的途径与方法

一、宏观层面:发挥政府在国家核安全教育中的主导作用

新时代国家核安全教育既是一种教育实践活动,又是一项长期的重要战略任务,不是一

蹴而就的。随着我国国家核安全战略理论在新时代不断的创新发展，以及人们对国家核安全的认识和理解逐步深化，需要在宏观层面发挥政府的主导作用，在中观层面发挥高校的主体作用，在微观层面发挥大学生的主动作用，从而确保国家核安全教育扎实推进并取得实效。

（一）筑牢国家核安全教育的思想之基

坚持党对国家核安全工作的领导，发挥政府在国家核安全教育中的主导作用，是新时代国家核安全教育的保证。因此，多级党委要把握国家核安全教育的主动权，实施有力的统领与协调，筑牢思想之基，整合各类社会资源，为国家核安全教育的开展营造良好的环境，从而保持中国特色社会主义高校最鲜亮的底色。

思想是行动的先导。政府是国家行政权力的行使主体和维护国家核安全的骨干力量，其是否具有牢固的重视国家核安全教育的思想根基，在很大程度上影响着公众的国家核安全意识以及维护国家核安全的能力。在世界正经百年未有之大变局和中华民族历经伟大复兴的战略全局之时，不断筑牢国家核安全教育的思想根基，为高校国家核安全教育取得实效提供坚强思想保障。一方面，必须克服麻痹懈怠思想，提高国家核安全的警觉性，时刻保持忧患意识和危机意识。越是在和平时期，越需要政府相关部门及其工作人员在对待国家核安全教育工作上，始终做到在思想上真重视、态度上真转变、行动上真落实，扮演好国家核安全教育工作的组织者、实施者、服务者的角色。还需要努力改变当前社会上存在的国家核安全教育对发展已不再重要、不合时宜等错误思想，加强对国家核安全教育的必要性和紧迫性认识，自觉地把维护国家核安全与自身责任联系起来，清醒认识和准确判断新时代国家核安全形势的发展变化。另一方面，应将国家核安全教育摆到国家现代化发展中的突出位置。政府作为维护国家核安全的责任主体，在全社会范围内加强统筹规划，以整体治理思维综合研判国家核安全形势，协同推进国家核安全教育。不仅在思想上要足够重视，还要在行动上积极有为，充分发挥政府的主导作用，坚定马克思主义指导思想，不断推动国家核安全教育工作在实践中守正创新，笃行致远。

（二）整合国家核安全教育的社会资源

习近平总书记提出的总体国家安全观是根据国内外形势的发展变化而提出来的，是我国国家安全观与时俱进的新发展。政府要从战略高度认识国家核安全问题，以战略思维谋篇布局，从而统筹整合社会资源，搭建国家核安全教育的各类平台，多维度开展国家核安全教育工作，将国家核安全教育工作抓实抓小抓细。首先，政府要优化各类教育平台，促使国家核安全教育宣传工作常态化。加大对国家核安全教育宣传广告的投放广度、力度与深度，定期在一些主流媒体或刊物栏留出一定时间和版面来宣传国家核安全工作，也可以选择在一些公共场所，如住宅小区、公园、公交站台等地定期进行相关国家核安全教育宣传工作。同时，要注重宣传的内容、形式和方法，广泛借助微信、微博、抖音、快手、QQ 等老少皆宜的新媒体平台，开展形式多样的国家核安全教育。其次，政府还可以搭建校地合作教育平台，促使高校国家核安全教育在校地之间优势互补、合作共赢。一方面，要以重大节日和相关国家核安全法颁布实施周年日为契机，积极做好政府和高校在教育内容上和形式上的有效衔接，相互补充。通过精心设计教育环节，促使国家核安全教育落地实施，避免出现“雨过地皮干”的现象。另一方面，学习和普及国家核安全知识是一个持之以恒并一以贯之的过程，国家核安全教育工作要体现“常长”理念，即经常开展、长期开展。依托互联网传播速度快的特点，使国家核安全教育更快、更多和更容易为社会所接受和认可。同时，通过与高校进行交流合作，形成教育合力，促使国家核安全教育根基越扎越稳。最后，政府要深入挖掘国家核安全教育的文化底蕴，积极设置有关国家核安全教育的博物馆、文化馆、展示厅等宣传阵地，以丰富多彩的文字图片、实物资料、典型案例、声光视频等开展国家核安全教育活动。要积极适应信息技术的发展，开办线上宣传平台，做到线上与线下相结合，最大程度地整合各类资源来推进国家核安全教育。

（三）优化国家核安全教育的良好环境

人的本质是一切社会关系的总和。人通过“社会关系”这根纽带，与周围的事物、环境总是发生着这样或那样的关系，受到社会各方面的影响。政府在推进国家核安全教育的过程中，最终实施效果会受到来自经济、政治、文化等多种因素的影响。

（1）优化国家核安全教育的社会经济环境。党的十九大报告指出：“要贯彻新发展理念，建设现代化经济体系”。为增强我国经济实力、推动我国经济持续健康发展，各级国家机关、企业单位及团体组织要积极贯彻落实十九大报告提出的新要求，凝聚党群、干群合力形成经济发展“加速度”，着力解决事关国家核安全教育的经济安全、能源安全、金融安全和粮食安全等经济社会发展中的重大安全问题，为国家核安全教育提供坚实的物质基础和良好的社会经济环境。

（2）优化国家核安全教育的社会政治环境。按照治理体系和治理能力现代化的要求，建设风清气正的政治生态。始终坚持党在各项工作中的领导地位，坚决贯彻执行党关于新时代发展社会主义民主政治的方针政策，把党建设成为一个经得住任何风险考验、长期执政的马克思主义政党，为政府推进国家核安全教育构筑良好的政治环境。

（3）优化国家核安全教育的文化环境。文化对人具有潜移默化的影响，对人的情感认知和行为养成具有重要作用。必须以社会主义核心价值观为引领，大力加强社会主义精神文明和中华民族传统美德的建设和传承，使 14 亿人的每一分子都成为中华美德、中华文化的主体，从而为国家核安全教育创设良好的文化氛围。

（4）优化国家核安全教育的社会环境。国家核安全教育的开展和成效的取得，依赖于社会这个大系统。社会和谐稳定、矛盾处理得当有利于营造舒适的外部环境，为国家核安全教育构筑起最大同心圆。通过加强主流舆论声音的构建与引导，正确解读、深入贯彻落实国家核安全教育的大政方针，为政府发挥主导作用提供最大认同。

（5）优化国家核安全教育的生态环境。以习近平生态文明思想为指引，将绿色发展理念深深融入国家核安全教育之中。政府在推进国家核安全教育的过程中，始终强调生态优先、环境优先，将核污染事件告之于众，明确核污染的危害性和环境保护的重要性。从而不断提升国家核安全意识和环境保护意识，自觉维护国家核安全。

二、中观层面:发挥高校在国家核安全教育中的主体作用

(一)落实国家核安全教育各项工作

加强大学生国家核安全教育是高等教育的应有之义,要发挥高校在此过程中的主体作用。落实国家核安全教育的各项工作,建设一支有素质、熟理论、重应用的专兼结合的高素质教师队伍,开展适合学生的丰富多样的活动,打造国家核安全教育的特色精品项目,为高校国家核安全教育奠定基石、注入底色。

党中央特别要求要坚持把立德树人作为中心环节,把思想政治工作贯穿教育教学全过程,实现全程育人、全方位育人,努力开创我国高等教育事业发展新局面。高校作为人才培养的主阵地,必须清醒认识到只有真正把立德树人作为教育教学一切工作的中心环节和重要任务,摒弃唯技能、唯分数的错误质量标准,帮助学生成长为德才兼备、全面发展的人,才能真正符合新时代高校的本质要求。高校要坚持育人为本、德育为先的培养理念,在教育教学过程中重视大学生的国家核安全教育,培养德、智、体、美、劳全面发展的、符合时代要求的社会主义新人。学校党委坚持对大学生国家核安全教育的统一领导和统筹规划,各职能部门积极开展国家核安全教育宣传、普通师生主动参与国家核安全教育活动。“办好我国高等教育,必须坚持党的领导,牢牢掌握党对高校工作的领导权,使高校成为坚持党的领导的坚强阵地。”因此,高校党委必须紧紧围绕立德树人的根本任务,把大学生国家核安全教育列入“立德”的重要内容,深入贯彻习近平总书记关于维护国家核安全的重要指示批示精神,持续推进新时代高校国家核安全教育进课堂、进教材、进头脑。同时,构建起新时代高校国家核安全教育的协调机制和教育评价机制。协调机制在既有渠道和活动平台的基础上,努力拓宽新渠道,将思政课、军事理论课等课程有效协调起来,明确新时代国家核安全教育的内容在相关课程中的要求。建立一个公开透明、便于执行的评价机制,明确公开性、方向性和科学性的基本原则,做好评价的事前准备、选择评价方法、确定评价目标、完成评价工作、处理事后问题等具体工作,从而对国家核安全教育全局的工作进行计划、指挥、实施和控制,确保在高校更好地贯彻落实。

(二)加强国家核安全教育师资队伍建设

“水之积也不厚,则其负大舟也无力”。为了落实新时代高校国家核安全教育的基本要求,保证国家核安全教育的实效性,教师作为引路人、燃灯者,必须始终站在时代发展前沿,不断储备知识,强化政治意识,提高教学素养,这样才能更好地成为学生健康成长路上的指引者和促进者,更好地担起为党育人、为国育才的时代责任。

一是强化政治意识,提高对新时代国家核安全教育重要性的认识。国家核安全教育作为思想政治教育和高校贯彻落实立德树人任务的重要内容,在当今世界正面临百年未有之大变局的关键期,筑牢高校国家核安全教育的思想堡垒这一目标显得更为清晰、任务更为紧迫。因此,教师首先要深入学习和贯彻习近平新时代中国特色社会主义思想,密切关注新时

代国际国内核安全格局发展态势及走向，努力增强政治鉴别力和政治敏感度，从思想高度自觉维护国家核安全，树立起共同培育大学生维护国家核安全能力的政治意识。

二是筑牢“教书育人”思想，增强大学生国家核安全教育的教学素养。一方面，教师要明确自身承担的社会责任，坚持“围绕学生的思想特点、关照学生的学习生活、服务学生的成长成才”这一教育理念开展教学工作。同时，要做到四个统一：“即坚持教书和育人相统一，坚持言传和身教相统一，坚持潜心问道和关注社会相统一，坚持学术自由和学术规范相统一。”从而确保教师队伍符合其自身的发展规律和品质特征。另一方面，教师要坚定马克思主义信仰，强化对思想政治理论的学习。尤其是对国家核安全的科学内涵、基本内容、发展态势等基本理论知识有充分的掌握；对新时代世情、国情、党情和国家核安全战略布局有深入的理解，培养爱国守法、爱岗敬业，教书育人、依法执教，为人师表、服务社会的道德品质，这样才能适应现代教育的发展要求，满足新时代大学生国家核安全教育的需要。

三是加强理论创新和系统学习，掌握做好新时代国家核安全教育工作的基本技能。当前随着国家核安全内涵和外延的不断丰富，国家核安全教育所涉及的范围和领域越来越广泛，以往课本上的教学内容已经不能满足大学生的成长需求，这就在一定程度上对教师的教学能力提出了更高要求。一方面，教育者不仅要掌握坚实的国家核安全理论知识，而且要坚持与时俱进，及时更新知识结构，以扎实的理论功底确保大学生国家核安全教育取得良好的教育成效。另一方面，思政课教师和专业课教师要注重教学策略的优化与教材资源的挖掘并重。在教学策略上，要灵活运用多种教学方法，避免缺乏互动和参与的灌输模式。在教材资源上，思政课教师和专业课教师要深入挖掘教材的人文内涵，厚植大学生国家核安全意识。

（三）开展丰富的国家核安全教育活动

“社会实践是大学生在改革开放中走向社会的一个很重要的锻炼环节，也是教育与实践相结合的具体体现。”将社会实践引入教学过程，不仅给现代教学提供了形式更加灵活新颖的平台，使教学内容变得多样化和生动化，而且能够促使大学生快速融入社会，认识国情，提高大学生关心国家事务的积极性。因此，将社会实践活动引入新时代大学生国家核安全教育，打造国家核安全教育社会实践活动精品项目，有利于大学生深刻认识到目前我国的发展现状和国家安全形势发展态势，从而自觉树立起维护国家核安全的意识，为建设更高水平的平安中国贡献自己的力量。一是围绕“国家核安全教育”主题，设计安排该主题的校外社会实践活动。例如，以红色文化、革命纪念地、重大历史事件纪念地等为依托，带领学生开展现场体验教育，在体验中引导广大学生聆听革命故事、学习革命精神、传承红色基因，感悟先辈们保家卫国、驻守边疆的爱国情怀；二是结合城乡共同发展战略，在实地调研中增强国家核安全意识。例如，组织学生“三下乡”，走进乡村，了解乡村当前发展情况，通过乡村的巨大变化切实体验到人民安居乐业；通过在乡村宣传学习国家核安全基本知识，宣传“国家核安全”的丰富内涵和现实意义，在服务过程中加强国家核安全自我教育。总之，高校要在践行立德树人目标的同时，积极挖掘国家核安全教育实践活动精品项目，力求多形式、多角度、多层次，为高校国家核安全教育提供丰富的资源。

三、微观层面：发挥大学生在国家核安全教育中的主动作用

（一）增强国家核安全意识，厚植爱国情怀

青年大学生是时代的先锋，也正处于学习的黄金时期，要发挥自身在国家核安全教育中的主动作用。增强国家核安全意识，厚植爱国情怀，在与时俱进中不断学习相关知识，并将国家核安全教育理论与实践相结合，在学思践行中辨识历史大势，聆听时代声音，承担社会责任。

新时代大学生是伴随着深化改革、社会转型、经济全球化、信息网络化及高等教育大众化而成长起来的新一代。新时代大学生应牢固树立自我教育意识，增强防范重大风险、维护国家安全的能力，常观大势、常思大局。

第一，增强自身的忧患意识与责任意识。“安而不忘危、存而不忘亡、治而不忘乱”“忧劳可以兴国、逸豫可以亡身”等古训，包含了古人治国理政的战略思想，体现了古代仁人志士面对民族兴衰、国运存亡而忧国忧民的爱国情怀。新时代，面对物质资源极其丰富、国安家安民安的繁荣之景，青年大学生仍然要不忘古人之训，要以忧患意识直面国家核安全。在实际生活学习中，要不断强化以史为鉴思维方式，以历史的眼光看待当今风云变幻的国际形势，从而避免历史虚无主义思潮的干扰。同时，要增强自身的使命感、责任感、紧迫感，担负起民族复兴的大任，这是当代大学生维护国家核安全应尽的法律责任与义务。一方面，要加强大学生对中华民族兴衰史的教育，使其认识到国家的命运与我们每个人的命运都息息相关，自觉树立起“天下兴亡，匹夫有责”的责任意识。另一方面，青年大学生要提高理性思辨能力，深刻认识当前我国核安全领域所面临的考验和危险是多方面的，切不可陷入“国家核安全与我无关”“国家核安全很遥远”的思维泥潭。

第二，增强自身的法治意识。法律是治国之重器，新时代大学生只有自觉具备强大的法治意识，正确把握国家核安全与法治之间的关系，才能切实提高大学生对于维护国家核安全重要性的认识。首先，要做到知法。无论是《宪法》还是《国家核安全法》等法律法规，都是维护国家核安全的行为准则。要提升维护国家核安全的能力，必须学习弄懂相关法律规定，为提高法治意识奠定基础。其次，要认真守法，形成依法办事的自觉。大学生法治自觉的形成是一个渐进性的过程，在日常生活中就需要推动法律与生活的融合、与学习的贯通。因此，大学生要明晰国家核安全法治观念，准确认识国家核安全法治的价值意义，厚植爱国主义情怀，为形成维护国家核安全法治的自觉夯实思想基础。

（二）学习国家核安全知识，坚持与时俱进

“国势之强由于人，人才之成出于学。”知识观念是思想结构中的基础系统，因此积极主动地学习国家核安全知识，这是奠定大学生涵养国家核安全意识的基础。

第一，大学生要积极学习并掌握国家核安全相关理论知识。具体来说，就是使大学生理解国家核安全的概念、内涵、内容、属性、特质和表现形式，认识到国家核安全不是一个抽象的名词，而是存在于我国的政治生活、经济生活、文化生活、网络生活和生态生活等领域中的“真实的安全”，这样才能在国家核安全受到威胁时具备正确的反应能力。

第二，积极学习、提高甄别威胁国家核安全因素的技能。大学生心理发展不成熟、人生经

验不足、对一些问题的真假辨析能力不强等，面对西方价值观渗透、“糖衣炮弹”等陷阱，大学生可能难以辨别以致深陷其中，严重影响其健康成长，甚至威胁我国国家核安全。因此，大学生需要不断丰富自身国家核安全知识，做到常学常新，认清境外敌对势力对高校渗透的本质，练就一双甄别威胁国家核安全的慧眼，勇于并善于与一切威胁我国核安全的行为作斗争。

（三）规范国家核安全行为，做到知行合一

“实践是检验真理的唯一标准。”大学生是否掌握了丰富的国家核安全知识，是否具有强烈的国家核安全意识，最终都要落实到切切实实的行动当中，这是检验和提升大学生思想和认知水平的保证。新时代的大学生要笃实，扎扎实实干事，踏踏实实做人。道不可坐论，德不能空谈。于实处用力，从知行合一上下功夫，核心价值观才能内化为人们的精神追求，外化为人们的自觉行动。因此，首先大学生要以饱满的热情和良好的状态积极参加国家核安全实践活动，如党团活动、社团活动、各类志愿者活动等，在活动过程中要自觉遵守相关规章制度，明白哪些该做哪些不该做，避免做出危害国家核安全的行为。其次大学生要有理论联系实际的能力。遇到现实生活中的安全挑战，做到不回避、不退缩，在国家核安全相关理论知识的指导下迅速反应，积极参与到国家核安全的维护行动中。在学习生活中悟国家核安全教育之初心，在实际工作中践国家核安全教育之使命，为实现中华民族伟大复兴的中国梦打好基础、练好内功，共同筑牢维护国家核安全的铜墙铁壁。

案例分析12-1 1957年苏联克什特姆核灾难

随着第二次世界大战的结束，世界开始笼罩在冷战的阴云下。冷战期间，苏联和美国这两个超级大国展开核军备竞赛，由于急于求成，错误就在所难免。1957 年 9 月，位于奥焦尔斯克（1994 年之前被称为“车里雅宾斯克－40”）的马雅克核燃料处理厂发生事故，INES 等级达到 6 级。

这座处理厂建有多座反应堆，用于为苏联的核武器生产钚。作为生产过程的副产品，大量核废料被存储在地下钢结构容器内，四周修建混凝土防护结构，但负责冷却的冷却系统并不可靠，为核事故的发生埋下隐患。

1957 年秋天，一个装有 80 吨固态核废料的容器周围的冷却系统发生故障。放射能迅速加热核废料，最终导致容器爆炸，160 吨的混凝土盖子被炸上天，并产生规模庞大的辐射尘云。当时，共有近 1 万人撤离受影响地区，大约 27 万人暴露在危险的核辐射水平环境下。至少有 200 人死于由核辐射导致的癌症，大约 30 座城市从此在苏联的地图上消失。

直到 1990 年，苏联政府才对外公布克什特姆核灾难的严重程度。但在此之前，美国中央情报局就已知道这场灾难，由于担心可能对美国核电站产生负面影响，当时并不披露任何信息。在克什特姆，面积巨大的东乌拉尔自然保护区（也被称为“东乌拉尔辐射区”）因为这场核事故受到放射性物质铯－137 和锶－90 的严重污染，被污染地区的面积超过 300 平方英里（约合 800 平方千米）。

案例分析12-2 1979年美国三哩岛核事故

1979 年 3 月 28 日，三哩岛核电站(位于宾夕法尼亚州哈里斯堡附近)TMI－2 反应堆的冷却液泵发生故障，一个卸压阀门无法关闭。控制室工作人员随即听到警报并看到警告灯亮起。不幸的是，传感器本身的设计缺陷导致核电站操作人员忽视或误解了这些信号，就这样，反应堆芯因温度过高最终熔化。在形势得到控制时，反应堆芯已经熔化一半，反应堆安全壳底部的近 20 吨熔铀慢慢凝固。安全壳内部的蒸汽和气体排放口导致大量放射性物质释放到大气和周围环境。

三哩岛核事故并没有导致任何核电站工作人员或附近居民死伤，但仍旧被视为美国商业核电站运营史上最为严重的核事故。事故发生后，相关新闻报道铺天盖地而来，这一切都让三哩岛核事故在 20 世纪晚期的流行文化中占据一个显著位置。自这场核事故之后，美国再未发生核事故，也再未建造新核电站。

案例分析12-3 1986年苏联切尔诺贝利核灾难

1986 年苏联发生的切尔诺贝利核灾难严重程度超过克什特姆核事故，如果将核辐射扩散程度作为测量标准，这场核灾难的严重程度达到克什特姆核灾难的 4 倍。迄今为止，切尔诺贝利核电站的蒸汽爆发和反应堆熔毁事故与福岛第一核电站核安全事故齐名，成为历史上 INES 等级达到 7 级的核事故。

这场核灾难发生在 1986 年 4 月 26 日，当时 4 号反应堆的技术人员正进行透平发电机试验，即在停机过程中靠透平机满足核电站的用电需求。由于人为失误导致一系列意想不到的突然功率波动，安全壳发生破裂并引发大火，放射性裂变产物和辐射尘释放到大气中。当时的辐射云覆盖欧洲东部、西部和北部大部分地区，有超过 33.5 万人被迫撤离疏散区。此次核事故的直接死亡人数为 53 人，另有数千人因受到辐射患上各种慢性病。

今天，切尔诺贝利周边地区呈现出一种怪异的“反差”。切尔诺贝利和普里皮亚特这两座遭到遗弃的城市慢慢走向衰亡，周围林地和森林地区的野生动物却因为人类的撤离呈现出一片欣欣向荣的景象。有报道称，当地甚至再次出现了已经消失几个世纪的猞猁和熊，它们的出现说明大自然拥有惊人的恢复能力，生命即使在最为可怕的环境下也有能力适应并进行调整。

案例分析12-4 2011年日本福岛第一核电站事故（INES 7）

福岛第一核电站位于东京东北部170英里(约合270千米)，是世界上规模最大的核电站之一，共建有6座核反应堆，负责为东京和日本电网供电。

2011年3月11日，日本东北发生毁灭性的9.0级地震，继发生海啸，地震引起的断电以及大规模损毁了核反应堆机组与电力网的连接，只能依赖紧急柴油发电机驱动电子系统与冷却系统。在福岛第一核电站内共有6个沸水反应堆机组。大地震发生时，为了准备定期检查，4、5、6号机正处于停机状态。当侦测到地震时，1、2、3号机组也立刻进入自动停机程序，但是大海啸淹没了紧急发电机室，损毁了紧急柴油发电机，使冷却系统停止运作，反应堆开始过热。同时，地震与海啸造成的损毁也阻碍了外来的救援。在之后的几个小时到几天内，1、2、3号反应堆经历了堆芯熔毁。

福岛第一核电站事故INES等级最初被定为第4级，但法国核安全机构认为实际严重程度超过4级。最终该事故被IAEA认定为核安全事故的最高等级即第7级。

虽然事故已经过去了很多年，但是政府的善后工作仍然处在初始阶段。由于地震和海啸的破坏，核电站的三个反应堆因过热发生堆芯熔毁，大量核燃料向外泄露，至今仍然下落不明。幸运的是，最近新一代抗辐射机器人Manbo避开反应堆中的危险热点抵达了严重受损的三号反应堆底部，向科研人员发回了熔毁铀燃料的视频。这是科研人员在核电站事故发生后首次定位熔毁燃料。

（资料来源：人类历史上最严重的十大核安全事故排行榜）

学习思考

1. 世界正经历百年未有之大变局，我们如何理解新时代国家核安全的科学内涵？
2. 新时代国家核安全的重要性体现在哪些方面？
3. 新时代国家核安全面临的威胁与挑战是什么？
4. 新时代大学生应如何维护国家核安全？

参考文献

[1] 核安全文化政策声明[N]. 中国环境报，2015-01-23(6).
[2] 中华人民共和国国务院新闻办公室. 中国的核安全[N]. 人民日报，2019-09-04(17).
[3] 邓晖. 世界首座“不会熔毁的核反应堆”并网发电[N]. 光明日报，2021-12-21(8).
[4] 习近平. 加强国际核安全体系推进全球核安全治理[N]. 人民日报，2016-04-03(2).
[5] 黄晓勇，陈卫东，王永中，等. 世界能源发展报告(2021)[M]. 北京：社会科学文献出版社，2021.

[6] 刘镇江. 习近平核安全观的伦理探究[J]. 中国社会科学院研究生院学报,2021(2):15 - 23.
[7] 习近平. 在美国华盛顿核安全峰会上的讲话[N]. 人民日报,2016 - 04 - 02(3).
[8] 中华人民共和国国务院新闻办公室. 中国的核安全[M]. 北京:人民出版社,2019.
[9] 张建荣,王地. 新时代青年总体国家安全观教育的困境与反思[J]. 社科纵横,2019,34(5):130 - 135.
[10] 王爱民,杜朝运. 总体国家安全观下大学生安全素养培育研究[J]. 天津中德应用技术大学学报,2019(6):66 - 70.
[11] 曹晓飞. 大学生总体国家安全观教育的战略意义及实现路径[J]. 思想理论教育导刊,2018(2).

第十三章 新时代国家海外利益安全教育

进入新时代，我国国家安全的内涵和外延比历史上任何时期都要丰富。随着世情、国情、社情的变化，威胁国家安全的因素逐渐多元化、多样化，以习近平总书记为核心的党中央立足国内安全实际，结合国际安全形势的新特点，创造性地提出总体国家安全观，为新时代开展国家安全教育提供了明确方向。2020年9月教育部印发了《大中小学国家安全教育指导纲要》，明确了国家安全教育的主要内容。国家海外利益安全教育就是其中的重要内容之一。中国实施“走出去”战略、提出“一带一路”倡议得到许多国家的积极回应，但中国海外利益在高风险地区屡次遭受不法侵害等客观环境和现实，使中国海外利益保护问题不断凸显。中国海外利益保护工作面临国际国内环境、行动目标、行为规则、博弈逻辑、保障手段等方面的挑战，因此应以习近平新时代中国特色社会主义思想为指导，深入贯彻总体国家安全观防范误区，抓好统筹，确立依法合规、国际合作、公私协作、综合施策、慎用武力等原则，同时应优化中国海外利益保护的制度设计，深化国际合作等。

知识目标

系统掌握新时代国家海外安全利益的基本内涵、重要性、面临的威胁与挑战、维护国家海外利益安全途径与方法等。

素养目标

通过本章学习，使学生能够深入理解和准确把握新时代国家海外利益安全教育的精神实质，理解国家海外利益安全教育的重要性，树立坚决维护国家海外利益安全的意识，并将意识转化为自觉行动，强化责任担当。

思政目标

引导大学生了解国家海外安全利益的历史方位，统筹发展和海外利益安全的新格局，理解国家维护海外利益安全的途径方法和机遇优势，适应时代新变局，提高安全素养和本领，树立大学生国家海外利益安全自信，从自身做起，坚决维护国家海外利益安全，护航实现中华民族伟大复兴的中国梦。

第一节 新时代国家海外利益安全的基本内容和特征

一、中国海外利益的基本内容

国家海外利益实际上是境外的国家利益，是指国家利益的海外延伸，关乎国家发展和安全大局。中国海外利益安全是一个内涵极为丰富的综合体，包括海外中国公民、机构、企业安全和正当权益，海外战略性利益安全等方面。涉及国家、企业和公民个人等多个主体，包含政治、经济、安全、文化等各项内容。海外公民侨民的人身及财产安全；国家在境外的政治、经济及军事利益，驻外机构及驻外公司企业的安全；对外交通运输线及运输工具安全等。

中国海外利益，即在中国领土之外的中国国家利益，其内容包括海外政治利益、海外经济利益和海外文化利益，以及为维护这些利益而相伴的海外安全利益。海外经济利益是海外利益的核心。当前中国的商品出口、原料进口、吸引外资、引进技术、国际旅游、工程承包、劳务出口、境外投资和技术出口等方面都有了长足的进展，海外市场也拓展了相当的份额。海外政治利益主要表现为维护国家现有的社会制度，维护主权独立和完整，维护国家在国际社会中的地位，逐步扩大自己在世界范围内的影响力等。文化是国家软实力的重要组成部分，中国海外文化利益是指国家的文化习惯、信仰和价值观念在国家疆域外的客观存在，如在世界各地建立的孔子学院就是中国海外文化利益的载体之。在中国海外利益迅速拓展的时代，必将伴随着中国海外利益的维护问题——这种维护既包括传统安全领域，又包括日益上升的非传统安全领域，前者如近年来日益为国家所关心的海上通道安全，后者如海外中国公民的人身和财产安全问题，这是中国融入国际体系下海外安全利益的新课题。此外，海外有数千万华侨华人，也需要中国政府的海外官方机构给予帮助。中国海外经济利益是核心，政治利益和安全利益次之，三者构成了国家海外利益的基本内容。

二、中国海外利益的特征

中国海外利益有以下三个特征：一是种类的多样性；二是规模的超大性；三是分布的广泛性等。中国海外利益面临冲突与政局动荡、国际恐怖主义、重大自然灾害、重大新发突发传染病疫情等威胁。海外利益的意义不止于此，它还会对其他国家的发展，国际社会的演化产生深刻影响，新时代的中国“已经走近世界舞台中央”，海外利益的健康成长是我们贡献给世界的“礼物”。海外利益为什么重要，在现代国际体系之中，国家的成长必然伴随着海外利益的延伸与拓展。维护海外利益安全是高水平对外开放的必然要求，必须提升海外安全保障能力，加强国际合作。对于正走在民族伟大复兴道路上的中国来说，海外利益是国家战略筹划的重要战略内容之一。

第二节 新时代国家海外利益安全的重要性

一、中国海外利益安全关系到国家的生存与发展

时至今日，中国已成为一个名副其实的海外利益大国。海外利益是中国作为一个世界大国的“新标签”，是它角逐于国际舞台的必备元素。对于中国的国家生存与发展、综合国力的提升及国际形象与地位，具有重要的战略价值。

一个国家的生存与发展是它最基本的诉求，也是其最基本的权利。海外利益集中体现了国家的生存需要和发展需要。进入新时期，海外市场、海外能源资源以及国际金融，对于中国的安全和发展而言，已变得比任何时期都重要。2008 年国际金融危机爆发，进而波及实体经济引发经济危机，造成经济衰退、停滞、低增长。美国对外转嫁危机，一方面实行量化宽松的货币政策和财政政策，加印美元，这给中国以美元计价的资产造成了损失；另一方面，美国的经济震荡借助全球化网络向发达国家和新兴国家传播，使得国际经济低迷，市场萎缩，恶化了中国企业的生存状态。中国整体的经济发展和金融安全因此受到冲击。21 世纪以来，局部地区形势的恶化和国际恐怖主义的肆虐，对中国的能源资源供应地和运输通道形成负面效应，中国的海上生命线存在的安全隐患愈发突出。与此同时，中国海外公民的人身财产安全面临的威胁也越来越多。所有这一切均清晰地表明，中国海外利益已是关系我国生存与发展的重要“外部因素”。

二、中国海外利益关系到国家综合国力的提升

中国海外利益对于中国国家综合国力具有两方面的支撑作用。一方面，中国海外利益的全球性拓展，扩大了中国国家综合国力增长的根基。很明显，一国拥有的海外利益规模越大，种类越多，内容越丰富，可供其支配和调度的资源也就越充盈，其国力强大的基础也就越牢固。在与外部世界的互动过程中，中国外交网络的建立，增强了中国的外交力；中国加入国际组织，增加了中国的国际话语权和影响力；中国经济利益的海外延伸使得中国可以借助国内国际两种资源来发展自己；中国对国际先进管理经验以及科学技术的引进，增强了中国的经济实力；中国海外军事后勤补给基地的建立，提高了中国的海外军事投送能力；中国外

汇储备规模的扩大强化了中国应对金融风险的能力；而华人和华商网络的构建，有助于振兴与繁荣中华文化，“提升我国的文化软实力”。

另一方面，中国海外利益拓展的过程也是中国国家实力运用的过程。在某种程度上，实力既是国家追求的目标，又是国家获益的手段。中国海外利益在巩固中国国家综合国力增长的基础的同时，也为其运用提供了平台。中国海外利益的拓展对于国家大政方针的制定能力、国家战略的推进能力、国内国际形势的判断能力来说均是一个检验。在中国海外利益全球性呈现的道路上，中国整合自身资源的能力、应对内外部变化的能力都获得了进一步提升。另外，中国海外利益的维护对于发现中国国家实力中的短板大有助益，面对海外维权中遇到的问题，中国国家实力的缺陷进一步暴露。2014 年，马航 MH370 航班失联、不知所踪后，在相关海域多国组织了联合搜救行动。与发达国家尤其是与美国相比，中国开展“境外安全行动”的能力仍有不小的差距，中国在海外利益安全保障上的“短板”仍显突出。

三、中国海外利益关系到国家的形象和地位

进入新时代，中国海外利益大量涌现并快速发展，在政治、经济和文化上，中国都在成为一个海外利益大国。中国对外交往思维观念、方式方法的转变，海外利益的迅猛增长，国际影响力的拓展，使得中国的国际形象和国际地位大大提升。中国逐渐在国际社会中树立了积极正面的形象，并在地区和全球事务中，以“大国”和“强国”的思维来行事。当然，中国在拓展和增值自身海外利益的过程中，不可不注意其政策转变和利益追求所带来的影响。伴随着中国活动内容和范围的全球性扩展，在主流声音背后，始终存在暗流涌动，对中国的负面评价之声、攻击之词不绝于耳，且越来越多元化。继“中国威胁论”“中国崩溃论”“中国不负责任论”之后，中国在非洲和一些发展中地区推行“新殖民主义”的论调也在甚嚣尘上。所有这些，都是中国在崛起过程中、在与国际社会互动的过程中、在海外利益的拓展过程中，必须要面对的新课题。海外利益越来越成为其他国家认知中国、判定中国形象和衡量中国的国际地位的重要指标。中国要运用好“海外利益”这一资源，借助海外利益的拓展和维护行动，优化自身的国际形象，改善自身的国际地位，提升自身的国际影响力。

第三节　新时代国家海外利益安全面临的威胁与挑战

一、中国海外利益面临的主要风险

中国对外投资的流量和存量不断增大，境外人员和机构不断增多，因此海外利益保护愈发受到重视。“一带一路”给中国带来巨大成就和希望，同时也因为涉及国家众多、投资周期

长、沿线国家国情各异，使得这个战略本身，以及不断增加的中国海外投资利益，面临很多的风险与挑战。

中国海外利益面临的主要风险包括安全风险、政治风险、社会风险、经济风险和突发事件等内容。

安全风险包括战争、动乱、武装冲突、海盗、恐怖主义等暴力袭击；政治风险包括领导人变更、政党轮替及反对党作用、政变及政权更迭、大国干预和大国竞争、地缘政治格局变化；社会风险包括第三部门崛起、环境标准大变化、劳工标准大变化、风俗习惯影响和宗教信仰发酵；经济风险包括外贸政策大变化、汇率和利率等金融政策大变化、能源等市场政策大变化、大型或敏感企业和项目关停并转引发连锁反应；突发事件包括地震海啸台风等重大自然灾害、重大疫情等公共卫生事件、大规模游行示威罢工活动、互联网安全问题、重大舆情与信息安全问题等。

中国改革开放以来，特别是实行“走出去”战略和加入世界贸易组织以来，伴随着全球化的国际环境，中国海外利益日益扩大、不断拓展。但是中国海外利益面临的风险点比较多、面比较广，且这些风险有相当大的不确定性和不可预测性。因为国际市场、国际形势和国家战略的客观需要，中国需要去高风险的国家投资，其中一些地方政治腐败、社会动荡，甚至恐怖主义多发。“经济合作与发展组织（OECD）认为，国别风险包含5个基本要素：由债务人的政府或政府机构发出的停止付款的命令、政治经济事件引起的贷款被制止转移或延迟转移、法律导致的资金不能兑换成为国际通用货币或兑换后不足以达到还款日应该有的金额、任何其他来自外国政府的阻止还款措施、不可抗力（包括战争和内战、没收、革命、骚乱、民变、飓风、洪水、地震、火山喷发以及核事故）。”这些风险及其衍生结果导致中国矿企开发缅甸铜矿风波、缅甸密松水电站项目被搁置、中企在澳大利亚的铁矿投资亏损、中企波兰高速公路问题、中企竞标墨西哥高铁失败、中企海外项目在巴哈马失败等。因此，非常有必要对主要风险的内容做出客观全面的梳理，为有针对性地开展预防和应对工作做好准备。

二、中国海外利益面临的挑战

（一）国际环境的挑战

长期以来，中国坚持和平发展、和平崛起的道路，中国国力不断增强。但是，在国际上，个别国家别有用心地渲染“中国威胁论”。在此背景下，既要合理合法捍卫与保障中国的海外权益，不要因“中国威胁论”的鼓噪而束缚住我们的手脚，又要防止个别国家把我们保障捍卫海外权益的行为贴上“中国威胁论”的标签。

（二）国内环境的挑战

全球化时代，全球化与反全球化之间始终存在着张力甚至冲突。这种全球化与反全球化之间的紧张状态从一定程度上反映了全球性与国民性的冲突。从中国国内情况看，中国民族主义思潮近年发展强劲。民族主义思潮是双刃剑。积极引导民族主义的发展对于增强社会团结和民族自信具有重要的正面作用;但过度放任民族主义的发展,特别是放任民族主义非理性地发展,让狭隘的民族主义影响或主导了不同国家之间的交往,民族主义就会对国家发展带来负面影响。保障中国海外利益,应当防止用狭隘的民族主义绑架国家利益,防止民族主义的非理性化现象;否则,不仅不利于保护海外利益,还会对海外利益保护制造障碍。

(三)行动目标的挑战

在积极谋划“两个一百年”计划和中华民族伟大复兴事业的过程中,中国政府也积极倡导人类命运共同体的未来发展愿景。那么,我们如何在保护中国海外利益的过程中,协调好基于传统的民族主义和当下的现实主义与基于理想的世界主义之间的矛盾呢?从行动目标上看,民族主义和现实主义的目标与世界主义的目标不尽相同。从民族主义和现实主义来看,国家行动的目标就是国家利益的最大化。而世界主义的目标是人类共同利益的最大化。国家利益与人类利益之间并不必然完全一致。在倡导人类命运共同体的过程中,如何既保护中国海外利益,又促进人类共同利益的最大化,这是一项极具挑战性的任务。从话语体系的建构、国内政策和对外政策的制定、海外利益保护行动的实施等方面,都需要认真梳理其中的逻辑关系,努力实现理论、话语、政策、行动之间的相辅相成的关系。

(四)行为规则的挑战

在行为规则方面,开展海外利益保护工作时,我们可能面临两类挑战:一是我们固守传统的规则,不去在新环境下创新规则;二是忽视国内规则和国外规则的差别、忽视行为规则背后的隐性知识。前者是忽视规则因时间参数而变化的可能性;后者是忽视规则因地域参数而变化的可能性。随着时间的变化,过去习以为常的行为规则可能失去其原有的合理性,如何在新时代创新发展过去的行为规则就成为一个新问题。以反恐为例,相当长的时期,对于一些国家内部冲突和安全问题(包括恐怖主义问题),我国奉行不干涉主义的政策。但是,新的历史时期,如果对包括恐怖主义在内的各种冲突和安全问题仍然继续沿用原来的思路采取不干涉主义政策,就很难在其他国家捍卫中国的海外权益,也很难有效践行人类命运共同体的理想。换句话说,在新的历史条件下,我国应在尊重各国主权、维护联合国宪章的前提下,创新并遵循不干涉原则,加大保护海外利益的力度。同样地,随着地域的变化,本国自以为然的规则在他国可能不再被人们奉为圭臬。在此,与地域文化相关的隐性知识常常被人们忽视。人们在行动决策时,一些隐性知识常常支配行动的规则。这些隐性的知识主要体现在话语、规则、价值观等方面。例如,在权力关系方面,人们常常认为中央高于地方;在利益优先性方面,人们常常认为个人利益应当服从于国家利益、集体利益高于个人利益、集体主义优于个人主义;在国家与社会的关系中,国家高于社会;在公私领域的性质与作用方面,国有优于私营。凡此种种的隐性知识在我们的政治生活、社会生活和个人日常生活中常常被作为理所当然的规则被接受和传承下来。如果把这些隐性知识完全投射照搬到海外利益保护制度设计和实际行动过程中,也许会引发一系列难以预料的后果。因此,中国海外利益保护既要符合国际通行的规则、符合国际惯例,又要从中国海外利益保护的实际需要出发,制定具有中国特色的海外利益保护制度,这也是一项具有挑战性的课题。

（五）博弈逻辑的挑战

海外利益保护是应对各种安全威胁与风险而形成的一项工作。与过去冷战时代的安全威胁与风险不同，当今时代的安全威胁与风险更加多样化。冷战时代的安全威胁与风险主要是国家与国家之间的军事威胁与战争风险。这种主权国家之间的博弈逻辑基本遵循理性的原则。但当今时代以恐怖主义为代表的非传统安全威胁，在与主权国家的博弈过程中，其博弈逻辑不再遵循理性原则。因此，在与恐怖主义的较量过程中，主权国家以理性原则为基础的规范（如《日内瓦公约》关于战俘地位和待遇所做出的种种规定）就面临困境。恐怖组织不仅不接受《日内瓦公约》这些规则，甚至连关于使用大规模杀伤性武器必须面对的道义、伦理制约也不会接受（1995 年日本地铁沙林毒气事件就表明了恐怖组织在使用大规模杀伤性武器方面几乎没有任何道义或伦理门槛）。那么，作为文明社会的主权国家在应对这种新型威胁时如何调整博弈逻辑，既不降低文明社会的道德底线，又有利于化解以恐怖主义为代表的新型安全威胁与风险呢？

（六）保障手段的挑战

以何种形式使用手段保障海外利益，这是海外利益保护的核心问题。没有合理合法、切实可行的保障手段就不能真正实现海外利益保护的目标。从近代历史看，哥伦布发现新大陆和工业革命以来，资本主义进入帝国主义阶段后，帝国主义国家在推行殖民主义政策的过程中始终以坚船利炮为工具、以军事手段为核心扩张其版图和利益。在当代，为适应新形势的需要，许多国家并不仅仅谋求以军事手段作为保护其海外利益的首要选择或唯一选择。外交、经济、文化等手段都可以为保护海外利益发挥重要作用。在“大棒加胡萝卜”的两极选择中，保护海外利益手段的多样性存在复杂的组合可能。当前，我国在海外利益保护手段的建构中，既要合理发挥民族爱国心与爱国热情，又要警惕狂热、狭隘的民族主义思潮裹胁理性、合法的海外利益保障手段的建设，应在理性、合法的框架内建构海外利益保障手段；否则，海外利益保护将失去可靠有效的支撑。

第四节　新时代大学生应坚决维护国家海外利益安全

一、中国海外利益的实现需要处理的重要关系

以习近平新时代中国特色社会主义思想的为指导，深入贯彻总体国家安全观系统规划中国海外利益保护体系建设中国海外利益保护工作是一项非常复杂的系统性工作，涉及方方面面，既有国内因素，又有国际因素；既要考虑个别国家的相对稳定的结构性静态因素（如

经济政治体制和法律制度等），又要考虑多个国家之间互动与博弈的动态性因素；既涉及经济、政治，又涉及社会、文化、宗教、法律、环境等；既要防范传统的安全风险，又要防范非传统安全风险。

（一）中国海外利益维护和实现过程中与发达国家之间坚持竞争、克制与合作关系

中国与西方发达国家之间在国家利益方面存在竞争关系，这是客观存在的事实。中国与西方发达国家有着不同的战略利益和战略目标。西方发达国家建立并主导了当今的国际体系，它们拥有极其广泛的海外利益，需要保持西方阵营在世界范围内的既得利益和权力地位，打压可能对自己的利益和地位构成威胁的潜在对手；中国是一个新兴的发展中大国，中国要走向世界，维护自己的海外利益，捍卫国际法赋予中国平等的发展权。随着中国海外利益的增加和扩展，中国和西方国家之间这种结构性的矛盾就可能表现出来。同时也应该看到，中国坚持走和平的发展道路，不会奉行修正主义的外交战略，更不可能以武力的方式去推翻西方主导的国际体系，这种非扩张性的海外利益的拓展决定了中国在与西方国家打交道过程中会采取克制的态度。所谓克制，是指中国在海外利益的实现与拓展过程中，有保留地使用自己的权力，不会挑战西方国家的核心利益，并希望自己得到发达国家同样的对待。中国日益广泛的海外利益，只是中国根据国际法赋予中国平等发展权合乎逻辑的必然结果，中国在世界任何地区不会寻求排他性的战略利益。中国与西方国家之间在海外利益方面应该且能够建立一种战略上的相容互惠关系，如都需要维护世界的和平与稳定，都希望世界经济的繁荣，而且中国愿意维持国际社会的现状，在现行的国际框架之内通过对话的方式解决问题，这些都有赖于双方之间，尤其是中美之间的合作。

（二）中国海外利益维护和实现过程中与发展中国家之间坚持共赢的合作关系

中国在发展中国家海外利益的广泛出现是在中国实行改革开放政策之后。作为发展中国家的一员，中国始终把加强同广大发展中国家的团结与合作作为外交政策的基本立足点。中国在发展中国家的海外利益与发展中国家发展的愿望和要求，在本质上是一致的；中国这种海外利益，更是通过与发展中国家的友好合作获得的。这种合作是一种共赢的合作：中国在发展中国家的海外利益有利于发展中国家的发展，从而也有利于维护和改善发展中国家的总体利益。多年来，中国与其他发展中国家在国际舞台上彼此给予持续的外交支持说明了这种利益的一致性。

二、中国国家海外利益安全教育途径与方法

（一）对海外利益的保护必须坚持以国内与国外统筹

习近平总书记在中央国家安全委员会第一次会议上提出并集中阐述了“总体国家安全观”。总体国家安全观是新时期国家安全建设的核心纲领，也是开展海外利益保护与海外安

保工作的最高指南。以总体国家安全观为引领,开展海外利益保护与海外安保工作,应当抓好几个方面的统筹,并防止相应的误区。在海外利益保护的布局上,应抓好国内与国外的统筹,避免用孤立的眼光看待海外利益保护问题,防止只有“点”没有“面”,只有局部没有总体,应当在摸清国内底数的情况下(如我国走向海外的企业、人员的性质、类型等),根据国外不同国家和地区的国情和安全特点,有针对性地布局海外利益保护的渠道与手段。

(二)对海外利益的保护必须坚持经济与安全问题统筹

在海外利益保护的目标确认上,应抓好经济与安全问题的统筹,既要防止片面强调经济项目建设中只看经济收益而忽视安全问题,又要防止“过度防卫”措施导致社会环境和社会关系紧张,影响中外经济和文化领域活动与项目的开展。中方驻外机构、中资企业和人员在境外开展工作时,应当与当地各级政府部门、公司和社团,以及民众建立良好的互动关系,“过度防卫”措施虽然会提高安全保障,但是会带来鱼水分离的割裂状态,不利于中方机构、企业和人员的长期工作。

(三)对海外利益的保护必须坚持官方和非官方统筹

在海外利益保护的主体地位上,应抓好官方和非官方(民间)共同参与海外利益保护工作的统筹,防止“独角戏”、假公济私、公私不分等现象。海外利益保护工作不能只靠政府一方单打独斗,而应该有多方参与。海外利益保护牵涉到方方面面的工作,既有政治、外交、军事、执法等层面,又有经济、文化、科技等层面。在政治、外交、军事、执法等层面,政府的主导作用、主体地位不可动摇;在经济、文化、科技等层面,非官方(民间)的作用不可或缺。特别值得强调的是官方和非官方(民间)的地位和角色不能混作一谈。以情报为例,海外利益保护工作中,情报对于防范风险、化解危机具有至关重要的作用。但对于不同主体,情报工作的内容、目的、法律地位和手段等都不尽相同。对国家(官方)而言,海外利益保护工作中的情报需要动用国家资源(机构、人员等),要实现国家各种战略和战术目的;对公司企业(非官方)而言,则不能依赖国家资源(机构、人员等),而应当通过市场化的机制获得竞争性情报,实现公司企业的商业目的。如果不能适当区分在海外利益保护工作中官方和非官方的地位和作用,把两者混作一谈,实践后果将贻害无穷。

(四)对海外利益的保护必须坚持中国特色新模式

在海外利益保护的模式选择上,应努力创新建设中国特色的海外利益保护模式,彻底摒弃资本主义国家以金钱至上和个人主义为基础建立的“雇用军模式”,谨防“黑水陷阱”。在生产力低下的封建社会及其之前的时代,受制于交通工具和技术手段,国家利益主要是本地化的利益。但随着社会变迁和技术进步,国家利益不断超越传统的边界,在更广大的范围延伸之后,海外利益保护的重要性就不断显现。在资本主义不断发展的各个历史阶段,日本帝国主义的“浪人模式”、西方国家早期的“雇用军模式”及其在当代的变种“黑水公司”模式等都为保护资本主义国家的海外利益发挥了重要作用。中国作为一个崛起的新型大国,不能照搬西方国家的海外利益保护模式,应当以建设人类命运共同体为最高目标,以总体国家安全观为指导，积极吸收中国传统文化的精髓，创新探索有中国特色的、能积极引领国际安全与和平建设的新模式。

（五）对海外利益的保护必须坚持强力手段与软性手段统筹

在海外利益保护的手段建设上，抓好强力手段与软性手段之间的统筹，防止海外利益保护手段建设中出现“过硬”或“过软”的问题。海外利益保护可以通过多种手段实现。一些人谈到海外利益保护，往往就想到派兵海外，想到动武，这种看法极其片面。军事手段只是海外利益保护工作中的手段之一。除军事、执法、私人安保等强力手段之外，科技、文化、教育等软性手段也有其用武之地。海外利益保护应当多策并举、综合施策。

（六）对海外利益的保护必须坚持政治与经济统筹

在海外利益保护的效果上，既要算政治账，又要算经济账；既要看当前效果，又要看长远效果；既要从战术层面评估海外利益保护工作的成效，又要从战略层面评估海外利益保护的成效，要防止“赚了吆喝，赔了本钱”，更要防止战术上赢了一时一事，战略上却得不偿失。

三、新时代大学生是维护国家海外利益安全的维护者和践行者

（一）要始终树立国家利益高于一切的观念

有国家就有国家安全工作，古今中外，概莫能外。新时代大学生都应当成为国家海外利益安全的自觉维护者。邓小平同志指出：“国家的主权、国家的安全要始终放在第一位”。国家安全涉及的国家社会生活的方方面面，是国家、民族生存与发展的首要保障。科学技术是没有国界的，但知识分子不能没有自己的祖国。所以，把国家安全放在高于一切的地位，是国家利益的需要，又是个人安全的需要，也是世界各国的一致要求。

（二）要努力熟悉有关国家安全的法律、法规

据统计，涉及有关国家安全和保密工作的法律、法规、规章制度有100多种，我们都应该有所了解，弄清什么是合法，什么是违法，什么可以做，什么不能做，对遇到的法律界限不清的问题，要肯学、勤问、慎行。

（三）要善于识别各种伪装

从理论上讲，有关国家安全的常识、规定都比较完善了，依规行事不会出什么大问题，但是实际生活比我们想象的要复杂得多。例如，有的间谍情报人员采用五花八门的手段，套取国家秘密、科技政治情报和内部情况。如果丧失警惕，就可能上当受骗，甚至违法犯罪。因此，在对外交往中，既要热情友好，又要内外有别、不卑不亢；既要珍惜个人友谊，又要牢记国家利益；既可争取各种帮助、资助，又不失国格、人格。识别伪装既难又易，关键就在淡泊名利，对发现的别有用心者，要依法及时举报，进行斗争，决不准其恣意妄行。

（四）要积极配合国家安全机关的工作

当国家安全机关需要大家配合工作的时候，在工作人员表明身份和来意之后，每个同学都应当按照《国家安全法》赋予的七条义务的要求，认真履行职责。尽力提供便利条件或其他协助，如实提供情况和证据，做到不推、不拒，更不以暴力、威胁方法阻碍执行公务，还要切实保守好已经知晓的国家安全工作的秘密。

案例分析　中国海外利益面临的主要风险（节选）

这些风险包括传统性安全风险和非传统性安全风险。传统性安全风险主要包括战乱风险、征收风险、汇兑征收风险等；而非传统风险主要包括恐怖主义、排外主义、环境保护、劳工权益保护等方面。这些风险涉及政治、经济、法律、安全、社会、自然等各个方面。

一、安全风险（暴力风险）

海外利益遭到暴力威胁和攻击是这个类别风险最大的特点。不论这种暴力是不是国家行为，斗争的主体之间是否进行了暴力斗争，或者只有一方对另外一方使用了暴力。遭受暴力威胁和攻击是这个类别风险最大的特点，决定了对应采取的防范措施。因此，有必要把暴力威胁引发的安全风险单列。

（一）战争

战争是最严重的暴力冲突。所谓战争，是指有国家或武装集团参与的武力斗争。所谓武装集团，是指有议程、理念、政治目的，并使用武力制造伤害的统一组织。战争的损害是巨大的，曾经的第一次世界大战和第二次世界大战给人类造成的损害是难以估量的。

发生在对象国家的战争给中国国家利益造成的损害往往是全面的、毁灭性的。例如，在2011年的利比亚内战中，所有中资项目全部停工，在投资较为集中的基建、电信等领域损失更是重大，且在利比亚的中方人员生命安全受到极大威胁。

（二）动乱

动乱带来的安全风险是非常大的。动乱是指一些事件引发的骚动、变乱、动荡及混乱状态，是持续较长时间的安全风险，而且容易造成多起安全事件同时发生。

20世纪90年代，在亚洲金融危机的背景下，印尼出现了排华运动，大批华人在骚乱中丧生，不少妇女受到凌辱。2000年6月，所罗门群岛因内战升级、国内陷入无政府状态。该国首都霍尼亚拉发生骚乱，许多华裔商店遭到打砸抢烧，100多名华人在我外交机构的帮助下紧急撤离。2012年5月南海争端激烈时期，越南放纵地对中资企业的打砸抢行为不仅造成了人员伤亡，也导致了大量的财产损失。2017年4月27日，几内亚一个铝土矿开采区发生骚乱，一些中国公司牵涉其中。

（三）武装冲突

武装冲突对安全的影响非常大。所谓武装冲突，是指在特定时间和地点，有组织的武装集团或人员所进行的暴力互动。所谓的暴力互动，即事件中有武力的使用，武力包括可以伤害对方的各种冷、热兵器。

武装冲突对“一带一路”倡议的安全造成最直接和严重的冲击。“据统计，2014 年全球共发生局部战争和武装冲突 58 场，涉及 44 个国家，其中 56 场发生在‘一带一路’沿线和延伸地区，涉及 41 个‘一带一路’沿线和延伸国家。特别是‘一带一路’要穿行北非、中东、东南亚、南亚、西亚、东欧等地区，而这些地区恰恰位于‘冲突集中地带’。”

武装冲突给中国海外利益造成损害也比较大。例如，2005 年 11 月，在约旦发生连环爆炸案，国防大学代表团成员 3 死 1 伤。2007 年 12 月，阿尔及利亚发生两次爆炸，中国工人 1 死 7 伤。

（四）海盗

海盗对境外人员生命财产安全造成了较大威胁。海盗是指专门在海上抢劫其他船只的犯罪者。海盗通常以犯罪团体的方式行动，且有武装。海盗也属于安全风险的范围之内。

西非沿岸、索马里半岛、红海、亚丁湾、孟加拉湾及马六甲海峡等附近水域海盗活动比较频繁，对各国的对外贸易、能源运输、海上作业等构成了现实威胁，中国的过往船只和人员安全受到了威胁。

2003 年 3 月，在斯里兰卡海域，海盗船炮击导致了“福远渔 225 号”沉没，17 名船员失踪或死亡，其中中国船员 15 名。2007 年 4 月，在索马里海域，海盗劫持中国台湾渔船“庆丰 168 号”，劫持 3 名中国船员，1 人被枪杀。

我国针对索马里海盗问题，采取了亚丁湾护航模式，现在已经常态化。从总体看，情况有所好转，但风险仍然存在。

（五）恐怖主义等暴力袭击

所谓“暴力袭击，是指一个有组织的实体（包括政府、反政府武装、恐怖组织）发起的针对非武装目标（包括平民、企业或除军队和警察之外的政府机构）的暴力行动。这一类型有两个特征：一是使用暴力手段，既包括武器的使用，也包括针对目标的伤害行为（绑架、谋杀、虐待等）；二是针对非军事目标”。如果武装袭击的目标是军队或警察则属于武装冲突的范围。

暴力袭击对中国海外利益的损害和威胁是非常严重的，其中恐怖主义危害最大，恐怖主义几乎成为中国海外利益面对的最大危险。中东、中亚等地区的国际恐怖主义、宗教极端主义、民族分裂主义势力和跨国有组织犯罪活动猖獗，地区局势长期动荡不安。其中，尼日利亚、苏丹、阿富汗、伊拉克、南苏丹、利比亚等国是重灾区。中巴经济走廊建设事关中国国运，恐怖主义已经是这个重大项目面临的最大现实威胁。

针对安全风险能够采取的措施主要包括:加强安保公司等民间安保能力建设;在对象国国内,寻求当事国警察保护,特殊事件需要通过加强警务合作来解决,在经过必要国际法程序后,中国警察予以补位;在对象国国内,寻求当事国军队保护,在经过必要国际法程序后,必要时中国军队予以补位、直接采取保护行动。在国际公共区域,中国军队采取直接保护措施。

二、政治风险

政治风险主要是指对象国发生的政治事件或该国与其他国家的政治关系发生变化造成的不利影响,具体包括政权更迭、大国干预、重大政策变化等情形。International Country Risk Guide(国家风险国际指南)提出:"政治风险包括政府稳定性、社会经济条件、投资概况、内部冲突、外部冲突、腐败、军队干预政治、宗教关系紧张程度、法律和秩序、种族关系紧张程度、民主问责制、行政机构等。"当然,也涉及外交关系的变化。在"一带一路"沿线国家中,既有共产党领导的社会主义国家,又有实行西方式政党制度的资本主义国家,还有实行君主政体的阿拉伯国家等,不同政治制度的国家决策面临不同的国内制度运行成本,同一类型政治制度国家由于国内政治形势的差异和利益集团的博弈,也会对政府的具体政策形成有力影响。这些制度体制的巨大差异无疑增加了沿线国家政策的不确定性,特别是在东南亚、中亚、中东地区,一些沿线国家的国内政治形势复杂,政党斗争激烈,政局变动频繁,甚至内战冲突不断。中国对外投资的铁路公路、交通运输、电力能源等基础设施建设投资大、周期长、收益慢,有赖于有关合作方的政治稳定性、政策延续性和对华关系状况。

(资料来源:微信公众号 iCover 平台 2020-03-16 作者:陶满成)

学习思考

1. 我国海外利益安全面对哪些风险挑战,如何积极应对?
2. 当代大学生如何从我做起,自觉维护国家海外利益安全?

参考文献

刘新华. 论中国的海外利益[J],当代世界,2010(8).

第十四章 新时代国家太空、深海、极地、生物等新型领域安全教育

2020年9月教育部印发的《大中小学国家安全教育指导纲要》中，新型领域的安全是其重要内容之一。现行《中华人民共和国国家安全法》第三十二条规定，国家坚持和平探索和利用外层空间、国际海底区域和极地，增强安全进出、科学考察、开发利用的能力，加强国际合作，维护我国在外层空间、国际海底区域和极地的活动、资产和其他利益的安全。

知识目标

了解新时代国家太空、深海、极地、生物等新型领域安全的基本内涵和重要性；熟悉新型领域安全所受威胁与挑战的现状及特点；掌握维护新型领域安全的途径与方法；能够认清维护新型领域安全的重要意义和现实紧迫性，始终将国家安全利益放在首要位置，自觉成为国家安全利益的守护者、维护者、传播者。

素养目标

通过本章学习，使学生深入理解和准确把握新时代国家太空、深海、极地、生物等新型领域安全教育的精神实质，理解新型领域安全体系，树立新型领域安全底线思维，将新型领域安全意识转化为自觉行动，强化责任担当。

思政目标

太空安全、深海安全、极地安全和生物安全等新型安全已经列入《中华人民共和国国家安全法》中，成为国家安全体系的重要组成部分，是确保其他领域安全的关键要素，也是实施创新发展战略的基本保障。党中央强调，国家安全是安邦定国的重要基石，维护国家安全是全国各族人民根本利益所在。新型领域安全作为总体国家安全的重要组成部分，关系到总体国家安全体系的完整性和全体人民的根本利益。作为新时代的大学生，应当深入理解新

型领域安全对于总体国家安全的重要性，牢固树立新型领域安全观念，增强维护新型领域安全意识，肩负起维护新型领域安全的职责，自觉承担起历史和时代赋予大学生的使命，努力做一名社会主义合格建设者和可靠接班人。

第一节　新时代国家太空、深海、极地、生物等新型领域安全教育的基本内涵

一、太空安全的基本内涵

新型领域安全包括太空、深海、极地、生物等发展探索、保护利用等，是未来国际竞争的新焦点。面临技术挑战、参与国际规则制定等问题。维护新型领域安全必须推进顶层设计、加快人才培养、深化国际合作等。

太空安全是指国家能够合理利用太空资源自由地进行太空活动，灵活应对各种可能的威胁和破坏，有效维护太空利益的一种良好状态。

太空资源包括太空资产、轨位资源、频谱资源等。太空资产是进行一切太空活动的载体，主要涉及各类型应用卫星、试验卫星、空间实验室等。轨位资源涉及太空资产在太空中的部署问题，对太空资产的合理开发与利用起到至关重要的作用。频谱资源是太空资产选择何种频段、构建何种信息链路的关键因素。

太空活动首先包括自由地进出太空，这是进行其他太空活动的基本前提；其次包括充分地利用太空，具体包括遥感监视、通信中继、导航定位、科学应用等活动，是太空活动的核心内容，直接发挥应用效益；最后包括有效地控制太空，面临到太空、在太空、过太空、从太空的各种威胁，采取相应的控制手段将威胁控制在有效范围内。

第 76 届联合国大会裁军与国际安全委员会(联大一委)表决通过“不首先在外空部署武器”决议。联大一委是设置国际安全议程的重要平台，负责处理军控、裁军、防扩散等国际安全事务。“不首先在外空部署武器”决议系联大一委传统决议，2014 年以来每年均表决获得通过。值得一提的是，人类命运共同体理念在 2017 年首次载入这一决议，填补了联合国国际安全领域的空白，表明构建人类命运共同体理念反映了大多数国家的普遍期待，符合国际社会的共同利益，也展现了中国的大国担当。

二、深海安全的基本内涵

深海(The deep sea)概念的出现是基于人类对于海洋探索的不断推进，它是与浅海相对应的。在海洋科学中，以 200 米、1000 米、4000 米以及 6000 米四个深度为界，将全球海

洋分为五大水层。而这四大界限也成为学者界定深海的重要尺度。中国常驻国际海底管理局代表处官网关于深海的相关表述中采用了4000米的界定。《中华人民共和国深海海底区域资源勘探开发法》将深海海底区域界定为“中国及其他国家管辖范围以外的海床、洋底及其底土”。除去各沿海国的领海、专属经济区和大陆架等管辖海域，全人类共有的深海面积约为全球海洋总面积的64%、地球总表面积的45%。无论基于何种定义，深海都是地球上面积最广、容积最大的地理空间，也是人类可以利用的最大潜在战略空间。深海安全是指和平探索和利用国际海底区域，增强安全进出、科学考察、开发利用的能力，加强国际合作，维护我国在外层空间、国际海底区域和极地的活动、资产和其他利益的安全。

深海安全问题主要体现在生态安全、军事安全、经济与资源安全以及人的安全等方面。

（一）生态安全问题

近年来，人类对于国际深海区域介入力度的不断增强，也带来国际深海生态安全问题。

首先，人类在国际深海区域的矿产开发不可避免地给深海的自然环境带来一定影响。国际深海海底丰富的矿产资源储备成为各国进行矿产开发的重要对象。国际通行的深海采矿技术主要是通过对深海海底进行外力搅动，将包含多金属结核在内的深海海底底土通过设备吸采到海面上的采矿船上。一些科学家发现，这一采矿模式将产生深海海底和海洋洋面的两股羽流，并对深海海底生物的正常生存与迁徙、深海海底自然构造等产生严重影响，破坏深海海底环境。

其次，陆地及浅海地区的环境污染问题也会向深海区域扩散。其一，塑料垃圾对深海的污染最为严重。2020年，澳大利亚研究机构的一份统计报告显示，有重达1500万吨的塑料微粒沉积在深海海底，这一数字是海洋表面塑料污染量的两倍多。在此前人类的深海探测过程中，曾经在多个深海海区也发现了塑料垃圾的存在。2019年，美国探险家维克多·维斯科沃（Victor Vescovo）在深度为10927米的太平洋马里亚纳海沟南端的“挑战者”深渊也发现了塑料袋和糖果包装纸。深海塑料垃圾由于其自身难以在短期内降解，甚至会被深海生物误食，因此对深海的自然环境和生物安全造成严重的影响。其二，核潜艇失事也导致深海核污染问题。深海核潜艇作为重要的军事装备，一旦因事故而沉没，打捞救援难度极大。若其长期沉没于深海海底，则存在较大的核泄漏风险。相关研究表明，1989年失事沉没于深海海底的苏联海军“共青团员”号核潜艇，已经被检测到放射性物质的泄露，甚至相关样本的辐射水平比普通海水高出10万倍。深海的核污染会给深海的生态环境带来毁灭性危害，严重威胁深海生态环境安全。

（二）军事安全

首先，国际深海区域的军事活动缺乏有效的国际法管辖，这导致各国在深海地区的竞争不断加剧。1982 年的《联合国海洋法公约》第一百四十一条指出:"'区域'应开放给所有国家,不论是沿海国或内陆国,专为和平目的利用,不加歧视,也不得妨害本部分其他规定。"这虽然明确了国际海底区域的和平利用属性,但是该部分规定中缺乏对军事活动的明确限制。同时,现行国际法对深海潜艇等军事武器的约束尚不完善,这为各国大力推进深海军事化提供了客观条件。

其次,由于雷达探测等技术的不断发展,陆地、浅海以及大气层内的军事部署已经日趋透明化。为了更加充分地保障己方的战略威慑,各国纷纷将视野投向了深海、太空等国际公域。深海由于自然环境的复杂性成为各方关注的焦点。近年来,美国海军战略研究小组(SSG)提出了水下无人潜航集群作战(UUV - Ms)等多个超常规的深海战争新理念,极大地颠覆了人们对于深海战争的现有想象。俄罗斯近年也十分注重在深海领域的军事准备,其"波塞冬"无人潜航器能快速下潜至水下 1000 米的深海,同时能携带百万吨级当量的核弹头,具有超常规的摧毁能力。正是由于大国对深海区域军事介入的不断增强,深海摩擦越来越成为现实。俄罗斯表示,2020 年,俄"勇士号"深潜器在马里亚纳海沟执行任务时,美国巡洋舰和侦察机就试图对其进行监测。可以预见,未来在军事化水平进一步加剧的国际深海区域,主权国家面临的军事威胁会进一步增大,很有可能会出现擦枪走火等不可控状况。

(三)经济与资源安全

深海丰富的资源储备是吸引国际社会广泛关注的最根本原因。但各国在大力进行深海开发的过程中,不仅对深海蕴藏资源和海洋生物造成安全隐患,也对各国的经济与资源安全构成了威胁。《联合国海洋法公约》明确指出深海国际海底及其资源是人类的共同继承财产,但在实现全人类利益的基础上,国际海底管理局可以审批具体的企业进行区域性国际海底矿产开采。因此,在国际海底的矿产开采中,国际海底管理局占据重要地位。迄今,美国拒绝签署《联合国海洋法公约》,尚不是国际海底管理局的成员国。因此,在对深海国际海底的矿产勘探与开发中,美国拒绝接受相关限制。美国于 1979 年颁行的《深海海底矿产资源法》声明其对深海海域的治外法权,同时指出,美国可以向本国公民和企业颁发国际深海海底的勘探许可证和商业开采许可证。美国这一行为意在通过国内立法的方式,抢占国际海底资源开发的先机。美国的行为对国际海底资源的开发格局造成极大冲击,也对其他国家的经济和资源安全产生恶劣影响。

(四)人身安全问题

深海环境变幻莫测,充满了未知的威胁。因此,人类在对深海的勘探和资源利用过程中,也面临着严重的人身安全问题。

首先,相关军用深海潜水装备发生事故带来的人员安全问题。第二次世界大战后,苏联在大规模发展深海潜艇部队的过程中发生了一系列的安全问题,造成严重的人员伤亡。例如,1968 年失事的 K - 129 潜艇导致近百名苏联士兵遇难。冷战后,俄罗斯的深海潜艇事故也不断发生。2000年，俄罗斯“库尔斯克”号核潜艇在巴伦支海海域演习期间发生爆炸沉没，艇上118人遇难。此外，美国等其他国家也曾发生过深海潜艇的事故，带来了极大的人员伤亡。

其次，近年来，随着民间对深海探险热情的提升，民用深海探险等也在不断发展，人的安全问题也随之产生。

最后，在进行深海资源开发的过程中，孤悬海外的深海海上平台等设施也面临着海盗、恐怖分子袭击等潜在威胁，会对相关人员的人身安全带来极大的危害。

三、极地安全的基本内涵

极地安全是指维护国家和平探索和利用极地，增强安全进出、科学考察、开发利用的能力，加强国际合作，维护我国在外层空间、国际海底区域和极地的活动、资产和其他利益的安全。许多国家都把极地研究与开发作为国家重要战略。北极地区潜在的可采石油储量有1000亿～2000亿桶，煤炭则占世界总量的9%，北极还有大量的铜、镍、金、金刚石、铀等。北极有鳕鱼、南极有磷虾，这些作为食物不论是量还是营养都极为丰富。

从军事上来说，北极位于亚、欧、北美三大洲的顶点，有联系三大洲的最短航线，从华盛顿到莫斯科仅6750千米，比欧洲航线近1000千米，地理位置极为重要。地处亚、欧、北美三大洲弧顶位置的北极地区，是一个瞰制北半球的战略制高点和实施威慑的支撑点。冷战时期，美苏两国就在北极地区部署战略轰炸机和战略核潜艇。为赢得极地竞争优势，掌握极地主动权，不仅美、俄、加拿大等极地国家纷纷制定极地战略，而且一些非极地国家也积极参与极地事务。围绕极地领域的国际斗争将日趋复杂激烈。

一是制定极地领域战略与规划。极地公域地理位置独特，环境严酷，资源丰富，有关大国战略纷纷在此聚焦。区域很小的北冰洋中心地带，俄罗斯、美国、欧盟等都直接聚集在这里。极地公域海洋地理相连、极具战略威慑性、资源极为丰富，使该公域对于国际安全的重要性正在不断上升。美国在“9·11”事件后的次年就将南极列入其太平洋司令部辖区，在2015年发布的海权战略中把极地正式列入战略规划中。俄罗斯先后颁发《2020年前北极发展战略》《2020年前俄罗斯北极地区社会经济发展战略》，为“经营”北极绘制了蓝图。

二是极地军事力量部署愈演愈烈。第二次世界大战刚结束时，美国已经意识到，北冰洋会成为美苏争夺的军事要地。为争取战略主动，美国1946年开始，派飞机在北极进行考察，每周两架次，考察内容包括地形、冰面特点、飞行员对北极气候的适应能力等。1949年，美国开始在从阿拉斯加到冰岛这一漫长的北极战线上构筑大量军事工事。20世纪50年代，美国开始在北极的冰山上建立浮动间谍站，目的是监视原苏联核潜艇及其侦察机的动向。苏联也在一座50多公里长的冰山上建立了间谍站，并把北极圈内最大的城市摩尔曼斯克建成原苏联最大的海军基地，北海舰队司令部就设在这里，被苏联人称为“致命武器”的战略核潜艇也部署在这里。

三是普遍加大研发投入。美国2003—2004年的极地研究计划共有700名科学家参与，涉及156个研究项目。早在1999年，其他国家用几百万美元搞极地研究的时候，美国的极地研究经费已经突破2.5亿美元。

四是建立极地新型力量并进行对抗性演练。美军极地军事力量存在，并适时组织军事演练，以确保其在这一战略极点的优势。2014年，俄罗斯成立了北极战略司令部，并针对北极地区复杂地貌和极寒气候，组建了北极摩托化步兵旅，恢复和新建了军用机场、潜艇驻泊码头、深水港、雷达站、搜救站等军事设施。俄军2013年在北极圈附近举行了登陆与抗登陆演习，2014年对北极地区部队进行大规模战备突击检查。之后，每年都举行数万人参与的大规模军演。

四、生物安全的基本内涵

2020年2月14日习近平总书记在中央全面深化改革委员会第十二次会议上的讲话中指出，生物安全问题已经成为全世界、全人类面临的重大生存和发展威胁之一，必须从保护人民健康、保障国家安全、维护国家长治久安的高度，把生物安全纳入国家安全体系。

依据《中华人民共和国生物安全法》第二条的规定，生物安全，是指国家有效防范和应对危险生物因子及相关因素威胁，生物技术能够稳定健康发展，人民生命健康和生态系统相对处于没有危险和不受威胁的状态，生物领域具备维护国家安全和持续发展的能力。

依据《中华人民共和国生物安全法》第三条、第四条的规定，生物安全是国家安全的重要组成部分。维护生物安全应当贯彻总体国家安全观，统筹发展和安全，坚持以人为本、风险预防、分类管理、协同配合的原则。坚持中国共产党对国家生物安全工作的领导，建立健全国家生物安全领导体制，加强国家生物安全风险防控和治理体系建设，提高国家生物安全治理能力。

2021年9月29日，习近平总书记在主持中共中央政治局第三十三次集体学习时强调，要深刻认识新形势下加强生物安全建设的重要性和紧迫性，贯彻总体国家安全观，贯彻落实生物安全法，统筹发展和安全，按照以人为本、风险预防、分类管理、协同配合的原则，加强国家生物安全风险防控和治理体系建设，提高国家生物安全治理能力，切实筑牢国家生物安全屏障。

2021年4月15日正式施行的《中华人民共和国生物安全法》，确立了生物安全风险监测预警制度、风险调查评估制度、信息共享制度等11项基本制度。出台国家生物安全政策和国家生物安全战略，健全国家生物安全工作组织领导体制机制，生物安全纳入国家安全体系的顶层设计不断完善。加强生物资源保护利用，积极筹备《生物多样性公约》第十五次缔约方大会，推动制定“2020年后全球生物多样性框架”。统筹疫情防控和经济社会发展，举全党全国全社会之力打好新冠肺炎疫情防控人民战争。我国生物安全防范意识和防护能力不断增强，维护生物安全基础不断巩固。

第二节　新时代国家太空、深海、极地、生物等新型领域安全教育的重要性

一、太空安全的重要性

太空安全、深海安全、极地安全和生物安全等新型安全已经列入《中华人民共和国国家安全法》中，成为国家安全体系的重要组成部分，是确保其他领域安全的关键要素，也是实施创新发展战略的基本保障。

从20世纪50年代开始，人类社会凭借航天技术的发展逐渐步入了探索太空的新时代。特别是近年来，太空所蕴含的巨大价值愈发被世界各国所认识。与陆地、海洋、天空、网络领域一样，太空对人类政治、经济、社会、金融、军事等各领域发展有着非同寻常的重要性，也已成为国际竞争的战略制高点。当前随着太空的社会、经济、科技等效益的日益凸显，太空竞争愈发激烈、太空威胁不断涌现，太空安全已成为影响国家安全与发展的重大问题。党和政府重点强调探索浩瀚宇宙，发展航天事业，建设航天强国，是我们不懈追求的航天梦。顺应时代发展大势，加大经略太空力度，掌控太空安全态势，应对太空威胁挑战，是维护国家安全与发展利益的重要战略选择，是实现“中国梦航天梦”的必然途径。

（1）新时代国家安全空间的高边疆。太空安全是国家安全不可分割的重要组成部分，是新时代国家安全由传统领域向新兴领域拓展的边疆高地。随着航天科技在人类社会各领域应用日益广泛深入，世界大国社会经济发展和国防军事建设严重依赖太空系统，太空疆域的激烈争夺促使太空军事化步伐加快并呈现武器化、战场化趋势。国家安全空间向太空新域全面延伸拓展，太空设施成为牵一发动全身的安全资产，太空权益成为事关发展的命脉支柱，维护太空安全成为决定国家未来生存和发展空间的战略高边疆。

（2）新世纪国家战略能力的制高点。太空安全是保障国家战略利益、彰显国家安全能力的高地。太空位置高远、环境特殊，是国家发展不可或缺的独特资源宝库，面向太空开发和利用的前沿科技催生一大批新兴产业，深刻改变着世界产业结构与经济形态，产生影响深远的社会效益，成为国家重大战略利益的组成要素，是国际外交博弈中遏制对手的硬支点；太空军事应用加速了战争形态演变、军队组织结构变革和世界力量格局调整，制天权理念主导下的导弹防御、精确打击、高超声速突防和太空控制等能力体系，严重削弱传统威慑效能，形成更加灵活实用的新型战略威慑。维护太空安全与太空权益成为新的提升国家建设和国家军事威慑能力的战略制高点。

（3）新阶段国家科技发展的领航标。太空安全是太空科技发展与应用的前沿战略领域，是多学科与技术高度综合的集成域，是牵引高精尖新兴科技群融合发展的风向标。太空科

技全方位渗透式触及并影响国家社会建设全域，推动人类社会从工业化时代跨入信息网络时代并迈向智能化新阶段。而技术的两面性使太空安全又成为太空科技再度开拓应用的新域，具有智能化技术特征的太空系统防护、航天器在轨服务、太空态势感知、太空交通管理、太空环境治理乃至太空军事对抗等太空安全工程新体系，使太空高新科技进一步综合集成，为提升太空安全技术水平和保障能力提供关键支撑，使太空安全成为引领国家尖端新技术群发展的战略新航标。

二、深海安全的重要性

21 世纪是海洋的世纪，确切地说，应该是深海的世纪。21 世纪，人类进入大规模利用开发海洋的时期，海洋在国家经济发展格局和对外开放中的作用更加重要，在维护国家主权、安全、发展利益中的地位更加突出，在国家生态文明建设中的角色更加显著，在国际政治、经济、军事、科技竞争中的战略地位也明显上升。深海因其具有丰富的资源、广阔的空间，以及所蕴藏的巨大的政治价值、经济价值、军事价值、科研价值和生态环境价值等而成为 21 世纪世界各国的必争之地。

（一）海上交通线的安全

深海连接着中国与世界各沿海国，世界上几乎所有的重要海上通道都需要经过深海。中国是世界上最大的货物贸易国家，且石油、天然气、稀有矿产等战略物资需要大量进口，是高度依赖海洋通道的外向型经济大国。其中，贸易货物运输总量的 85% 要通过海上，特别是南海战略通道。中国的和平发展道路已严重依赖开放的国际贸易体系和畅通的国际海上交通线。伴随改革开放“走出去”步伐的加快，以及“一带一路”倡议的深入实践，这种依赖程度还将持续加深。此外，海上通道的畅通与安全是任何世界性体制或实体得以生存、发展的必备条件。中国正在成为一个世界性大国，政治、军事、文化等影响力要走向世界也都离不开世界主要海上通道的畅通，未来甚至可能超越美国成为世界海上通道的最大利益攸关方。

（二）主权内外深海资源的开发权利

深海各类资源十分丰富，是人类未来可持续发展的物质基础。深海资源的开发利用关系到中国经济社会的可持续发展。中国开发深海行动较早，业已形成一定的基础，属于世界上深海大洋开发的第一梯队，已经在深海拥有包括渔业、基因资源和海底矿产等重大经济利益。大部分深海是人类的公共空间和共同财产，中国人口多、发展压力大，理应在资源开发利用方面有较大的份额。中国管辖海域面积，与国土面积和人口规模严重不相称，只有积极开拓深海空间，才可能成为海洋强国。

（三）军事战略空间

深海具有天然的隐蔽性，可使作战力量根据海底地形地貌隐蔽部署，容易达成行动的突然性，是中国对美国等海洋强国进行非对称制衡或作战的战略空间。其中，南海兼具近海和远海的特征，南海及其周边地区是美国与其同盟体系相对薄弱的一环，是中国近海大型水面舰艇和战略核潜艇活动的最佳场所，是中国打破第一岛链闭锁、走向远洋的关键区域；西太平洋和北部印度洋是中国在远洋建立战略存在、从外线打破美日等国围堵的关键区域，是中国维护海上通道安全和重大海外利益的支点海区。

（四）生态环境安全

深海由于其巨大的体积和复杂的生态环境，在全球生态体系和环境中发挥着至关重要的调节器作用。因人类生产生活活动的发展，深海的环境也在发生变化，并已引发一系列海上安全问题。海洋水文的变化导致地震、海啸风暴加强，海平面上升，沿海频繁发生洪水，引发大规模的人道主义灾难和危机；北极和南极冰川的大面积融化，将大幅改变未来的全球海洋地缘，有可能导致新的地质灾难。随着人类大规模进军深海，深海相对封闭的环境将受到外界更大的扰动，势必导致新的生态与环境安全问题。对此，中国都难以置身事外，全球深海的生态环境安全同样攸关中国的经济发展和国家安全。

三、极地安全的重要性

（一）极地自然资源丰富

随着全球变暖、冰区技术的进步和交通工具的改善，极地与包括我国在内的外部世界的经济、政治、文化和安全联系变得日益广泛，直接关乎各国利益和人类未来。极地自然资源丰富，开发利用前景广阔。资源禀赋的多寡，日益成为一个地区是否具有潜在价值的重要筹码。极地是冰雪覆盖的高纬度地区，蕴藏着足以影响未来世界能源格局乃至经济力量对比的自然资源。美国地质调查局统计，北极圈内已探明并可用现有技术进行开发的石油储量约为 900 亿桶，占世界未探明石油储量的 13%；天然气储量约为 1669 万亿立方米，占世界未探明储量的 30%；液化天然气约为 441 亿桶，占世界未探明储量的 20%。南极地区以雪和冰的形式存储着全球 70% 的淡水，还有储藏量巨大的磷虾等众多生物资源，对全球生态安全和人类永续发展意义重大。

（二）极地航运价值极高

极地航运价值极高，事关全球能源通道安全。北极理事会估计，北极地区从 2030 年起可能因大范围融冰出现西北、东北两条北极航道，这将成为欧亚、欧美之间最短、最便捷的水上运输要道，具有巨大的国际航运价值。任何始发港口在北纬 30 度以北的远洋航行，与通过苏伊士运河或巴拿马运河的传统航线相比，通过北极航线航行将至少缩短 40% 的航程，不仅可以节约油料成本、缩短通航时间，更重要的是能够使各国避开马六甲海峡、亚丁湾等恐怖主义和海盗活动多发的区域，以降低远洋航运的风险。如果发生国际冲突，对北极能源运输通道采取封锁、截留等行动，其威力相当于直接进攻该国能源中心，对途经各国的能源通道安全造成潜在威胁。

（三）极地军事作用重大

极地地理位置特殊，关乎域内外各国军事安全。北极作为连接欧亚、北美的顶点，使得北极到北半球任何一个地区的距离都是最短的，从北冰洋发射导弹几乎可以覆盖整个北半球国家。由于北冰洋的表面常年被较厚的冰层覆盖，是战略核潜艇等军事武器天然的隐蔽保护场地，具有极强的军事威慑力。在南极地区建立极地卫星地面接收站，还关系到未来信息化战争条件下夺取信息优势，进而掌握战争主动权。此外，北极和南极还是试验和研发空间天气、电磁、气象等前沿军事技术，以及训练军事人员和检验军事装备在极端条件下作战能力的极佳试验场所，也是各大国部署“全球到达、全球打击”战略的重要一环，其军事价值可见一斑。

四、生物安全的重要性

（一）生物安全关乎人民生命健康

生物安全关乎人民生命健康，关乎国家长治久安，关乎中华民族永续发展，是国家总体安全的重要组成部分，也是影响乃至重塑世界格局的重要力量。一个国家如果出现生物安全问题，会严重影响民众健康、经济运行、社会秩序、国家安全和政局稳定。在如今高流动性社会背景下，病原体跨物种感染、跨地域传播，造成新发突发传染病不断出现。近十几年来，全球先后遭遇 2003 年非典疫情、2008 年登革热疫情、2009 年甲型 H1N1 流感疫情、2014 年埃博拉出血热疫情、2020 年新冠肺炎疫情等，给世界各国民众健康和经济社会造成巨大损失。同时，外来物种入侵造成遗传多样性丧失、生态环境破坏等问题也不断加剧。据统计，我国已发现 660 多种外来入侵物种，其中，71 种对自然生态系统已造成或具有潜在威胁并被列入《中国外来入侵物种名单》，219 种已入侵国家级自然保护区。这些事实一再证明，生物安全的篱笆不扎好，造成生物安全风险的“黑天鹅”就会以意想不到的方式突然袭来，严重威胁国家安全和社会稳定。

（二）党中央十分重视生物安全

2020 年 2 月 14 日，习近平总书记在中央全面深化改革委员会第十二次会议上指出，要从保护人民健康、保障国家安全、维护国家长治久安的高度，把生物安全纳入国家安全体系，系统规划国家生物安全风险防控和治理体系建设，全面提高国家生物安全治理能力。要尽快推动出台生物安全法，加快构建国家生物安全法律法规体系、制度保障体系。2020 年 6 月 2 日，习近平总书记在专家学者座谈会上进一步指出，突发急性传染病往往传播范围广、传播速度快、社会危害大，是重大的生物安全问题，生命安全和生物安全领域的重大科技成果是国之重器，一定要掌握在自己手中。2020 年 9 月 8 日，总书记在全国抗击新冠肺炎疫情表彰大会上再次强调，要重视生物安全风险，提升国家生物安全防御能力。党的十八大以来，党中央把加强生物安全建设摆上更加突出的位置，纳入国家安全战略，颁布施行生物安全法，出台国家生物安全政策和国家生物安全战略，健全国家生物安全工作组织领导体制机制，积极应对生物安全重大风险，加强生物资源保护利用，举全党全国全社会之力打好新冠肺炎疫情防控人民战争，我国生物安全防范意识和防护能力不断增强，维护生物安全基础不断巩固，生物安全建设取得历史性成就。

第三节　新时代国家太空、深海、极地、生物等新型领域安全教育面临的威胁与挑战

一、太空安全面临的威胁与挑战

太空、深海、极地、生物等新型领域安全问题日益突出，影响到人类对太空、深海、极地、生物等的利用与探索，也威胁着国际战略平衡与稳定，应对太空、深海、极地、生物等安全问题的多边主义随之出现，我国要高度重视面对太空、深海、极地、生物等新型领域安全问题面临的威胁与挑战。

近半个多世纪以来，人类对太空的探索取得了飞速发展。但在太空事务管理方面，国际社会的行动相对滞后。冷战时期形成的处理太空事务的五个国际条约，即 1967 年的《外层空间条约》、1968 年生效的《营救协定》、1972 年生效的《责任公约》、1976 年生效的《登记公约》和 1984 年生效的《月球协定》，强调要把太空作为“全球公地”，要以国际合作来确保太空安全，但它们是以软法形式出现的，对国际太空行动体没有强制性约束，从而留下了安全隐患。

（1）太空碎片增多，威胁着太空环境安全。据美国公布的数据，目前太空有 22000 个直径大于 10 厘米的碎片，而直径较小的碎片则数以百万计甚至亿计。太空碎片数量庞大，增加了相互碰撞的概率，并导致产生更多的碎片，直接威胁到航天器的安全，影响到人类探索与利用太空的活动。

（2）频谱资源紧张，国际争夺日益激烈。人类目前所能利用的频率上限为 400GHz，在实际操作中还无法有效使用到这个频率上限，目前人造卫星所使用的频率都低于 60GHz。频谱可用资源紧张引发了国际太空行为体对它的争夺。

（3）轨道资源紧张，“抢轨”导致诸多安全事故。太空虽然辽阔“无边”，但并不能无限度地容纳卫星，尤其是在距离地球 36000 千米远的地球同步轨道上。由于该轨道的唯一性，同步卫星的“定点”已经成了稀缺资源，引发了国家之间以及一国的不同部门之间的竞争。此外，轨道资源紧张还引发了另外两个重大安全问题。一个是无线电频率干扰，太空数据协会 2012 年 2 月的一份报告指出，相邻卫星之间的频率相互干扰已成为无线电干扰的主要原因。另一个是卫星相撞，2009 年 2 月俄美两国的卫星发生碰撞，这是世界历史上首次卫星相撞事

故。2021年7月和10月，美国太空探索技术公司SpaceX发射的两颗星链卫星，“险些撞到”中国空间站。为保证安全，中国空间站采取了“紧急规避”措施。星链卫星为何要撞击中国空间站？美国天文学家迈克道威尔分析认为，这两颗星链属于故障退役卫星，类似的故障维修约有300颗。它们会在SpaceX控制下，主动离开550千米的轨道并再入大气层。SpaceX于2015年推出星链计划，迄今已部署近1900颗卫星，未来还有数以万计的卫星升入太空，此次卫星事故揪出大问题。中国地质大学副教授姚尧表示，太空看起来广阔无垠，但实际上能供卫星使用的轨道相对较少。卫星之间需要保持一定的距离，以保证频率和安全空间。他认为，SpaceX的星链卫星密度太大，致使太空越来越拥挤，将导致卫星之间安全距离不够。两个航天器每绕地球一圈就有一次机会相遇，一旦碰撞就会造成毁灭性的后果。对卫星来说只是经济损失，但对空间站来说，代价可能是宇航员的生命，而由此产生的太空垃圾更是增加了安全隐患。

（4）太空军事化与武器化构成了太空安全的最大威胁。太空军事化与武器化已经成为不争的事实，各国卫星被广泛用于军事目的，用来支持与强化本国的军事作战能力。太空军事化与武器化已严重威胁到全球战略安全与稳定。

（5）太空安全多边主义发展受到来自美国的阻力。随着太空安全形势的日益严峻，国际社会近些年在推动多边主义安全机制方面做了不少努力，也取得了一定进展。但国际社会就太空安全问题所达成的共识往往因美国的反对而无法落到实处。美国阻挠国际太空多边合作与其对太空威胁的研判及其太空霸权地位密切相关。

（6）太空安全问题与核安全问题交织在一起，加大了谈判达成一致的难度。太空安全问题尤其是太空武器化问题，与核武器紧密相关，太空武器化必然引起核安全问题的连锁反应。核问题与太空安全问题交织在一起，无疑给太空安全治理增加了难度。

二、深海安全面临的威胁与挑战

在国际海底管理局的促进下，国际深海安全治理虽然取得了一定成效，但是国际深海安全治理还存在着一系列的困境与问题，这不利于深海安全治理的全面开展，对全人类的安全都构成了潜在的威胁。

（一）深海安全治理主体层次不够多元

《联合国海洋法公约》赋予国际海底管理局作为国际深海安全治理主体性机构的地位，在推动国际深海安全治理方面发挥了重要的作用。深海安全问题涉及领域众多，单纯依靠国际海底管理局难以充分治理深海安全问题，从而出现治理机制缺失的问题。

（二）美国“特殊”地位给国际深海安全治理带来极大挑战

国际海底管理局是《联合国海洋法公约》确立的三大执行机构之一，而美国作为世界上重要的海洋国家，由于担心加入公约可能侵蚀其国家主权或限制其在全球的行动“自由”，因此至今仍未认同《联合国海洋法公约》，自然不能成为国际海底管理局大会的成员。美国在国际海底管理局的缺席，使得国际深海安全治理的相关规定对美国缺乏约束力，这深刻体现在国际海底矿产资源勘探问题上。虽然美国不是国际海底管理局大会的成员，但是美国政府依然是海底管理局的观察员。美国凭借自身在海底管理局中的观察员身份，深度介入国际海底管理局的相关决策之中，成为一个超脱于监管之外的“局内人”。美国的这一特殊地位对国际海底管理局自身职能和地位形成挑战，在一定程度上侵害了大量发展中国家的合法利益。

（三）国际深海安全治理对军事等传统安全领域的治理乏力

国际深海安全问题涉及领域较多，其中既有生态安全、经济安全等非传统安全问题，又有军事安全等传统安全问题。在国际海底管理局的助推下，现有国际深海安全治理主要集中于非传统安全领域，对深海生态安全、资源安全等非传统安全问题的治理已经取得了极大成效，增强了国际深海的安全水平。相较于非传统安全领域，深海区域的军事安全等传统安全领域的问题也十分突出，成为影响深海安全治理成效的重要因素。由于国际海底管理局的安全治理职能尚局限于生态安全和资源安全等非传统安全领域，而联合国、国际海事组织等其他国际组织对深海军事安全问题的治理也缺乏国际法依据，因此造成了深海区域传统安全领域治理出现真空状态。

三、极地安全面临的威胁与挑战

随着经济全球化的发展和科学技术的不断进步，极地公域海洋地理的连通性、战略威慑的有效性、大国博弈的集聚性、卫星通道的枢纽性以及气候变化的全球性等特点日益突出，使得极地公域面临诸多错综复杂的安全威胁。

（一）极地公域的私域化形势严峻

北极存在约280万平方千米的公海海域，但北冰洋沿岸国已提出和未来可能提出的大陆架延伸主张就达250万平方千米。北极航道沿岸国还对北极航道提出了不同程度的主权主张，并对船只过境航行实行强制性的申请和报告制度。俄罗斯2013年通过的《北方海航道航行规则》规定，外国船只通过北方海航道时，必须事先经过俄罗斯允许，并且强制性使用俄罗斯提供的破冰和领航服务，还收取高额费用。2019年又对此做了修改，规定对未经俄罗斯允许擅自通行的外国军舰，俄方可以采取扣押或摧毁等强制措施，这已严重影响到他国船只的通行权利。

南极虽然“主权冻结”具有公域性质，被称为无领土主权归属、无土著居民、无高等植物的“三无大陆”，但澳大利亚、新西兰等7个南极主权声索国和美俄2个声索保留国仍然要求在《联合国海洋法公约》框架下划定各自在南极的“势力范围”，并以环境保护为由，通过建立南极陆地和海洋特别保护区，来实现对南极的“软控制”。可见，极地的公域属性正在被私域化所吞噬，对中国等发展中国家参与极地事务、实现在极地的国家利益构成潜在威胁。

(二)极地公域的军事化倾向加剧

无论是在冷战期间还是当前,美俄(苏联)都将北极视为战略安全前沿,并频频进行军事行动。截至目前,俄罗斯已在北极建设了400多座军事基础设施,以确保其在北极地区的绝对军事优势。美国自冷战起建立的从阿拉斯加经格陵兰至冰岛的导弹防御系统,以及与加拿大联合建立的早期预警网络运作至今,并多次制定修改北极战略。同时,美国空军还计划在阿拉斯加进驻100多架包括F-22A和F-35A在内的第四代战机,从海上、空中多个领域加强对北极地区的控制。

(三)极地公域的非传统安全严峻

由于人类征服极地步伐的不断加快,极地自然环境正经历着前所未有的快速恶化趋势。素有"全球变化指示器"之称的北极,在过去的30年里,变暖速度是全球变暖速度的两倍,温度持续上升使北极夏季海冰持续减少。随着极地升温、冰川消融和海平面上升,全球极端天气激增、生物多样性受损、环境污染加剧等非传统安全问题将会持续蔓延,将对包括中国在内的极地域内外国家的沿海基础设施、气候系统和全球生态环境造成系统性破坏。面对此情,任何一个国家都无法置身事外、独善其身。

四、生物安全面临的威胁与挑战

生物安全是国家安全体系的重要组成部分。随着全球新冠肺炎疫情传播,也使得生物安全由陌生术语转而成为每个人真切的感受。当前,国际生物安全威胁形势复杂多样,传统生物安全与非传统生物安全威胁、外来生物威胁与内部监管风险、自然生物安全与人为生物安全威胁、现实生物安全与潜在生物安全威胁相互交织,给国家、民族、个人都带来了巨大的生物安全挑战。

(一)新突发传染病造成难以估量的生命、财产损失

2003年出现的SARS在极短的时间内传播到全球30多个国家和地区,造成900余人死亡。自2019年年底,新冠肺炎疫情肆虐,截至2022年3月27日,全球累计确诊病例4.8亿例,累计死亡614万多例,在给人体健康与生命安全造成巨大威胁的同时,也给社会经济发展造成了难以估量的损失。

(二)外来入侵生物危害不断加剧

随着我国对外经济贸易的不断发展,新兴业态不断涌现,全国进境口岸截获的外来有害生物也呈现出种类批次增多、蔓延范围扩大、危害加剧的特点,对生态环境、农林生产和人体健康造成巨大危害。

(三)生物遗传资源流失严重,国家利益蒙受巨大损失

我国是世界上生物遗传资源特别丰富的国家,很多珍贵、稀有的生物遗传资源起源于我

国。为此,有的国家采取多种手段,不断从我国搜集、掠夺生物遗传资源,并通过市场、经济和技术等手段,使作为生物遗传资源原产国的我国变为受害国。业内专家估计,我国生物遗传资源的引进和输出比例大概为 1∶10,流失情况严重。

(四)生物战威胁将长期存在,生物恐怖袭击不容忽视

目前,全世界至少有 25 个国家具有生产大规模杀伤性生物武器的能力,一些恐怖组织也具备利用生物战剂发动恐怖袭击的能力。利用细菌、病毒等病原微生物研制而成的生物战剂,主要有炭疽杆菌、鼠疫杆菌、天花病毒、出血热病毒等。敌对势力和恐怖组织有可能把我国列为生物恐怖袭击的对象,因此我国面临生物恐怖袭击的威胁。

(五)转基因生物的大规模应用可能产生潜在风险

我国已经批准种植的转基因作物主要是抗虫棉和抗病番木瓜。截至 2019 年年底,我国共培育成转基因抗虫棉新品种 176 个,累计推广 4.7 亿亩,减少农药使用 70% 以上。2020 年 1 月,我国自主研发的转基因玉米和大豆获得生产应用的安全证书,标志着我国转基因产业发展进入新阶段。转基因生物的大规模应用可能造成病虫抗性增加、杂草化加剧、基因污染和生物多样性降低等问题。党中央高度重视转基因生物安全问题,要求在确保安全的基础上推进转基因产品的产业化应用。

第四节　新时代国家太空、深海、极地、生物等新型领域安全教育的途径与方法

一、维护太空安全的途径与方法

(一)坚持太空安全积极防御战略

当前,全球太空安全态势出现新变化,各国太空利益拓展涌现新需求,国际太空军事威胁呈现新样式,我国太空安全能力建设面临新挑战。新形势下有效维护国家太空安全、保障太空和平开发利用,应着眼国家安全战略与利益需求,在总体国家安全观指导下赋予积极防御战略新的时代内涵。强化态势认知与战略思维,严格评估太空威胁与风险,准确把握太空安全总体形势,立足应对最复杂最困难情况,树牢全局思维、底线思维和“非零和”思维;系统谋势布局,坚持太空安全战略服从国家政略,注重将太空威慑纳入国家威慑能力架构,增强应对太空安全风险的核心能力。

(二)坚持太空领域军民深度融合发展

太空领域具有军民两用典型特征,深入推进太空军民融合发展是建设航天强国、实现富国与强军协调统一的必然选择。目前,我国航天军民融合还在起步探索阶段,内外环境、市场需求和经济技术基础都为发展太空产业提供了巨大空间。要加强宏观顶层设计,完善体制机制建设,健全政策法规体系,优化产业体系架构,着眼重点关键领域构建军产学研联盟,打造设计制造、航天发射、产品应用、服务保障等核心产业链,提升技术成果双向转化、资源共享互用的效益。

(三)坚持太空开发国际合作共赢

太空国际合作是当今国际社会的共识和主流趋势,是深化太空开发、维护太空安全的有效途径。近年来,太空领域呈现多极化趋势,太空合作大大降低了本国太空活动成本、提升了技术透明度,有利于推动发展太空战略产业、增进国际政治互信和建立国际太空新秩序。随着我国太空事业的蓬勃发展,应加强太空合作谋求共赢互利。积极构建双边、多边和次区域太空合作机制,倡导摒弃太空霸权主义、强权政治和对抗思维,持续推进太空命运共同体理念愿景;明晰合作领域,强化太空军控安全、太空治理、危机管控和防灾救援等国际规范与法规制定,加强航天发射、设计制造、数据应用服务、太空旅游、太空采矿等产业经济与资源项目合作,推进空间实验、深空探测、碎片缓解、太空交通管理等科学探索与技术能力共享。

二、维护深海安全的途径与方法

21 世纪是海洋的世纪,海洋在人类发展进程中的作用将进一步增强。在国家安全领域,海洋的意义也会更加凸显。习近平总书记指出,海洋在维护国家主权、安全、发展利益中的地位更加突出。深海作为蓝色海洋的重要组成部分,也是中国维护国家安全的重点领域。中国要成为真正的海洋强国,就必须进行范式、科技和制度三大创新,而深海恰恰是中国在国际海洋政治中推动创新、成就新型海洋强国的关键领域或舞台。

(一)范式创新

历史上,各海洋强国的崛起无不伴随大规模战争,英国、美国、日本等均是通过海上战争奠定了自己的海洋强国地位的。而今,既然总体和平大体可期,武力崛起缺乏可行性,中国就应以对海洋的有效利用、开发为目标,综合运用军事、外交和经济力量去拓展海洋利益。在强有力军事力量的威慑之下,高明的外交策略、卓越的国际规则塑造能力和强大的海洋经济经营水平是海洋强国建设的主要手段。大规模战争将不再是获取权力地位和海洋利益的主要途径,通常情况下,中国宜通过非战争方式,以和平的方式达成目的。

操作上,需要统筹运用好军事、外交、国际法及经济等各类手段。鉴于大国间大规模战争难以打得起来,武力的威慑运用将越来越普遍,武力之外,外交、国际法、海洋经济的进步也应得到足够重视。中国要推动农耕文明外交向海洋文明外交的转型,争取世界海洋政治的话语权，大力发展海洋经济。遵循“不求为我所有，但求为我所用”的原则，加强国际合作，通过外交、国际法、经济等综合手段积极拓展海洋空间、获取海洋资源、赢得海上地位，以管辖海域为基础，以世界海洋空间为依托，成为综合性的世界海洋强国。

范式创新能够成功需要有两大前提：一是中国能够在世界特别是亚太地区建立足够强大的战略威慑和行动能力，以确保主权和重大利益的安全；二是中国能够通过和平的方式实际占有其发展所必需的资源与空间。而这两者都离不开中国在深海的经略，由于深海基本上处于未知区域，深海的军事竞争态势将在相当大程度上决定了今后全球军事战略格局。中国如果在深海不能构建强大的威慑和反制力量，也就不足以成为真正的军事强国，和平道路也就缺乏必要的保障。

鉴于管辖海域的空间和资源不足以支撑中国成为一个海洋强国，因此依据《联合国海洋法公约》，积极开发利用公海及“区域”的资源就显得尤为重要。“区域”由各国在《联合国海洋法公约》建立的国际机制下进行勘探开发，国际海底管理局代表全人类对“区域”及其资源进行管理，公海各国均有权进行和平利用。对于世界各国而言，大部分深海空间是完全动态的，各国可利用的国际公共海洋空间的大小完全取决于各自对深海的开发利用能力。中国必须加大对公海和海底“区域”资源的获取和开发，只有中国在深海开发中占据优势地位，才能改变全球海洋空间与资源分配对自己的不公，才有可能实现海上和平崛起。

（二）科技创新

历史经验表明，海洋强国通常是世界先进生产力的代表，没有一流的技术，也就不可能建成海洋强国。海洋强国无一例外都带有很强的技术烙印，科学技术在军事力量建设、海洋资源开发和海洋环境保护等方面都有着举足轻重的作用。历史上，新型技术体系必然孕育着新兴海洋强国。一定的国家总体实力是成为海洋强国的基础，但国家实力不仅要有总量，还要有质量，因为与海洋事业相伴随的，往往是国内甚至国际领先的科学技术，技术创新对中国海洋强国的建设还有特殊的使命。在海上和平崛起的范式下，中国追求的是经济、社会、军事、文化等全方位的综合进步，是一种和平发展与和平竞赛。技术创新是范式创新的基础，是中国作为后发海洋国家进行“弯道超车”的根本前提。而深海是未来最可能出现重大技术创新与突破的领域，某种程度上它可算是新兴领域。

目前，人类已探索的海底只有5%，还有95%的海底是未知的，海洋开发的前景巨大。近10年来，各大海洋国大力发展深海观测监视网络和载人/无人水下深潜器，在深海大洋的感知、开发和活动等方面的能力大大增强。由于海洋科技的快速发展，人类正在进入一个全方位开发利用海洋的阶段，特别是人类对深海的探索和开发将很快有实质性突破，海底基因资源、海底金属矿产等都可能在未来数年内形成较大规模的产业。

现在，美、英等国都已将深海科技政策纳入到其整体海洋战略之中，凸显了深海科技创新的重要性。2004年，美国出台了《美国海洋行动计划》，试图为21世纪美国海洋科学技术发展提供指南；英国政府在其发布的《英国海洋科学战略2010—2025》中指出，深海已经成为重要的全球性议题；2015年9月1日，欧洲海洋局发布题为《钻得更深：21世纪深海研究的关键挑战》的专题报告，详细阐述了深海研究的8大目标与相关关键行动领域。

（三）制度创新

虽然霸权主义和强权政治依旧盛行，但当今的国际社会的政治文化毕竟已非同往昔，核威慑的出现、人类政治文化的进步、国际机制的约束等因素正在渐进地改变国际政治进程。国家的实力和利益固然需要得到国际的认可，更重要的是国家发展的模式和其所代表的潮流在世界上有足够的吸引力。实力和权力结构的变迁，必然会带来世界利益格局的重新分配，如果没有合适的制度进行调适，必将导致混乱与战争。从这个意义上讲，制度创新也是推动权力和平转移，避免“修昔底德陷阱”的一大基础条件。因此，中国如果没有制度创新的能力，就不足以确保自己能够和平崛起。

随着《联合国海洋法公约》的签署与实践，围绕专属经济区、大陆架的“蓝色”圈地规则已基本确定。各国在加强管辖海域的权益管理的同时，正积极参与深海规则的构建。未来海洋秩序建章立制的焦点已从领海、专属经济区等主权管辖范围内的海域转移到公海、海底“区域”及极地的探索、开发与管理。

（四）为丰富深海治理理念提供中国智慧

作为历史悠久的文明古国，中国理应“推动全球治理理念创新发展，积极发掘中华文化中积极的处世之道和治理理念同当今时代的共鸣点”，为革新、丰富全球深海治理理念发出中国声音、增添中国元素。2017 年 1 月 18 日，习近平主席在联合国日内瓦总部发表题为《共同构建人类命运共同体》的演讲中提出，要秉持和平、主权、普惠、共治原则，把深海、极地、外空、互联网等领域打造成各方合作的新疆域。客观而论，“和平、主权、普惠、共治”四原则具有中国特色而符合世界需求、顺应时代潮流，为全球深海治理提供了新型思想指导和价值遵循。此外，中国应该继续挖掘、运用中华优秀传统文化中的“和而不同”“和衷共济”“和合共生”“协和万邦”“天人合一”等生态伦理思想，为提出契合深海治理现实需要的发展观、安全观、合作观、利益观、治理观、秩序观等“深海观”提供独特的文化滋养和思想基底。

另外，构建、维系、增进全球深海治理的价值共识和观念认同。在无政府的国际社会，世界各国构建全球深海治理理念的国际认同是一个漫长、复杂而艰难的过程，而价值共识和观念认同的达成、维系、增进只能在不同深海治理者之间的合作、博弈乃至斗争中逐渐实现。鉴此，世界各国应加强对彼此之科学、合理深海治理价值、伦理、观念等理念因素的了解、学习和内化，进而达成国际共识以构建兼具公正性、普适性、共同性、包容性的全球深海治理观。在国际交往实践中，中国应当力促全球深海治理理念“变革的主张转化为各方共识，形成一致行动”。例如，中国倡导的人类命运共同体理念能够“针对深海的流动性与治理举措的碎片化等特点产生直接或间接的效力”。在全球深海治理身处困境的当今时代，中国当需继续推进“人类命运共同体”的世界观、“和平、发展、公平、正义、民主、自由”的价值观、“共商、共建、共享”的治理观、“义利并举、以义为先”的义利观等自身理念的国际传播及宣介，以争取、增进国际社会的认知、认可与认同，为避免深海活动“公地悲剧”的发生和深海治理“集体行动困境”的出现提供理念支撑，进而推动共建“深海命运共同体”的伟大征程。

三、维护极地安全的途径与方法

极地是影响世界可持续发展和人类生存的新疆域，也是未来大国之间围绕利益和影响力竞争的战略制高点。极地问题在中国安全战略和外交战略中的地位日益提升。极地问题具有很强的综合性特征，包含着国家层面、区域层面、全球层面多层级的国际治理问题，涉及政治、经济、安全、科技、气候、环境、资源、海洋等多领域问题，考验着中国处理全球问题的领导能力和运筹能力。

（一）倡导极地“人类命运共同体”理念

“人类命运共同体”理念，是我们为应对当今世界面临的全球性挑战、解决人类面临的共性问题而贡献的中国智慧、中国方案。这一主张从 2017 年 2 月开始已被多次写入联合国文件，得到国际社会的广泛欢迎和认可。习近平主席 2017 年 1 月 18 日在联合国日内瓦总部的演讲中明确指出，要秉持和平、主权、普惠、共治原则，把深海、极地、外空、互联网等领域打造成各方合作的新疆域，而不是相互博弈的竞技场。此后，我们在相继发布的《中国的南极事业》和《中国的北极政策》白皮书中都阐明了中国愿与国际社会一道，携手共进，打造南极“人类命运共同体”，共同认识北极、保护北极、利用北极和参与治理北极的鲜明立场。可以说，倡导并推行极地“人类命运共同体”理念，符合包括中国在内的世界各国的根本利益，有利于维护和平、安全、稳定的极地秩序。

（二）坚定奉行多边主义极地治理观

2021 年 1 月 25 日，习近平主席在世界经济论坛“达沃斯议程”对话会上的特别致辞中强调，人类面临的所有全球性问题，任何一国想单打独斗都无法解决，必须开展全球行动、全球应对、全球合作。作为负责任的大国，中国愿本着“尊重、合作、共赢、可持续”的基本原则，稳步推进极地国际合作。一是不断加强环保合作。大力推进节能减排和绿色低碳发展，积极推动全球应对气候变化进程与合作。二是积极参与区域合作。常态化委派专家参与北极理事会和南极研究科学委员会、国家南极局局长理事会等重要国际组织日常工作，推动极地的和平利用与环境保护。三是拓展多边和双边合作。在坚守极地非军事化、科研自由以及保护生态环境原则基础上，主动与有关各方开展极地事务双边磋商，加强在极地科学考察、海空搜救、海上预警、应急反应、情报交流等方面的国际合作与沟通，共同维护极地的长期稳定与和平利用。

（三）科技外交是参与极地治理的有效路径

极地科技是中国与极地国家外交活动的重要内容。北极国家和南极事务重要参与国大多是技术发达国家和拥有重要战略地位的国家。中国与这些国家的合作与互动有助于加深伙伴关系，促进彼此间的良性互动。中国是南极考察的后起国家，极地事业发展有赖于同国际同行的合作。中国是非北极国家，极地科学的国际合作是我国同北极国家外交的重要内容。冰岛、挪威、俄罗斯、澳大利亚、智利、阿根廷都是我国极地外交的重要对象国。中国与上述国家已经建立了双边的极地事务对话机制，共同提升人类应对气候变化和环境变化的能力。另外，极地和海洋问题对话已经成为中美战略对话以及中德政府间磋商机制的重要内容。作为极地事务最主要的活动，科学研究在极地事务中扮演着重要的角色。极地科技的深入发展，提升了人类认识极地和利用极地的能力。

四、维护生物安全的途径与方法

习近平总书记在2021年9月29日中共中央政治局第三十三次集体学习时强调，加强国家生物安全风险防控和治理体系建设。

(1)传统生物安全问题和新型生物安全风险相互叠加，境外生物威胁和内部生物风险交织并存，生物安全风险呈现出许多新特点，我国生物安全风险防控和治理体系还存在短板弱项。因此，必须科学分析我国生物安全形势，把握面临的风险挑战，明确加强生物安全建设的思路和举措。

(2)完善国家生物安全治理体系，加强战略性、前瞻性研究谋划，完善国家生物安全战略。要健全党委领导、政府负责、社会协同、公众参与、法治保障的生物安全治理机制，强化各级生物安全工作协调机制。要从立法、执法、司法、普法、守法各环节全面发力，健全国家生物安全法律法规体系和制度保障体系，加强生物安全法律法规和生物安全知识宣传教育，提高全社会生物安全风险防范意识。要夯实联防联控、群防群控的基层基础，打好生物安全风险防控人民战争。

(3)强化系统治理和全链条防控，坚持系统思维，科学施策，统筹谋划，抓好全链条治理。要织牢织密生物安全风险监测预警网络，健全监测预警体系，重点加强基层监测站点建设，提升末端发现能力。要快速感知识别新发突发传染病、重大动植物疫情、微生物耐药性、生物技术环境安全等风险因素，做到早发现、早预警、早应对。要建立健全重大生物安全突发事件的应急预案，完善快速应急响应机制。要加强应急物资和能力储备，既要储备实物，又要储备产能。要实行积极防御、主动治理，坚持人病兽防、关口前移，从源头前端阻断人畜共患病的传播路径。要立足更精准更有效地防，理顺基层动植物疫病防控体制机制，明确机构定位，提升专业能力，夯实基层基础。

(4)盯牢抓紧生物安全重点风险领域，强化底线思维和风险意识。要强化生物资源安全监管，制定完善生物资源和人类遗传资源目录。要加强入境检疫，强化潜在风险分析和违规违法行为处罚，坚决守牢国门关口。对已经传入并造成严重危害的，要摸清底数，“一种一策”精准治理，有效灭除。要加强对国内病原微生物实验室生物安全的管理，严格执行有关标准规范，严格管理实验样本、实验动物、实验活动废弃物。要加强对抗微生物药物使用和残留的管理。

(5)加快推进生物科技创新和产业化应用，推进生物安全领域科技自立自强，打造国家生物安全战略科技力量，健全生物安全科研攻关机制，严格生物技术研发应用监管，加强生物实验室管理，严格科研项目伦理审查和科学家道德教育。要促进生物技术健康发展，在尊重科学、严格监管、依法依规、确保安全的前提下，有序推进生物育种、生物制药等领域产业化应用。要把优秀传统理念同现代生物技术结合起来，中西医结合、中西药并用，集成推广生物防治、绿色防控技术和模式，协同规范抗菌药物使用，促进人与自然和谐共生。

(6)积极参与全球生物安全治理，同国际社会携手应对日益严峻的生物安全挑战，加强生物安全政策制定、风险评估、应急响应、信息共享、能力建设等方面的双多边合作交流。要办好《生物多样性公约》第十五次缔约方大会，推动制定“2020 年后全球生物多样性框架”，为世界贡献中国智慧、提供中国方案。

(7)构建新型生物威胁防御体系。当前，我国正值经济社会发展的转型期，更需从总体国家安全的战略高度深刻认识全球生物安全形势，充分借鉴先进生物安全管理经验，构建新型生物威胁防御体系，为实现富国强军目标保驾护航。一方面，要建立权威高效的防御组织管理体系。打通条块分割的生物安全管理格局，在各级政府建立权威的生物安全管理机构，实施统一领导、协调和指挥。强化军队在国家生物威胁防御中的特殊地位和重要作用，以军队相关专业力量为主体，构建平战一体衔接、军地融合发展的国家生物威胁防御体系和应急反应网络。另一方面，要建立军地互补的防御科技支撑体系。按照“军地联合、优势互补”的原则，系统论证科技需求，前瞻部署国家和军队生物威胁防御重大科技专项，重点在监测预警、应急处置、基础研究等方面加大科技支撑力度，在安全管控方面加强对策研究。特别是要注重把生物安全知识纳入国防教育体系，通过多种形式，开展生物安全宣传教育，提高各级政府、社会各界包括广大青少年的生物安全意识。

五、新时代大学生应坚决维护国家太空、深海、极地、生物等新型领域安全

当前我国正值发展战略机遇期，新时代大学生要认清维护新型领域安全的重要意义和现实紧迫性，始终将国家安全利益放在首要位置，自觉成为国家安全利益的守护者、维护者、传播者，积极地参与到维护新型领域安全的各项工作中，让维护新型领域安全成为一种自觉、一种意识、一种责任。坚决维护国家太空、深海、极地、生物等新型领域安全。

国家安全意识的培养，是一个循序渐进的过程，必须融入日常、抓在经常。加强大学生国家安全教育，在纳入课程思政教学体系，发挥高校国家安全教育课程教学主渠道作用的同时，要结合入学教育、升旗仪式、军训、节日庆典、全民国家安全教育日等重要时间节点，融入国家安全教育基本元素，组织开展形式多样的国家安全教育活动。《国家安全法》第十四条规定：每年 4 月 15 日为全民国家安全教育日。教育部每年都会在此期间部署开展“同上一堂国家安全教育课”等主题教育活动，高校应聚焦主题，根据各自办学特色，展现优势，创新学习载体，丰富教育内容，通过举办专题讲座、报告会、知识竞赛、演讲比赛，组织参观展览、观看专题宣传片、典型案例剖析，编发网络载体内容等系列活动，营造国家安全教育氛围，加强国家安全舆论引导，切实增强广大师生“国家安全、人人有责”的意识和能力。

2021 年 4 月 15 日我国《生物安全法》开始实施，高校利用开展“国家安全教育日”活动的契机，紧密结合新冠肺炎疫情防控形势任务，充分运用鲜活事例，进行生物安全法律法规和生物安全知识的普及宣传，突出人民安全、公共卫生安全、生物安全等宣传教育内容，使学

生更加深刻体会到以习近平同志为核心的党中央践行人民安全是国家安全的宗旨,把人民生命安全和身体健康安全放在第一位,团结带领全国各族人民所取得的抗击新冠肺炎疫情斗争重大战略成果,更加重视生物安全风险,提升维护生物安全的自觉性和主动性。

我国正加紧建立国家安全法律体系,国家安全法、反间谍法、反恐怖主义法、网络安全法、境外非政府组织境内活动管理法、核安全法、国家情报法、生物安全法、国防法等一批法律颁布实施,为维护国家安全提供了法律保障。应通过课程教学、网络媒体宣传和公务员考试等途径,积极引导大学生认真学习国家安全法律知识,树立国家安全法治观念,做遵守国家安全法律法规的模范。2021 年是中国共产党百年华诞,一百年多来的党史是党领导中国人民战胜前进道路上一切风险挑战、不断从胜利走向新的胜利,实现国家主权和领土完整、民族独立,坚定捍卫国家主权、安全、发展利益的辉煌历史。高校应结合开展党史学习教育,提高大学生维护国家安全的思想自觉、政治自觉、行动自觉,进一步增强“四个意识”、坚定“四个自信”、做到“两个维护”。

实现中华民族伟大复兴的中国梦,保证人民安居乐业,国家安全是头等大事。大学生是祖国的未来、民族的希望,必须加强大学生国家安全教育,构建大学国家安全教育体系,改进国家安全教育教学活动,丰富国家安全教育资源,扎实推动大学国家安全教育制度化常态化,切实提高大学生国家安全意识,增强大学生国家安全责任感,构筑维护国家安全的强大力量。

案例分析14–1 NASA公开警告:增加在轨“星链”卫星将威胁国际空间站

美国太空探索技术公司(SpaceX 公司)野蛮发展的“星链”低轨互联网卫星星座最近接连遭遇挫折:不但一场突如其来的太阳风暴导致 40 颗刚发射的“星链”卫星失效,而且原本关系良好的美国国家航空航天局(NASA)也公开警告称,增加在轨“星链”卫星数量将威胁国际空间站的安全。

“星链”安全性受质疑

美国“太空”网站 9 日称,NASA 近日在提交给美国联邦通信委员会的文件中警告说,被“星链”卫星占据的近地轨道变得拥挤,将对预警太空碰撞的地面系统产生不利影响。NASA 表示,“国际空间站的安全以及其他所有的 NASA 资产可能受影响”,并担心“对 NASA 科学和载人航天任务的影响”。

据介绍,联邦通信委员会是美国通信行业的主要监管机构。为了发展互联网卫星星座,SpaceX 公司最初向该委员会提交的申请显示,“星链”星座将由 1.2 万颗位于近地轨道的小型卫星组成。经过 SpaceX 公司的高密度发射,目前已有约 2000 颗卫星在轨,仅 2021 年一年,该公司就发射了 989 颗“星链”卫星。2019 年,SpaceX 公司提交了再发射 3 万颗第二代“星链”卫星的申请。美国彭博社透露,这一目标最早可能在 2028 年实现。

针对 SpaceX 公司计划新增发射 3 万颗“星链”卫星，NASA 警告说，预计太空碰撞事件的风险会显著增加，并可能对 NASA 的科学和载人航天任务产生影响。“NASA 希望第二代‘星链’卫星的部署能以确保航天安全和太空环境长期可持续性的方式谨慎进行。”

SpaceX 公司此前曾表示，“星链”卫星具备机动变轨能力，因此“与大型航天器相撞的风险为零”。但 NASA 对这种说法质疑：“‘星链’系统由成千上万颗卫星组成，根本无法确保所有卫星的推进系统、针对太空碰撞的地面预警系统是完全可靠的，或者手动操作是 100% 准确的。”

NASA 还表示，即便“星链”卫星具备自主避障功能，但是在日益拥挤的近地轨道上，如果一颗卫星为避免碰撞而变轨，可能引起其他具有自主防撞能力卫星的连锁反应，从而增加而不是降低太空碰撞的风险，“NASA 建议 SpaceX 公司重新对此类事件进行风险分析”。

影响正常航天活动

此外，NASA 还提出“星链”卫星的其他潜在风险。首先是“星链”卫星会严重干扰太空科研任务。因为“星链”卫星的轨道高度低，位于大多数 NASA 科学卫星的下方，它们反射的太阳光可能干扰科学卫星搭载的仪器。类似影响已经严重干扰地面的天文观测，大批“星链”卫星穿过夜空的轨迹，会破坏那些需要长时间曝光的天文观测。NASA 还举例说，“行星防御计划”的近地天体观测就受到很大影响。如果“星链”卫星数量继续增加，可能在每张地面望远镜拍摄的小行星调查照片中，都会出现“星链”卫星的身影，对监控可能撞击地球的小行星产生严重影响。

其次，“星链”卫星运行轨道同样位于国际空间站下方。严密“包裹”住地球的这些卫星，使向国际空间站运送补给和航天员的飞船发射任务变得更复杂。NASA 担心随着“星链”卫星数量越来越多，每次航天发射都需要预先协调“星链”卫星“让出通道”，想要寻找安全的发射时间窗口会越来越困难，“特别是紧急发射任务”。

SpaceX 公司不顾外界反对，强推“星链”卫星的行为不但引起 NASA 的公开质疑，还多次险些造成太空危机。2022 年中国曾披露，“星链”卫星两次危及中国空间站。还有多颗国外卫星也为了躲避“星链”卫星而主动避让。

然而“星链”卫星的这些危险举动却得到美国方面的庇护。中国外交部发言人赵立坚 2 月 10 日表示，美方在 1 月 28 日发给联合国外层空间事务办公室的照会中，否认了中国关于“星链”卫星两次危及中国空间站的说法，称“星链”卫星的活动没有达到既定的紧急碰撞标准的门槛，因此不需要紧急通知。美方照会还称，中方在给联合国发出照会之前，没有联系美方有关部门并表达有关“星链”卫星带来危险的担忧。

赵立坚对此表示，中方向联合国通报“星链”卫星危险接近中国空间站、威胁在轨航天员安全的有关情况，是履行《外空条约》第五条规定的国际义务。“相关避碰事件中，美国‘星链’卫星均处于连续轨道机动状态，机动策略和意图不明。中国在轨航天员面临着现实、紧迫的安全威胁。中方不得不采取预防性碰撞规避控制。”避碰事件发生后，中方主管部门多次尝试邮件联系美方，但均未收到回复。如今，美方却以所谓“紧急碰撞标准下限”推卸责任、转移视线，这并非一个航天大国应有的负责任态度。更何况，美方也无权单方面设定一个“紧急碰撞标准下限”。

太阳风暴凸显其脆弱性

“星链”卫星刚刚遭受了一次意外损失。SpaceX 公司官方网站 8 日承认，由于太阳风暴引起的地磁暴影响，该公司 2 月 3 日发射升空的约 40 颗“星链”卫星已经或即将偏离近地轨道，掉入大气层焚毁。外界认为，这起事故凸显了“星链”卫星的脆弱性。

报道称，2 月 3 日下午，“猎鹰 9”号火箭将 49 颗“星链”卫星送入 210 千米高的近地轨道。按照预订计划，这些卫星需要启动自带的霍尔推进器将轨道抬升至 540 千米高的工作轨道。但 2 月 4 日，太阳活动导致太阳上层大气射出的超声速等离子体带电粒子流（太阳风暴）抵达地球附近，引发猛烈的地磁暴。地球高层大气受热膨胀，导致大气密度增加。据称，这批“星链”卫星受到的大气阻力剧增，比地磁暴之前的阻力增加了 50%。

尽管 SpaceX 公司用尽各种办法让卫星减少大气阻力、躲避地磁暴影响，但最后的分析结果显示，这批“星链”卫星中仅有 9 颗工作正常，其余 40 颗已经或者即将再入大气层。SpaceX 公司表示，这些卫星坠落时不会威胁到轨道上的其他飞行器，它们将在大气层中完全燃烧。

（资料来源：NASA 公开警告. 增加在轨“星链”卫星将威胁国际空间站[N]. 环球日报，2020-07-06(2)）

案例分析14-2 我国科考队员首次发现鲸落生态系统 一头鲸的死亡造就了一个深海生态系统

鲸作为地球上最大的哺乳动物，广泛地分布在世界各地的海洋中。在鲸的家族中，体型最大的蓝鲸体长超过 33 米，重达 170 吨以上。

近日，中国“深海勇士”深潜器搭载母船“探索一号”完成 2020 年首次科考 TS16 航次任务。让大家意想不到的是，科学家在本次科考过程中收获了一个重要成果——在中国南海 1600 米深处发现了鲸落，这是我国科学家第一次发现该类型的生态系统。“鲸落”一词迅速登上热搜，让更多人认识了这种奇特的生态现象。

鲸死后化成深海生命的“绿洲”

“鲸落”从字面上理解，就是鲸死亡后沉入海底的意思，在研究中，鲸的尸体、坠落的过程以及形成的海洋生态系统等，被生物学界统称为“鲸落”。

鲸一直有着“海上霸主”的威名，甚至它的死亡也足以成为一场盛大的献祭。如果把深海的海底比作荒漠，与深海热液、冷泉一样，鲸落如同荒漠中的“绿洲”。

TS16 航次科考队队员、海南热带海洋学院生态环境学院教授赵牧秋向科技日报记者描述了鲸落的 4 个阶段。

首先，鲸沉入海底时，最初尸体上的大量蛋白质和有机物会吸引鲨鱼、盲鳗、甲壳类生物前来，它们以鲸落中的柔软组织为食，如果鲸的体型足够庞大，鲸落上的蛋白质可供这些生物食用 4 ~ 24 个月之久。另外，鲸脂的热量极高，在鲸落被海洋生物完全吞食、分解的漫长过程中，肥腻的鲸脂包含的能源会细水长流地变成推动海底生态圈运转的“燃料”。

其次，轮到一些多毛类和甲壳类无脊椎动物登场，这些“机会主义者”能够在短期内适应所处环境而快速繁殖。它们一边从鲸落中获取食物，一边又将其作为居住场所，在这里繁衍生息。

再次，大量厌氧细菌会在鲸落中滋生蔓延，它们进入鲸骨和其他组织，分解其中的脂类，并与海水中溶解的硫酸盐结合产生硫化氢。化能自养细菌则将这些硫化氢作为能量的来源，利用水中溶解的氧将硫化氢氧化获得能量，与化能自养细菌共生的生物也因此有了重要的能量补充。

最后，当有机物质被消耗殆尽时，鲸骨的矿物遗骸又会以礁岩形式成为生物的聚居地，如充满生机的珊瑚礁。

“鲸落从形成到最后完全分解，可能需要几百年时间。这期间不光可以改变鲸落所在地的环境和生物种群分布，甚至可以影响到物种的演化。”赵牧秋表示。

此前，科学家在鲸落的鲸骨中发现了几种特殊的吃骨虫，它们只寄生在鲸落的骨头中，样子类似于水纹形的荧光棒，它们产下成千上万的幼虫在海洋中漂浮，直到遇到另外的鲸落，然后重新开始这一过程。

赵牧秋表示，鲸落的出现不仅为深海生物提供了丰富的食物来源，更重要的是将鲸在海水上方获取的能量向下运输，极大地促进了深海生物的繁衍和发展，“鲸骨以矿物基质的形式储存丰富的脂类，这些营养成分靠细菌分解十分缓慢，一头大型鲸可以维持上百种无脊椎动物生存长达几十年甚至上百年。”

一鲸落，万物生，对于漆黑的深海而言，这是一份极其贵重的礼物。

目前发现的自然鲸落不超过 50 个

这次我国科学家在南海 1600 米深处发现的鲸落，约 3 米长，科学家分析，这个鲸落为齿鲸的尸体，很有可能是鸟嘴鲸，目前在鲸尾上尚有组织残余，估计它死亡的时间并不算长，具有长期观测价值。

那么，是不是所有鲸死亡都会形成鲸落？答案是否定的。

并不是所有的海洋环境都能够形成自然鲸落，有科学家通过对美国加州蒙特利峡谷处鲸鱼尸体的长期观察发现，海水深度和相关的物理环境，对鲸落生态圈的形成也起着至关重要的作用。

自1977年，美国海军的潜水艇第一次在深海中发现了鲸的骨架，随后直到1987年，美国科学家克雷格·史密斯才在人类历史上第一次发现鲸尸体形成的生物群落。直到现在，人类所发现的现代自然鲸落的数量，不超过50个。

有的科学家为了研究鲸落的奥秘，只能无奈地“人造鲸落”。2011年，美国海洋生物学家格雷格·劳斯和他的团队，将一头搁浅死亡的鲸绑到船上，将其沉入海底。这条搁浅而死的鲸重达数十吨，但是由于和自然死亡的鲸不同，搁浅后鲸的体内会迅速产生气体，难以沉入大海，所以格雷格和他的团队不得不在鲸身上绑了几吨的金属来配重。

格雷格为这只“人造鲸落”起了一个美丽的名字——“花蕾”。2014年，当人们再次潜入深海探访“花蕾”时，透过摄像头可以清楚地看见它的身上真的覆着了一群群的白色、黄色、橙色的微生物群落。

生命消亡每天都在发生，但是为什么人们发现的自然鲸落的数量如此稀少？首先，随着全球气候的变化及人类活动的影响，鲸被捕杀或由于受到声呐干扰而搁浅的数量增多，海洋中鲸类数目急剧减少，鲸落也变得稀少。其次，山东大学海洋学院教授、世界自然保护同盟鲨鱼专家组委员王亚民接受科技日报记者采访时表示，鲸落是一种偶发的自然现象，在海洋生态系统中属于比较特殊的存在。由于无法及时预测一头鲸什么时候会死，什么时候会沉入深海海底，因此鲸落的发现除了与深潜科学技术发展水平相关外，还有很大的偶然性。

（资料来源：王祝华．一头鲸的死亡造就了一个深海生态系统[N]．科技日报，2020-04-16(4)）

深度阅读

刘海英．研究显示：深海采矿对海洋环境和生态影响不容忽视[N]．科技日报，2020-07-13(2).

学习思考

1. 新时代国家太空、深海、极地、生物领域安全内涵是什么?
2. 新时代国家太空、深海、极地、生物领域安全分别面临哪些威胁和挑战?
3. 作为当代大学生,应该如何维护新时代国家太空、深海、极地、生物领域安全?

参考文献

[1] 杨乐平,彭望琼. 未来 30 年太空安全发展趋势及影响[J]. 国防科技,2021,42(6):1-4+14.

[2] 宋博. 美国太空安全领域最新发展分析[J]. 国防科技,2021,42(6):5-9.

[3] 徐能武,龙坤. 太空军备控制的现实争辩、理论逻辑和参与策略[J]. 国际展望,2021,13(6):56-79+147-148.

[4] 兰顺正."军事化"和"武器化"——太空安全核心挑战[J]. 世界知识,2021(20):18-21.

[5] 兰顺正. 浩瀚苍穹的竞逐:新时代太空安全博弈[J]. 世界知识,2021(20):12-14+23.

[6] 陈瑛,卫国宁,唐生勇,等. 国际太空安全形势分析与发展建议[J]. 空天防御,2021,4(3):99-104.

[7] 徐纬地. 太空安全博弈与国际航天合作——空间交通管理视角下的太空安全态势与中国对策思考[J]. 空间碎片研究,2021,21(1):18-25.

[8] 梁怀新. 深海安全治理:问题缘起、国际合作与中国策略[J]. 国际安全研究,2021,39(3):132-155.

[9] 武立军,胡鉴航,王旭,等. 深海安全问题的认识思考[J]. 现代防御技术,2021,49(1):27-31.

[10] 王发龙. 全球深海治理:发展态势、现实困境及中国的战略选择[J]. 青海社会科学,2020(03):59-69.

[11] 邓贝西."全球公域"视角下的极地安全问题与中国的应对[J]. 江南社会学院学报,2018,20(3):31-38.

[12] 张侠. 极地公域与国际安全问题[J]. 世界知识,2015(18):23-24.

[13] 董永在. 极地安全:国家安全的新疆域[N]. 光明日报,2021-04-25(7).

[14] 程文波. 生物安全法视野下国门生物安全法律体系研究[J]. 农业开发与装备,2022(1):103-105.

[15] 徐海洋,吴集,杨筱. 以技术创新不断筑牢生物安全屏障[J]. 科技中国,2022(1):19-22.

[16] 亓玉昆,侯琳良. 共同维护国家生物安全[N]. 人民日报,2021-11-01(14).

[17] 章楚加. 生物安全风险协同共治范式的建构逻辑与规范内涵——基于《生物安全法》评述视角[J]. 青海社会科学,2021(5):154-161.

[18] 邓贝西."全球公域"视角下的极地安全问题与中国的应对[J]. 江南社会学院学报,2018,20(3):31-38.

[19] 张侠. 极地公域与国际安全问题[J]. 世界知识,2015(18):23-24.

后 记

2020年9月28日，教育部关于印发《大中小学国家安全教育指导纲要》的通知〔2020〕5号文件中指出：为深入学习贯彻习近平总书记总体国家安全观，落实党中央关于加强大中小学国家安全教育文件精神和《中华人民共和国国家安全法》提出“将国家安全教育纳入国民教育体系”的要求，结合教育系统实际，指导大中小学系统、规范、科学地开展国家安全教育，以习近平新时代中国特色社会主义思想为指导，贯彻党的教育方针，落实立德树人根本任务，牢固树立和全面践行总体国家安全观，构建具有中国特色的国家安全教育体系，系统推进国家安全教育进课程、进教材、进校园，全面增强大中小学生的国家安全意识，提升维护国家安全能力，为培养社会主义合格建设者和可靠接班人打下坚实的基础。

《纲要》明确要求，在全国高等学校开设国家安全教育必修课程，具体的工作要求规定如下：（一）各高校是实施国家安全教育的责任主体（高校党委书记负责本校国家安全教育的组织实施），要充分认识国家安全教育是立德树人的重要任务，是全民国家安全教育的重要内容，是党和国家的一项基础性、长期性、战略性工程。要切实按照教育部有关工作要求，建立健全国家安全教育教学评价机制，逐项落实国家安全教育各项任务；（二）教育行政部门对高等学校、学校对内设机构进行工作考核、奖励时，要充分考虑其国家安全教育工作成绩；（三）高校要把教师开展国家安全教育工作的表现纳入绩效考核，作为高校教师职称晋升和评优评先的重要参考；（四）高校要把学生参与国家安全教育活动及相关课程学习情况纳入综合素质档案和学业评价范畴，作为评优评先等重要参考；（五）各级教育行政部门要把高校开展国家安全教育情况纳入地方政府履行教育职责评价、安全生产责任制考核、平安建设、高校党委书记履职等考核评价指标体系。要加强对所在行政区域内学校的督导评价，将督导评价结果纳入年度考核指标体系。各地教育督导部门要定期开展专项督导；（六）各地教育行政部门和高校要充分利用各种经费渠道，积极支持国家安全教育工作，在教师配备、经费投入等方面给予必要保障。积极吸纳符合条件的社会力量参与国家安全教育资源建设。

教育部向全国下发文件后，国防工业出版社以高度的政治责任感和职业使命感，组织全国有代表性的高等学校组成《新时代大学生国家安全教育》编委会和编写组，邀请全国有影响的领导和专家编写了这本严格按照教育部要求的全国高等学校国家安全教育课程统编教材。参加本书具体审稿和编写的专家和作者有（按编写章节为序）刘苍劲、谭晓玉、黎明、彭强、马学云、林海峰、张科、黄章文、仲铭锦、理阳阳、巴莎、王博、尹继卫、李衡、吴双江、刘友坤、付水英、黄汉昌、贺志勇、林文雄、张云义、孟美玲、冼敏仪、李晓培、付宏东、李明玉、杨晓敏、曹荣军、杨子珺、唐雄、张灿、张容、白启华、曹丽萍、王增乐、李瑞芳、肖涛、程东、黄晓敏、余少伟、陈冰儿、梁同乐、杜朝晖、吴洪中、尹枚、张晓虹、王小芳、薛灵欣、张军、刘蓝璟、史格媚、曾敏玲、夏武杰、谭德礼。在本书的编写过程中，由于时间紧，任务重，全体作者严格以教育部教材〔2020〕5 号文件，党的十九大报告、十九届一中、二中、三中、四中、五中、六中全会文件、党的二十大报告、新华社、人民日报、光明日报、参考消息等官方主流媒体公开报道的文件和资料为主，在书中有多处引用习近平总书记的讲话，引用自《习近平谈治国理政》第一卷至第四卷，引用的案例和资料在参考文献中注明了出处，每章列出了主要案例分析、视频资料、学习思考、参考文献，相关链接等主要源自百度、百度文件等，特此说明，以示感谢！

《新时代大学生国家安全教育》编写组

2024 年 1 月